国家示范性高等职业教育土建类"十三五"规划教材

# 房地产估价

FANGDICHAN GUJIA

| 主　　编 | 高炳华 | 黄伟彪 |
|---|---|---|
| 副主编 | 张耀文 | 张淑珍 |
| | 胡　彦 | 徐　岚 |
| | 石　虎 | |
| 参　　编 | 王石宇 | 许　悦 |
| | 邱宇悦 | 曹　婷 |
| | 詹伯霞 | |

华中科技大学出版社
http://www.hustp.com
中国·武汉

# 内 容 简 介

本书共十章,第1章为房地产估价概述;第2章为房地产及其描述;第3章为房地产价格和价值;第4章为房地产估价原则;第5章为比较法及其运用;第6章为收益法及其运用;第7章为成本法及其运用;第8章为假设开发法及其运用;第9章为其他估价方法及其运用;第10章为房地产估价程序与估价报告。

本书紧密结合中华人民共和国国家标准《房地产估价基本术语标准》、《房地产估价规范》和《全国房地产估价师执业资格考试大纲》的内容,密切联系我国房地产估价的实际,力求内容通俗易懂,注重实用性,以适应房地产专业教育的特点与发展的需要。

为了方便教学,本书还配有电子课件等教学资源包,课件可以在"我们爱读书"网(www.ibook4us.com)浏览,任课教师可以发邮件至 husttujian@163.com 索取。

本书可作为房地产专业课程"房地产估价"教材,也可以作为房地产中介服务人员,特别是房地产估价人员的培训和阅读用书。

**图书在版编目(CIP)数据**

房地产估价/高炳华,黄伟彪主编. —武汉:华中科技大学出版社,2021.2
国家示范性高等职业教育土建类"十三五"规划教材
ISBN 978-7-5680-3292-6

Ⅰ.①房… Ⅱ.①高… ②黄… Ⅲ.①房地产价格-估价-高等职业教育-教材 Ⅳ.①F293.35

中国版本图书馆 CIP 数据核字(2017)第 196891 号

**房地产估价** 高炳华 黄伟彪 主编
Fangdichan Gujia

| | |
|---|---|
| 策划编辑: | 康　序 |
| 责任编辑: | 狄宝珠 |
| 封面设计: | 孢　子 |
| 责任监印: | 朱　玢 |
| 出版发行: | 华中科技大学出版社(中国·武汉)　电话:(027)81321913 |
| | 武汉市东湖新技术开发区华工科技园　邮编:430223 |
| 录　　排: | 武汉三月禾文化传播有限公司 |
| 印　　刷: | 武汉市洪林印务有限公司 |
| 开　　本: | 787mm×1092mm　1/16 |
| 印　　张: | 17 |
| 字　　数: | 462 千字 |
| 版　　次: | 2021年2月第1版第1次印刷 |
| 定　　价: | 48.00 元 |

本书若有印装质量问题,请向出版社营销中心调换
全国免费服务热线:400-6679-118　竭诚为您服务
版权所有　侵权必究

## 主编简介

### 高炳华

1964年4月生
博士/教授
华中师范大学博士研究生导师
研究方向：房地产估价、房地产营销、房地产经纪和物业管理

中国住房保障和城乡建设部房地产估价与房地产经纪专家委员会委员
中国房地产估价师和房地产经纪人学会资深会员、第四届理事
国家发展和改革委员会价格认证中心第三届价格认定专家
湖北省房地产业协会房地产价格评估专家委员会专家
湖北省物业服务和管理协会物业管理学术专家委员会专家
湖北省综合评标（评审）专家库评标专家
武汉市房地产估价师协会房地产估价专家委员会副主任委员
武汉市人民法院"房地产评估类"司法技术专家

主持和参与国家社科基金项目与省部级科研项目5项，出版专著《住宅价格规制研究》，主编普通高等教育"十一五"国家级规划教材《房地产市场营销》和《物业环境管理》、"十二五"职业教育国家规划教材《物业管理操作实务》，主编MBA教育案例教材《营销管理案例分析》，主编房地产专业教材《房地产统计学》、《物业管理理论与实务》、《物业管理实务》、"双证书"实验教材《物业管理操作实务》，参与《中华人民共和国国家标准房地产估价规范》（GB/T 50291-2015）和《中华人民共和国国家标准房地产估价基本术语标准》（GB/T 50899-2013）的起草和审查，发表专业学术论文40余篇，曾获"我心目中的好导师"荣誉称号，并多次获得教学科研成果奖等荣誉。

　　《房地产估价》是房地产专业一门理论与实践紧密结合的课程,因此本书《房地产估价》的编写立足体现以下特点:一是教材结构体系更完善,内容更充实;二是引入国内外最新研究成果,保证教材的先进性;三是注重理论与实践的有机融合,做到学以致用;四是强调应用性和可操作性,以培养学习者的实际应用和操作能力。

　　本书由华中师范大学高炳华教授主持编写,负责制订编写大纲并最终审核定稿。其中,由华中师范大学高炳华教授、广东建设职业技术学院黄伟彪担任主编;由四川城市职业学院张耀文、张淑珍,湖北经济学院胡彦,武汉市房地产估价师协会徐岚,湖北合信行房地产资产评估咨询有限公司石虎担任副主编;华中师范大学王石宇、许悦、邱宇悦、曹婷,武汉市房地产估价师协会詹伯霞参编。本书各章编写人员分工如下:

第1章,房地产估价概述,高炳华(华中师范大学);

第2章,房地产及其描述,高炳华(华中师范大学);

第3章,房地产价格和价值,张淑珍(四川城市职业学院);

第4章,房地产估价原则,徐岚、詹伯霞(武汉市房地产估价师协会);

第5章,比较法及其运用,石虎(湖北合信行房地产资产评估咨询有限公司);

第6章,收益法及其运用,邱宇悦(华中师范大学)、曹婷(华中师范大学);

第7章,成本法及其运用,王石宇(华中师范大学)、许悦(华中师范大学);

第8章,假设开发法及其运用,胡彦(湖北经济学院);

第9章,其他估价方法及其运用,高炳华(华中师范大学);

第10章,房地产估价程序与估价报告,张耀文(四川城市职业学院)。

　　本书在编写过程中参考了部分专家学者的论著,也引用了一些典型的房地产估价案例,在此对原作者表示衷心的感谢。

　　为了方便教学,本书还配有电子课件等教学资源包,课件可以在"我们爱读书"网(www.ibook4us.com)浏览,任课教师可以发邮件至husttujian@163.com索取。

　　由于编者水平有限,书中难免存在错误和不足之处,恳请专家、学者和读者批评指正。

　　华中科技大学出版社的老师对本书的出版给予了大力支持并付出了辛勤的劳动,在此致以诚挚的谢意。

高炳华<br>
2021年1月

| 第1章 房地产估价概论 | 1 |
|---|---|
| 1.1 房地产估价的概念 | 1 |
| 1.2 房地产估价业务的分类 | 5 |
| 1.3 房地产估价的要素 | 12 |
| 1.4 房地产估价职业道德 | 16 |
| 1.5 中国房地产估价行业的发展 | 17 |
| 复习思考题 | 21 |
| **第2章 房地产及其描述** | **22** |
| 2.1 房地产的概念 | 22 |
| 2.2 房地产的特性 | 26 |
| 2.3 房地产的种类 | 30 |
| 2.4 房地产状况的描述 | 33 |
| 复习思考题 | 40 |
| **第3章 房地产价格和价值** | **41** |
| 3.1 房地产价格的含义和形成条件 | 41 |
| 3.2 房地产价格的特点和种类 | 43 |
| 3.3 房地产价格的影响因素 | 56 |
| 复习思考题 | 73 |
| **第4章 房地产估价原则** | **74** |
| 4.1 房地产估价原则概述 | 74 |
| 4.2 房地产估价主要原则的要求 | 76 |
| 复习思考题 | 91 |

## 第5章 比较法及其运用 92
- 5.1 比较法概述 92
- 5.2 收集交易实例 94
- 5.3 选取可比实例 96
- 5.4 建立价格比较基础 98
- 5.5 交易情况修正 102
- 5.6 市场状况调整 104
- 5.7 房地产状况调整 106
- 5.8 计算比较价值 109
- 复习思考题 112

## 第6章 收益法及其运用 114
- 6.1 收益法概述 114
- 6.2 报酬资本化法的计算公式 116
- 6.3 收益期和持有期的测算 123
- 6.4 房地产净收益的测算 124
- 6.5 报酬率的确定 128
- 6.6 直接资本化法 132
- 6.7 投资组合技术和剩余技术 135
- 复习思考题 140

## 第7章 成本法及其运用 141
- 7.1 成本法概述 141
- 7.2 房地产价格构成 144
- 7.3 成本法估价的基本公式 151
- 7.4 重新购建成本的测算 153
- 7.5 建筑物折旧的测算 158
- 7.6 房屋完损等级评定和折旧的有关规定 169
- 复习思考题 171

## 第8章 假设开发法及其运用 172
- 8.1 假设开发法概述 172
- 8.2 动态分析法与静态分析法 175
- 8.3 假设开发法的估价前提 176
- 8.4 最佳开发经营方式的选择 177
- 8.5 假设开发法估价的基本公式 178
- 8.6 假设开发法估价各项目的求取 179
- 复习思考题 187

## 第9章 其他估价方法及其运用 — 189

- 9.1 土地估价方法及其运用 — 189
- 9.2 批量估价方法及其运用 — 198
- 9.3 价值减损估价方法及其运用 — 200
- 9.4 价格预测估价方法及其运用 — 202
- 9.5 长期趋势法的作用 — 210
- 复习思考题 — 211

## 第10章 房地产估价程序与估价报告 — 213

- 10.1 房地产估价程序 — 213
- 10.2 房地产估价报告 — 227
- 10.3 房地产估价报告举例 — 233
- 复习思考题 — 260

## 参考文献 — 261

# 第 1 章 房地产估价概论

【本章学习要点】

① 房地产估价的含义；② 房地产估价的特点；③ 房地产估价的必要性；④ 房地产估价的业务类型；⑤ 房地产估价的要素；⑥ 房地产估价的职业道德；⑦ 中国房地产估价行业的发展。

通过本章的学习，了解中国房地产估价行业的发展，熟悉房地产估价的必要性和业务类型，掌握房地产估价的含义、特点、要素和职业道德。

## 1.1 房地产估价的概念

### 1.1.1 房地产估价的含义

#### （一）房地产估价的定义

对"估价"通俗而简单的理解，就是估计商品、资产、财产等的价格或价值，是任何人都可以做的，不论他估计得对或错，也不论人们是否相信其估计结果。例如，你看上了某幢房屋或某块土地，想知道它值多少钱，或者判断卖方的要价是否合理，或者自己出价多少合适，你可以自己估计，也可以咨询亲友的意见。这种意义上的估价，不妨称为非专业估价。然而，要想获得客观合理、令人信服的估价结果，就需要专业估价。本书所讲的房地产估价，是作为"专业服务行为"的估价，可称之为专业房地产估价。

房地产估价是指房地产估价机构接受他人委托，选派注册房地产估价师对房地产的价值或价格进行分析、测算或判断，并提供相关专业意见的活动。

上述定义中，房地产估价机构是指依法设立并取得房地产估价资质，从事房地产估价活动的中介服务机构；房地产估价师是指通过全国房地产估价师执业资格考试或资格认定、资格互认，取得房地产估价师执业资格的人员；注册房地产估价师是指经过执业注册，从事房地产估价活动的房地产估价师。

由于房地产价值或价格形成比较复杂，决定了在房地产估价的过程中往往体现出很强的专业性，同时还体现出一定的艺术性。房地产估价表面上看是估价人员对房地产价格所做出的推测和判断，实质上则要受到地租理论、房地产市场的供求理论、购买者行为理论、效用价值理论等诸多理论的指导，才能客观真实地反映房地产的公正合理的价值或价格，所以具有很强的专业性。与此同时,在估价实践中,也需要估价人员具备丰富的估价实践经验、较强的推理与判断能力、一定的操作技巧,这就表明房地产估价本身也具有一定的艺术性。

### (二) 房地产估价的专业特性

**1. 房地产估价由专业机构和专业人员完成**

房地产估价专业机构是指具有一定数量的估价专业人员等条件,专门从事有关估价活动的单位。房地产估价专业人员是指具有估价专业知识及实践经验,专门从事有关估价活动的个人。

**2. 房地产估价提供的是专业意见**

房地产估价提供的意见不是用直觉或仅凭经验得出的,而是按照严谨的程序,根据有关资料数据,采用科学的方法,经过审慎的分析、测算和判断得出的,具有科学准确性和客观合理性。

**3. 房地产估价具有公信力**

房地产估价由于是专业机构和专业人员完成,估价结果具有科学准确性和客观合理性,所以具有证明效力,能使人们信服、认可或接受。

**4. 房地产估价实行有偿服务**

房地产估价是接受他人委托,而提供的一种有偿服务,要向委托人收取一定的估价服务费用。

**5. 房地产估价要承担法律责任**

房地产估价机构和估价人员要对其提供的估价结果等专业意见负责,违反规定的,不仅会被责令限期改正,还会依法受到行政处罚,承担民事赔偿责任,甚至被追究刑事责任。

## 1.1.2 房地产估价的特点

### (一) 房地产估价本质上是评估房地产的价值而不是价格

中国在20世纪80年代末期开始恢复房地产估价活动时,为了避免与传统政治经济学中的价值内涵——"劳动价值"相混淆,而引起一些不必要和无意义的争论或者产生误解,特别是当时人们对本质上不是劳动产物的土地,否认它有价值或者对它是否有价值存在很大的分歧,从而采用了"价格评估"的名称,而未采用"价值评估"的名称。

从理论上讲,价格是价值的外在表现,围绕着价值而上下波动,是实际发生、已经完成并且可以观察到的事实,它因人而异,时高时低。现实中由于定价决策、个人偏好或者交易者之间的特殊关系和不熟悉等原因,时常会出现"低值高价"或者"高值低价"等价格背离价值的情况。因此,为了表述上更加科学、准确,也为了与国际上通行的估价理念、理论相一致,便于对外交流沟通,应当强调房地产估价本质上是评估房地产的价值而不是价格。

### (二) 房地产估价应是模拟市场定价而不是替代市场定价

估价与定价有本质不同。估价是提供关于价值的专业意见,为相关当事人的决策提供参考依据。定价往往是相关当事人自己的行为,如卖方要价、买方出价或者买卖双方的成交价等。交易当事人出于某种目的或者需要,可以使其要价、出价或者成交价低于或高于房地产的价值。例如,根据国家产业政策,政府为了鼓励某些产业发展,在向其提供土地时可以将地价定低价的优惠政策；或者为了限制某些产业发展，可以对其实行高地价政策。至于私人之间的让利交易，其定价行为就更具有主观随意性了。

### （三）房地产估价是提供价值意见而不是作价格保证

人们通常认为，房地产估价机构和房地产估价师提供的评估价值，应是在市场上可以实现的，否则，估价机构和估价师应当赔偿由此造成的损失。实际上，房地产估价是房地产估价师以"房地产价格专家"的身份发表自己对估价对象价值的见解、看法或观点，即估价结果是一种专业意见，而不应被视为估价机构和估价师对估价对象在市场上可实现价格的保证。

虽然房地产估价是提供价值意见而不是作价格保证，但并不意味着估价机构和估价师可以不负任何责任。可以把估价专业意见的作用分为性质不同的两类：一是咨询性或参考性的；二是鉴证性或证据性的。为估价委托人自己使用而提供的估价，即估价报告是供委托人自己使用，例如评估投资价值为委托人确定投标报价提供参考，估价报告是一种"私人产品"，这种估价通常是属于咨询性或参考性的。

为估价委托人向第三方证明或者说服第三方而提供的估价，即估价报告是给委托人以外的特定第三方特别是给众多的不特定的第三方使用，例如评估市场价值为上市公司的关联交易提供参考依据，估价报告具有"公共产品"性质，这种估价通常是属于鉴证性或证据性的。在这两类起着不同作用的估价中，估价机构和估价师都要承担一定的法律责任。其中在起着鉴证性或证据性作用的估价中承担的法律责任，一般要大于在起着咨询性或参考性作用的估价中承担的法律责任。

### （四）房地产估价都有误差但误差应在合理范围内

人们通常认为，合格的房地产估价师对同一估价对象的评估价值应是相同的，并且对于为交易提供价值参考依据的估价，评估价值是否正确还应当用事后的实际成交价格来检验。但在实际中，不同的估价师对同一估价对象在同一估价目的、同一估价时点下的价值进行评估，得出的评估价值往往也不相同，而且评估价值与实际成交价格常常有一定的差异，甚至会出现差异很大的情况，这就产生了估价准确性的问题。

一般来说，由于信息的不完全性，以及估价师的理论水平和实践经验的不同，即使都是合格的房地产估价师，也不可能得出完全相同的评估价值，只会得出相近的评估价值。因此，所有的评估价值都会存在一定程度的误差，即：评估价值＝真实价值＋误差。估价对象的真实价值只是理论上存在，实际中不可得知，因此，评估价值有误差是不可避免的。

### （五）房地产估价既具有科学性也具有艺术性

正确的房地产价值分析、测算和判断必须依靠科学的估价理论和方法，但又不能完全拘泥于这些理论和方法，还必须依靠房地产估价师的实践经验。因为房地产市场是地区性市场，各地的房地产市场行情和价格影响因素可能各不相同，而且影响房地产价格的因素众多，其中许多因素对房地产价格的影响难以准确把握和量化，从而房地产价值不是简单地套用某些数学公式或者数学模型就能够测算出来的，数学公式或者数学模型中的一些参数、系数等，有时也要依靠房地产估价师的实践经验作出判断。

此外，每种估价方法都是从某个角度或者某个方面建立起来的，它们或多或少存在一些局限性。在估价实务中要求用尽可能多的和适用的估价方法进行估价，就是出于对不同估价方法局限性的调整和综合平衡的考虑。针对不同的估价对象，如何选用合适的估价方法，如何对不同估价方法测算出的结果进行取舍、调整得出最终的估价结果，这个过程是房地产估价师对房地产市场规律的把握，对估价理论和方法的掌握以及其实务操作能力的综合体现。最终的估价结果是否客观合理，也依赖于房地产估价师综合判断艺术水平的高低。因此，可以说房地产估价不仅具有科学性，也具有艺术性。

房地产估价需要专业人员按照严谨的程序对房地产价值进行综合分析评估。房地产估价不是简单的价格判定，它有不同于普通物品估价的特点。房地产估价仍应努力把握房地产价格影响因素，科学量化它们对房地产价格的影响，从而不断增加房地产估价的科学成分，减少其"艺术"成分，提高估价的客观性和准确性。

## 1.1.3 房地产估价的必要性

### （一）专业房地产估价存在的基本前提

虽然任何资产在交易中都需要衡量和确定价格，估价行业希望所有的资产都要估价的心情也是可以理解的，但并不是所有的资产都需要专业估价。对于价值量较小或者价格依照常规方法容易确定的资产，通常不需要专业估价。例如，2004年11月25日发布的《最高人民法院关于人民法院民事执行中拍卖、变卖财产的规定》（法释［2004］16号）第四条规定："对拟拍卖的财产，人民法院应当委托具有相应资质的评估机构进行价格评估。对于财产价值较低或者价格依照通常方法容易确定的，可以不进行评估。"可见，一种资产只有同时具有"独一无二"和"价值量大"两个特性，才真正需要专业估价。这是因为：一种资产如果不具有独一无二的特性，相同的很多，价格普遍存在、人人皆知，或者常人依照常规方法（例如通过简单的比较）便可以得知，就不需要专业估价。一种资产虽然具有独一无二的特性，但如果价值量不够大，聘请专业机构或专业人员估价的花费与资产本身的价值相比较高，甚至超过资产本身的价值，聘请专业机构或专业人员估价显得不经济，则也不需要专业估价。

### （二）房地产价值或价格需要专业估价的具体分析

真正需要专业估价的主要是房地产、古董和艺术品、矿产资源、企业整体资产以及某些机器设备、无形资产等。由于房地产市场是不完全市场，并且市场信息不对称，有许多阻碍房地产价格合理形成的因素，不会自动地形成常人容易识别的适当价格，在其判断中要求有专门知识和经验，所以需要房地产估价师提供市场信息，模拟交易市场的形成与发展进行估价。房地产估价有助于将房地产价格导向正常化，促进房地产公平交易，建立合理的房地产市场秩序。

值得指出的是，在需要专业估价的不同类型的资产中，因为它们之间的特性不同，把握影响其价值的因素所需要的专业知识和经验有很大的差异，例如质量、性能、新旧程度、产权状况、占有使用情况、市场行情等，所以对它们的价值进行评估通常不是同一个估价师甚至不是同一家估价机构所能胜任的。国际上，一般把估价专业划分为房地产、古董和艺术品、矿产资源、机器设备、企业价值、无形资产等几大类。即使是房地产估价，在美国等市场经济发达国家和地区，通常还分为住宅估价和商业房地产估价两大类。没有专业化发展而不能提供优质服务，就会发生"信任危机"而不被社会认可，得不到社会尊重、没有尊严，估价行业难以持续发展，最终受害的将是估价师和估价行业自身。

### （三）房地产估价在估价行业中占主体地位

房地产估价不仅必要，而且在估价行业中占主体地位。这是由下列三个方面决定的。

**1. 房地产"量大面广"**

房地产数量庞大，社会保有量和每年的新增量都很大。在一个国家或地区的全部财富中，房地产是其中比重最大的部分，一般占50%～70%，即其他各类财富之和也不及房地产一项，仅占30%～50%。例如，1990年美国的房地产价值为8.8万亿美元，大约占美国全部财富的56%。房地产也是家庭财产的最重要组成部分。据有关资料显示，房地产占家庭总资产的比重，在西欧国家为30%～40%，在美国为25%左右。美国家庭平均拥有的房地产资产4倍于其股票资产。2016年经济日报社中国经济趋势研究院编制的《中国家庭财富调查报告》，在全国家庭的人均财富中，房产净值占比为65.99%；在城镇和农村家庭的人均财富中，房产净值占比分别为68.68%和55.08%。

相比之下，在总量不多于房地产的其他资产中，许多资产还因为不同时具有"独一无二"和"价值量大"两个特性而不需要专业估价。某些资产虽然在理论上需要专业估价，但因为数量很少，估价业务"千年等一回"，从而难以支撑起人们专门从事其估价活动，也就没有相应的估价师这种专门职业。一旦需要估价，通常是依靠相关研究者或者设计者、制造者提供专业意见。在需要专业估价并能支撑起人们专门从事其估价活动的其他资产中，一般还要分专业。这就使得其他资产估价专业相对更小，房地产估价在估价行业中的主体地位更加突出。

**2. 房地产需要估价的情形较多**

房地产以外的其他资产主要是发生转让行为，在转让的情况下需要估价。房地产除了发生转让行为，还普遍发生租赁、抵押、征收、征用、课税等行为。因此，不仅房地产转让需要估价，而且房地产租赁、抵押、征收、征用、分割、损害赔偿、税收、保险、拍卖等活动也都需要估价。纵观古今中外，对房地产估价的需求远远大于对其他资产估价的需求。

**3. 房地产估价还普遍提供房地产咨询顾问服务**

因为房地产估价师不仅懂得房地产价值及其评估，而且具备有关房地产价格及其影响因素的专业知识和经验，了解房地产市场行情，所以，房地产估价师也是"房地产价格专家""房地产市场分析专家"、"房地产投资顾问"，人们通常还要求房地产估价师和房地产估价机构承担房地产市场调研、房地产投资项目可行性研究、房地产开发项目策划、房地产项目调查评价、房地产购买分析、房地产资产管理等业务。这就使得房地产估价行业具有更大、更广的发展空间。

## 1.2 房地产估价业务的分类

### 1.2.1 房地产抵押估价

房地产抵押估价是指为确定房地产抵押贷款额度提供价值参考依据，对房地产抵押价值进行分析、估算和判定的活动。

房地产抵押估价应区分抵押贷款前估价和抵押贷款后重估。房地产抵押贷款前估价，应包括下列内容：一是评估抵押房地产假定未设立法定优先受偿权下的价值；二是调查抵押房地产法定优先受偿权设立情况及相应的法定优先受偿款;三是计算抵押房地产的抵押价值或抵押净值;四是分析抵押房地产的变现能力并作出风险提示。

抵押价值和抵押净值评估应遵循谨慎原则,不得高估假定未设立法定优先受偿权下的价值,不得低估法定优先受偿款及预期实现抵押权的费用和税金。

评估待开发房地产假定未设立法定优先受偿权下的价值采用假设开发法的,应选择被迫转让开发前提进行估价。

抵押房地产已出租的,其假定未设立法定优先受偿权下的价值应符合下列规定:一是合同租金低于市场租金的,应为出租人权益价值;二是合同租金高于市场租金的,应为无租约限制价值。

抵押房地产的建设用地使用权为划拨方式取得的,应选择下列方式之一评估其假定未设立法定优先受偿权下的价值:一是直接评估在划拨建设用地使用权下的假定未设立法定优先受偿权下的价值;二是先评估在出让建设用地使用权下的假定未设立法定优先受偿权下的价值,且该出让建设用地使用权的使用期限应设定为自价值时点起计算的相应用途法定出让最高年限,再减去由划拨建设用地使用权转变为出让建设用地使用权需要缴纳的出让金等费用。

由划拨建设用地使用权转变为出让建设用地使用权需要缴纳的出让金等费用,应按估价对象所在地规定的标准进行测算;估价对象所在地没有规定的,可按同类房地产已缴纳的标准进行估算。

抵押房地产为按份共有的,抵押价值或抵押净值应为抵押人在共有房地产中享有的份额的抵押价值或抵押净值;为共同共有的,抵押价值或抵押净值应为共有房地产的抵押价值或抵押净值。

抵押房地产为享受国家优惠政策购买的,抵押价值或抵押净值应为房地产权利人可处分和收益的份额的抵押价值或抵押净值。

房地产抵押估价用于设立最高额抵押权,且最高额抵押权设立前已存在的债权经当事人同意转入最高额抵押担保的债权范围的,抵押价值或抵押净值可不减去相应的已抵押担保的债权数额,但应在估价报告中说明并对估价报告和估价结果的使用作出相应限制。

在进行续贷房地产抵押估价时,应调查及在估价报告中说明抵押房地产状况和房地产市场状况发生的变化,并应根据已发生的变化情况进行估价。对同一抵押权人的续贷房地产抵押估价,抵押价值或抵押净值可不减去续贷对应的已抵押担保的债权数额,但应在估价报告中说明并对估价报告和估价结果的使用作出相应限制。

房地产抵押贷款后重估应根据监测抵押房地产市场价格变化、掌握抵押价值或抵押净值变化情况及有关信息披露等的需要,定期或在房地产市场价格变化较快、抵押房地产状况发生较大改变时,对抵押房地产的市场价格或市场价值、抵押价值、抵押净值等进行重新评估,并应为抵押权人提供相关风险提示。

重新评估大量相似的抵押房地产在同一价值时点的市场价格或市场价值、抵押价值、抵押净值,可采用批量估价的方法。

## 1.2.2 房地产税收估价

房地产税收估价应区分房地产持有环节税收估价、房地产交易环节税收估价和房地产开发环节税收估价,并应按相应税种为核定其计税依据进行估价。

房地产税收估价应兼顾公平、精准、效率和成本。对同类房地产数量较多、相互间具有可比性的房地产，宜优先选用批量估价的方法进行估价。对同类房地产数量较少、相互间可比性差、难以采用批量估价的方法进行估价的房地产，应采用个案估价的方法进行估价。

房地产持有环节税收估价，各宗房地产的价值时点应相同。房地产交易环节税收估价，各宗房地产的价值时点应为各自的成交日期。

## 1.2.3　房地产征收与征用估价

房地产征收估价应区分国有土地上房屋征收评估和集体土地征收评估。国有土地上房屋征收评估，应区分被征收房屋价值评估、被征收房屋室内装饰装修价值评估、被征收房屋类似房地产市场价格测算、用于产权调换房屋价值评估、因征收房屋造成的搬迁费用评估、因征收房屋造成的临时安置费用评估、因征收房屋造成的停产停业损失评估等。

被征收房屋价值评估应符合下列规定：一是被征收房屋价值应包括被征收房屋及其占用范围内的土地使用权和属于被征收人的其他不动产的价值；二是当被征收房屋室内装饰装修价值由征收当事人协商确定或房地产估价机构另行评估确定时，所评估的被征收房屋价值不应包括被征收房屋室内装饰装修价值，并应在被征收房屋价值评估报告中作出特别说明；三是被征收房屋价值应为在正常交易情况下，由熟悉情况的交易双方以公平交易方式在房屋征收决定公告之日自愿进行交易的金额，且假定被征收房屋没有租赁、抵押、查封等情况；四是当被征收房地产为正常开发建设的待开发房地产或因征收已停建、缓建的未完工程且采用假设开发法估价时，应选择业主自行开发前提进行估价；五是当被征收房地产为非征收原因已停建、缓建的未完工程且采用假设开发法估价时，应选择自愿转让开发前提进行估价。

用于产权调换房屋价值评估应符合下列规定：一是用于产权调换房屋价值应包括用于产权调换房屋及其占用范围内的土地使用权和用于产权调换的其他不动产的价值；二是用于产权调换房屋价值应是在房屋征收决定公告之日的市场价值，当政府或其有关部门对用于产权调换房屋价格有规定的，应按其规定执行。

房地产征用估价应评估被征用房地产的市场租金，为给予使用上的补偿提供参考依据。并可评估因征用造成的搬迁费用、临时安置费用、停产停业损失；当房地产被征用或征用后毁损的，还可评估被征用房地产的价值减损额；当房地产被征用或征用后灭失的，还可评估被征用房地产的市场价值，为相关补偿提供参考依据。

## 1.2.4　房地产拍卖与变卖估价

房地产拍卖估价应区分司法拍卖估价和普通拍卖估价。

房地产司法拍卖估价应符合下列规定：一是应根据最高人民法院的有关规定和人民法院的委托要求，评估拍卖房地产的市场价值或市场价格、其他特定价值或价格；二是评估价值的影响因素应包括拍卖房地产的瑕疵，但不应包括拍卖房地产被查封及拍卖房地产上原有的担保物权和其他优先受偿权；三是人民法院书面说明依法将拍卖房地产上原有的租赁权和用益物权除去后进行拍卖的，评估价值的影响因素不应包括拍卖房地产上原有的租赁权和用益物权，并应在估价报告中作出特别说明；四是当拍卖房地产为待开发房地产且采用假设开发法估价时，应选择被迫转让开发前提进行估价。

房地产普通拍卖估价可根据估价委托人的需要，评估市场价值或市场价格、快速变现价值，为确定拍卖标的的保留价提供参考依据。快速变现价值可根据变现时限短于正常销售期的时间长短,在市场价值或市场价格的基础上进行适当减价确定。

房地产变卖估价,宜评估市场价值。

### 1.2.5 房地产分割与合并估价

房地产分割、合并估价应分别以房地产的实物分割、合并为前提,并应分析实物分割、合并对房地产价值或价格的影响。

房地产分割估价不应简单地将分割前的整体房地产价值或价格按建筑面积或土地面积、体积等进行分摊得出分割后的各部分房地产价值或价格,应对分割后的各部分房地产分别进行估价,并应分析因分割造成的房地产价值或价格增减。

房地产合并估价不应简单地将合并前的各部分房地产价值或价格相加作为合并后的整体房地产价值或价格,应对合并后的整体房地产进行估价,并应分析因合并造成的房地产价值或价格增减。

### 1.2.6 房地产损害赔偿估价

房地产损害赔偿估价应区分被损害房地产价值减损评估、因房地产损害造成的其他财产损失评估、因房地产损害造成的搬迁费用评估、因房地产损害造成的临时安置费用评估、因房地产损害造成的停产停业损失评估等。

被损害房地产价值减损评估应符合下列规定:一是应调查并在估价报告中说明被损害房地产在损害发生前后的状况;二是应区分并分析、测算、判断可修复和不可修复的被损害房地产价值减损及房地产损害中可修复和不可修复的部分;三是对可修复的被损害房地产价值减损和房地产损害中可修复的部分,宜采用修复成本法测算其修复成本作为价值减损额;四是对不可修复的被损害房地产价值减损,应根据估价对象及其所在地的房地产市场状况,分析损失资本化法、价差法等方法的适用性,从中选用适用的方法进行评估。

### 1.2.7 房地产保险估价

房地产保险估价应区分房地产投保时的保险价值评估和保险事故发生后的财产损失评估。

房地产投保时的保险价值评估,宜评估假定在价值时点因保险事故发生而可能遭受损失的房地产的重置成本或重建成本,可选用成本法、比较法。

保险事故发生后的财产损失评估,应调查保险标的在投保时和保险事故发生后的状况,评估因保险事故发生造成的财产损失,可选用修复成本法、价差法、损失资本化法等方法。对其中可修复的部分,宜采用修复成本法测算其修复成本作为财产损失额。

### 1.2.8 房地产转让估价

房地产转让估价应区分转让人需要的估价和受让人需要的估价,并应根据估价委托人的具体需要,评估市场价值或投资价值、卖方要价、买方出价、买卖双方协议价等。

房地产转让估价应调查转让人、受让人对转让对象状况、转让价款支付方式、转让税费负担等转让条件的设定或约定,并应符合下列规定:一是当转让人、受让人对转让条件有书面设定或约定时,宜评估在其书面设定或约定的转让条件下的价值或价格;二是当转让人、受让人对转让条件无书面设定、约定或书面设定、约定不明确时,应评估转让对象在价值时点的状况、转让价款在价值时点一次性付清、转让税费正常负担下的价值或价格。

已出租的房地产转让估价应评估出租人权益价值;转让人书面设定或转让人与受让人书面约定依法将原有的租赁关系解除后进行转让的,可另行评估无租约限制价值,并应在估价报告中同时说明出租人权益价值和无租约限制价值及其使用条件。

以划拨方式取得建设用地使用权的房地产转让估价,估价对象应符合法律、法规规定的转让条件,并应根据国家和估价对象所在地的土地收益处理规定,给出需要缴纳的出让金等费用或转让价格中所含的土地收益。

保障性住房销售价格评估应根据分享产权、独享产权等产权享有方式,评估市场价值或其他特定价值、价格。对采取分享产权的,宜评估市场价值;对采取独享产权的,宜根据类似商品住房的市场价格、保障性住房的成本价格、保障性住房供应对象的支付能力、政府补贴水平及每套住房所处楼幢、楼层、朝向等保障性住房价格影响因素,测算公平合理的销售价格水平。但国家和保障性住房所在地对保障性住房销售价格确定有特别规定的,应按其规定执行。

### 1.2.9 房地产租赁估价

房地产租赁估价应区分出租人需要的估价和承租人需要的估价,并应根据估价委托人的具体需要,评估市场租金或其他特定租金、承租人权益价值等。

以营利为目的出租划拨建设用地使用权上的房屋租赁估价,应根据国家和估价对象所在地的土地收益处理规定,给出租金中所含的土地收益。

保障性住房租赁价格评估应根据货币补贴、实物补贴等租金补贴方式,评估市场租金或其他特定租金。对采取货币补贴的,宜评估市场租金;对采取实物补贴的,宜根据类似商品住房的市场租金、保障性住房的成本租金、保障性住房供应对象的支付能力、政府补贴水平及每套住房所处楼幢、楼层、朝向等保障性住房租金影响因素,测算公平合理的租金水平。但国家和保障性住房所在地对保障性住房租赁价格确定有特别规定的,应按其规定执行。

### 1.2.10 建设用地使用权出让估价

建设用地使用权出让估价应区分出让人需要的估价和意向用地者需要的估价。出让人需要的建设用地使用权出让估价,应根据招标、拍卖、挂牌、协议等出让方式和出让人的具体需要,评估市场价值或相应出让方式的底价。意向用地者需要的建设用地使用权出让估价,应根据招标、拍卖、挂牌、协议等出让方式和意向用地者的具体需要,评估市场价值或投资价值、相应出让方式的最高报价、最高出价、竞争对手的可能出价等。

建设用地使用权出让估价应调查出让人对交付的土地状况、出让金等费用的支付方式等出让条件的规定,并应符合下列规定:一是当出让人对出让条件有明文规定时,应评估在其明文规定的出让条件下的价值或价格;二是当出让人对出让条件无明文规定或规定不明确时,宜评估在价值时点的土地状况、出让金等费用在价值时点一次性付清等条件下的价值或价格。

当出让人需要的建设用地使用权出让估价采用假设开发法时,宜选择自愿转让开发前提进行估价。当意向用地者需要的建设用地使用权出让估价采用假设开发法时,应符合下列规定:一是当土地未被任何意向用地者占有时,应选择自愿转让开发前提进行估价;二是当土地已被该意向用地者占有时,应选择介于业主自行开发与自愿转让开发之间的某种前提进行估价;三是当土地已被其他意向用地者占有时,应选择介于自愿转让开发与被迫转让开发之间的某种前提进行估价。

### 1.2.11 房地产投资基金物业估价

房地产投资基金物业估价应区分房地产投资信托基金物业评估、其他房地产投资基金物业估价。

房地产投资信托基金物业评估时,应根据房地产投资信托基金发行上市、运营管理、退出市场及相关信息披露等的需要,可包括下列全部或部分内容:一是信托物业状况评价;二是信托物业市场调研;三是信托物业价值评估。

信托物业价值评估应符合下列规定:一是应对信托物业的市场价值或其他价值、价格进行分析、测算和判断,并提供相关专业意见;二是宜采用报酬资本化法中的持有加转售模式;三是应遵循一致性原则,当为同一估价目的对同一房地产投资信托基金的同类物业在同一价值时点的价值或价格进行评估时,应采用相同的估价方法;四是应遵循一贯性原则,当为同一估价目的对同一房地产投资信托基金的同一物业在不同价值时点的价值或价格进行评估时,应采用相同的估价方法;五是当未遵循一致性原则或一贯性原则而采用不同的估价方法时,应在估价报告中说明并陈述理由。

已出租的信托物业价值评估应进行租赁状况调查和分析,查看估价对象的租赁合同原件,并应与执行财务、法律尽职调查的专业人员进行沟通,从不同的信息来源交叉检查估价委托人提供的租赁信息的真实性和客观性。

信托物业状况评价应对信托物业的实物状况、权益状况和区位状况进行调查、描述、分析和评定,并提供相关专业意见。信托物业市场调研,应对信托物业所在地区的经济社会发展状况、房地产市场状况及信托物业自身有关市场状况进行调查、描述、分析和预测,并提供相关专业意见。其他房地产投资基金物业估价,应根据具体情况,按相应估价目的的房地产估价进行。

### 1.2.12 为财务报告服务的房地产估价

为财务报告服务的房地产估价应区分投资性房地产公允价值评估,作为存货的房地产可变现净值评估,存在减值迹象的房地产可回收金额评估,受赠、合并对价分摊等涉及的房地产入账价值评估,境外上市公司的固定资产重估等。

从事为财务报告服务的房地产估价业务时,应与估价委托人及执行审计业务的注册会计师进行沟通,熟悉相关会计准则、会计制度,了解相关会计确认、计量和报告的要求,理解公允价值、现值、可变现净值、重置成本、历史成本等会计计量属性及其与房地产估价相关价值、价格的联系和区别。

为财务报告服务的房地产估价应根据相关要求,选择相应的资产负债表日、减值测试日、购买日、转换当日、首次执行日等某一特定日期为价值时点。

为财务报告服务的房地产估价应根据相应的公允价值、现值、可变现净值、重置成本、历史成本等会计计量属性,选用比较法、收益法、假设开发法、成本法等方法评估相应的价值或价格。对采用公允价值计量的,应评估市场价值。

## 1.2.13 企业各种经济活动涉及的房地产估价

企业各种经济活动涉及的房地产估价,应区分用房地产作价出资设立企业,企业改制、上市、资产重组、资产置换、收购资产、出售资产、产权转让、对外投资、合资、合作、租赁、合并、分立、清算、抵债等经济活动涉及的房地产估价。

企业各种经济活动涉及的房地产估价应在界定房地产和其他资产范围的基础上,明确估价对象的财产范围。企业各种经济活动涉及的房地产估价应根据企业经济活动的类型,按相应估价目的的房地产估价进行。对房地产权属发生转移的,应按相应的房地产转让行为进行估价。企业各种经济活动涉及的房地产估价应调查估价对象合法改变用途的可能性,并应分析、判断以"维持现状前提"或"改变用途前提"进行估价。企业破产清算等强制处分涉及的房地产估价,评估价值的影响因素应包括估价对象的通用性、可分割转让性、改变用途、更新改造等的合法性和可能性及变现时限、对潜在购买者范围的限制等。

## 1.2.14 房地产纠纷估价

房地产纠纷估价应对有争议的房地产评估价值、赔偿金额、补偿金额、交易价格、市场价格、租金、成本、费用分摊、价值分配等进行鉴别和判断,提出客观、公平、合理的鉴定意见,为和解、调解、仲裁、行政裁决、行政复议、诉讼等方式解决纠纷提供参考依据或证据。

房地产纠纷估价应根据纠纷的类型,按相应估价目的的房地产估价进行,且应了解纠纷双方的利益诉求,估价结果应平衡纠纷双方的利益,有利于化解纠纷。

## 1.2.15 其他目的的房地产估价

其他目的的房地产估价应区分分家析产估价,为出境提供财产证明的估价,为行政机关处理、纪律检查部门查处、检察机关立案等服务的房地产估价,改变土地使用条件补地价评估,国有土地上房屋征收预评估等。

分家析产估价应符合下列规定:一是应区分财产分割的分家析产估价和财产不分割的分家析产估价;二是财产分割的分家析产估价,应按本规范对房地产分割估价的规定执行;三是财产不分割的分家析产估价,宜评估财产的市场价值。

为出境提供财产证明的估价,应评估财产的市场价值。

为行政机关处理、纪律检查部门查处、检察机关立案等服务的估价时,应慎重确定价值时点等估价基本事项。

改变土地使用条件补地价评估应调查变更土地用途、调整容积率、延长土地使用期限等改变土地使用条件需要补缴地价的原因,明确需要补缴的地价的内涵,以相关部门同意补缴地价的日期为价值时点,评估新土地使用条件下的总地价和原土地使用条件下的总地价,以该两者的差额作为评估出的需要补缴的地价。但国家和需要补缴地价的建设用地使用权所在地对需要补缴的地价确定有特别规定的,应按其规定执行。

国有土地上房屋征收预评估应为编制征收补偿方案、确定征收补偿费用或政府作出房屋征收决定等服务,可对国有土地上房屋征收评估的规定进行预评估,但不得替代国有土地上房屋征收评估。

## 1.3 房地产估价的要素

### 1.3.1 房地产估价当事人

房地产估价当事人是与房地产估价活动有直接关系的单位或个人,包括房地产估价机构、注册房地产估价师和估价委托人。其中,房地产估价机构和注册房地产估价师是估价服务的提供者,是估价主体;估价委托人是估价服务的直接需求者和对象。

#### (一)房地产估价机构

房地产估价机构(简称估价机构)是指依法设立的从事房地产估价活动的中介服务机构。《资产评估法》规定,评估机构应依法采用合伙或公司形式。合伙形式的评估机构应有 2 名以上评估师,其合伙人三分之二以上应是具有 3 年以上从业经历且最近 3 年内未受停止从业处罚的评估师。公司形式的评估机构应有 8 名以上评估师和 2 名以上股东,其中三分之二以上股东应是具有 3 年以上从业经历且最近 3 年内未受停止从业处罚的评估师。评估机构的合伙人或股东为 2 名的,2 名合伙人或股东都应是具有 3 年以上从业经历且最近 3 年内未受停止从业处罚的评估师。设立评估机构,应向工商行政管理部门申请办理登记。评估机构应自领取营业执照之日起 30 日内向有关评估行政管理部门备案。

#### (二)注册房地产估价师

房地产估价师是指通过全国房地产估价师执业资格考试或资格认定、资格互认,取得房地产估价师执业资格的人员。其中,经过执业注册,从事房地产估价活动的房地产估价师称为注册房地产估价师(简称估价师)。一名合格的房地产估价师应具有房地产估价方面的扎实的专业知识、丰富的实践经验和良好的职业道德。目前,中国规定注册房地产估价师应受聘于一个房地产估价机构,在同一时间只能在一个房地产估价机构从事房地产估价业务;不得以个人名义承揽房地产估价业务,应由所在的房地产估价机构统一接受委托和收费。

#### (三)房地产估价委托人

房地产估价委托人简称委托人,是指委托估价机构为其提供估价服务的单位或个人。委托人有权依法自主选择估价机构,任何组织或个人不得非法限制或干预。委托人委托估价、取得估价报告的目的可能是给自己使用,如人民法院委托的司法拍卖估价报告是人民法院自己用于确定拍卖保留价;也可能是给特定的第三方使用,如借款人委托的抵押估价报告是借款人提供给贷款人(如商业银行)使用;还可能是给不特定的第三方使用,如上市公司委托的关联交易估价报告是上市公司披露给公众使用。无论估价报告是给谁使用,根据《资产评估法》,委托人都应向估价机构和估价师提供估价所需的估价对象权属证明、财务会计信息和其他资料,并对其提供的资料的真实性、完整性和合法性负责,有义务协助估价师对估价对象进行实地查勘及收集估价所需资料,不得要求出具虚假估价报告或其他非法干预估价行为和估价结果。

## 1.3.2 房地产估价目的

估价目的是指估价委托人对估价报告的预期用途，它取决于委托人对估价的实际需要，即委托人获得估价报告后的具体用途。例如，是为借款人向贷款银行提供抵押房地产价值证明或贷款银行判断抵押房地产价值提供参考依据，还是为确定被征收房屋价值的补偿、房地产税收的计税依据、拍卖房地产的保留价、投保房屋的保险价值、房地产买卖成交价、建设用地使用权出让底价等提供参考依据。

对房地产估价的不同需要及相应的估价目的可分为：房地产转让、租赁、抵押、税收、征收、征用、司法拍卖、分家析产、损害赔偿、保险、建设用地使用权出让、企业改制、上市、资产重组、资产置换、产权转让、租赁、合资、合作、对外投资、合并、分立、清算，等等。不同的估价目的将影响估价结果，因为估价目的不同，价值时点、估价对象、价值类型以及估价原则、估价依据等都有可能不同。例如，许多房地产在买卖、抵押之前已出租，买卖、抵押时带有租赁期间未届满的租赁合同（俗称租约），许多法律法规规定保护这种租赁关系，如《中华人民共和国合同法》第二百二十九条规定："租赁物在租赁期间发生所有权变动的，不影响租赁合同的效力。"因此，购买者、抵押权人应尊重并履行这些租赁合同的各项条款，即所谓"买卖不破租赁"。这种房地产称为有租约限制的房地产、带租约的房地产或已出租的房地产。如果是为房地产买卖、抵押目的评估这种房地产价值，就应考虑租赁合同约定的租金（简称合同租金、租约租金，即实际租金）与市场租金（房地产在市场上的平均租金，即客观租金）差异的影响。但如果是为房屋征收目的而估价，则不考虑房屋租赁因素的影响，应视为无租约限制的房屋来估价。在成本法估价中对价格构成的成本、费用、税金和利润等项目的取舍上，也应根据估价目的的作出。此外，估价目的还限制了估价报告的用途。针对某种估价目的得出的估价结果，不能盲目地套用于与其不相符的用途。因此，估价师在估价中应始终谨记估价目的。

## 1.3.3 房地产估价对象

房地产估价对象是指所估价的房地产等财产或相关权益，是由委托人和估价目的决定的。不仅房屋、构筑物、土地为常见的估价对象，已开始开发建设而尚未竣工的房地产，即在建房地产或在建工程，都可以成为估价对象；也有要求对正在开发建设或计划开发建设而尚未出现的房地产，即未建房地产，如期房（虽然称为期房，但包括其占用范围内的土地）进行估价；还可能因民事纠纷或理赔等原因，要求对已经灭失的房地产，如已被拆除或损毁的房屋进行估价。房地产估价中也可能含有房地产以外的、作为房地产的一种附属财产的价值，如为某个可供直接经营使用的宾馆、商店、餐馆、汽车加油站、高尔夫球场等的交易提供价值参考依据而估价，其评估价值除了包含该宾馆、商店、餐馆、汽车加油站、高尔夫球场等的建筑物及其占用范围内的土地的价值，通常还包含房地产以外的资产，如家具、电器、货架、机器设备等的价值，甚至包含特许经营权、商誉、客户基础、员工队伍、债权债务等的价值，即以房地产为主的整体资产价值评估或称为企业价值评估。此外，估价对象还可能是房地产的某个局部，如某幢房屋中的某个楼层，某幢住宅楼中的某套住房；可能是房地产的现在状况与过去状况的差异部分，如在预售商品房的情况下购买人提前装饰装修的部分，在房屋租赁的情况下承租人装饰装修的部分；可能是房屋所有权和土地使用权以外的租赁权、地役权等其他房地产权利。

因此，房地产估价对象有房屋、构筑物、土地、在建房地产、未建房地产、已灭失房地产、以房

地产为主的整体资产、整体资产中的房地产等财产或相关权益。

### 1.3.4 房地产价值时点

房地产价值时点也称为房地产估价时点,是指所评估的估价对象价值或价格对应的某一特定时间。不同的估价专业、不同的国家和地区,对价值时点的称呼不尽相同。如资产评估专业一般称为评估基准日,土地估价专业一般称为估价期日。中国台湾地区过去称为估价期日,现在称为价格日期;中国香港地区一般称为估值日。

由于同一估价对象在不同的时间会有不同的价值或价格,所以估价时必须搞清楚是评估估价对象在哪个时间的价值或价格,即要确定价值时点。但价值时点不是可以随意确定的,而应根据估价目的来确定。它可能是现在、过去或将来的某个时间,通常为某个日期。还需要指出的是,确定价值时点应在前,得出评估价值应在后。有关价值时点的确定,详见本书第4章中的"价值时点原则"和第10章中的"价值时点的确定"等内容。

### 1.3.5 房地产价值类型

房地产价值类型是指所评估的估价对象的某种特定价值或价格,包括价值或价格的名称、定义或内涵。因房地产价值和价格的种类很多,每种价值和价格的内涵不同,并且即使是同一估价对象在同一时间,其不同种类的价值和价格的大小通常也不相同,所以针对某个具体的估价项目,就不能笼统地讲是评估估价对象的价值或价格,而必须明确是评估何种价值或价格。

在一个估价项目中,价值类型不是随意确定的,应根据估价目的来确定。例如,同一房地产在买卖情况下虽然实际的成交价格有高有低,但客观上有其正常的买卖价格;在征收情况下虽然实际的补偿金额可能有多有少,但客观上有其合理的补偿金额;在抵押情况下虽然不同的抵押权人或抵押人对抵押价值的大小有不同的见解,但客观上有其正常的抵押价值。而上述正常的买卖价格、合理的补偿金额、正常的抵押价值,彼此之间可能是不相同的。

根据价值的前提或内涵等实质内容来划分的价值类型,主要有市场价值、投资价值、谨慎价值、快速变现价值、现状价值和残余价值。其中,市场价值是最基本和最常用的价值类型。

### 1.3.6 房地产估价原则

房地产估价原则是估价活动所依据的法则或标准。它是人们在估价的反复实践和理论探索中,在认识价格形成和变动客观规律的基础上,总结和提炼出的。房地产估价原则可以使不同的估价师对估价的基本前提具有一致性,对同一估价对象在同一估价目的、同一价值时点的评估价值趋于相同或近似。有关房地产估价原则的详细内容,见本书第4章。

### 1.3.7 房地产估价程序

房地产估价程序是完成估价项目所需做的各项工作进行的先后次序。通过估价程序可以清楚地看到一个估价项目开展的全部过程,可以了解一个估价项目中各项工作之间的相互关系。按照科学、严谨、完整的估价程序开展估价工作,可以保证估价质量、提高估价效率、防范估价风险、规范估价行为。有关房地产估价程序详见本书第10章内容。

## 1.3.8 房地产估价依据

房地产估价依据是指作为估价的前提或基础的文件、标准和资料,主要包括以下四个方面的文件、标准和资料:一是有关法律、法规和政策,包括有关法律、行政法规,最高人民法院和最高人民检察院发布的有关司法解释,估价对象所在地的有关地方性法规,国务院所属部门颁发的有关部门规章和政策,估价对象所在地人民政府颁发的有关地方政府规章和政策,如《资产评估法》、《城市房地产管理法》、《土地管理法》、《物权法》、《国有土地上房屋征收与补偿条例》等的有关规定;二是有关估价标准,包括房地产估价的国家标准、行业标准、指导意见和估价对象所在地的地方标准等,如《房地产估价规范》、《房地产估价基本术语标准》、《房地产抵押估价指导意见》、《国有土地上房屋征收评估办法》等;三是估价委托书、估价委托合同和估价委托人提供的估价所需资料,如估价对象的面积、用途、权属证明、历史成交价格、运营收益与支出、开发建设成本以及相关财务会计信息等资料;四是房地产估价机构、注册房地产估价师掌握和收集的估价所需资料。

在估价中选取估价依据应有针对性,主要是根据估价目的和估价对象来选取。不同的估价目的和估价对象,估价依据有所不同。

## 1.3.9 房地产估价假设

房地产估价假设是指针对估价对象状况等估价前提所做的必要、合理且有依据的假定,包括一般假设、未定事项假设、背离事实假设、不相一致假设和依据不足假设。例如,在评估一宗开发用地的价值时,在该土地的容积率或用途等规划条件尚未确定的情况下,对其作出的合理假定。

合理且有依据地说明估价假设,既体现了一名合格的估价师的专业胜任能力,又反映了估价师的职业道德。其作用一方面是规避估价风险,保护估价师和估价机构;另一方面是告知、提醒估价报告使用人在使用估价报告时注意,维护估价报告使用人的权益。

## 1.3.10 房地产估价方法

房地产估价方法是指测算估价对象价值或价格所采用的具体方法。房地产价值和价格应采用科学的方法进行测算,不能仅凭经验进行主观推测。一宗房地产的价值和价格通常可通过下列三种途径来求取:一是近期市场上相似的房地产是以什么价格进行交易的——基于理性的买者愿意出的价钱通常不会高于其他买者最近购买相似的房地产的价格,即基于相似的房地产的成交价格来衡量其价值或价格;二是如果将该房地产出租或自营,预计可以获得多少收益——基于理性的买者愿意出的价钱通常不会高于该房地产的预期未来收益的现值之和,即基于该房地产的预期未来收益来衡量其价值或价格;三是如果重新开发建设一宗相似的房地产,预计需要多少费用——基于理性的买者愿意出的价钱通常不会高于重新开发建设相似的房地产所必要的代价,即基于房地产的重新开发建设成本来衡量其价值或价格。

由上述三种途径产生了三种基本估价方法,即比较法、收益法和成本法,此外还有一些估价方法,如假设开发法、路线价法、基准地价修正法、标准价调整法、修复成本法、损失资本化法、价差法、多元回归分析法、长期趋势法。

## 1.3.11 房地产估价结果

房地产估价结果是指通过估价活动得出的估价对象价值或价格及提供的相关专业意见,包括评估价值和相关专业意见。由于估价结果特别是评估价值对委托人很重要,委托人可能对估价结果有所期望,甚至设法进行干预。但是,房地产估价要遵循"独立、客观、公正原则",所以估价师和估价机构不能在估价结果上让"客户满意";不能在未估价之前就征求委托人或估价利害关系人对估价结果的意见,也不能在完成估价之前与他们讨论估价结果,因为这些都有可能影响估价工作独立、客观、公正地进行;更不得为了招揽估价业务而迎合委托人高估或低估的不合理要求。

值得注意的是,虽然要求估价结果是客观合理的,而实际上的估价结果可能受到估价师专业水平和职业道德的影响,并且所要求的客观合理的估价结果和实际上的估价结果又都可能与估价对象在市场上进行交易的成交价格有所不同。出现这种情况的原因不一定是估价结果有问题,可能是成交价格受到交易者的个别情况的影响,或者市场状况、估价对象状况等因素因成交日期与价值时点不同而发生了变化的影响。

## 1.4 房地产估价职业道德

### 1.4.1 房地产估价职业道德的含义

房地产估价职业道德是指房地产估价师和房地产估价机构在从事房地产估价活动时应遵守的道德规范和行为准则。它要求房地产估价师和房地产估价机构以良好的思想、态度、作风和行为去做好房地产估价工作,包括在房地产估价行为上应做什么,不应做什么;应怎样做,不应怎样做。

房地产估价师如果没有良好的估价职业道德,不仅会损害估价利害关系人的合法权益,而且会借着估价这种"公正"的外衣扰乱市场秩序。更有甚者,与个别当事人恶意串通出具虚假估价报告损害他人合法权益。例如,在房地产抵押估价中,与借款人恶意串通高估抵押房地产的价值骗取较多的贷款;在房屋征收评估中,与房屋征收部门的工作人员恶意串通虚增被征收房屋面积,甚至虚构被征收房屋套取征收补偿费用,与被征收人恶意串通高估被征收房屋的价值骗取更多的补偿;在房地产司法拍卖估价中,与无良法官、拍卖机构恶意串通低估拍卖房地产的价值损害被执行人的合法权益。这些不仅违反了估价职业道德,而且会被依法追究法律责任。因此,房地产估价师和房地产估价机构具有良好的估价职业道德是十分重要的。

### 1.4.2 房地产估价职业道德的具体要求

房地产估价职业道德包括回避制度、胜任能力、诚实估价、尽职调查、告知义务、保守秘密、维护形象、不得借名等方面。

#### (一)回避制度

房地产估价师和房地产估价机构应回避与自己、近亲属、关联方及其他关系人有利害关系或与估价对象有利益关系的估价业务。

#### (二)胜任能力

房地产估价师和房地产估价机构不得承接超出自己专业胜任能力和本机构业务范围的估价

业务,对部分超出自己专业胜任能力的工作,应聘请具有相应专业胜任能力的专家或单位提供专业帮助。

### (三) 诚实估价

房地产估价师和房地产估价机构应正直诚实,不得作任何虚假的估价,不得按估价委托人或其他个人、单位的高估或低估要求进行估价,且不得按预先设定的价值或价格进行估价。

### (四) 尽职调查

房地产估价师和房地产估价机构应勤勉尽责,应收集合法、真实、准确、完整的估价所需资料并依法进行检查或核查验证,应对估价对象进行实地查勘。

### (五) 告知义务

房地产估价师和房地产估价机构在估价假设等重大估价事项上,应向估价委托人说明清楚,使估价委托人了解估价的限制条件及估价报告、估价结果的使用限制。

### (六) 保守秘密

房地产估价师和房地产估价机构应对估价活动中知悉的国家秘密、商业秘密和个人隐私予以保护;应妥善保管估价委托人提供的资料,未经估价委托人同意,不得擅自将其提供给其他个人和单位。

### (七) 维护形象

房地产估价师和房地产估价机构应维护自己的良好社会形象及房地产估价行业声誉,不得采取迎合估价委托人或估价利害关系人不当要求,以及恶性压价、支付回扣、贬低同行、虚假宣传等不正当手段招揽估价业务,不得索贿、受贿或利用开展估价业务之便谋取不正当利益。

### (八) 不得借名

房地产估价师和房地产估价机构不得允许其他个人和单位以自己的名义从事估价业务,不得以估价者身份在非自己估价的估价报告上签名、盖章,不得以其他房地产估价师、房地产估价机构的名义从事估价业务。

## 1.5 中国房地产估价行业的发展

改革开放后,随着城镇住房制度改革、房屋商品化和国有土地有偿使用的开展,房地产估价活动开始复兴。特别是1993年诞生首批房地产估价师和1994年法律规定国家实行房地产价格评估制度以来,房地产估价的法律法规不断完善,标准体系逐渐健全,理论方法日趋成熟,业务领域稳步拓展,行业影响持续扩大;建立了以《城市房地产管理法》和《资产评估法》为依据,以房地产估价师执业资格制度为基础,以国家标准《房地产估价规范》和《房地产估价基本术语标准》为基本准则的政府监管、行业自律、社会监督的房地产估价行业管理机制,形成了开放有序、公平竞争、监管有力的房地产估价市场;房地产估价在解决房地产市场失灵,促进房地产交易公平,保护房地产交易者合法权益和公共利益,优化房地产资源配置,防范房地产信贷风险,促进社会和谐稳定等方面,发挥着积极而独特的作用。

下面就我国现代房地产估价行业发展的几个重要方面进行介绍。

### 1.5.1 以法律形式确立了房地产估价的地位

2019年修订后的《城市房地产管理法》第三十四条规定:"国家实行房地产价格评估制度。"第五十九条规定:"国家实行房地产价格评估人员资格认证制度。"这两条规定明确赋予了房地产估价的法律地位,使房地产估价成为国家法定制度。

2016年颁布的《资产评估法》对包括房地产估价在内的各类资产评估的基本评估原则、专业评估人员、评估机构、评估程序、评估行业协会、监督管理、法律责任等作了规定,使各类资产专业评估有了较完整、具体的法律依据,提高了其法律地位。

### 1.5.2 建立了房地产估价师执业资格制度

1993年我国建设部、人事部共同建立了房地产估价师执业资格制度,经严格考核,认定了首批140名房地产估价师。1994年,认定了第二批206名房地产估价师。1995年3月22日,建设部、人事部联合发出了《关于印发〈房地产估价师执业资格制度暂行规定〉和〈房地产估价师执业资格考试实施办法〉的通知》(建房0995J147号)。从1995年开始,房地产估价师执业资格实行全国统一考试制度。2002年之前原则上每两年举行一次考试,2002年之后每年举行一次考试。

2003年8月12日,国务院发布《关于促进房地产市场持续健康发展的通知》(国发〔2003〕18号),要求严格执行房地产估价师执(职)业资格制度。2012年12月1日,国务院印发《服务业发展"十二五"规划》,提出"加强和完善房地产估价师执业资格制度"。

2004年8月,根据中央政府与香港特别行政区政府签署的《内地与香港关于建立更紧密经贸关系的安排》(通常称CEPA),内地与香港完成了房地产估价师与产业测量师首批资格互认,香港97名产业测量师取得了内地的房地产估价师资格,内地111名房地产估价师取得了香港的产业测量师资格。

房地产估价师执业资格属于准入类职业资格。《行政许可法》第八十一条规定:"公民、法人或者其他组织未经行政许可,擅自从事依法应当取得行政许可的活动的,行政机关应当依法采取措施予以制止,并依法给予行政处罚;构成犯罪的,依法追究刑事责任。"《资产评估法》第二十八条规定:"评估机构开展法定评估业务,应当指定至少两名相应专业类别的评估师承办,评估报告应当由至少两名承办该项业务的评估师签名并加盖评估机构印章。"因此,根据《行政许可法》和《资产评估法》,无论是何种估价目的、何种类型的房地产估价活动,包括公司上市、资产置换、资产处置等,只有注册房地产估价师和房地产估价机构才能够从事,不是注册房地产估价师签名和房地产估价机构盖章的关于房地产价值或价格的评估报告,不具有法律效力。

### 1.5.3 成立了房地产估价行业组织

房地产估价行业组织是房地产估价机构和房地产估价专业人员的自律性组织,依照法律、行政法规和章程实行自律管理。为了加强房地产估价行业自律管理,1994年8月15日成立了全国性房地产估价行业组织"中国房地产估价师学会"。2004年7月12日,为了加强房地产经纪行业自律管理，"中国房地产估价师学会"更名为"中国房地产估价师与房地产经纪人学会"（中文简称为"中房学"），英文名称为"China Institute of Real Estate Appraisers and Agents"（英文名称缩写为 CIREA）。学会致力于促进房地产估价和经纪行业持续健康发展，不断提升房地产估价和经纪人员的专业胜任能力和职业道德水平。目前学会的主要工作包括：承办全国房地产估价师和房地产经纪专业人员资格考试、注册登记、继续教育；制定并推行房地产估价、房地产经纪执业准则和职业道德准则；建立并维护房地产估价师和房地产估价机构、房地产经纪人员和房地产经纪机构的信用档案；对会员的执业行为进行检查，向政府有关部门反映会员诉求，支持会员依法开展业务，维护会员合法权益；开展房地产估价和经纪研究、宣传及相关国际交流合作；办理法律法规规定及有关行政管理部门委托或授权的其他工作。

全国各省、自治区、直辖市等先后成立了地方性房地产估价行业组织，坚持服务会员、服务行业、服务国家、服务社会的宗旨，履行提供服务、反映诉求、规范行为、促进和谐的职能，在宣传行业积极作用、维护行业合法权益、加强行业自律管理、促进行业健康发展等方面发挥着重要作用。

### 1.5.4 发布了房地产估价若干法规

为了加强对房地产估价师的管理，完善房地产估价制度和房地产估价人员资格认证制度，规范注册房地产估价师行为，维护公共利益和房地产估价市场秩序，1998年8月20日建设部发布了《房地产估价师注册管理办法》，此后于2001年、2006年和2016年对该办法相继进行了修改、补充和完善。

为了规范房地产估价机构行为，维护房地产估价市场秩序，保障房地产估价活动当事人合法权益，1997年1月9日建设部颁布了《关于房地产价格评估机构资格等级管理的若干规定》，2005年10月12日在对该规定进行修改、补充、完善的基础上发布了《房地产估价机构管理办法》，此后于2013年、2015年对该办法进行了修改。为了进一步规范房地产估价机构资质许可行为，加强对房地产估价机构的日常监管，2006年12月7日建设部发出了《关于加强房地产估价机构监管有关问题的通知》。

另外，2002年8月20日建设部发出了《关于建立房地产企业及执（从）业人员信用档案系统的通知》，决定建立包括房地产估价机构和房地产估价师在内的房地产企业及执（从）业人员信用档案系统。房地产企业及执（从）业人员信用档案的内容包括基本情况、业绩及良好行为、不良行为等，以便为各级政府部门和社会公众监督房地产企业市场行为提供依据，为社会公众查询企业和个人信用信息提供服务，为社会公众投诉房地产领域违法违纪行为提供途径。

上述部门规章和其他规范性文件，对房地产估价活动的市场准入、行为规范、市场监管等作了明确规定，推动了房地产估价行业规范、健康发展。

### 1.5.5 制定了房地产估价系列标准

为了规范房地产估价活动，统一房地产估价程序和方法，保证房地产估价质量，1999年2月12日建设部、国家质量技术监督局联合发布了国家标准《房地产估价规范》。2015年4月8日，住房和城乡建设部、国家质量监督检验检疫总局联合发布了新修订的国家标准《房地产估价规范》。为了统一和规范房地产估价的术语，并有利于国内外的交流和合作，2013年6月26日住房和城乡建设部、国家质量监督检验检疫总局联合发布了国家标准《房地产估价基本术语标准》。此外，针对不同的估价目的，国务院和住房城乡建设主管部门或者会同其他有关主管部门制定了若干估价指导意见。例如,为了规范房地产抵押估价行为,保证房地产抵押估价质量,维护房地产抵押当事人的合法权益,防范房地产信贷风险,2006年1月13日建设部、中国人民银行、中国银行业监督管理委员会联合制定了《房地产抵押估价指导意见》(建住房[2006]8号)。为了规范国有土地上房屋征收评估活动,保证房屋征收评估结果客观公平,根据《国有土地上房屋征收与补偿条例》,2011年6月3日住房和城乡建设部制定了《国有土地上房屋征收评估办法》。

### 1.5.6 构建了房地产估价理论方法体系

长期以来,房地产估价行政管理部门和行业组织十分重视房地产估价理论、方法及其应用研究,高等学校、科研院所的一大批专家学者以及许多房地产估价师和房地产估价机构积极开展这些研究,借鉴美国、英国、日本、德国等发达国家以及中国台湾和香港地区的房地产估价成果,结合房地产估价的实践,丰富和发展了房地产估价理论和方法,形成了既与国际接轨又适用于中国现行房地产制度政策及市场环境的估价理论方法体系。目前,房地产估价的相关理念、术语及其内涵等与国际上的基本一致,比较法、收益法、成本法、假设开发法是中国房地产估价的常用方法。

### 1.5.7 形成了公平竞争的房地产估价市场

为了建立与社会主义市场经济相适应的中介机构管理体制和符合市场经济要求的自律性运行机制,促进中介机构独立、客观、公正地执业,使其成为自主经营、自担风险、自我约束、自我发展、平等竞争的经济组织,2000年5月29日国务院清理整顿经济鉴证类社会中介机构领导小组提出了《关于经济鉴证类社会中介机构与政府部门实行脱钩改制的意见》,要求包括房地产估价机构在内的中介机构必须与挂靠的政府部门及其下属单位在人员、财务、业务、名称等方面彻底脱钩。2000年7月14日,国务院办公厅转发了《关于经济鉴证类社会中介机构与政府部门实行脱钩改制的意见》,要求认真贯彻执行。根据这些要求,房地产估价机构与政府部门脱钩改制成为主要由注册房地产估价师出资设立的有限责任公司或合伙企业。脱钩改制打破了行业垄断和地区市场分割的局面,形成了公平竞争的房地产估价市场。2005年出台的《房地产估价机构管理办法》第四条进一步规定:"房地产估价机构依法从事房地产估价活动,不受行政区域、行业限制。"

### 1.5.8 深化拓展了房地产估价业务

为了更好地满足社会经济发展的需要,从估价目的、估价对象、价值类型等方面,不断对房地产估价业务进行深化,提供越来越精细化的估价服务,包括为了转让、租赁、抵押、税收、征收、征用、拍卖、变卖、分割、合并、损害赔偿、保险、建设用地使用权出让、房地产投资基金、投资性房地产公允价值计量、用房地产作价出资设立企业,以及企业改制、上市、资产重组、资产置换、收购资产、出售资产、产权转让、对外投资、合资、合作、租赁、合并、分立、清算、抵债等的需要,对房屋、构筑物、土地、在建房地产、未建房地产、已灭失房地产、以房地产为主的整体资产、整体资产中的房地产等财产或相关权益的市场价值、投资价值、现状价值、快速变现价值、残余价值、抵押价值、抵押净值、计税价值、保险价值、卖方要价、买方出价、招标底价、拍卖底价、挂牌底价等进行评估。

此外,房地产估价机构和房地产估价师在做好房地产价值、价格评估的同时,还积极提供房地产市场调研、房地产投资项目可行性研究、房地产开发项目策划等房地产咨询服务,拓宽了业务领域。随着经济社会发展,房地产估价的业务内容还会越来越深化,服务领域还将越来越宽广。

### 1.5.9 积极开展了国际交流合作

中国房地产估价师与房地产经纪人学会同国际测量师联合会(International Federation of Surveyors,FIG)、国际估价官协会(International Association of Assessing Officers,IAAO)、世界估价组织协会(World Association of Valuation Organisations,WAVO)、国际估价标准委员会等相关国际估价组织,美国估价学会(Appraisal Institute,AI)、英国皇家特许测量师学会、日本不动产鉴定师协会联合会、韩国鉴定评价协会、新加坡测量师与估价师学会等国外估价组织,以及中国香港测量师学会等地区估价组织建立了紧密联系,相互往来,签署了交流合作协议,联合举办了专业研讨等活动。

2006年10月13日,中国房地产估价师与房地产经纪人学会加入了国际测量师联合会,成为其全权会员。国际测量师联合会成立于1878年,是联合国认可的非政府组织(NGO),是各国测量师(包括估价师)组织的联合会,设有10个专业委员会,房地产估价属于其中第九专业委员会房地产估价与管理委员会(Valuation and the Management of Real Estate)。

## 复习思考题

**一、简答题**

1. 什么是专业房地产估价?专业房地产估价有何特点?
2. 价格与价值之间有何异同和关系?
3. 为什么说房地产估价本质上是评估房地产的价值而不是价格?
4. 如何理解房地产估价结果的准确性问题?
5. 房地产估价业务有哪些种类?
6. 房地产估价当事人有哪些?
7. 房地产估价的依据有哪些?
8. 为什么说房地产估价既具有科学性又具有艺术性?

**二、论述题**

1. 试述房地产估价的特点。
2. 试述房地产估价的必要性。
3. 试述房地产估价的职业道德。

**三、案例分析题**

某公司因债务原因需变卖公司拥有的H酒店来清偿债务。公司委托了甲房地产估价机构对H酒店当年11月1日的市场价值进行评估,其估价结果为6720万元。公司认为甲房地产估价机构的估价结果有些偏低,然后又委托了乙房地产估价机构对H酒店当年11月1日的市场价值进行评估,其估价结果为6680万元。

试分析甲、乙房地产估价机构估价结果不完全相同的原因。

# Chapter 2

## 第 2 章　房地产及其描述

【本章学习要点】

① 房地产的含义;② 土地、建筑物和其他相关定着物的定义;③ 房地产区位、实物和权益的含义;④ 房地产的特性;⑤ 房地产的种类;⑥房地产状况描述的内容。

通过本章的学习,理解房地产、土地、建筑物和其他相关定着物的含义,熟悉房地产区位、实物和权益的含义,熟悉房地产的特性和种类,掌握房地产区位、实物和权益状况描述的具体内容。

## 2.1　房地产的概念

### 2.1.1　房地产的含义

（一）房地产的定义

房地产是房产和地产的总称,是指土地、建筑物和其他相关定着物,是房地产区位、实物和权益的结合体。要理解房地产的含义,不仅要理解土地、建筑物和其他相关定着物的含义,还要理解房地产区位、实物和权益的含义。

（二）土地、建筑物和其他相关定着物的含义

**1. 土地的含义**

从房地产估价的角度来看,土地是一个三维立体的空间,一般是指地球的陆地表面及其上下一定范围内的空间。如图 2-1 所示,一宗土地的空间范围可分为以下三个层次:一是地球表面,简称地表;二是地球表面以上一定范围内的空间,简称地上空间;三是地球表面以下一定范围内的空间,简称地下空间。

一宗土地的地表范围,是指该土地在地表上可利用的空间高度边界和地表下可利用的空间深度边界所围合的区域。该"边界"是以土地权属界线组成的封闭曲线。土地的实物形态是连绵无垠的,本身无所谓范围,但因为人们在地表上划分界线,所以形成了一块一块或一宗一宗的土地,也使每块或每宗土地有了平面界址、形状和面积。例如,政府出让建设用地使用权的土地,其地表范围通常是根据标有界址点坐标的平面界址图或建设用地红线图,由土地管理部门或规划管理部门在地块各转点钉桩、埋设混凝土界桩或界石并放线来确认,形状为封闭多边形,面积大

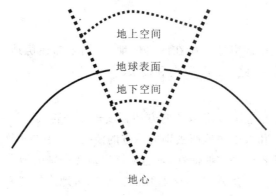

图 2-1 土地的空间范围

小依水平投影面积计算。

**2. 建筑物的含义**

建筑物是指用建筑材料构筑的空间和实体,包括房屋和构筑物。房屋是指有基础、墙体、门窗和顶盖,具有遮风避雨、保温隔热、抵御他人或野兽侵扰等功能,供人在其内进行居家生活和生产活动的空间场所。如住宅、办公楼、商店、旅馆、厂房、仓库等。构筑物是指人们一般不直接在内进行生活和生产活动的工程实体或附属建筑设施,如道路、桥梁、隧道、烟囱、水塔、水坝等。房屋和构筑物的区别主要有两点。一是人们是否直接在其内部进行生活或生产活动。人们通常直接在里面进行生活或生产活动的为房屋,人们一般不直接在里面进行生活或生产活动的为构筑物。二是是否有门窗和顶盖。有门窗和顶盖的一般为房屋,没有门窗或顶盖的一般为构筑物。当然,有时对宝塔、凉亭之类的建筑物,称其为房屋或构筑物似乎都不妥,一般直呼其为建筑物。

**3. 其他相关定着物的含义**

其他相关定着物是指附着或结合在土地或建筑物上不可分离的部分,从而成为土地或建筑物的从物,应随着土地或建筑物的转让而一并转让的物,但当事人另有约定的除外。

其他相关定着物与土地或建筑物通常在物理上不可分离,有时即使可以分离,但分离就会破坏土地与建筑物的完整性、使用价值或功能,或者会使土地与建筑物的经济价值明显减损,如建造在地上的围墙、假山、水池、沟渠等;种植在土地上的树木、花草等;埋设在地下的管线、设施等;安装在房屋内的水暖设备、卫生器具等;镶嵌在墙里或直接画在墙上的雕塑、字画等。而仅是放进土地或建筑物中,置于土地或建筑物的表面,或者与土地、建筑物毗连者,都不属于其他相关定着物。如摆放在室内的家具、电器、装饰品,挂在墙上的字画,停放在车库里的汽车等。

## 2.1.2 房地产区位、实物和权益的含义

### (一) 房地产区位的含义

房地产区位是指房地产的空间位置。由于房地产具有不可移动性,其位置固定不变,因此,房地产的价格、价值与区位密切相关是房地产特有的性质。"location, location and location"是西方认为的投资房地产的三大秘诀,即"第一是区位,第二是区位,第三还是区位"。当然,区位并不能够代表房地产的一切,这种说法只是强调了区位对房地产的重要性。具体来说,一宗房地产的区位是该房地产与其他房地产或事物在空间方位和距离上的关系,包括位置、交通、外部配套设

施、周围环境等状况。

**1. 位置**

一宗房地产的位置是指该房地产所在的具体地方,用来描述房地产位置的要素有坐落、方位、与相关场所的距离、临街(路)状况、朝向和楼层。

**2. 交通**

一宗房地产的交通是指进出该房地产的方便程度——是否具有通达性,具体表现为从别的地方到该房地产的可及性和从该房地产去别的地方的便捷性。用"可及性"表达从别的地方到该房地产——"进来"的方便程度;用"便捷性"表达从该房地产去别的地方——"出去"的方便程度,是为了更好地描述和评判一宗房地产的交通状况。某些房地产因受单行道、道路隔离带、立交桥、交通出入口设置的影响,其"进来"与"出去"的方便程度不同。

**3. 外部配套设施**

一宗房地产的外部配套设施是指该房地产外部的基础设施和公共服务设施。如果是该房地产内部的配套设施,则应属于该房地产的实物因素。基础设施一般是指道路、给水、排水(雨水、污水)、电力、通信(如电话、互联网、有线电视)、燃气、供热等设施。公共服务设施一般是指商业服务、金融、邮电、教育、医疗、卫生、文化、体育、社区服务、市政公用和行政管理等设施。

**4. 周围环境**

一宗房地产的周围环境是指该房地产的自然环境、人文环境和景观。该房地产的自然环境是该房地产周围的各种自然因素的总和,如大气、水、植物、土壤、岩石矿物、太阳辐射等。人文环境是该房地产周围的社会环境,包括该房地产所在地区的文化历史、声誉、居民特征、治安状况、相邻房地产的利用状况等。景观是从该房地产向外观望时,出现在人的视野的视觉效果,即放眼所见的景色及所获得的印象。

**(二) 房地产实物的含义**

房地产实物是房地产中看得见、摸得着的部分,如土地的形状、地形、地势、地质、土壤、平整程度等,建筑物的外观、建筑结构、设施设备、装饰装修等。认识房地产实物,需要测绘、建筑、设备等专业知识。

房地产实物可进一步分为实体构成、实体质量、实体功能等方面。以一幢房屋为例,其实体构成就是该房屋的建筑结构是砖混结构,还是钢筋混凝土结构?实体质量就是该房屋的质量安全状况如何?实物功能就是该房屋空间布局如何、户型如何?

房地产实物状况包括土地实物状况和建筑物实物状况。其中,土地实物状况包括土地的面积、形状、地形、地势、地质、土壤、开发程度等;建筑物实物状况包括建筑规模、建筑结构、设施设备、装饰装修、空间布局、建筑功能、外观、新旧程度等。

**(三) 房地产权益的含义**

房地产权益是房地产中无形的、不可触摸的部分,是依附在房地产实物上的权利义务。一宗房地产的权益通常包括以下几方面:一是拥有的房地产权利,如拥有的是所有权还是使用权;二是该房地产权利受其他房地产权利的限制情况,如是否设立了抵押权、租赁权或地役权的房屋所有权和建设用地使用权;三是该房地产权利受房地产权利以外因素的限制情况,如该房地产是否存在使用管制(如对土地用途、容积率、建筑密度、绿地率、建筑高度等的限制)、相邻关系、被人民法院查封、异议登记等而使房地产使用或处分受到限制;四是额外的利益或好处,如购房可配入学指标、可落户口,外墙面可租售给广告公司做广告获取经济收入;五是相关债务,如是否拖欠建设工程价款、物业费、供暖费、水电费、房产税等。

具体来说,房地产权益状况应包括房地产用途、土地规划条件、房屋所有权、土地使用权、共有情况、用益物权设立情况、担保物权设立情况、租赁或占用情况、拖欠税费情况、查封等形式限制权利情况、权属清晰情况等。

## 2.1.3 房地产的存在形态

房地产虽然包括土地和建筑物两大部分,但并不意味着只有土地与建筑物合在一起时才称为房地产,单纯的土地或单纯的建筑物都属于房地产,也是房地产的一种存在形态。一般来说,房地产有土地、建筑物、房地三种存在形态。

### (一)土地形态

土地形态的最简单情形是一块没有建筑物的空地。即使土地上有建筑物,有时根据需要或按照有关规定,只评估其中的土地价值。例如,为征收土地税费或确定转让、出租、抵押划拨建设用地使用权的房地产应补交的出让金等费用,就需要单独评估土地的价值。对有建筑物的土地,在估价中如何单独处理土地问题,有两种做法:一是忽略建筑物的存在,即假设为没有建筑物的空地;二是考虑建筑物存在对土地价值的影响。

### (二)建筑物形态

建筑物在实物形态上是与土地连为一体的,但有时根据需要或按照有关规定,只评估其中的建筑物价值。例如,在房地产投保火灾险时评估其保险价值或火灾发生后评估其损失,通常只单独评估建筑物或其损毁价值。在估价中如何单独处理建筑物问题,有两种做法:一是忽略土地的存在,即将其设想为"空中楼阁";二是考虑土地存在对建筑物价值的影响。

### (三)房地形态

房地形态即实物形态上是土地与建筑物合为一体,并在估价时作为一个整体来对待的状况。可见,房地是专指土地与建筑物的综合体,如说房地价值时,该价值既包含建筑物价值,也包含建筑物占用范围内的土地价值,或者说该价值既包含土地价值,也包含土地上的建筑物价值。

## 2.1.4 房地产的其他名称

### (一)不动产

在法律上,通常把财产或者物分为不动产和动产两大类。例如,《民法总则》第一百一十五条规定:"物包括不动产和动产。"《物权法》第二条规定:"本法所称物,包括不动产和动产。"中国目前对不动产有明确定义的法律法规是《担保法》和《不动产登记暂行条例》。《担保法》第九十二条规定:"本法所称不动产是指土地以及房屋、林木等地上定着物。"《不动产登记暂行条例》第二条规定:"本条例所称不动产,是指土地、海域以及房屋、林木等定着物。"

一种财产是属于不动产还是属于动产,一般是根据其实物是否可以自由移动来判别的:凡是自行能够移动或者用外力能够移动,并且移动后其性质和价值一般不会改变的财产属于动产;反之,不能移动或者移动后会引起性质、形状改变的财产属于不动产。例如,财政部、国家税务总局2016年3月23日印发的《营业税改增值税试点实施办法》将不动产注释为"不动产,是指不能移动或者移动后会引起性质、形状改变的财产。"

### (二) 物业

中国香港地区的房地产业广泛使用"物业"一词,如把房地产估价称为物业估值或物业估价。香港所讲的物业实质上就是房地产。香港的物业一词是从英语的 property 一词翻译过来的。在英语中,property 也指房地产。内地现在也大量使用"物业"一词,最典型的是"物业管理"或"物业服务",并把其中"物业"定义为"房屋及配套的设施设备和相关场地"。

### (三) real estate 和 real property

在英语中,房地产的名称为 real estate 和 real property,但两者的含义不完全相同。英语中的 land(土地)、real estate 和 real property 是三个相互联系、含义越来越宽的术语:land 是指地球的表面及下达地心、上达无限天空的空间,包括永久定着在地球表面之中、之上、之下的自然物,如树和水。real estate 是指 land 加上永久定着在其中、其上、其下的人工改良物,如构筑物和房屋。real property 是指 real estate 加上与其有关的各种权益,包括权利、利益和好处。land、real estate、real property 三者的内涵虽有差异,但 real estate 和 real property 在一般情况下是相互通用、不加区分的,大多使用 real estate 一词。

## 2.2 房地产的特性

房地产包括土地和建筑物,其中土地是大自然赐予人类的产物,是永久存在的;建筑物为人工建造的产品,并且固定在土地上。因此,房地产的特性主要取决于土地的特性,是以土地的特性为基础的。从房地产估价和把握房地产价值、价格的角度看,房地产具有以下特性。

### 2.2.1 不可移动性

不可移动性也称为位置固定性,即房地产的位置固定不可移动,这属于房地产最重要的一个特性,也是房地产与其他财产、资产、商品的最根本的不同之处。

土地作为空间场所,其空间位置是固定和不能移动的。建筑物由于定着在土地上,其位置也是固定的。由于不可移动性,每宗房地产与重要场所(如商场、公园、学校、医院等)的距离、对外交通、外部配套设施、周围环境等,均具有确定性和相对稳定状态,从而形成了每宗房地产独特的自然地理位置和社会经济地位,使得不同的房地产之间有区位优劣之分。

房地产的不可移动性,决定了它只能就地开发、利用或消费,并要受制于其所在的空间地理环境的制约,而不像其他可移动的商品那样,原材料所在地、生产所在地和消费所在地可以不在同一个地方,能够在不同地区之间调剂余缺,从生产地流通到消费地。因此,房地产市场是区域性市场,房地产的供求状况、价格水平和价格走势等都是区域性的,在不同区域之间有所不同。因此,通常将一个城市的房地产市场视为一个市场,对于较大城市内的不同区域,其房地产供求状况和价格形成条件存在较大差异时,可将该城市的房地产市场细分为若干个子市场。

### 2.2.2 独一无二性

独一无二性也称为独特性、异质性、个别性等。房地产不像工业化产品,同一批次相同型号的产品无差异,而每宗房地产都有自己的独特之处且差异较大,不存在两宗完全相同的房地产。即使两幢建筑物或两套住宅一模一样,它们的具体空间位置或朝向、景观、邻里关系等也都可能是不相同的。

房地产的独一无二性,使得市场上房地产之间难以完全替代,房地产市场不是完全竞争的市场,不同房地产存在较大差异,房地产价格会出现"一房一价",因此房地产购买者需要实地查看、亲身感受或体验,进行房地产估价时也必须到估价对象现场进行实地查看,准确了解每宗房地产价格的独特性。

### 2.2.3 寿命长久性

寿命长久性也称为房地产使用的耐久性。对土地来说,土地具有不可毁灭性和永续性。建筑物虽然不像土地那样具有不可毁灭性,但其使用寿命(使用年限)通常可达几十年甚至上百年。房地产由于寿命长久,可以供其拥有者长期使用,或者给其拥有者带来持续不断的收益(如租金收入)。

需要说明的是,从土地使用制度来看,土地在某些情况下是有寿命的,如以出让方式取得的建设用地使用权是有使用期限的。目前,建设用地使用权出让的最高年限,居住用地为70年(到期后可自动续期),工业用地为50年,教育、科技、文化、卫生、体育用地为50年,商业、旅游、娱乐用地为40年,综合或者其他用地为50年。以出让方式取得建设用地使用权的,转让房地产后,受让人的使用期限不得超过原出让合同约定的使用期限减去原土地使用者已经使用期限后的剩余期限。建设用地使用权期间届满,除住宅建设用地使用权自动续期外,非住宅建设用地使用权人未申请续期或者虽然申请续期但依法未获批准的,建设用地使用权由国家无偿收回。对此点的认识在房地产估价上具有重要意义,例如位置和建筑物状况都很好的房地产,可能因土地使用期限较短而价值较低。

### 2.2.4 用途多样性

用途多样性首先体现在土地的利用上,如土地可用于林业、农业、工业、居住、办公、商业等。土地上一旦建造了建筑物,其具体用途是住宅还是工业厂房或商业用房通常就被限定,一般难以改变,因为可能受到规划要求和原有建筑结构等的限制而不能改变,或者改变的费用很高而不经济。当然,也有随着交通条件、外部配套设施等的完善,将原来的厂房改造为办公楼、超级市场、公寓或者拆除重新利用的大量实例。在不同用途中还可以选择不同的利用方式,如居住用途有普通住宅、高档公寓和别墅,既可以建平房也可以建多层楼房或高楼大厦。

房地产虽然具有用途多样特性,但现实中的房地产用途并不是其拥有者可以随意确定和改变的。房地产的利用一方面要符合城乡规划、土地利用规划等的规定,另一方面存在着不同用途以及利用方式的优选问题。在市场经济中,房地产拥有者趋向于在规划等允许的范围内将房地产用于预期可以取得收益最大化的用途和利用方式。因此,房地产估价中要同时遵循"合法原则"和"最高最佳利用原则"。从经济角度来看,土地用途优选的一般顺序是:商业、办公、居住、工业、耕地、牧场、放牧地、森林、荒地。

### 2.2.5 价值较大性

与消费者购买的一般商铺相比，房地产的单价高、总价数额大。从单价来看，每平方米土地或每平方米建筑面积房屋的价格，低则数百元上千元，高则数万元甚至几十万元，繁华的商业地段素有"寸土寸金"之说。从总价来看，房地产不可以按照平方米等小单位零星出售，必须有一定的规模（如一个房间、一套房、一个单元等），少则几个平方米（小型商铺），多则几十上百平方米或几百平方米。因此，房地产总价一般在十万元以上。

对许多人来说，购买一套住房通常是其一生中最昂贵的商品，要花费一生的积蓄。有时为避免总价过大而无法支付，出现了较小面积的住房单价明显高于较大面积的住房单价。至于一幢别墅、一栋办公楼、一个酒店、一座商场的价值就更大了，通常高达几百万元或上千万元，甚至上亿元、数十亿元。

### 2.2.6 保值增值性

对于一般商品，随着新技术和新工艺的不断出现与应用，生产效率会提高、生产成本会降低、产品的更新换代会加速，产品的价值和使用价值会较快降低。但是，房地产由于寿命长久、土地供应量不能增加，以及交通等基础设施不断完善、人口增加等，其价值通常可以得到保持，甚至随着时间的推移而不断增加。

从理论上讲，导致房地产价格上涨的原因主要有：一是房地产拥有者对房地产进行投资改良，如重新进行装修改造，更新或添加设施设备，改进物业管理等；二是外部经济因素，如政府进行道路、地铁等交通建设，修建广场、公园、公共绿地，调整城市发展方向，改变城市格局等；三是需求增加，如经济发展、收入增长、人口增加带来房地产需求增加；四是房地产使用方式改变，如将农用地转为建设用地，将原工业用途改变为居住用途或办公用途、商业用途，增加容积率等；五是通货膨胀，如商品和服务的货币价格总水平出现了上涨，即出现了物价普遍上涨。上述五个方面中，房地产拥有者对房地产进行投资改良导致的房地产价格上涨，不是房地产自然增值；通货膨胀导致的房地产价格上涨，不是真正的房地产增值，而是房地产保值；外部经济、需求增加、房地产使用方式改变导致的房地产价格上涨，是真正的房地产自然增值。

### 2.2.7 供给有限性

土地是大自然的产物而非人工产品，地球表面面积基本上是固定不变的，因此土地总量不能增加。由于土地总量不能增加，特别是区位较好的土地供给有限，造成了建筑物特别是区位较好的建筑物的数量也是有限的，甚至使某些房地产成为稀缺商品。

房地产具有供给有限性的主要原因是：房地产的不可移动性造成了房地产的供给在特定的地理位置或区域范围具有固定面积的土地数量。房地产的供给有限性使得房地产具有独占性，一定区位特别是区位较好的房地产被人占有后，则占有者可以获得特定的生活或生产资源优势，或者可以支配相关的自然资源和生产力，在市场竞争中具有明显的区位优势。

### 2.2.8 相互影响性

房地产的不可移动性，使得其用途、建筑高度、建筑式样等状况会对周围的房地产产生较大而长久的影响;反过来,周围房地产的状况也会对该房地产产生影响。例如,某建筑物的通风、采光、日照、景观、环境、安全等会受到相邻建筑物的影响。因此,房地产具有相互影响特性。正是因为房地产具有相互影响特性,产生了"相邻关系",并且《物权法》第八十四条规定:"不动产的相邻权利人应当按照有利生产、方便生活、团结互助、公平合理的原则,正确处理相邻关系。"

房地产的"相邻关系"可以运用经济学中的"外部性"进行诠释。经济学中的"外部性"也称为外部效应,是指某个生产者或消费者进行生产或消费的行为,对其他生产者或消费者带来的影响。外部性分为外部性正效应或外部经济和外部性负效应或外部不经济。外部正效应会使相邻房地产升值,外部负效应会导致相邻房地产贬值。

### 2.2.9 易受管制性

房地产是人们从事生产活动和生活活动都不可缺少的基础要素,因其具有相互影响性等特性,世界上几乎所有的国家和地区,都颁布了一系列法律法规和规章措施对房地产的利用、交易甚至价格、租金等方面进行严格管制。

政府对房地产的管制方式常见的有城市规划、土地用途管制和房地产市场调控等,一般是通过行使四种特殊权力来实现:一是管制权,即政府为了公众安全、健康和一般福利等,可以直接对房地产利用加以干涉,如通过城市规划规定用途、容积率、建筑密度、绿地率、建筑高度,禁止在居住区内建设某些工业或商业设施等;二是征税权,即政府为了增加财政收入等目的,可以对房地产征税或提高房地产税收,只要这些税收是公平征收的;三是征收权,即政府为了公共利益的需要,如修公路、建学校等,可以强制取得单位和个人的房地产,但要对被征收单位和个人给予公平、合理的补偿;四是充公权,即政府在房地产业主死亡或失踪而无继承人的情况下,可以无偿收回房地产。

### 2.2.10 难以变现性

变现能力是指在没有过多损失的条件下,将非现金财产转换为现金的速度。凡是能够快速转换为现金且没有损失或损失极小的情形称为变现能力强或流动性好;反之称为变现能力弱或流动性差。房地产由于价值较大、独一无二、不可移动等,加上交易手续较复杂、交易税费较多等原因,使得同一宗房地产的买卖不会频繁发生,一旦需要出售,通常需要较长时间才能脱手。因此,房地产具有难以变现的特性。

一般来说,影响房地产变现能力的因素主要有:一是房地产的通用性,即房地产的常用性与普遍使用性,通用性越差的房地产,如用途越专业化的房地产,使用者的范围越窄,越不容易找到买者,变现能力会越弱;二是房地产的独立使用性,即房地产能否单独地使用而不受限制,独立使用性越差的房地产,越妨碍房地产的使用,变现能力会越弱;三是房地产的可分割转让性,即房地产在实物上、权利上是否可合法分离开来使用和转让,容易分割转让的房地产,其变现能力较强;四是房地产的区位,即房地产所处位置越偏僻、配套越不完善,其变现能力会越弱;五是房地产的开发程度,即开发程度越低的房地产,不确定因素越多,变现能力会越弱;六是房地产的价值大小,即价值越大的房地产,变现能力会越弱;七是房地产的市场状况,即房地产市场越不景气,变现能力就越弱。

## 2.3 房地产的种类

### 2.3.1 按房地产实物形态划分的种类

根据实物形态的不同可以把房地产分为土地、建筑物和房地三大类。

#### （一）土地

土地又可分为无建筑物的土地（空地）和有建筑物的土地。

#### （二）建筑物

建筑物又可分为已建成的建筑物和尚未建成的建筑物。已建成的建筑物又可分为新建筑物和旧建筑物。尚未建成的建筑物又可分为正在建造的建筑物和停缓建的建筑物（如烂尾楼等）。

#### （三）房地

房地是指土地与建筑物的综合体，房地又可分为土地与已建成的建筑物的综合体（现房）和土地与尚未建成的建筑物的综合体（在建工程或期房）。

### 2.3.2 按房地产用途划分的种类

房地产根据用途不同可划分为居住房地产和非居住房地产两大类，而非居住房地产又可分为商业房地产、办公房地产、旅馆房地产、餐饮房地产、体育和娱乐房地产、工业房地产、农业房地产、特殊用途房地产、综合用途房地产等，具体分类如下。

#### （一）居住房地产

居住房地产是指供家庭或个人居住使用的房地产，又可分为住宅和集体宿舍两类。住宅是指供家庭居住使用的房地产，又可分为普通住宅、高档公寓和别墅等。集体宿舍又可分为单身职工宿舍、学生宿舍等。

#### （二）商业房地产

商业房地产是指供出售商品使用的房地产，如商铺、商店、商场、购物中心、超级市场、批发市场等。

#### （三）办公房地产

办公房地产是指供处理各种事务性工作使用的房地产，如办公场所、办公楼。办公楼又可分为商务办公楼（写字楼）和行政办公楼两类。

#### （四）旅馆房地产

旅馆房地产是指供旅客住宿使用的房地产，如宾馆、酒店、饭店、旅店、旅社、招待所、度假村、疗养院、培训中心等。

### （五）餐饮房地产

餐饮房地产是指供餐饮服务的房地产（用餐场所），如餐馆、餐厅、酒楼、饭馆、饭庄、快餐店、美食城等。

### （六）体育和娱乐房地产

体育和娱乐房地产是指供人健身、消遣使用的房地产，如体育馆、体育场、保龄球馆、乒羽中心（场馆）、高尔夫球场、滑雪场、影剧院、游乐场、娱乐城、康乐中心等。

### （七）工业房地产

工业房地产是指供工业生产使用或直接为工业生产服务的房地产，如厂房、生产车间、仓库等。工业房地产按用途，又可分为主要生产用房、辅助生产用房、动力用房、储存用房、运输用房、企业办公用房、其他用房（如水泵房、污水处理房等）。

### （八）农业房地产

农业房地产是指供农业生产使用或直接为农业生产服务的房地产，如农地、农场、林场、牧场、果园、苗圃、鱼塘、养殖场、种子库、拖拉机站、饲养牲畜用房等。

### （九）特殊用途房地产

特殊用途房地产主要包括汽车客运站、火车站、机场、码头、汽车加油站（加气站、充电站）、医院、学校、博物馆、寺庙、教堂、火葬场、墓地等。

### （十）综合用途房地产

综合用途房地产是指具有两种及两种以上用途的房地产，如商住楼等。

## 2.3.3 按房地产开发程度划分的种类

房地产根据开发程度可以分为生地、毛地、熟地、在建工程和现房五大类。

### （一）生地

生地是指不具有城市基础设施的土地，如农地、荒地。

### （二）毛地

毛地是指具有一定的城市基础设施，有地上物（如老旧房屋、围墙、电线杆、树木等）需要拆除或迁移但尚未拆除或迁移的土地。

### （三）熟地

熟地是指具有较完善的城市基础设施且场地平整，可以直接在其上进行房屋建设的土地。按照基础设施完备程度和场地平整程度，熟地又可分为"三通一平""五通一平""七通一平"等的土地。"三通一平"一般是指通路、通水、通电以及场地平整;"五通一平"一般是指具备道路、给水、排水、电力、通信等基础设施条件以及场地平整;"七通一平"一般是指具备道路、给水、排水、电力、通信、燃气、供热等基础设施条件以及场地平整。

### (四)在建工程

在建工程也称为未完工程,是指处在某种开发建设阶段而尚未竣工的房地产。该房地产不一定正在开发建设之中,也可能停工了多年,因此在建工程包括停建、缓建工程。在实际估价中,未完成工程竣工验收的,即为在建工程。在建工程可以按照工程进度,如形象进度、投资进度、工作量进度、工期进度等进行分类。

### (五)现房

现房是指房屋已建成并获取工程竣工验收报告合格,可直接使用的房屋及其占用范围内的土地。现房按照新旧程度不同,又可分为新的房地产(新房)和旧的房地产(旧房)。现房也经常按照装饰装修状况不同分为毛坯房、简装房、精装房。毛坯房是指建成后没有进行室内装饰装修的房屋;简装房是指室内装饰装修简单或很普通的房屋;精装房是指室内装饰装修精致或精美的房屋。

## 2.3.4 按房地产是否产生收益划分的种类

房地产根据是否产生收益可以分为收益性房地产和非收益性房地产两大类。

### (一)收益性房地产

收益性房地产是能直接产生租赁收益或其他经济收益的房地产,如商品住宅、写字楼、商店、宾馆、餐馆、影剧院、游乐场、高尔夫球场、停车场、汽车加油站、标准厂房(用于出租的)、仓库(用于出租的)、农地等。

### (二)非收益性房地产

非收益性房地产是不能直接产生经济收益的房地产,如行政办公楼、学校、医院、图书馆、体育场馆、公园、军队营房等以公用、公益为目的的房地产。

值得注意的是,实际判定一宗房地产是收益性房地产还是非收益性房地产,不是看该房地产目前是否正在产生经济收益,而是看该类房地产在本质上是否具有直接产生经济收益的能力。例如,某商铺目前尚未出租而空置着,无经济收益,但仍然属于收益性房地产。

## 2.3.5 按房地产经营使用方式划分的种类

房地产根据经营使用方式不同,相应地可以把房地产分为出售的房地产、出租的房地产、自营的房地产和自用的房地产。

值得注意的是,实际上有的房地产既可以出售,也可以出租、自用或自营,如商品住宅、写字楼、商铺;有的房地产主要是出租或自营,也可以出售,如商场、餐馆、标准厂房;有的房地产主要是自营,偶尔也有出售或出租,如宾馆、影剧院、高尔夫球场、汽车加油站;有的房地产主要是自用,如行政办公楼、学校、特殊厂房。

## 2.4 房地产状况的描述

估价对象房地产状况的描述可分解为基本状况、区位状况、实物状况和权益状况四个部分来进行。为了直观和简明扼要,可采用表格形式(如表 2-1 所示)说明估价对象房地产状况的相关信息,然后分别对其区位状况、实务状况和权益状况进行详细描述,通常还应附位置图、宗地图、房产平面图以及内部状况、外部状况和周围环境状况的照片等来说明房地产状况。

表 2-1 估价对象房地产状况信息一览表

| | | | | | | | | |
|---|---|---|---|---|---|---|---|---|
| 基本状况 | 名称 | | | | | | | |
| | 坐落 | | | | | | | |
| | 范围 | | | | | | | |
| | 规模 | 土地面积 | | 建筑面积 | | 其他 | | |
| | 用途 | 登记用途 | | | | 实际用途 | | |
| | | 规划用途 | | | | 设计用途 | | |
| | 土地使用权 | 国有土地 | | | | 集体土地 | | |
| | 土地使用权 | 权利种类 | 建设用地使用权 | 划拨 | | 出让 | 租赁 | 宅基地使用权 |
| | | | | 作价出资入股 | | 授权经营 | 土地承包经营权 | |
| | | 权利人 | | | | | | |
| | 房屋所有权人 | | | | | | | |
| 区位状况 | 位置 | | | | | | | |
| | 交通 | | | | | | | |
| | 外部配套设施 | | | | | | | |
| | 周围环境 | | | | | | | |
| 实物状况 | 土地实物状况 | 土地面积 | | 土地形状 | | 地形地势 | | |
| | | 地质 | | 土壤 | | 土地开发程度 | | |
| | | 其他 | | | | | | |
| | 建筑物实物状况 | 建筑规模 | | 建筑结构 | | 设施设备 | | |
| | | 装饰装修 | | 空间布局 | | 建筑功能 | | |
| | | 外观 | | 新旧程度 | | 其他 | | |
| 权益状况 | 土地权益状况 | 土地所有权 | | 土地使用权 | | 土地使用管制 | | |
| | | 土地使用现状 | | 出租或占用 | | 他项权利设立 | | |
| | | 其他特殊情况 | | | | | | |
| | 建筑物权益状况 | 房屋所有权 | | 出租或占用 | | 他项权利设立 | | |
| | | 其他特殊情况 | | | | | | |

### 2.4.1 房地产基本状况的描述

房地产基本状况的描述要求说明估计对象的名称、坐落、范围、规模、用途和权属等内容。

#### （一）名称

名称要求说明估价对象的名字，如估价对象为××商场或××大厦或××宾馆或××小区××楼（幢、栋）××单元××号住宅或××项目用地等。

#### （二）坐落

坐落要求说明估价对象的具体地点，如估价对象位于××市××区××路××号。对于土地，通常要说明四至，如东至××、南至××、西至××、北至××。

#### （三）范围

范围要求说明估价对象的财产范围，如估价对象为土地，不包括地上房屋、树木等其他不动产；估价对象为房屋及其占用范围内的土地和其他不动产；估价对象包括房屋及其占用范围内的土地和其他不动产，以及房屋内的家具、电器和债权债务、特许经营权等资产。

#### （四）规模

对于土地，规模为土地面积，如估价对象土地面积××平方米（亩、公顷）。对于建筑物，规模为建筑面积或套内建筑面积、使用面积、营业面积、可出租面积，如估价对象房屋的建筑面积××平方米。旅馆还要说明客房数或床位数；餐馆还要说明同时可容纳用餐人数或台位数；影剧院还要说明座位数；医院还要说明床位数；停车场还要说明车位数。

#### （五）用途

用途要求说明估价对象的登记用途、实际用途、规划用途和设计用途。

#### （六）权属

对于土地要求说明是国有土地还是集体土地，土地使用权是建设用地使用权还是宅基地使用权、土地承包经营权及其权利人；对于建设用地使用权，还要说明是划拨建设用地使用权，还是出让建设用地使用权、租赁建设用地使用权、作价出资或者入股建设用地使用权、授权经营建设用地使用权。对于房屋所有权要求说明房屋所有权人。

### 2.4.2 房地产区位状况的描述

房地产区位状况的描述要求说明估价对象的位置、交通、外部配套设施和周围环境等内容。

#### （一）位置

估价对象的位置要求说明其坐落、方位、与相关场所的距离、临街状况、朝向和楼层等内容。

**1. 坐落**

要求说明估价对象的具体地点，还应附位置图。位置图应准确、清楚、比例恰当。如估价对象位于××市××区××路××号,具体位置见位置图所示。

**2. 方位**

要求说明估价对象在某个较大区域(如所在城市)中的方向和位置,以及在某个较小区域(如所在住宅小区、十字路口)中的方向和位置。例如,估价对象位于××市东南部××路口南侧。

**3. 与相关场所的距离**

要求说明估价对象与其相关的主要场所的距离。例如,估价对象离市××广场2千米,离高铁站6千米,离最近的地铁站200米。

**4. 临街状况**

要求说明估价对象是否临街(路),临什么样的街(路),是如何临街(路)的。例如,估价对象一面临街,所临街道是××大道。

**5. 朝向**

要求说明估价对象建筑物的正门或房间的窗户正对着的方向,坡地从高到低的方向。例如,估价对象建筑物坐北朝南。

**6. 楼层**

当估价对象为某幢房屋中的某层、某套时,要求说明其所在房屋的总层数及其所在的楼层。例如,估价对象位于总楼层33层住宅楼的地上第25层。

### (二)交通

估价对象的交通要求说明其道路状况、出入可利用的交通工具、交通管制情况、停车方便程度和停车收费情况等内容。

**1. 道路状况**

要求说明附近有几条道路,到达这些道路的距离,各条道路的路况(如道路等级、路面状况、交通流量)。

**2. 出入可利用的交通工具**

要求说明附近经过的公共汽车、电车、地铁、轻轨、轮渡等公交线路的数量,到达公交站点的距离,公交班次的疏密等。例如,附近有××路公共汽车经过,距离公共汽车站约××米,平均每隔15分钟有一辆公共汽车通过。

**3. 交通管制情况**

要求说明受步行街、单行道、限制通行车辆、限制通行时间、限制行车速度等影响的情况。

**4. 停车方便程度**

要求说明有无停车场、车位数量、到停车场的距离等。

**5. 交通收费情况**

要求说明相关交通工具票价,有无过路费、过桥费、停车费及其收费标准等。

### (三)外部配套设施

外部配套设施的描述包括外部基础设施和外部公共服务设施两个方面的内容。

### 1. 外部基础设施

要求说明道路、给水、排水、电力、通信、互联网、有线电视、燃气、供热等设施的完备程度。

### 2. 外部公共服务设施

要求说明一定距离内商业服务、金融邮电、教育、医疗卫生、文化、体育、社区服务、市政公用和行政管理等设施的完备程度。

## （四）周围环境

周围环境的描述通常用文字并附照片说明其自然环境、人文环境和景观等内容。

### 1. 自然环境

要求说明环境是否优美、整洁，有无空气、噪声、水、辐射、固体废物等污染及其程度，环境卫生状况。对于住宅，特别需要说明周边有无高压输电线路、无线电发射塔、垃圾站、公共厕所等。

### 2. 人文环境

要求说明估价对象所在地区的声誉、居民特征（如居民职业、收入水平、文化程度、宗教信仰）、治安状况、相邻房地产的利用状况等。

### 3. 景观

要求说明有无水景（如海景、江景、河景、湖景）、山景等自然景观和人造景观。

## 2.4.3 房地产实物状况的描述

房地产实物状况的描述一般先分为土地实物状况和建筑物实物状况两大部分，然后分别说明各部分的状况。

### （一）土地实物状况的描述

土地实物状况的描述要求说明土地面积、土地形状、地形地势、地质、土壤等内容。

#### 1. 土地面积

要求说明土地的总面积，单位通常采用平方米（$m^2$）；对于面积较大的土地，单位通常采用公顷（$hm^2$）。对于房地产开发用地，通常要说明规划总用地面积以及其中建设用地面积和代征道路用地面积、代征绿化用地面积等代征地面积，不得将建设用地面积与规划总用地面积混淆。

#### 2. 土地形状

要求说明土地的具体形状，通常用文字并附图来说明。每块土地都是一个封闭多边形，对其形状的描述如：形状规则、形状不规则、正方形、长方形、狭长等。可用来说明土地形状的图有宗地界址图、规划图、建筑总平面图等。

#### 3. 地形地势

要求说明是平地还是坡地，与相邻土地、道路的高低关系，自然排水状况，被洪水淹没的可能性等。

#### 4. 地质

要求说明地基承载力和稳定性，地下水位和水质（包括地下水的成分和污染情况），有无不良地质现象（如崩塌、滑坡、泥石流、断裂带、岩溶、湿陷性黄土、红黏土、软土、冻土、膨胀土、盐碱土）等。

**5. 土壤**

要求说明土壤是否受过污染，是否为垃圾填埋场、化工厂原址、盐碱地等。

**6. 土地开发程度**

要求说明到达地块红线的基础设施完备程度和地块内的场地平整程度，即通常所说的是"三通一平"还是"五通一平"、"七通一平"及其具体内容。

**7. 其他**

对土地价值或价格有重要影响的实物因素要求给予说明。如临街商业用地要说明临街宽度、临街深度和宽深比；农用地还要说明气候条件、土壤肥力、排水和灌溉条件等。

## （二）建筑物实物状况的描述

建筑物实物状况的描述要求说明建筑规模、建筑结构、设施设备、装饰装修、空间布局、建筑功能、外观、新旧程度等内容。

**1. 建筑规模**

要求根据建筑物的使用性质说明其面积或体积、开间、进深、层高、室内净高、层数、高度等。面积方面有建筑面积、套内建筑面积、使用面积、居住面积、营业面积及可出租面积等。旅馆通常还要说明客房数或床位数以及不同标准的客房数或床位数，餐馆还要说明同时可容纳用餐人数或座位数、餐桌数，影剧院还要说明座位数，医院还要说明床位数，停车场还要说明车位数。仓库一般要说明体积。

开间即房间的宽度，是指房屋内相邻两个横向定位墙体之间的距离；进深即房间的长度或深度。层高是指上下两层楼面或楼面与地面之间的垂直距离；室内净高是指楼面或地面至上部楼板底面或吊顶底面之间的垂直距离。

层数和高度主要说明建筑物的总层数（其中分地上层数和地下层数）或总高度。

建筑物通常根据总层数或总高度，分为低层建筑、多层建筑、中高层建筑、高层建筑和超高层建筑。住宅通常是按照总层数来划分的：1～3层为低层住宅；4～6层为多层住宅；7～9层为中高层住宅；10层及以上为高层住宅。公共建筑及综合性建筑通常是按照总高度来划分的，总高度超过24 m的为高层（但不包括总高度超过24 m的单层建筑）；总高度超过100 m的，不论是住宅还是公共建筑、综合性建筑，均称为超高层建筑。

**2. 建筑结构**

建筑结构是指建筑物中由承重构件（基础、墙体、柱、梁、楼板、屋架等）组成的体系。一般分为钢结构、钢筋混凝土结构、砖混结构、砖木结构和简易结构。

**3. 设施设备**

要求说明给水、排水、采暖、通风与空调、燃气、电梯、电气等设施设备的配置情况及性能。

**4. 装饰装修**

要求说明建筑物是毛坯房，还是简装房或精装房。对于装饰装修，要求说明外墙面、内墙面、顶棚、室内地面、门窗等部位的装饰装修标准和程度，所用材料或饰物的质量以及装饰装修工程施工质量等。

### 5. 空间布局

要求说明空间分区以及各个空间的交通流线是否合理，并附房产平面图、户型图等来说明。对于住宅，要说明户型；对于商业用房特别是临街铺面房，要说明面宽、进深和宽深比；对于厂房，要说明跨度等。

### 6. 建筑功能

要求说明防水、保温、隔热、隔声、通风、采光、日照等。

### 7. 外观

要求说明外立面风格等，并附外观照片。

### 8. 新旧程度

要求说明建筑物的建成时间、设计使用年限、维护状况和完损状况等。建成时间为竣工日期。设计使用年限是指设计规定的建筑物的结构或结构构件，在正常施工、正常使用和正常维护下不需要进行大修即可按其预定目的使用的时间。维护状况和完损状况说明基础的稳固性、沉降情况，墙面、地面、门窗等的破损情况等。

### 9. 其他

要求说明可间接反映建筑物实物状况的有关情况，如建设单位、建筑师和设计单位、建筑施工企业、工程监理单位等的名称或者姓名、资质或资格、信誉、品牌等。对于在建工程或期房，还要说明其工程进度、预计竣工日期、交付日期等。

## 2.4.4 房地产权益状况的描述

房地产权益状况的描述一般先分为土地权益状况和建筑物权益状况两大部分，然后分别说明各部分的状况。

### （一）土地权益状况的描述

土地权益状况的描述要求说明土地使用权状况、土地使用权状况、土地使用管制情况、土地利用现状、出租或占用情况、他项权利设立情况、其他特殊情况等内容。

#### 1. 土地所有权状况

要求说明土地所有权性质，即是国有土地还是集体土地。对于集体土地，还要说明土地所有权由谁行使。例如，估价对象土地为农民集体所有，由××村集体经济组织（××村民委员会、××村民小组、××乡镇集体经济组织）代表集体行使所有权。

#### 2. 土地使用权状况

首先要求说明是建设用地使用权还是宅基地使用权、土地承包经营权及其权利人。对于建设用地使用权，还要说明是划拨建设用地使用权，还是出让建设用地使用权、租赁建设用地使用权、作价出资或者入股建设用地使用权、授权经营建设用地使用权。对于出让建设用地使用权，还要说明土地使用期限及起止日期，剩余期限，续期的有关规定或约定，到期后对收回的建筑物是否予以补偿等。

其次要求说明是单独所有还是共有。对于共有的，还要说明是按份共有还是共同共有及共有人情况。对于按份共有的，还要说明每个共有人享有的份额。

**3. 土地使用管制情况**

要求说明是建设用地还是农用地、未利用地。对于房地产开发用地,还要说明规划条件,包括土地用途、容积率或建筑控制规模、建筑密度、绿地率、建筑高度、配套建设保障性住房、公共服务设施等要求。

**4. 土地利用现状**

要求说明土地上是否有房屋、林木等定着物。

**5. 出租或占用情况**

要求说明有无出租或占用情形。对于已出租的,还要说明承租人、租赁期限及起止日期、租金水平等。

**6. 他项权利设立情况**

要求说明是否设立了地役权、抵押权等他项权利。

**7. 其他特殊情况**

要求说明土地所有权或土地使用权是否不明确或归属有争议、土地取得手续是否不齐全、是否为临时用地或违法占地、是否被依法查封及采取财产保全措施或以其他形式限制、是否未达到法律法规规定的转让条件、是否属于法律法规规定不得抵押或不得作为出资的财产、是否有拖欠建设工程价款、是否已依法公告列入征收征用范围。

### (二) 建筑物权益状况的描述

建筑物权益状况的描述要求说明房屋所有权状况、房屋出租或占用情况、他项权利设立情况、其他特殊情况等内容。

**1. 房屋所有权状况**

要求说明房屋所有权人,说明房屋所有权是单独所有还是共有、建筑物区分所有权,是完全产权还是部分产权。对于共有的,还要说明是按份共有还是共同共有及共有人情况。对于按份共有的,还要说明每个共有人享有的份额。

**2. 房屋出租或占用情况**

要求说明有无出租、占用情形。对于已出租的,还要说明承租人、租赁期限及起止日期、租金水平等。

**3. 他项权利设立情况**

要求说明是否设立了地役权、抵押权等他项权利。

**4. 其他特殊情况**

要求说明房屋所有权是否不明确或归属有争议、房屋建设手续是否不齐全、是否为临时建筑或违法建筑、是否被依法查封及采取财产保全措施或以其他形式限制、是否未达到法律法规规定的转让条件、是否属于法律法规规定不得抵押或不得作为出资的财产、是否有拖欠建设工程价款、是否已依法公告列入征收征用范围。

**5. 其他**

要求说明建筑物相关权益情况对估价对象价值或价格有较大影响的情况,如物业管理情况,包括物业服务费标准、物业服务企业资信、管理规约内容等。

## 复习思考题

**一、简答题**

1. 房地产、土地、建筑物、其他相关定着物的含义分别是什么？
2. 如何界定一宗土地的空间范围？
3. 房地产的实物、权益和区位的含义分别是什么？
4. 房地产有哪些基本存在形态？
5. 房地产按用途不同可划分为哪些种类？
6. 房地产按开发程度不同可划分为哪些种类？
7. 房地产按实物形态不同可划分为哪些种类？

**二、论述题**

1. 试述建筑物、房屋、构筑物之间的关系和区别。
2. 试述房地产具有的特性。
3. 试述描述房地产实物状况的内容。
4. 试述描述房地产权益状况的内容。
5. 试述描述房地产区位状况的内容。

**三、案例分析题**

某房地产开发公司有一在建工程要进行房地产估价，开发公司向估价机构提供了在建工程所占用的"H地块"的《土地使用权出让合同》，在《土地使用权出让合同》中有如下约定：一是"H地块"范围内的生活垃圾临时堆放场必须填埋；二是"H地块"开发建设使用时，其连接主干道的临街地必须后退20米。

试分析以上两项"约定"应在估价对象的哪个项目进行描述？

# 第3章 房地产价格和价值

**【本章学习要点】**

①房地产估价的含义;②房地产估价的特点;③房地产估价的必要性;④房地产估价的业务类型;⑤房地产估价的要素;⑥房地产估价的职业道德;⑦中国房地产估价行业的发展。

通过本章的学习,了解我国房地产估价行业的发展,熟悉房地产估价的必要性和业务类型,掌握房地产估价的含义、特点、要素和职业道德。

## 3.1 房地产价格的含义和形成条件

### 3.1.1 价格和价值的含义

#### (一) 价格

学者们对价格有多种定义和解释,其中最典型的是以下两种:一种是从现象上解释,价格是为获得一种商品或服务所必须付出的代价,它通常用货币来表示;另一种是从本质上解释,价格是商品价值的货币表现,价值是凝结在商品中的一般的无差别的人类劳动或抽象的人类劳动。

#### (二) 价值

在经济学里,广义的价值分为使用价值和交换价值,狭义的价值仅指交换价值。交换价值是指某种商品和另一种商品相互交换时的量的比例,即交换价值表现为一定数量的其他商品。在现代社会,交换价值一般用货币来衡量,因此通常表现为一定数量的货币。人们在经济活动中简称的价值,一般指的是交换价值。

### 3.1.2 房地产价格和价值的含义

#### (一) 房地产价格

由于房地产估价主要是从现象上把握房地产价格的"数量",所以可将房地产价格定义为:和平地获得他人房地产所必须付出的代价——货币或实物、无形资产和其他经济利益。

### (二)房地产价值

在房地产估价中所讲的价值,一般也是指交换价值。任何一种物品能够成为商品,首先必须有使用价值。没有使用价值的物品不会被交换对方所接受,也就不能成为商品,不会有交换价值。因此,使用价值是交换价值的前提,即没有使用价值就没有交换价值。但是反过来不一定成立,即没有交换价值不一定没有使用价值。作为商品的房地产,既有使用价值又有交换价值。就使用价值与交换价值相对而言,房地产估价是评估房地产的交换价值。

## 3.1.3 房地产价格的形成条件

房地产与其他商品一样,之所以有价格(价值),是因为其有用和稀缺,并且人们能够形成有效需求,即房地产价格的形成条件是房地产具有有用性、稀缺性和有效需求。

### (一)房地产的有用性

房地产的有用性具体体现在其使用价值上。使用价值是指物品能用来满足人们的某种需要,如衣服可以御寒、水能够解渴、粮食能够充饥、住宅能够居住等。房地产是人们日常生活中不可替代的基本生活资料,也是经济活动中不可缺少的生产资料,这些都表明了房地产的有用性。房地产如果没有使用价值,人们就不会产生占有它的愿望,更不会支出货币去购买或租用它,因此也就不会有价格。

### (二)房地产的稀缺性

稀缺性是指物品的数量还没有多到使所有的人想要得到它时就能够得到它。因此,说一种物品是稀缺的,并不意味着它是难以得到的,仅意味着它是不能自由取用的,即不付出一定的代价就不能得到,是相对缺乏,而不是绝对缺乏。一种物品仅有使用价值还不能使它有价格,因为如果该种物品的数量丰富,随时随地都可以自由取用,像空气和某些地方的水那样,尽管对人们至关重要——没有它们,人就无法生存,但也不会有价格。房地产显而易见是一种稀缺的物品。并且,稀缺性对价格的作用是很大的,俗话说"物以稀为贵"。有些物品,不论它多么有用,只要相对富余的,就不会有很高的价格。

### (三)房地产的有效需求

有效需求是指对物品不仅有购买意愿,还要有购买能力的需求。仅有购买意愿而无支付能力或者虽然有支付能力但没有购买意愿,都不能使购买行为发生而形成有效需求。购买意愿不等于有效需求,它只是一种意愿或欲望,有支付能力支持的购买意愿才是有效需求。当然,房地产由于既是一种可以满足生产、生活需要的生产要素或消费品,又是一种可以带来租赁、增值等收益的投资品,对房地产的需求不仅有"为用而买"的自用性需求,还有"为租而买"的投资性需求和"为卖而买"的投机性需求。

综上所述,房地产价格的形成需要同时具备房地产的有用性、稀缺性和有效需求三个基础条件。不同房地产之所以价格有高有低,同一宗房地产的价格变化,都是由于这三个因素作用程度不同及其变化所引起的。

## 3.2 房地产价格的特点和种类

### 3.2.1 房地产价格的特点

房地产与一般商品的价格,既有共同之处,又有不同之处。共同之处表现在三个方面:一是都有价格,都可用货币来表示;二是都有波动,都受供求因素的影响,随着时间的变化而变化;三是都要按质论价,即优质高价、劣质低价。房地产价格与一般商品价格的不同之处,即为房地产价格的特点。

#### (一)房地产价格与区位密切相关

房地产由于位置固定而不可移动,其价格与区位密切相关。在其他状况相同的情况下,区位较好的房地产,价格较高;区位较差的房地产,价格较低。用于经营的商业用途房地产尤其如此,甚至有"一步差三市"之说。从一个城市来看,房地产价格总体上是从市中心向郊区递减。但大型城市一般不是单一中心的,在若干个中心或分中心会出现房地产价格"峰值"。一些好的公共服务设施的存在,也会导致房地产价格高于一般水平,如好的中小学附近的住房价格。地铁站点或交通沿线附近的房地产价格,也会明显高于其他位置的房地产价格。当然,某些人们不愿意相邻或近距离接触的设施或项目,如火葬场、墓地及传染病医院或有刺激气味、污染性的工厂,也会导致房地产价格低于一般水平。

#### (二)房地产价格实质上是房地产权益的价格

房地产是不动产,在交易中可以转移的不是其实物,而是房屋所有权、建设用地使用权或其他权利。实物状况相同的房地产,权益状况可能千差万别,甚至实物状况较好的,由于权益较小或权利受到过多限制,如土地剩余使用期限很短、产权不明确、权属有争议、违法建筑(如小产权房)等,则价格较低,甚至没有价值;反之,实物状况虽然较差,但如果权益较大,如产权清晰、完全,甚至可更新改造或可重新开发利用,则价格可能较高。因此,从这种意义上讲,房地产价格实质上是房地产权益的价格,因而房地产估价应对房地产权益状况进行调查分析,不能忽视房地产权益状况对其价值或价格的影响。

#### (三)房地产价格既有买卖价格又有租赁价格

房地产由于价值较大、使用寿命长久,所以同时存在买卖和租赁两种交易方式、两个市场。公寓、写字楼、商铺、标准厂房、仓库等类型房地产,甚至以租赁为主。因此,房地产同时有两种价格:一是买卖价格,也称为交换代价的价格,通常简称价格;二是租赁价格,也称为使用代价的租金,通常简称租金。房地产价格由此又有广义的价格(包括买卖价格和租赁价格)和狭义的价格(仅指买卖价格)之分。就市场上房价与房租的关系来看,一般来说,房价和房租之间是正相关的,但由于买卖与租赁具有一定的替代性,在短期内房价与房租的变化有时是反向的,如住宅价格与租金的反向关系较为明显。

### （四）房地产价格易受交易者个别情况的影响

房地产由于具有独一无二性，要了解房地产的具体情况，必须到实地查看，而且由于房地产价值较大，相似的房地产一般只有少数几个卖者和买者，有的房地产甚至只有一个卖者或买者，所以房地产价格通常随着交易的需要而个别形成，并很容易受买卖双方的个别情况（如对房地产市场的熟悉程度、议价谈判能力、购买或出售的急迫程度、买方的偏好等）的影响。

### （五）房地产价格的形成时间通常较长

房地产因为具有独一无二性，相互之间可比性较差，加上价值较大，人们对房地产买卖一般是很谨慎的。房地产价格的形成时间较长的主要原因有两个方面：一是人们在购买房地产之前，必然要进行慎重的思考和全面的了解，它的交易很少在短时间内实现，价格形成具有一段时间；其二，房地产本身虽然不可能发生太大变化，但是因为其周边配套设施和环境不断改善与完善，往往使得房地产价格不断走高，甚至房地产所在区域未来变化的趋势也是房地产价格形成的重要影响因素之一。

### （六）房地产价格包含的内容复杂多样

房地产成交价格包含的内容复杂多样，造成实质上相同的价格而在表面上差异较大。这是因为房地产交易的税费种类较多，不同交易者享受的税费优惠不同，交易中买卖双方商定的税费负担方式不同，购买者的融资条件不同，付款方式不同，甚至交易对象包含的财产范围不同，造成表面上看似状况差异不大的房地产，其价格却相差较大；价格相同或价格相差不大的房地产，其内容或状况却差异较大。例如同一套住宅，卖方过去购入的时间不同、目前拥有的住房套数不同，就决定着出售时所需缴纳的增值税和所得税有所不同；买方目前拥有的住房套数不同，购买时所需缴纳的契税会有所不同，贷款的首付款比例和利率也有所不同；交易中买卖双方可能商定交易税费全由买方负担或全由卖方负担或各自负担各自的；交易价款可能一次性付清，也可能分期支付；可能附赠有家具或车位等，所有这些都使得房地产的成交价格包含的内容不同。

## 3.2.2 房地产价格的种类

### （一）挂牌价格、成交价格、市场价格、理论价格和评估价值

**1. 挂牌价格**

挂牌价格简称挂牌价，是出售房地产时公开标出的要价，即公布的卖方报价或开价。它不是成交价格，且通常高于成交价格。挂牌价的优点是公开透明、容易获得，缺点是不是真实成交价，因此一般不能作为估价的依据，但可作为了解市场行情的参考。挂牌价通常随着市场行情而上下变动，如挂牌价一开始可能较高，但若长时间无人问津，卖方就会调低挂牌价；而当意向购买者较多而出现市场越来越活跃时，卖方就可能调高挂牌价。挂牌价与成交价之差称为议价空间，议价空间越小，说明市场越景气。而当市场不景气时，挂牌价会较低，且议价空间也会大一些。

**2. 成交价格**

成交价格就是实际成交价（简称成交价），是房地产交易达成后买方支付和卖方接受的金额。

成交价格是房地产交易事实客观发生的个别价格,通常随着交易者对交易对象和市场行情的了解程度、出售或购买的动机或急迫程度、双方之间的关系、议价能力与技巧、卖方的营销策略等的不同而存在差异。

成交价格可能是正常的,能反映真实的市场状况,也可能是不正常的,不能反映真实的市场状况,因此成交价格可分为正常成交价格和非正常成交价格。正常成交价格是指不存在特殊交易情况下的成交价格。反之,则为非正常成交价格。

所谓特殊交易情况是指包括利害关系人之间、对交易对象或市场行情缺乏了解、被迫出售或被迫购买(包括急于出售或急于购买,被强迫出售或被强迫购买)、人为哄抬价格、对交易对象有特殊偏好、相邻房地产合并、受迷信影响等的交易等情形。

正常成交价格的形成要满足以下条件:(1)公开市场;(2)交易对象本身具备市场性;(3)众多的买者和卖者;(4)买者和卖者都不受任何压力,完全出于自愿;(5)自私且理性的经济行为;(6)买者和卖者都具有完全信息;(7)适当的期间完成交易。

**3. 市场价格**

市场价格是某种房地产在市场上的平均交易价格(简称市场价、市价)。一般商品的市场价格通常是其大量成交价格的平均价格,如其平均数等。房地产由于具有独一无二性,没有大量相同房地产的成交价格,所以房地产的市场价格应是以一些类似房地产的成交价格为基础测算的,但不能对这些成交价格直接采用平均的方法进行计算,而是在平均之前要剔除偶然的和不正常的因素造成的价格偏差,并消除房地产之间的状况不同造成的价格差异。

**4. 理论价格**

理论价格是在真实需求与真实供给相等的条件下形成的价格。市场价格和理论价格相比,市场价格是短期均衡价格,理论价格是长期均衡价格。市场价格的正常波动是由真实需求与真实供给相互作用造成的。凡是影响真实需求与真实供给的因素,如居民收入、房地产开发成本等的变化,都可能使市场价格发生波动。因此,在正常市场上,市场价格基本上与理论价格相吻合,围绕着理论价格而上下波动。但在市场参与者普遍不够理性的情况下,市场价格可能会较大幅度、较长时期偏离理论价格,如在投机性需求带领下或在非理性预期下形成不正常的过高价格。

**5. 评估价值**

评估价值也称为评估价格(简称评估值、评估价),是通过估价活动得出的估价对象价值或价格。评估价值本质上是对估价对象的某种特定价值或价格(如市场价值、投资价值、卖方要价、买方出价等)的一个估计值。评估价值可根据采用的估价方法的不同而有不同称呼,如把采用比较法、收益法、成本法和假设开发法测算得出的价值或价格,分别称为比较价值、收益价值、成本价值和开发价值。

从理论上讲,一个良好的评估价值应等于正常成交价格,即等于市场价格。从一宗房地产的成交价格、市场价格、理论价格和评估价值的关系来看,它们之间可能是相同或近似的,但也可能是不同或有较大差异的。当交易情况正常时,成交价格接近市场价格;当市场状况正常时,市场价格接近理论价格;当为交易服务的估价且估价科学准确时,评估价值接近市场价格或理论价格。

**(二)市场价值、投资价值和现状价值**

**1. 市场价值**

市场价值简称市值,是指估价对象经适当营销后,由熟悉情况、谨慎行事且不受强迫的交易双方,以公平交易方式在价值时点自愿进行交易的金额。

从市场价值的定义来看,市场价值的形成要满足以下条件:一是适当营销;二是熟悉情况;三是谨慎行事;四是不受强迫;五是公平交易。此外,市场价值还有一些隐含前提:市场参与者集体的观念与行为、既不过于乐观又不过于保守、房地产的最高最佳利用和继续利用(对企业而言即持续经营)。

#### 2. 投资价值

投资价值一词有两种含义:一是值得投资,如人们在为某个项目或投资品进行宣传和营销时,经常称其具有投资价值;二是从某个特定投资者的角度来衡量的价值。估价中的投资价值一般指的是后者,是估价对象对某个特定投资者的价值。

对于房地产市场价值与投资价值来说,市场价值是指该房地产对典型投资者的价值,即市场价值来源于市场参与者的共同价值判断,是客观的、非个人的价值;而投资价值是对某个特定投资者而言的,是基于主观的、个人因素上的价值。在某一时点,市场价值是唯一的,而投资价值会因投资者的不同而不同。

#### 3. 现状价值

现状价值是估价对象在某一特定时间的实际状况下的价值。这里所说的某一特定时间,通常为现在。当为现在时,现状价值就是估价对象在现在的实际状况下的价值。实际状况包括实际的用途、规模和档次等,它可能是合法利用,也可能不是合法利用;可能是最高最佳利用状况,也可能不是最高最佳利用状况。在合法利用下,现状价值低于或等于市场价值。当在合法利用下的实际状况为最高最佳利用状况时,现状价值等于市场价值。在不是合法利用下,现状价值有可能高于市场价值。例如,临街住宅楼的底层住宅被擅自改为饮食店,该底层住宅在现状商业用途下的价值一般高于在法定居住用途下的价值。

### (三)快速变现价值、谨慎价值和残余价值

#### 1. 快速变现价值

快速变现价值是估价对象在没有充足的时间进行营销情况下的价值,即在不符合市场价值形成条件中"适当营销"下的价值。例如,卖方因某种原因急于出售房地产而要求评估的价值即为快速变现价值。房地产因难以变现,如果在短时间内(如销售期短于正常或合理的销售期)需要将其卖出,则价格较低。因此,快速变现价值一般低于市场价值。

#### 2. 谨慎价值

谨慎价值是在存在不确定因素的情况下遵循谨慎原则所评估的价值(谨慎原则见本书第4章相关内容)。谨慎价值通常低于市场价值。例如,为了防范房地产信贷风险,要求评估的房地产抵押价值本质上是谨慎价值。

#### 3. 残余价值

残余价值是估价对象在非继续利用情况下的价值。非继续利用不一定是到估价对象的使用寿命结束,往往是在使用寿命结束之前,因此残余价值通常低于市场价值。例如,某个针对特定品牌进行了特色装饰装修的汽车4S店,当不再作为该品牌的汽车4S店继续经营而出售时,该特色装饰装修不仅不会增加该房地产的价值,还会降低其价值,因为该特色装饰装修对该汽车4S店的后来取得者不从事汽车经营来说没有使用价值,并且需要花费用予以拆除。因此,该汽车4S店的残余价值会低于其市场价值。而在房屋征收的情况下,虽然该汽车4S店也不会继续经

营下去，但因为要给予公平、合理的补偿，所以应假设它继续经营来评估其价值，即在房屋征收估价目的下，评估的应是市场价值，而不是残余价值。

残余价值与通常意义上的残值有所不同，残值是估价对象在使用寿命结束时的残余价值。因此，残余价值大于或等于残值，残值是残余价值的一种特例，仅是在估价对象使用寿命结束时，残余价值等于残值。

### （四）买卖价格、租赁价格、抵押价值、计税价值、征收价值和保险价值

#### 1. 买卖价格

买卖价格也称为销售价格（简称买卖价），是房地产权利人采取买卖方式将其房地产转移给他人，由买方支付给房地产权利人（卖方）的金额。

#### 2. 租赁价格

租赁价格通常称为租金，在建筑物与土地合在一起的情况下习惯上称为房屋租赁价格（简称房租），在土地或以土地为主的情况下一般称为地租，是房屋所有权人或土地使用权人作为出租人将其房地产出租给承租人使用，由承租人向出租人支付或出租人向承租人收取的金额。

房租分为市场租金、商品租金、成本租金、准成本租金和福利租金。市场租金也称为协议租金，是指由市场供求状况决定的租金；商品租金也称为全价租金，是指以房地产价值为基础确定的租金，由房屋折旧费、维修费、管理费、投资利息、房产税、保险费、地租和利润八项因素构成；成本租金是指按照出租房屋的经营成本确定的租金，由房屋折旧费、维修费、管理费、投资利息、房产税五项因素构成；准成本租金是指接近但还达不到成本租金水平的租金；福利租金是象征性收取的很低水平的租金。

完整的房租构成项目包括以下 10 项：地租、房屋折旧费、维修费、管理费、投资利息、保险费、房地产税、租赁费用、租赁税费和利润。

现实生活中的房租还可能包含上述房租构成因素之外的费用，如家具电器使用费、供暖费、物业服务费，甚至包含水费、电费、燃气费、电话费等；也可能不包含上述完整的房租构成因素的费用，如出租人与承租人约定房屋维修费、管理费、保险费、房地产税等由承租人负担。房租可能按使用面积、建筑面积、间、套或幢等计算。其中，住宅一般按套、间或使用面积计租，非住宅一般按建筑面积计租。房租也有日租金、月租金和年租金，还有定额租金、定率租金等。此外，还应注意租赁价格与租赁权价格是两个不同的概念。

#### 3. 抵押价值

抵押价值是估价对象假定未设立法定优先受偿权下的价值减去注册房地产估价师知悉的法定优先受偿款后的价值。

从理论上讲，抵押价值应是在抵押期间的各个时点，特别是在债务人不履行到期债务或者发生当事人约定的实现抵押权的情形时，将抵押房地产拍卖、变卖最可能所得的价款扣除法定优先受偿款后的余额。法定优先受偿款是假定实现抵押权时，已存在的依法优先于本次抵押贷款受偿的款额，包括已抵押担保的债权数额、发包人拖欠承包人的建设工程价款、其他法定优先受偿款，但不包括为实现抵押权而发生的诉讼费用、估价费用、拍卖费用以及增值税及附加等费用和税金。

但在实际估价中，因在估价时通常还不知道设立抵押权的日期、贷款期限、贷款偿还方式、债务人是否如期偿还，以及不如期偿还时将抵押房地产拍卖、变卖的日期等这些估价所必要的前提

条件,所以抵押价值评估只能演变为评估抵押房地产在估价时假定未设立法定优先受偿权下的价值扣除法定优先受偿款后的余额,通常具体为估价作业期间特别是实地查勘估价对象期间的某个日期(如完成估价对象实地查勘之日),假定未设立法定优先受偿权下的价值减去估价师知悉的法定优先受偿款。此时的法定优先受偿款具体为假定在价值时点实现抵押权时,已存在的依法优先于本次抵押贷款受偿的款额。

房地产抵押估价要求进行"估价对象变现能力分析",向估价报告使用人作"估价对象状况和房地产市场状况因时间变化对房地产抵押价值可能产生的影响"、"定期或者在房地产市场价格变化较快时对房地产抵押价值进行再评估"等提示。当抵押价值小于未偿还的贷款余额时,抵押权人应要求抵押人提供与不足的价值相当的担保或者提前清偿债务。

下列公式有助于正确理解抵押价值:

抵押贷款额度＝抵押价值×抵押率

抵押价值＝未设立法定优先受偿权下的价值－法定优先受偿款

＝未设立法定优先受偿权下的价值的债权数额－

已抵押担保拖欠建设工程价款－其他法定优先受偿款

其中,将已抵押的房地产再次抵押的,其抵押价值可称为再次抵押价值,具体为:

再次抵押价值＝未设立法定优先受偿权下的价值－已抵押贷款余额÷社会一

般抵押率－拖欠的建设工程价款－其他法定优先受偿款

**4. 计税价值**

计税价值是为征税目的而评估的价值。它通常是为税务机关核定计税依据提供参考依据而评估的价值。计税价值要依据税种而具体确定。

**5. 征收价值**

征收价值也称为征收补偿价值,是为国家征收房地产确定被征收房地产的补偿金额提供参考依据而评估的价值。

美国雷利·巴洛维教授在《土地资源经济学——不动产经济学》一书中较好地说明了房地产的投资成本、抵押价值、计税价值、挂牌价格和征收价格之间的关系:一个经营者花5万美元购置一块建筑场地,然后再花费20万美元修建一幢办公楼的例子来说明。这时他在其财产中已投入25万美元,表示投资成本的总和;当他将该财产用于抵押而进行抵押贷款评估时,该财产只会有21万美元的贷款价值,估价员以13万美元估定财产收税价值;如果该财产所有者决定出售该财产,在与房地产经纪人谈妥以后,他决定标价30万美元;然而,在他确实得到标价以前,他会发现自己的财产正是某种公共项目所需要的,可以得到27.5万美元的征收价值。上面这5个数字中,每一个数字都代表着一种经济价值的衡量,每一个数字都有一种解释和合理性。由此还可知,计税价值最低,挂牌价格最高,抵押价值低于投资成本,征收价值高于投资成本。

**6. 保险价值**

保险价值是为保险目的而评估的价值。它通常是在房地产投保时,为确定保险金额提供参考依据而评估的价值。评估保险价值时,估价对象的范围应视所投保的险种而定。例如,投保火灾险时的保险价值,通常仅是有可能遭受火灾损毁的建筑物的价值及其可能的连带损失,而不应包含不可损毁的土地的价值,具体是指建筑物的重置成本或重建成本和修复期间的经济损失(如租金损失、停产停业损失等)。

## （五）房地产所有权价格、土地使用权价格和其他房地产权利价格

### 1. 房地产所有权价格

房地产所有权价格有房屋所有权价格和土地所有权价格。目前，中国的土地为国家或集体所有，土地的国家所有权和集体所有权不允许出让和转让，仅存在以征收方式将集体土地变为国有土地。征收集体土地虽然要给予补偿，但目前还不是按照被征收土地的价值进行补偿。因此，中国目前只有房屋所有权价格，没有土地所有权价格，通常也涉及土地所有权价值评估。但在特殊情况下可能需要评估土地所有权价值，如衡量社会总财富中土地财富有多少时，评估的应是土地所有权价值而不是土地使用权价值。另外，如果未来将集体土地征收补偿改为按照被征收土地的价值进行补偿，则会存在集体土地所有权价值评估。相比之下，国有土地上房屋征收补偿已于2001年从实物安置补偿改为货币补偿，并规定货币补偿的金额根据被征收房屋的区位、用途、建筑面积等因素，以房地产市场评估价格确定。

### 2. 土地使用权价格

由于土地使用权有建设用地使用权、宅基地使用权、土地承包经营权等，所以土地使用权价格又有相应的使用权价格。中国目前有偿出让和转让土地的价格主要是国有建设用地使用权价格。《城市房地产管理法》第八条规定："土地使用权出让，是指国家将国有土地使用权在一定年限内出让给土地使用者，由土地使用者向国家支付土地使用权出让金的行为。"因此，以出让方式取得的国有建设用地使用权价格，其法定名称为土地使用权出让金。对有使用期限的出让国有建设用地使用权和土地承包经营权来说，其价格还可区分为不同使用期限的价格，如40年、50年、70年的出让国有建设用地使用权价格。

房屋所有权和土地使用权都可能存在设立了抵押权、地役权、租赁权或有纠纷、被依法查封、限制交易等情形，因此还有各种情形下的房屋所有权价格和土地使用权价格。

### 3. 其他房地产权利价格

其他房地产权利价格泛指房地产所有权、土地使用权以外的各种房地产权利的价格，如地役权价格、抵押权价格、租赁权价格等。

## （六）完全产权价值、无租约限制价值、租赁人权益价值

### 1. 完全产权价值

完全产权价值不仅不考虑租赁、抵押、查封等因素影响的价值，对房地产来说，就是房屋所有权和出让建设用地使用权的价值，即完全产权价值是指房屋所有权和以出让方式取得的建设用地使用权在不受任何其他房地产权利等限制情况下的价值。

### 2. 无租约限制价值

无租约限制价值是房地产在不考虑租赁因素影响情况下的价值，即未出租部分和已出租部分均按市场租金确定租金收入所评估的价值。它有时又称为完全产权价值。

### 3. 租赁人权益价值

租赁人权益价值可分为出租人权益价值和承租人权益价值。出租人权益价值也称为有租约限制价值或带租约的价值，是出租人对自己的已出租房地产依法享有的权益的价值，即已出租部分在租赁期间按合同租金确定租金收入、未出租部分和已出租部分在租赁期间届满后按市场租金确定租金收入所评估的价值。

承租人权益价值即租赁权价值,是承租人对他人所有的已出租房地产依法享有的权益的价值,即按合同租金与市场租金的差额所评估的价值。

合同租金与市场租金的差异程度,对完全产权价值和无租约限制价值没有影响,但出租人权益价值和承租人权益价值有影响。如果合同租金低于市场租金,则出租人权益价值会小于无租约限制价值,此时承租人权益价值是正的;反之,如果合同租金高于市场租金,则出租人权益价值会大于无租约限制价值,此时承租人权益价值是负的。同一宗房地产,无租约限制价值、出租人权益价值和承租人权益价值三者之间的关系为:

$$无租约限制价值＝出租人权益价值＋承租人权益价值$$

对于已出租的房地产估价,是否考虑租约的影响,要依据估价目的和相关规定确定。例如,房地产转让和房地产抵押估价应考虑租约的影响评估出租人权益价值,被征收房屋价值评估应评估无租约限制价值或完全产权价值。

### (七) 历史成本、重置成本、现值、可变现净值、公允价值和账面价值

**1. 历史成本**

历史成本也称为原始成本或原始价值(简称原值或原价),是指资产在购置时支付的金额,实质上是在取得该资产时实际支付的代价。一般来说,资产的历史成本包括购买价款、相关税费和可直接归属于该资产的其他支出(如使该资产达到预定可使用状态前所发生的可归属于该资产的运输费、装卸费、安装费和专业人员服务费等),自行建造资产的历史成本为建造该资产达到预定可使用状态前所发生的各项必要支出。

**2. 重置成本**

重置成本也称为现行成本,是指现在购买相同或相似的资产所需支付的金额。即一项资产的重置成本,是现在购买与该资产相同或相似的资产所需支付的代价。

**3. 现值**

现值是指预计从资产持续使用和最终处置中所产生的未来净现金流入量的折现金额。即一项资产的现值,是预计从该资产持续使用和最终处置中所产生的未来净现金流入量的折现金额。

**4. 可变现净值**

资产的可变现净值是指资产正常对外销售所能收到的金额扣减该资产至完工时估计将要发生的成本、估计的销售费用以及相关税费后的金额。即一项资产的可变现净值,是正常对外出售该资产所能收到的金额减去该资产至完工时将要发生的各项必要支出。

**5. 公允价值**

公允价值过去是指在公平交易中,熟悉情况的交易双方自愿进行资产交换的金额,现在是指市场参与者在计量日发生的有序交易中,出售资产所能收到的金额。

中国现行会计准则要求企业在对会计要素进行计量时,一般应采用历史成本,采用重置成本、现值、可变现净值、公允价值计量的,应保证所确定的会计要素金额能够取得并可靠计量。对于投资性房地产,《企业会计准则第 3 号——投资性房地产》第十条规定:"有确凿证据表明投资性房地产的公允价值能够持续可靠取得的,可以对投资性房地产采用公允价值模式进行后续计量。采用公允价值模式计量的,应当同时满足下列条件:

(1) 投资性房地产所在地有活跃的房地产交易市场;

(2) 企业能够从房地产交易市场上取得同类或类似房地产的市场价格及其他相关信息,从

而对投资性房地产的公允价值作出合理的估计。"

**6. 账面价值**

账面价值是指资产类科目的账面余额减去相关备抵项目后的金额。账面余额是指某科目的账面实际余额,不扣除与该科目相关的备抵项目。备抵项目是指用来准备抵消的项目,如累计折旧、减值准备等。在历史成本计量下,账面价值是一项资产的历史成本减去相关备抵项目后的余额。固定资产的账面价值是固定资产成本扣减累计折旧和累计减值准备后的金额。在历史成本计量下的账面价值,是随着时间的流逝而不断减少的。

采用重置成本、现值、可变现净值、公允价值计量的,通常需要定期重新估价,以使账面价值与市场价值保持一致。采用比较法或成本法测算出的价值或价格即比较价值或成本价值,相当于重置成本;采用假设开发法测算出的价值或价格即开发价值,相当于可变现净值;采用收益法测算出的价值或价格即收益价值,相当于现值。

### (八)市场调节价、政府指导价和政府定价

《中华人民共和国价格法》第三条规定:"国家实行并逐步完善宏观经济调控下主要由市场形成价格的机制。价格的制定应当符合价值规律,大多数商品和服务价格实行市场调节价,极少数商品和服务价格实行政府指导价或者政府定价。"可见,按照政府对房地产价格的管制或干预程度,可将房地产价格分为市场调节价、政府指导价和政府定价。

**1. 市场调节价**

市场调节价是由经营者自主制定,通过市场竞争形成的价格。存量房价格一般实行市场调节价。对于实行市场调节价的房地产,因经营者可以自主制定价格,所以估价应依据市场供求状况进行。

**2. 政府指导价**

政府指导价是由政府价格主管部门或者其他有关部门,按照定价权限和范围规定基准价及其浮动幅度,指导经营者制定的价格。对于实行政府指导价的房地产,因经营者应在政府指导价规定的幅度内制定价格,所以评估价值不得超出政府指导价规定的幅度。

**3. 政府定价**

政府定价是由政府价格主管部门或者其他有关部门,按照定价权限和范围制定的价格。对于实行政府定价的房地产,因经营者应执行政府定价,所以评估价值应以政府定价为准。例如,过去在城镇住房制度改革中出售公有住房的标准价、成本价就属于政府定价。

政府对房地产价格的干预,还有最高限价和最低限价。最高限价是试图规定一个对房地产可以收取的最高价;最低限价也称为最低保护价,是试图规定一个对房地产可以收取的最低价。因此,对有最高限价的房地产,评估价值不得超过其最高限价;对有最低限价的房地产,评估价值不得低于其最低限价。

### (九)基准地价、标定地价和房屋重置价格

《城市房地产管理法》第三十三条规定:"基准地价、标定地价和各类房屋的重置价格应当定期确定并公布。"第三十四条规定:"房地产价格评估,应当遵循公正、公平、公开的原则,按照国家规定的技术标准和评估程序,以基准地价、标定地价和各类房屋的重置价格为基础,参照当地的市场价格进行评估。"基准地价、标定地价和房屋重置价格都是一种评估价。

### 1. 基准地价

根据《城镇土地估价规程》，基准地价是在土地利用总体规划确定的城镇可建设用地范围内，对平均开发利用条件下，不同级别或不同均质地域的建设用地，按照商服、住宅、工业等用途分别评估，并由政府确定的，某一估价期日法定最高使用年期土地权利的区域平均价格。

### 2. 标定地价

标定地价是政府为管理需要确定的，标准宗地在现状开发利用、正常市场条件下，某一估价期日法定最高使用年期下的土地权利价格。

### 3. 房屋重置价格

房屋重置价格是指不同区域、不同用途、不同建筑结构、不同档次或等级的房屋，在某一基准日期建设的必要支出及应得利润。如果有了这种房屋重置价格，实际估价中估价对象房屋或建筑物的价值和价格，可以通过该种房屋重置价格的比较、调整来求取。

## （十）土地价值、建筑物价值和房地价值

### 1. 土地价值

土地价值简称地价，如果是一块空地，就是指该块土地的价值；如果是一块有建筑物的土地，则是指土地自身的价值，不包含附着于该土地上的建筑物的价值。

在土地估价时，根据土地的实际开发程度或在特殊情况下假设的开发程度的不同（俗称"生熟"程度不同）会有不同的价值。根据土地的"生熟"程度不同，土地可分为生地、毛地和熟地三类，地价就有生地价、毛地价和熟地价。

### 2. 建筑物价值

建筑物价值是建筑物自身的价值，不包含该建筑物占用范围内的土地的价值。人们平常所说的房价，就是购买一套商品住房的价格，通常含有该建筑物及其占用范围内的土地价值。因此，房价与建筑物价值的内涵是不同的。

### 3. 房地价值

房地价值也称为房地总价，等同于人们平常所说的房价，是建筑物及其占用范围内的土地的价值或土地及附着于该土地上的建筑物的价值。对同一宗房地产而言，有：

$$房地价值 = 土地价值 + 建筑物价值$$

## （十一）总价格、单位价格、楼面地价和补地价

### 1. 总价格

总价格简称总价，是指某一宗或某一区域范围内的房地产整体的价格。它可能是一块面积为 1000 m² 的土地总价、一套建筑面积为 120 m² 的住宅总价、一幢建筑面积为 20000 m² 的商务办公楼总价，也可能是一个城市或一个国家全部房地产总价。一般来说，房地产的总价格一般不能直接反映房地产价格水平的高低。

### 2. 单位价格

单位价格简称单价，具体有土地单价、建筑物单价和房地单价。土地单价是指单位土地面积的土地价格；建筑物单价通常是指单位建筑物面积的建筑物价格；房地单价通常是指单位建筑物面积的房地价格。房地产的单位价格一般可以反映房地产价格水平的高低。

### 3. 楼面地价

楼面地价也称为楼面价或楼板价,是一种特殊的土地单价,是指将一定地块的总价格分摊到单位建筑面积上的土地价格,即:

$$楼面地价＝土地总价÷总建筑面积$$

楼面地价、土地单价和容积率三者之间的关系为:

$$楼面地价＝土地总价÷总建筑面积＝土地单价÷容积率$$

楼面地价是一个非常重要的指标。由于建设用地上规定的容积率或允许建造的总建筑面积有所不同,土地单价难以反映土地价格水平的高低,而楼面地价通常比土地单价更能反映土地价格水平的高低。

例如,有甲、乙两块土地,甲土地的单价为 8000 元/$m^2$,乙土地的单价为 6000 元/$m^2$,如果甲、乙两块土地的其他条件相同,则甲土地比乙土地的价格高(高出 2000 元/$m^2$),此时理性的买者会购买乙土地而不会购买甲土地。但如果甲、乙两块土地的容积率不同,除此之外的其他条件相同,则不能简单地根据土地单价的高低来判断甲、乙两块土地价格的高低,而应采用楼面地价。假定甲土地的容积率为 5.0,乙土地的容积率为 3.0,则甲土地的楼面地价为 1600 元/$m^2$,乙土地的楼面地价为 2000 元/$m^2$,根据楼面地价的高低来判断,乙土地反而比甲土地高(高出 400 元/$m^2$)。此时,开发者通常会购买甲土地而不会购买乙土地。

### 4. 补地价

补地价是指国有土地使用者因改变土地用途等而向国家补交的地价或土地使用权出让金、土地收益。需要补地价的情形主要有三种:一是土地使用者改变土地用途、容积率、建筑高度等城市规划限制条件;二是土地使用者延长土地使用年限(包括出让土地使用权期满后续期);三是土地使用者转让、出租、抵押划拨土地使用权的房地产(要求补办土地使用权出让手续,补交土地使用权出让金等)。

对于改变土地用途、容积率、建筑高度等城市规划限制条件的,补地价的数额理论上等于改变后的地价与改变前的地价之差,即:

$$补地价＝改变后的地价－改变前的地价$$

其中,对于单纯提高容积率或改变土地用途并提高容积率的补地价来说,如果将提高后的容积率称为现容积率,提高前的容积率为原容积率,则补地价的数额为:

$$补地价(单价)＝现楼面地价×现容积率－原楼面地价×原容积率$$
$$补地价(总价)＝补地价(单价)×土地总面积$$

## (十二)名义价格和实际价格

### 1. 名义价格

名义价格是表面上的价格,能直接观察到。有多种含义的名义价格,例如:(1)未扣除价格因素的价格为名义价格;(2)在买房赠送装修、家具、车位、物业服务费等的情况下,未减去相应价值的价格为名义价格;(3)在交易当事人为逃税等而不实申报成交价的情况下,申报的成交价(如网签价)为名义价格;(4)房地产买卖中,买卖双方约定原本由卖方缴纳的税费由买方缴纳,或原本由买方缴纳的税费由卖方缴纳,这种情况下的成交价为名义价格;(5)在不同的付款方式下,在成交日期讲明,但不是在成交日期一次性付清的价格为名义价格。

### 2. 实际价格

实际价格一般直接观察不到,需要在名义价格的基础上进行计算或处理才能得到。有多种含义的实际价格,例如:(1)扣除了价格因素后的价格为实际价格;(2)在买房赠送装修、家具、车位、物业服务费等的情况下,减去了相应价值后的价格为实际价格;(3)房地产买卖中,交易当事人真实的成交价为实际价格;(4)房地产买卖中,买卖双方各自缴纳自己应缴纳的交易税费下的价格为实际价格;(5)在成交日期一次性付清的价格或将不是在成交日期一次性付清的价格折现到成交日期的价格为实际价格。

例如,一套建筑面积为 100 m²、单价为 9000 元/m²、总价为 90 万元的住宅,在买卖中的付款方式可能有下列几种。

① 要求在成交日期一次性付清。

② 如果在成交日期一次性付清,则给予一定的折扣,如优惠 5%。

③ 以抵押贷款方式支付,如首期支付房价的 30%(即 27 万元),余款向银行申请抵押贷款,贷款期限 15 年,贷款年利率 8%,按月等额偿还贷款本息。

④ 从成交日期起分期支付,如分三期支付,第一期于成交日期支付 30 万元,第二期于第一年年中支付 30 万元,第三期于第一年年末支付 30 万元。

⑤ 从成交日期起分期支付,如分三期支付,第一期于成交日期支付 30 万元,第二期于第一年年中支付 30 万元,第三期于第一年年末支付 30 万元;并要求买方在支付第二期、第三期价款时,应按照支付第一期价款之日中国人民银行公布的贷款利率,向卖方支付利息。

⑥ 约定在成交日期后的某个日期一次性付清,如在第一年年末一次性付清。

在上述第①、③和⑤种付款方式下,名义价格和实际价格相同,单价均为 9000 元/m²,总价均为 90 万元。

在第②种情况下,名义单价为 9000 元/m²,名义总价为 90 万元;实际单价为:9000×(1−5%)=8550(元/m²),实际总价为 85.5 万元。

在第④种情况下,名义单价为 9000 元/m²,名义总价为 90 万元;实际总价为:$30+30\div(1+5\%)^{0.5}+30\div(1+5\%)=87.84$(万元)(假定年折现率为 5%),实际单价为 8784 元/m²。

在第⑥种情况下,名义单价为 9000 元/m²,名义总价为 90 万元;实际总价为:$90\div(1+5\%)=85.71$(万元)(假定年折现率为 5%),实际单价为 8571 元/m²。

### (十三)现货价格、期货价格及现房价格、期房价格

**1. 现货价格与期货价格**

商品交易有现货交易和期货交易,因此有现货价格和期货价格。现货价格是指在交易达成后立即或在短期内(可视为在交易达成的同时)进行商品交割的价格。期货价格是指在交易达成后按约定在未来某个日期进行商品交割的价格。无论是现货交易还是期货交易,其成交价款又有在交易达成后立即或在短期内一次性付清、分期支付、按约定在未来某个日期一次性付清等多种支付方式。

**2. 现房价格与期房价格**

房地产也有类似的现货交易和期货交易及现货价格和期货价格。房地产的现货价格是指以现状房地产为交易标的的价格。该房地产的现状可能是一块准备建造但尚未建造建筑物的土地,可能是一个在建工程,也可能是建筑物已建成的房地产;当为建筑物已建成的房地产时,即为现房价格(含土地价格)。房地产的期货价格是指以未来状况的房地产为交易标的的价格,其中最常见的是期房价格(含土地价格)。期房价格是指以目前尚未建成而在将来建成的房屋及其占

用范围内的土地为交易标的的房地产价格。

在期房与现房品质相同（包括位置、用途、结构、质量、性能、装修、环境和配套设施等相同）的情况下，期房价格低于现房价格。从可以出租的公寓来看，由于购买现房可以立即出租，购买期房在期房成为现房之前不能享受租金收入，并由于购买期房存在有可能不能按期交房、或成为"烂尾楼"、或实际交付的品质比预售时约定的品质相差较大等风险。一般来说，期房价格与现房价格之间的关系为：

期房价格＝现房价格－预计期房成为现房之前的净收益折现值－风险补偿

【例3-1】 某套商品住宅期房的建筑面积为 100 m²，尚需 8 个月建成支付使用。类似商品住宅现房的市场价格为 6800 元/m²，预计期房成为现房之前的净收益折现值为现房价格的 10%，风险补偿为现房价格的 5%。试计算该期房目前的市场价格。

【解】 设该期房目前的市场价格（单价）为 $P$，则：

$$P=6800-6800\times 10\%-6800\times 5\%=5780(元/m^2)$$

### （十四）起价、标价、成交价和均价

**1. 起价**

起价是销售新建商品房的起始价格。该价格通常是最低价，为最差位置的楼幢和最差的户型、朝向、楼层的商品房的价格，是商品房销售时为了吸引人们的关注而在广告中宣传的噱头价格。因此，起价通常不能反映所销售商品房的真实价格水平。

**2. 标价**

标价也称为卖方报价或挂牌价或表格价，是新建商品房销售者在价目表上所标出的不同楼幢、户型、朝向、楼层的商品房的出售价格，即卖方要价。一般情况下，买卖双方会围绕着这个价格进行讨价还价，最后商品房销售者可能做出某种程度的让步，按照一个比这个价格低的价格成交。

**3. 成交价**

成交价是新建商品房买卖双方的实际交易价格。商品房买卖合同中写明的价格一般就是这个价格。有时为了避税或达到政府指导价要求，将该价格拆分为房价款和装修款两部分。

**4. 均价**

均价是新建商品房的平均价格，一般有标价的平均价格和成交价的平均价格两种。均价一般可以反映所销售商品房的总体价格水平。

### （十五）拍卖评估价、拍卖保留价、拍卖起拍价、拍卖应价和拍卖成交价

这是房地产拍卖中的几种价格。房地产拍卖是以公开竞价的形式，将房地产转让给最高应价的竞买人或者表示以该最高价买受的优先购买权人的买卖方式。

**1. 拍卖评估价**

房地产拍卖活动中的评估价，一般是指为人民法院或有关当事人确定拟拍卖房地产的保留价提供参考依据，对拟拍卖房地产的市场价值或快速变现价值进行分析、测算和判断的结果。此外，房地产拍卖活动中还有一种评估价，即为竞买人确定最高出价提供参考依据，对拍卖房地产的投资价值或市场价值进行分析、测算和判断的结果。

### 2. 拍卖保留价

拍卖保留价也称为拍卖底价,是在拍卖前确定的拍卖标的可售的最低价。拍卖分为无保留价拍卖和有保留价拍卖。拍卖标的无保留价的,拍卖师应在拍卖前予以说明。拍卖标的有保留价的,竞买人的最高应价未达到保留价时,该应价不发生效力,拍卖师应当停止拍卖标的的拍卖。在有保留价拍卖中,保留价通常是有关当事人参照评估价或者市价确定的。人民法院对被查封房地产的拍卖均采取有保留价拍卖方式。《最高人民法院关于人民法院民事执行中拍卖、变卖财产的规定》第八条规定:"拍卖应当确定保留价。拍卖保留价由人民法院参照评估价确定;未作评估的,参照市价确定,并应当征询有关当事人的意见。人民法院确定的保留价,第一次拍卖时,不得低于评估价或者市价的80%;如果出现流拍,再行拍卖时,可以酌情降低保留价,但每次降低的数额不得超过前次保留价的20%。"后来的《最高人民法院关于人民法院委托评估、拍卖和变卖工作的若干规定》对确定拍卖保留价的规则作了适当修改,其第十三条规定:"拍卖财产经过评估的,评估价即为第一次拍卖的保留价;未作评估的,保留价由人民法院参照市价确定,并应当征询有关当事人的意见。"可见,在房地产司法拍卖估价中;过去的规定是:第一次拍卖的保留价≥评估价×80%=市场价值×80%;现在的规定是:第一次拍卖的保留价≥评估价=市场价值。

### 3. 拍卖起拍价

拍卖起拍价也称为开叫价、起叫价,是拍卖的起始价格,即拍卖师在拍卖时首次报出的拍卖标的的价格。拍卖有增价拍卖和减价拍卖。增价拍卖是先对拍卖标的确定一个最低起拍价,然后由低往高叫价,直到最后由出价最高者取得。减价拍卖是由拍卖师先喊出拍卖标的的最高起拍价,然后逐次喊出逐步降低的价格,直至有竞买人表示接受而成交。增价拍卖是一种常见的叫价方式。在增价拍卖中,起拍价通常低于保留价。

### 4. 拍卖应价

拍卖应价是竞买人对拍卖师报出的价格的应允,或是竞买人自己报出的购买价格。

### 5. 拍卖成交价

拍卖成交价是经拍卖师落槌或者以其他公开表示买定的方式确认后的竞买人的最高应价。在有保留价拍卖中,最高应价不一定成为成交价,只有在最高应价不低于保留价的情况下,该最高应价才成为成交价。1987年12月1日,中国首次以拍卖方式出让的一块土地面积8588平方米的底价为200万元,最后成交价为525万元。

## 3.3 房地产价格的影响因素

### 3.3.1 房地产价格影响因素概述

#### (一)对房地产价格影响因素的基本认识

房地产价格的高低及其变动,是众多对房地产价格有影响的因素对房地产价格共同作用的结果。这些对房地产价格有影响的因素称为房地产价格影响因素,房地产估价必须了解房地产价格的各种影响因素,掌握它们是如何以及在何种程度上影响房地产价格的。房地产价格影因素对房地产价格影响特性的判定和影响程度的量化是房地产估价主要难点之一。要准确地判定和量化影响因素对房地产价格的影响,需要把握以下几点。

**1. 不同影响因素或其变化导致房地产价格变动的方向不尽相同**

有的因素或其变化会导致房地产价格上涨,这类因素可称为增值因素。有的因素或其变化会导致房地产价格下降,这类因素可称为贬值因素。并且,同一影响因素或其变化对不同类型的房地产导致的价格变动方向可能不同。例如,某一地带有货运铁路,如果该地带是居住区,则货运铁路一般是贬值因素;而如果该地带是仓储或工业区,则货运铁路通常是增值因素。搞清楚这一点,有助于估价时把握影响因素对房地产价格的影响方向。

**2. 不同影响因素或其变化导致房地产价格变动的程度不尽相同**

有的因素或其变化导致房地产价格变动的幅度较大,这类因素可称为主要因素。有的因素或其变化导致房地产价格变动的幅度较小,这类因素可称为次要因素。以住宅的朝向和楼层为例,通常情况下朝向对价格的影响比楼层大。但是,对于不同类型的房地产,同一因素对价格的影响大小可能是不同的。例如,商场与住宅相反,楼层对价格的影响通常要比朝向大。搞清楚这一点,有助于估价时确定各种影响因素的合理权重以及对房地产价值测算结果的调整幅度。

**3. 不同影响因素的变化与房地产价格变动之间的关系不尽相同**

有的因素随着其变化会一直提高或一直降低房地产价格;有的因素在某一状况下随着其变化会提高房地产价格,在另一状况下随着其变化会降低房地产价格。例如,土地面积大小有一个合适度,过小或过大,土地单价都会较低。有的因素从某一角度看会提高房地产价格,而从另一角度看会降低房地产价格,至于它对房地产价格的最终影响如何,是由这两方面的合力决定的。例如,修筑一条道路穿过某个居住区,一方面由于改善了该居住区的对外交通,方便了居民出行,会提高该居住区的住宅价格;另一方面由于穿行的车流和人流产生的噪声、汽车尾气污染和行人行走的不安全,又会降低该居住区的住宅价格。至于它最终是提高还是降低该居住区的住宅价格,要看受影响住宅离该道路的远近以及该道路的性质等情况来决定。其中,紧临道路的住宅比里面的住宅受到的负面影响大,除非有了该道路之后适宜并允许改变为商业用途。但是,如果该道路是一条过境公路,如封闭的高速公路或高架路,则对该居住区的住宅价格只有负面影响,没有正面效应。

**4. 有影响因素对房地产价格的影响与时间的相关性不同**

在与时间有关的影响因素中,导致房地产价格变动的速度又有可能不同。有的因素会立即导致房地产价格的变动,有的因素对房地产价格的影响则会经过一段较长时间才会表现出来,即具有"滞后性"。例如,增加或减少房地产开发用地供应量,提高或降低房地产贷款利率,放松或收紧房地产开发与住房消费贷款等房地产市场调控措施,除影响市场预期而较快影响房地产价格的因素外,其他因素对房地产价格的影响通常需要一个过程。

**5. 有影响因素对房地产价格的影响方向和影响程度非一成不变**

随着时间的推移,人们对房地产的偏好会发生变化,从而那些提高房地产价格的因素可能会变为降低房地产价格的因素,那些对房地产价格影响较大的因素可能会变为影响较小的因素,甚至没有影响。反之亦然。例如,许多发达城市的住房消费曾出现过这种变化:在房地产市场发展初期,人们大都愿意购买城市中心区域或繁华地段的住宅,导致该类区域或地段的住宅的价格趋高;后来随着收入的增加,城市迈入富裕型城市,则该城市中心区的住宅价格明显低于环境优美、空气清新、气候宜人的城市近郊区和远郊区的住宅价格。

**6. 同一影响因素在不同地区对房地产价格的影响可能不同**

不同地区的人们对房地产的偏好可能不同,某个因素在某个地区普受关注,而在另一个地区则未必如此。例如,中国北方地区比南方地区更看重住房的朝向,而南方地区比北方地区更关注"风水"。

**7. 同一影响因素在不同水平上的变化对房地产价格的影响可能不同**

经济学指出,消费品普遍存在"边际效用递减"规律。例如,当绿地率较低时,提高绿地率对房地产价格的影响较大;而当绿地率已较高时,再提高绿地率对房地产价格的影响就较小。

**8. 不是所有影响因素对房地产价格的影响都可用数学模型进行量化的**

例如,土地使用期限对房地产价格的影响可用公式计算,朝向、楼层对房地产价格的影响可通过对大量不同朝向、不同楼层的房地产成交价格、租金的调查统计得到。但一些因素对房地产价格的影响主要依靠估价师的经验做出判断。因此,在实际估价中应尽量采用定量分析来量化各种因素对房地产价格的影响,使估价不断科学、精准。只有当影响因素对房地产价格的影响无法采用定量分析予以量化时,才可以仅凭经验进行判断。

### (二)房地产价格影响因素的常见分类

房地产价格影响因素众多而复杂,需要进行分类。一种分类是先分为房地产自身因素和房地产外部因素两大类,然后再进行细分。如房地产自身因素可再分为房地产实物因素、房地产权益因素和房地产区位因素;房地产外部因素可再分为人口因素、制度政策因素、经济因素、社会因素、国际因素、心理因素和其他因素。

对房地产价格影响因素的另一种分类,是分为一般因素、区域因素和个别因素三个层次。一般因素是指对广大范围的房地产价格都有影响的因素,如宏观经济发展状况、货币政策、利率、汇率等。区域因素是指对估价对象周围一定区域范围内的房地产价格有影响的因素,如所在地区的城市规划调整、环境状况、配套设施状况等。个别因素是指仅对特定房地产的价格有影响的因素,主要是该房地产的自身因素,如该房地产的区位、用途、规模、土地形状、地形、地势、建筑结构、建筑物新旧程度等。需要指出的是,一般因素、区域因素和个别因素的界限并不是固定的,随着估价对象范围的扩大,某些区域因素也许会变为个别因素。

还有一种分类,是将房地产价格影响因素分为房地产状况因素、房地产市场因素和房地产交易因素三个层面。房地产状况因素即房地产自身因素。房地产市场因素是指房地产市场状况方面对房地产价格有影响的因素。房地产交易因素是指房地产交易中对房地产成交价格有影响的一些特殊因素,如交易者对交易对象不了解或有特殊偏好,对市场行情不熟悉,被迫出售或被迫购买,之间有利害关系,以及交易税费非正常负担等。

### 3.3.2 房地产价格影响因素的具体分类

为了便于对各种因素对房地产价格的影响进行定性分析,把房地产价格的影响因素分为房地产自身因素、人口因素、制度政策因素、经济因素、社会因素、国际因素、心理因素和其他因素。

#### (一)房地产自身因素

房地产自身状况的好坏,直接关系到房地产价格的高低,是不同的房地产之间价值高低差异的基本原因。所谓房地产自身因素,是指构成房地产实物、权益和区位状况的因素。因此,房地产自身因素又可分为房地产区位因素、房地产实物因素和房地产权益因素三类。

**1. 房地产区位因素**

房地产区位因素是一个综合性因素,可分解为位置、交通、外部配套设施、周围环境等因素。

(1) 位置。位置因素可分解为方位、与相关场所的距离、临街状况、朝向、楼层。

① 方位。一宗房地产的方位,首先是要说明该房地产在某个较大区域(如城市)中的位置;其次是要说明该房地产在某个较小区域中的位置。一般来说,位于十字路口拐角处的房地产,其位置优劣及价格高低依次为西北角、东北角、西南角、东南角。位于街道、水流或山坡某侧的房地产价格会有所不同。位于向阳面的房地产价格高于背阳面的房地产价格;位于北侧的房地产价格通常高于位于南侧的房地产价格;位于南坡的房地产价格通常高于位于北坡的房地产价格。

② 与相关场所的距离。距离是衡量房地产区位优劣最常见、最简单的指标。一宗房地产与其相关的主要场所,如市中心、汽车客运站、火车站、机场、码头、公园、学校、医院、政府机关、同行业、工作地、居住地等的距离,对其价格有较大的影响。一般来说,距离较近的房地产,价值要高些。

③ 临街状况。临街状况是指房地产是否临街、临什么样的街以及是如何临街的。一般来说,不临街住宅的位置要好于临街住宅,而商业用途的房地产则相反。商业用途房地产的临街状况主要有:是一面临街还是前后两面临街,或者为街角地。商业用途房地产的临街状况不同,价值会有所不同,甚至有很大差异。

④ 朝向。对住宅而言,朝向是很重要的位置因素。住宅的朝向主要影响到采光和日照,一般认为"南方为上,东方次之,西又次之,北不良",因此,住宅最好是坐北朝南。在实际估价中,对住宅的朝向应尽量细化以后再予以分析,如分为南北向、南向、东南向、西南向、东西向、东向、西向、东北向、西北向、北向。

⑤ 楼层。当为某幢房屋中的某层、某套时,楼层是重要的位置因素,因楼层影响到通达性、通风、采光、日照、视野、景观、空气质量、安宁程度、安全、室内温度、自来水洁净程度,以及顶层是否可独享屋面使用权,底层是否可独享室外一定面积空地的使用权等。住宅楼层的优劣通常按总层数和有无电梯来区分。一般来说,没有电梯的传统多层住宅的中间楼层较优,顶层和底层较劣。有电梯的中高层住宅、高层住宅,城市一年四季空气中悬浮层以上的楼层较优,三层以下较劣。

对商业用房来说,楼层是十分重要的位置因素。例如,商业用房的地下一层、地上一层、二层、三层等之间的价格或租金水平差异很大。一般来说,地上一层的价格或租金最高,其他层的价格或租金较低。

(2) 交通。交通出行的便捷程度、时间耗费和费用支出多少直接影响房地产价格。交通因素可分为道路状况、出入可利用的交通工具、交通管制情况、停车方便程度以及交通收费情况等。交通条件较好一般会使房地产价格上涨。具体导致的房地产价格上涨程度,一是从房地产类型看,对交通依赖程度越高的房地产,其价格上涨幅度会越大;二是从房地产位置看,离道路或站点越近的房地产,其价格上涨幅度会越大但如果离道路或站点过近,尤其是住宅,由于人流增加带来的喧闹声以及交通工具运行时产生的噪声和空气污染等,也有一定的负面影响;三是从影响发生的时间看,对房地产价格上涨作用主要发生在交通项目立项之后、完成之前。在立项之前因开辟新的交通线路有较大的不确定性,对房地产价格上涨作用还难以显现;在完成之后因对房地产价格的影响基本释放出来,对房地产价格上涨作用一般会停止。

交通管制对房地产价格的影响结果如何,要看这种管制的内容和房地产的使用性质。实行某种交通管制,对某类房地产来说可能会降低其价格,但对另一类房地产来说则可能会提高其价格,如在居住区内的道路上禁止货车通行,可以减少噪声、汽车尾气污染和行人行走的不安全感,因此会提高住宅价格。

(3) 外部配套设施。对于房地产开发用地,外部基础设施完备状况是特别重要的。对于已建成的房屋特别是住宅,外部公共服务设施完备状况是特别重要的。一般来说,外部配套设施完备,特别是周边有教育质量高的中小学、医疗水平高的医院以及有购物中心、休闲娱乐场所的住宅,其价格就高;反之,其价格较低。

(4) 周围环境。对房地产价格有影响的周围环境因素,是指对房地产价格有影响的房地产周围的物理状况因素和人文状况因素,主要有大气环境、水文环境、声觉环境、视觉环境、卫生环境和人文环境等。

① 大气环境。大气就是空气,是人类赖以生存、片刻也不可缺少的物质,空气质量的优劣关系人体健康。因此,房地产所处地区的空气中是否有难闻的气味、有毒有害物质和粉尘等,对房地产价格有很大的影响。公共厕所、垃圾站、化工厂、钢铁厂、屠宰厂、酱厂等都可能造成空气污染,凡是接近这些地方的房地产,价格通常较低。

② 水文环境。地下水、沟渠、河流、江湖、海洋等的污染程度如何,对其附近的房地产价格也有很大的影响。如靠打水井来解决饮水的地区,地下水的质量或其受到的污染程度,对该地区的房地产价格有较大的影响。

③ 声觉环境。交通运输工具、社会人群集聚活动(如农贸市场、中小学、游乐场、展览馆等场所人们的喧闹声、吆喝声、高音喇叭声)、工厂等,都可能产生噪声,会干扰人们休息、工作和学习。对住宅、办公、旅馆、学校、科研等类房地产来说,噪声大的地方,房地产价格较低;噪声小、安静的地方,房地产价格通常较高。

④ 视觉环境。房地产周围的视野是否杂乱,如电线杆、广告牌、标示牌等的竖立状态和设计是否美观,建筑物之间是否协调,公园、绿化等形成的景观是否赏心悦目,都会对房地产价格有影响。单就景观来说,景观好的房地产,如可看到水景(海、湖、江、河、水库、水渠等)、山景、公园、树林、绿地、知名建筑等的住宅,其价值通常较高;反之,景观差的房地产,如可看到公共厕所、垃圾站、烟囱、陵园等的住宅,其价值通常较低。

⑤ 卫生环境。清洁卫生状况,包括垃圾堆放等情况,对房地产价格也有影响。

⑥ 人文环境。人文环境包括该房地产所在地区的声誉、居民特征、治安状况、相邻房地产的利用状况等。声誉好、居民素质高、生命财产均安全地区的房地产价格必然高于其他地区的房地产价格。

此外,房地产所在地区的绿地率、容积率、建筑密度、建筑间距等也反映了其环境状况,它们的高低或大小对房地产价格也有影响。

**2. 房地产实物因素**

(1) 土地实物因素。土地实物因素主要包括土地面积、土地形状、地形地势、地质条件、土壤状况、土地开发程度等。

① 土地面积。两块位置相当的土地,如果面积相差较大,单价会有所不同。一般来说,面积过小而不利于利用的土地,单价较低。但在特殊情况下可能有例外,如面积过小的土地与相邻土地合并后会大大提高相邻土地的利用价值,则面积过小土地的拥有者希望独享土地合并后的增值,而相邻土地的拥有者为求其土地得到有效利用,则可能不惜以高价取得。

地价与土地面积大小的关系是可变的。一般来说,在城市繁华地段对面积大小的敏感度较高,而在市郊或农村则相对较低。土地面积大小的合适度还因不同地区、不同消费习惯而有所不同。例如,某地方市场如果普遍接受高层楼房,则在该地区,较大面积土地的利用价值要高于较小面积土地的利用价值,因而较大面积土地的价格会高于较小面积土地的价格。相反,如果地方市场仅能接受小型建筑型态,则较大面积土地的价格与较小面积土地的价格,差异不会很大。

② 土地形状。土地形状是否规则,对地价也有一定影响。形状规则的土地,主要是指正方形、长方形(但长宽的比例要适当)的土地。由于形状不规则的土地一般不能有效利用,相对于形状规则的土地,其价格一般要低,通常为改善这类土地的利用,多采用土地调整或重划等措施。土地经过调整或重划之后,利用价值提高,地价立即随之上涨,这反过来也说明了土地形状对地价的影响。

③ 地形地势。由于地形、地势的平坦、起伏、低洼等会影响到房地产的开发建设成本或利用价值,从而影响其价格。一般来说,土地平坦地价较高;土地高低不平,地价较低。但是,如果土地过于平缓,当坡度低于0.3%时,往往不利于地面水的汇聚和排除。在其他条件相同时,地势高的房地产的价格,要高于地势低的房地产的价格。

地形、地势对房地产价格的影响还表现在:在城市,如果人口剧增、工商业发展很快,土地需求增加,而土地向外发展受地形、地势的限制(如四面临山或有河流阻隔),致使城市土地的经济供给不能作适当比例的增加时,必然会使地价普遍高涨。

④ 地质条件。地质条件决定着地基的承载力、稳定性、地下水位等。地基的承载力是指土地可负荷物品的能力。特别是指在保证地基稳定的条件下,建筑物的沉降量不超过允许值的地基承载能力。不同的地块,承载力可能不同。

对于农地来说,由于一般情况下土地的承载力都能满足要求,所以通常不考虑承载力这个因素。但对于建设用地,特别是对于城市建设用地来说,地质条件对地价的影响较大,尤其在现代城市建设向高层化发展的情况下更是这样。

对于建设用地来说,一般情况下,地质坚实,承载力较大,有利于建筑使用,地价就高;反之,地价则低。但不同的建筑物,如平房、多层建筑、高层建筑,对土地承载力有不同的要求,因此承载力对地价的影响程度也有所不同。

现代建筑技术进步在一定程度上可以克服不良地质条件造成的地基承载力小、不稳定等问题。因此,地价与地质条件关系的实质,是地质条件的好坏决定着开发建设费用的高低。建造同样的建筑物,地质条件好的土地,需要的地基加固处理等费用低,从而地价高;相反,则地价低。对不同地震烈度的建筑抗震设防要求不同,也可以说明这个问题。

⑤ 土壤状况。对于城市建设用地,土壤的污染情况、自然酸碱性等因素对房地产价格会有影响。土壤受到污染的土地,地价会降低;房屋所在土地的土壤如果受到污染,房价会降低。酸性土壤对混凝土有很大的破坏作用,碱性土壤不利于植物生存。这些问题虽然目前在技术上都可以解决,但需要处理费用,增加房地产开发或使用过程中的成本,从而会降低地价或房价。

⑥ 土地开发程度。一宗土地的基础设施完备程度和场地平整程度对其价格有显著影响。一般来说,熟地的价格要高于生地的价格:即"七通一平"土地的价格要高于"五通一平"土地的价格,"五通一平"土地的价格要高于"三通一平"土地的价格。

(2) 建筑物实物因素。建筑物实物因素主要包括建筑规模、建筑结构、设施设备、装饰装修、空间布局、建筑功能、建筑外观、新旧程度等。

① 建筑规模。建筑物的面积、体积、开间、进深、层高、室内净高、层数、高度等规模因素,关

系到建筑物的形象、使用性等，对房地产价格有所影响。总体而言，规模过小或过大都会降低其单价。但要注意不同用途、不同地区，对建筑规模的要求是不同的。如住宅，在住宅单价较高的情况下，因小面积的总价低，买得起的人较多，单价通常高于大面积的单价。此外，人们对建筑物的需要，本质上是对建筑物内部立体空间的需要，而不仅是对面积的需要，因此层高或室内净高对房地产价值也有影响。层高或室内净高过低的建筑物会使人有压抑感，从而其价值一般较低。但层高或室内净高也有一个合适的度，过高不仅会增加造价，而且会增加使用中的能耗，从而会降低房地产价值。

② 建筑结构。对建筑物最重要和最基本的要求是安全。不同结构的建筑物的稳固性和耐久性不同，因此其价值会有所不同，特别是在地震多发地区。如钢筋混凝土结构、砖混结构、砖木结构的建筑物，价值一般是从高到低。不同结构的建筑物的造价一般不同，也会使其价值不同。

③ 设施设备。随着经济发展和生活水平提高，要求建筑物内安装完善的设施设备，因此建筑物的设施设备是否齐全、完好，例如是否有电梯、中央空调、集中供热、宽带等，对房地产价值有很大的影响。当然，不同用途和档次的建筑物，对设施设备的要求有所不同。一般来说，设施设备齐全、完好的，价值会高；反之，价值会低。

④ 装饰装修。房屋按照装饰装修状况，可分为精装房、简装房和毛坯房三大类，其价格一般是从高到低。当然，装饰装修是否适合人们的需要，其品位、质量等如何，是非常重要的因素。某些不合意的装饰装修不仅不能提高房地产价值，还会降低房地产价值，因为购置后还要花费代价将其"拆除"后重新装饰装修。

⑤ 空间布局。空间布局关系到建筑物的使用，对房地产价值有较大的影响。不同用途的建筑物，如住宅、商场、写字楼等，对空间布局的要求不尽相同。一般来说，平面布置合理、过道联系方便、功能易于发挥、有利于使用的建筑物，价值就高；反之，价值就低。尤其是住宅，平面设计中功能分区是否合理、使用是否方便是决定其价值高低的重要因素之一。

⑥ 建筑功能。建筑物应满足防水、保温、隔热、隔声、通风、采光、日照等要求。对建筑物防水的基本要求是，屋顶或楼板不漏水，外墙不渗水。对建筑物保温、隔热的基本要求是，冬季能保温，夏季能隔热、防热。对建筑物隔声的基本要求是，为了防止噪声和保护私密性，能阻隔声音在室内与室外之间、上下楼层之间、左右隔壁之间、室内各房间之间传递。对建筑物通风的基本要求是，能够使室内与室外空气之间流通，保持室内空气新鲜。对建筑物采光、日照的基本要求是，白天室内明亮，室内有一定的空间能够获得一定时间的太阳光照射。采光和日照对住宅都很重要。采光对办公楼比较重要。

⑦ 建筑外观。建筑外观包括建筑式样、风格、色调、可视性等，对房地产价格有较大的影响。凡是建筑物外观新颖、优美，可给人以舒适的感觉，则价格会高；反之，单调、呆板，很难引起人们的享受欲望，甚至令人压抑、厌恶，特别是在外形上会让人产生不好的联想，则价格会低。

⑧ 新旧程度。建筑物的新旧程度是一个综合性因素，包括建筑物的年龄、维护状况、完损状况、工程质量等。总的来说，建筑物越新，价值越高；反之，价值越低。

**3. 房地产权益因素**

（1）房地产权利及其行使的限制。拥有的房地产权利是所有权还是使用权、地役权、抵押权、租赁权，以及这些权利是否完整、清晰等，价值会有很大的差异。以地役权为例，对供役地而言，是他人在该土地上享有的一种有限的使用权，供役地在给他人方便时，土地所有权人或土地使用权人有可能要遭受某些损失，在这种情况下，地役权的存在会降低供役地的价值。以共有的房地产为例，如果共有人较多，对房地产的使用、维护、修缮等很难达成共识，部分共有人如果不胜其烦而转让其在该房地产中的份额,这时的成交价格多会低于正常价格。

(2) 房地产使用管制。房地产使用管制主要是农用地转为建设用地,以及对土地用途、容积率、建筑密度、绿地率、建筑高度等的规定。就规定用途来看,居住、商业、办公、工业等不同用途对土地位置等的要求不同;反过来,在土地位置等一定的情况下,规定用途对地价有着很大的影响。容积率的高低对地价也有很大的影响,在估价时必须搞清楚容积率的确切内涵。在城市规划中,地下建筑面积通常不计容积率。在实际中,容积率分为包含地下建筑面积的容积率和不包含地下建筑面积的容积率。在补交出让金等费用方面,有的地方政府规定地下建筑面积不补交或者只按照地上建筑面积的出让金等费用水平的一定比例补交。

(3) 相邻关系的限制。相邻关系是指房地产的相邻权利人依照法律法规规定或者按照当地习惯,相互之间应当提供必要的便利或者接受必要的限制而产生的权利和义务关系。特别是从义务方面来看,相邻关系是对房地产所有权、使用权的一种限制,因此相邻关系的存在对房地产价格有一定的影响。一方面,相邻关系要求房地产权利人应当为相邻权利人提供必要的便利,包括:① 应当为相邻权利人用水、排水提供必要的便利;② 对相邻权利人因通行等必须利用其土地的,应当提供必要的便利;③ 对相邻权利人因建造、修缮建筑物以及铺设电线、电缆、水管、暖气和燃气管线等必须利用其土地、建筑物的,应当提供必要的便利。另一方面,相邻关系要求房地产权利人在自己的房地产内从事工业、农业、商业等活动及行使其他权利时,不得损害相邻房地产和相邻权利人,包括:① 在自己的土地上建造建筑物,不得违反国家有关工程建设标准,妨碍相邻建筑物的通风、采光、日照;② 不得违反国家规定弃置固体废物,排放大气污染物、水污染物、噪声、光、电磁波辐射等有害物质;③ 挖掘土地、建造建筑物、铺设管线以及安装设备等,不得危及相邻房地产的安全。

## (二) 人口因素

人口是决定房地产需求量或市场规模大小的一个最重要的基础因素,人口数量、人口结构、人口素质等状况对房地产价格有很大的影响。

### 1. 人口数量

房地产价格与人口数量具有显著的正相关关系。某一城市或地区的人口数量增加时,对其房地产的需求就会增加,房地产价格就会上涨;反之,房地产价格就会下降。

引起人口数量变化的因素是人口增长,它是在一定时期内由出生、死亡和迁入、迁出等因素的消长导致的人口数量增加或减少的现象,分为人口增长量和人口增长率。人口增长有人口净增长、人口零增长和人口负增长三种情况。人口增长率是反映人口增减速度的指标。某一地区的人口增长率是该地区一年内人口增长的绝对数与其同期年平均总人数之比,即:

$$人口增长率 = 本年人口增长绝对数 / 年平均总人数$$

人口增长可分为人口自然增长和人口机械增长。人口自然增长是指在一定时期内因出生和死亡因素导致的人口数量增加或减少,即出生人数与死亡人数的净差值。反映人口自然增减速度的指标主要是人口自然增长率。某一地区的人口自然增长率是该地区一年内人口因出生和死亡因素的消长导致的该地区人口增减的绝对数与其同期年平均总人数之比,即:

$$人口自然增长率 = (本年出生人数 - 本年死亡人数) / 年平均总人数$$
$$= 人口出生率 - 人口死亡率$$

人口机械增长是指在一定时期内因迁入和迁出因素的消长导致的人口数量增加或减少,即迁入的人数与迁出的人数的净差值。反映人口机械增减速度的指标主要是人口机械增长率。某一地区的人口机械增长率是该地区一年内人口因迁入和迁出因素的消长导致的该地区人口增减的绝对数与其同期年平均总人数之比;即:

人口机械增长率=(本年迁入人数-本年迁出人数)/年平均总人数

城镇化和移民导致的城市和城镇外来人口增加,对房地产的需求必然会增加,从而会引起房地产价格上涨。还可将人口数量分为户籍人口、常住人口、暂住人口和流动人口,以及日间人口和夜间人口等的数量,来分析它们对不同类型房地产价格的影响。另外,在人口数量因素中,反映人口数量的相对指标是人口密度。人口密度从两方面影响房地产价格:一方面,人口高密度地区一般来说对房地产的求多于供,供给相对缺乏,因而价格趋高,人口密度增加还有可能刺激商业、服务业等行业的发展,提高房地产价格;另一方面,人口密度过高,特别是在大量低收入者涌入某一地区的情况下,会导致生活环境恶化,从而有可能降低房地产价格。

### 2. 人口结构

人口结构是指一定时期内人口按照性别、年龄、家庭、职业、文化、民族等因素的构成状况。其中,人口年龄构成是指一定时间人口按照年龄的自然顺序排列的数列所反映的年龄状况,以年龄的基本特征划分的各年龄组人数占总人数的比例表示。人口家庭构成反映家庭人口数量等情况,它对住宅类型的选择有重要参考价值。家庭人口规模(每个家庭平均人口数)发生变化,即使人口总量不变,也将使居住单位数发生变动,从而引起所需的住宅数量的变动,随之导致住宅需求的变化而影响住宅价格。例如,随着家庭的小型化,即使人口总量不增加,所需的住宅总量也将会增加,住宅价格有上涨趋势。中国城市家庭存在着从传统的复合大家庭向简单的小家庭发展的趋势。

### 3. 人口素质

人们的文化教育水平、生活质量和文明程度,可以导致房地产价格的变化。人类社会随着文明发达、文化进步,公共服务设施必然日益完善和普遍,同时对居住环境也必然力求宽敞舒适,凡此种种都足以增加对房地产的需求,从而导致房地产价格升高。如果一个地区中居民的素质低、构成复杂、社会秩序欠佳,人们多不愿意在此居住,则该地区的房地产价格必然低落。

### (三)制度政策因素

### 1. 房地产制度政策

房地产制度政策特别是房地产的所有制、使用制、交易管理制度和价格政策,对房地产价格的影响也许是最大的。例如,在传统城镇住房制度下,对住房实行实物分配、低租金使用,可以使住房没有买卖价格、租金极低;在传统土地使用制度下,严禁买卖、出租或者以其他形式非法转让土地,可以使地价、地租不存在。而改革城镇住房制度和国有土地使用制度,推行住宅商品化,停止住房实物分配、实行住房分配货币化,允许国有土地使用权出让、转让、出租等,可以使房地产价格显现出来,并反映房地产供求状况,同时也受房地产供求的影响。

目前,中国房地产所有制是土地所有权属于国家或农民集体,不能交易;房屋可以私人所有,其中住宅大部分为私人所有,可以交易。因此,土地没有所有权价格,所谓的土地价格均是某种土地使用权价格。因土地使用权通常是有期限的,因此土地及房地产价格的高低又与土地使用期限的长短有关。一般情况下,土地使用期限越长,土地及房地产的价格就会越高;反之,就会越低。国有建设用地还是政府独家垄断供应的,土地供应政策的变化会引起土地及房地产价格的变动。

房地产价格政策是指政府对房地产价格高低和涨落的态度及相应采取的干预或管制方式和措施等，包括是实行市场调节价还是政府指导价或政府定价。房地产价格政策可分为抑制价格与刺激价格政策、低价格与高价格政策。抑制价格政策一般是采取某些措施来控制房地产价格上涨；刺激价格政策一般是采取某些措施来促使房地产价格上涨。低价格政策一般是采取某些措施使房地产价格处在较低水平；高价格政策一般是采取某些措施使房地产价格处在较高水平。

政府对房地产价格的干预或管制方式，可能是制定最高限价、最低限价或直接定价，也可能是通过一些其他措施来调控价格。其中，抑制房地产价格的措施是多种多样的，它们控制房地产价格上涨或导致房地产价格下降的速度和幅度不尽相同，例如：① 在房地产价格快速上涨时通过增加土地供应以加快房屋建设，来增加房地产供给量；② 规定房地产开发企业按照合理的房地产开发成本和利润率来定价；③ 制定最高限价，规定房地产售价不得突破此价格；④ 采取金融、税收、限购等政策措施，遏制房地产投机需求，稳定房地产价格。

**2. 金融制度政策**

房地产开发、投资、消费都需要大量资金，都需要金融支持。金融制度政策特别是货币政策和房地产信贷政策对房地产价格有很大影响。货币政策由紧到松会导致房地产价格上涨；反之，收紧货币政策会导致房地产价格下降。

房地产信贷政策包括增加或缩小房地产信贷规模，放松或收紧房地产贷款，调整房地产信贷投向（是房地产开发贷款还是个人购房贷款），提高或降低购房最低首付款比例，上调或下调贷款利率，延长或缩短最长贷款期限，提高或降低房地产抵押率上限等。

具体来说，增加土地储备融资，会增加未来的土地供应，远期会增加商品房供给，从而会使未来的土地价格和商品房价格下降；反之，会使未来的土地价格和商品房价格上涨。严格控制房地产开发贷款，会减少未来的商品房供给，从而会使未来的商品房价格上涨；反之，会使未来的商品房价格下降。提高购房最低首付款比例、上调个人购房贷款利率、缩短最长贷款期限，会提高购房门槛、增加购房支出，从而会减少住房需求，进而会使住房价格下降；反之，会使住房价格上涨。

**3. 税收制度政策**

房地产税收制度政策会对房地产价格产生较大影响。房地产税收可分为房地产开发环节、交易环节和持有环节的税收，不同种类的房地产税收，其导致房地产价格变动的方向、速度和程度不尽相同。

（1）房地产开发环节的税收。房地产开发环节的税收相当于商品生产环节的税收，如耕地占用税、企业所得税。一般来说，增加房地产开发环节的税收，会增加房地产开发成本，从而会推动房地产价格上涨；反之，会使房地产价格下降。

增加或减少房地产开发环节的税收在短期内是否会导致房地产价格的升降，要看房地产市场是处于卖方市场还是买方市场。如果是卖方市场，则增加房地产开发环节的税收可以通过涨价转嫁给房地产购买者，从而会使房地产价格上涨；而减少房地产开发环节的税收则难以使房地产价格下降，主要会转化为房地产开发企业的"超额利润"。如果是买方市场，则增加房地产开发环节的税收主要会使房地产开发企业通过降低开发利润等而"内部消化"，难以使房地产价格上涨；而减少房地产开发环节的税收，则会使房地产价格下降。

（2）房地产交易环节的税收。房地产交易环节的税收也称为房地产流转环节的税收，相当于商品流通环节的税收,如契税、增值税、城市维护建设税、教育费附加、土地增值税、个人所得税、印花税。其中,增值税、城市维护建设税、教育费附加、土地增值税、个人所得税是向卖方征收的税收,契税是向买方征收的税收,印花税是向卖方和买方都征收的税收。一般来说,增加卖方的税收,如取消增值税、个人所得税减免优惠,开征土地增值税会使房地产价格上涨;反之,减少卖方的税收,如减免增值税、个人所得税,会使房地产价格下降。增加买方的税收,如提高契税税率,会抑制房地产需求,从而会使房地产价格下降;反之,减免契税,会刺激房地产需求,从而会使房地产价格上涨。

增加或减少卖方的税收在短期内是否会导致房地产价格的升降,要看房地产市场是处于卖方市场还是买方市场。如果是卖方市场,则增加卖方的税收可以通过涨价转嫁给买方,从而会导致房地产价格上涨;而减少卖方的税收则主要使卖方的收益增加,难以使房地产价格下降。如果是买方市场,则增加卖方的税收主要会降低卖方的收益等而"内部消化",难以导致房地产价格上涨;而减少卖方的税收则会使房地产价格下降。

(3) 房地产持有环节的税收。房地产持有环节的税收也称为房地产保有环节的税收,相当于商品使用环节的税收,如房产税、城镇土地使用税。增加房地产持有环节的税收,比如开征房地产税,实际上是增加了持有房地产的成本,会使自用需求者倾向于购买较小面积的房地产,并会抑制房地产投资和投机,从而会减少房地产需求,还会减少存量房地产囤积而增加房地产供给,进而会使房地产价格下降。对收益性房地产来说,房地产税会减少房地产净收益,从而会直接导致房地产价格下降。反之,减免房地产持有环节的税收,会使房地产价格上涨。

**4. 有关规划和计划**

政府的规划和计划是重要的公共政策。国民经济和社会发展规划、城乡规划、土地相关规划和计划、住房相关规划和计划等,其编制、调整和修订,对房地产价格有较大的影响。

(1) 国民经济和社会发展规划。国民经济和社会发展规划是国家加强和改善宏观调控的重要手段,也是政府履行经济调节、市场监管、社会管理和公共服务职责的重要依据。它按行政层级,分为国家级规划、省(自治区、直辖市)级规划、市县级规划;按对象和功能类别,分为总体规划、专项规划、区域规划。其中,总体规划是国民经济和社会发展的战略性、纲领性与综合性规划,是编制本级和下级专项规划、区域规划以及制定有关政策和年度计划的依据;专项规划是以国民经济和社会发展特定领域为对象编制的规划,是总体规划在特定领域的细化,也是政府指导该领域发展以及审批、核准重大项目,安排政府投资和财政支出预算,制定特定领域相关政策的依据;区域规划是以跨行政区的特定区域国民经济和社会发展为对象编制的规划,是总体规划在特定区域的细化和落实。

国民经济和社会发展规划对房地产价格有很大影响。例如,《中华人民共和国国民经济和社会发展第十一个五年规划纲要》提出:"调整住房供应结构,重点发展普通商品住房和经济适用住房,严格控制大户型高档商品房。"从供求关系上看,它的实施会抑制普通商品住房价格上涨,而会使大户型高档商品住房价格上涨。

(2) 城乡规划。城乡规划是以促进城乡经济社会全面协调可持续发展为根本任务、促进土地科学使用为基础、促进人居环境根本改善为目的,涵盖城乡居民点的空间布局规划。它是各级政府统筹安排城乡发展建设空间布局,保护生态和自然环境,合理利用自然资源,维护社会公正与公平的重要依据。城乡规划包括城镇体系规划、城市规划、镇规划、乡规划和村庄规划。以下简要分析城市规划对房地产价格的影响。

城市规划主要有城市总体规划、控制性详细规划和修建性详细规划。城市总体规划是一定时期内城市发展目标、发展规模、土地利用、空间布局以及各项建设的综合部署和实施措施,是引导和调控城市建设,保护和管理城市空间资源的重要依据和手段。城市总体规划的内容有:城市职能、性质和发展目标,市域各城镇人口规模、职能分工、空间布局和建设标准,禁建区、限建区、适建区、已建区及空间管制措施,建设用地的空间布局、土地使用强度管制区划和相应的控制指标(容积率、建筑密度、建筑高度、人口容量等),城市各类绿地的布局,城市基础设施和公共服务设施的布局等。城市控制性详细规划详细确定了规划地区各类用地的界线和适用范围,提出了容积率、建筑密度、绿地率、建筑高度等控制指标,规定了各类用地内适建、不适建、有条件可建的建筑类型,规定了交通出入口方位、停车泊位、建筑后退红线距离、建筑间距等要求,提出了各地块的建筑体量、体型、色彩等规划引导性要求,确定了各级道路的红线位置、断面、控制点坐标和标高,确定了工程管线的走向、管径和工程设施的用地界线,确定了公共设施的位置、规模和布局,制定了相应的土地使用与建筑管理细则。城市控制性详细规划是城乡规划主管部门作出建设项目规划许可的依据。城市修建性详细规划对所在地块的建设提出了具体的安排和设计。因此,城市规划对房地产价格的影响很大,例如,如果城市规划将某个地区列为重点发展区域,则这个地区的房地产价格一般会上涨。

(3) 土地相关规划和计划。对房地产价格有影响的土地相关规划和计划主要有土地利用总体规划、土地利用年度计划、土地供应计划。土地利用总体规划是在一定区域内,根据国家社会经济可持续发展的要求和当地自然、经济、社会条件,对土地的开发、利用、治理、保护在空间上、时间上所作的总体安排。土地利用总体规划的控制指标主要有建设用地总量(包括建设占用耕地的数量)和耕地保有量。土地利用年度计划是在土地利用总体规划的框架内,根据国民经济发展的具体情况,对土地利用进行的年度调节,以保障土地利用总体规划的贯彻落实,具体是指国家对计划年度农用地转用量、土地开发整理补充耕地量和耕地保有量的具体安排。土地利用年度计划指标包括农用地转用计划指标,分为城镇村建设占用农用地指标和能源、交通、水利等独立选址的重点建设项目占用农用地指标。土地供应计划是计划期限内政府对行政辖区范围内国有建设用地供应数量、用途结构、空间布局和执行的具体安排。土地供应计划指标是指在划拨或出让国有建设用地使用权时使用的指标。

土地利用总体规划、土地利用年度计划、土地供应计划中确定的建设用地总量、农用地转用量以及国有建设用地供应数量、用途结构、空间布局等,决定了房地产开发用地的供应状况,从而对房地产开发用地以及商品房的价格有很大的影响。当房地产开发用地的供应量减少时,房地产开发用地以及商品房的价格会上涨,反之会下降。

(4) 住房相关规划和计划。对房地产价格有影响的住房相关规划和计划主要有住房建设规划和年度计划、住房保障发展规划和年度计划。住房建设规划是引导和调控城市近期住房建设的专项规划,其确定的住房建设目标、建设总量、结构比例(如新建住房套型结构比例要求)、建设时序和空间布局等,特别是普通商品住房、经济适用住房、廉租住房的建设规模或在住房建设总量中的比重,对商品住房价格有较大的影响。住房建设总量增加特别是限价商品住房、经济适用住房、廉租住房的建设规模增加或在住房建设总量中的比重提高,商品住房的价格一般会下降,反之会上涨。

5. 有关特殊制度政策

中共中央、国务院相继作出鼓励东部地区率先发展、实施西部大开发、振兴东北地区等老工业基地、促进中部地区崛起等重大决策,以及设立沿海开放城市、建立经济特区、设立开发区等,

相应实行特殊的体制机制、特殊的政策、特殊的对外开放措施、国家给予必要的支持等,预示着会大力吸引投资、经济较快发展、房地产需求增加,从而会提高房地产价格。例如,深圳变为经济特区,海南岛成为海南省并享受特区政策,中共中央、国务院决定开发开放上海浦东新区、设立河北雄安新区,都曾使这些地方或其周边地区的房地产价格有较大上涨,甚至跳跃式上涨。

### (四) 经济因素

**1. 经济发展**

经济发展状况影响着人们就业、收入和消费支出等,从而对房地产价格产生较大影响。国内生产总值(gross domestic product,GDP)是反映经济发展的一个重要指标,GDP是对一个国家或地区在一定时期内国民经济生产活动的总规模、综合实力和人民生活水平的高低程度的反映。GDP的计算方法有收入法、支出法和生产法。按照支出法核算,GDP由消费、投资、政府购买和净出口四个部分构成。一般来说,GDP增长,消费、投资、政府购买和净出口都有不同程度的增长,社会总需求也在增加。社会总需求增加预示着投资、生产活动活跃,会带动对厂房、写字楼、商店、住宅和各种娱乐设施等的需求增加,由此会引起房地产价格上涨,尤其是引起地价上涨。

**2. 居民收入**

居民收入水平及其增长,对房地产价格特别是住宅价格影响较大。反映居民收入增长的指标主要有:城镇居民人均可支配收入的增长和农村居民人均纯收入的增长。城镇居民人均可支配收入是指城镇居民家庭在支付个人所得税、财产税及其他经常性转移支出之后余下的实际收入。农村居民家庭人均纯收入是指农村居民家庭总收入中扣除从事生产和非生产经营的费用支出、缴纳税款、上交承包金额后所剩余的部分。这部分纯收入既可直接用于生产和非生产性建设投资,也可用于生活消费支出和储蓄。

一般来说,居民收入的真正增加,意味着人们的生活水平将随之提高,其居住与活动所需的空间会扩大,从而会增加对房地产的需求,导致房地产价格上涨。至于对房地产价格的影响程度,要看现有的收入水平及边际消费倾向的大小。所谓边际消费倾向,是指收入每增加一个单位所引起的消费变化,即新增加消费占新增加收入的比例。

如果居民收入的增加是低收入者的收入增加,虽然其边际消费倾向较大,但其增加的收入大部分会首先用于基本生活的改善,这对房地产价格的影响就不大;如果居民收入的增加是中等收入者的收入增加,因为其边际消费倾向较大,且衣食等基本生活已有了较好的基础,其所增加的收入会大部分用于提高居住水平,这就会增加对居住房地产的需求,从而导致居住房地产价格上涨;如果居民收入的增加是高收入者的收入增加,因为其生活上的需要几乎达到了应有尽有的程度,边际消费倾向较小,所以其增加的收入可能大部分用于储蓄或投资,这对房地产价格的影响就不大。但是,如果他们利用剩余的收入从事房地产投资或投机,如购买房地产用于出租后转让或将持有房地产当作保值增值的手段,则会导致房地产价格上涨。

**3. 物价**

房地产价格是物价的一种,但与一般物价有所不同,反映一般物价变动的指标主要有居民消费价格指数和生产资料价格指数。居民消费价格指数(consumer price index,CPI)是反映一定时期内居民消费价格变动趋势和变动程度的相对数;居民消费价格指数分为食品、衣着、家庭设备及用品、医疗保健、交通和通信、娱乐教育和文化用品、居住、服务项目等八个大类。该指数是综合了城市居民消费价格指数和农民消费价格指数计算取得。生产资料价格指数（producer price index，PPI）也称为生产者价格指数、工业品出厂价格指数，是反映一定时期内生产资料价格变动趋势和变动程度的相对数，包括能源、钢材、有色金属、化工产品、木材等项目。

中国目前统计口径中，房地产价格变动没有纳入居民消费价格指数和生产资料价格指数核算，房地产是被列入固定资产投资。因此，居民消费价格指数和生产资料价格指数的变动并不直接反映房地产价格的变动，只是间接影响。房地产价格与一般物价的互动关系非常复杂。通常情况下，物价的普遍波动表明货币购买力的变动，即币值发生变动。此时物价变动，房地产价格也随之变动，如果其他条件不变，那么物价变动的百分比就相当于房地产价格变动的百分比，而且两者的动向也应一致，则表示房地产价格与一般物价之间的实质关系未变。

不论一般物价总水平是否变动，其中某些物价的变动也可能会引起房地产价格的变动，特别是诸如建筑材料价格（尤其是建筑钢材、水泥、木材的价格）、建筑构配件价格、建筑设备价格、建筑人工费等"房地产投入要素"的价格上涨，会增加房地产开发建设成本，从而可能引起"成本推动型"的房地产价格上涨。

从较长时期来看，国内外统计资料表明，房地产价格的上涨率要高于一般物价的上涨率。但在房地产价格中，土地价格、新建商品房价格、存量房价格、房屋租赁价格，或者不同用途房地产的价格，其变动幅度不是完全同步的，有时甚至是不同方向的。

**4. 利率**

从房地产供给来看，利率上升或下降会增加或降低房地产开发的融资成本，从而会使房地产开发建设成本上升或下降，进而导致房地产价格上涨或下降。从房地产需求来看，由于购房者普遍需要贷款，所以利率的上升或下降会加重或减轻购房者的贷款偿还负担，从而会减少或增加房地产需求，进而导致房地产价格下降或上涨。

从房地产价值是房地产预期净收益的现值之和的角度看，由于房地产价值与折现率负相关，而折现率与利率正相关，所以利率上升或下降会使房地产价格下降或上涨。

从综合效应看，利率升降对房地产需求的影响大于对房地产供给的影响，从而房地产价格与利率负相关：利率上升，房地产价格会下降；利率下降，房地产价格会上涨。

**5. 汇率**

在国际房地产投资中，汇率波动会影响房地产的投资收益。例如，一个外国投资者以一定价格购买了一宗房地产，此后出售房地产时，相对于当地市场，房地产可能升值了，但如果该房地产所在国的货币发生了贬值，那么相对于国际交易，其房地产升值可能与货币贬值相互抵消，从而导致房地产投资失败。反之，如果该房地产所在国的货币发生了升值，那么即使相对于当地市场房地产没有升值，但相对于国际交易也会获得较好的房地产投资收益。因此，当预期某国的货币会升值时，就会吸引国外资金购买该国房地产，从而会导致其房地产价格上涨；反之，会导致其房地产价格下降。

## （五）社会因素

**1. 政治安定状况**

政治安定状况是指有不同政治观点的党派、团体的冲突情况，现行政权的稳固程度等。一般来说,政治不安定则意味着社会可能动荡,这会影响人们投资、置业的信心,从而会造成房地产价格低落。

**2. 社会治安状况**

社会治安状况是指偷窃、抢劫、强奸、绑架、杀人等方面的刑事犯罪情况。房地产所处的地区如果经常发生此类犯罪案件,则意味着人们的生命财产缺乏保障,因此会造成该地区房地产价格低落。

**3. 城市化**

城市化也称为城镇化,是指人类生产和生活方式由乡村型向城市型转化的过程,表现为人口由乡村向城镇转移以及城镇不断发展和完善等。城市化是18世纪产业革命以后经济社会发展的世界性现象,世界各国先后开始从以农业为主的乡村社会,转向以工业和服务业为主的城市社会。通常采用一国或一地区内城镇人口占总人口比重这个指标来测度城市化水平。该指标称为城市化率或城镇化率。一般来说,城市化意味着城镇人口不断增长,从而对城镇房地产的需求不断增加,进而会带动城镇房地产价格上涨。

**4. 房地产投机**

房地产投机也称为炒买炒卖房地产、倒买倒卖房地产,其中最为常见的是"炒房",是指不是为了使用或出租而是为了再出售(或再购买)而暂时购买(或出售)房地产,利用房地产价格的涨落变化,以期从价差中获利的行为。房地产投机是建立在对未来房地产价格预期的基础上的。

房地产投机对房地产价格的影响可能出现以下三种情况:一是引起房地产价格上涨;二是引起房地产价格下跌;三是起着稳定房地产价格的作用。至于房地产投机具体会导致怎样的结果,要看当时的多种条件,包括投机者的素质和心理等。

当房地产价格不断上涨时,那些预计房地产价格还会上涨的投机者纷纷购买房地产,制造大量虚假需求,甚至哄抬价格,无疑会促使房地产价格进一步上涨。而当情况相反,在房地产价格下跌时,那些预计房地产价格还会下跌的投机者纷纷抛售房地产,则会促使房地产价格进一步下跌。另外,当投机者判断失误,或者被过度的乐观或悲观心理所驱使时,也可能造成房地产价格剧烈波动或大起大落。但在某些情况下,当投机者都是理性的,房地产投机行为有可能起着稳定房地产价格的作用,即当房地产价格下降到一定程度时,预计日后房地产价格会上涨的投机者购买房地产,以待日后房地产价格上涨时抛出,这样就会出现:当房地产需求较小的时候,投机者购买房地产,造成房地产需求增加;而在房地产价格上涨到一定程度时,投机者抛售房地产,增加房地产供给,从而平抑房地产价格。

## (六)国际因素

**1. 世界经济状况**

世界各国在经济发展中越来越具有相互依赖性,国际资本也在各国寻找获利机会以至全球资本流动等,导致世界经济状况特别是经济联系紧密的国家和地区经济状况,对房地产价格有很大影响。一般来说,如果世界经济发展良好,会有利于房地产价格稳定乃至拉升房地产价格;反之,如1997年爆发的亚洲金融危机、2008年爆发的国际金融危机,都曾带来周边国家和地区乃至全球房地产价格的明显下跌。

**2. 国际竞争状况**

房地产是不动产,不像汽车、石油、农副产品等类可以移动的商品那样能够在各国之间进行进出口贸易,进行国际市场竞争而影响其市场价格。因此,这里所说的国际市场竞争,主要是指国与国之间为吸引外来投资而展开的市场竞争。当这种市场竞争激烈时,通常会采取相对低的房地产价格特别是土地价格吸引外来投资者,从而会使房地产价格出现政策性低价;但在税收等其他方面采取的优惠政策,吸引大量外来投资者进入,则会增加对房地产的需求,从而会导致房地产价格上涨。

**3. 政治对立状况**

国与国之间难免发生政治对立,但如果政治对立升级,则会出现经济制裁或经济封锁、冻结贷款、终止往来等,这些情况一般会导致房地产价格下跌。

**4. 军事冲突状况**

一旦发生战争,则战争发生地区的房地产价格会急剧下滑,而那些受到战争威胁或影响的地区,房地产价格也会有所下降。因为房地产不可移动,爆发战争后无法随身携带,也无法隐藏,如果遇到空袭或其他战争上的破坏,繁华城镇甚至有可能化为废墟,所以存在战争风险或发生军事冲突时,大家争相抛售房地产,供大于求,房地产价格势必大幅度下跌。

### (七)心理因素

心理因素对房地产价格的影响有时是不可忽视的。从表现形式看,影响房地产价格的心理因素主要有:① 购买或出售时的心态;② 个人的欣赏趣味或偏好;③ 时尚风气、跟风或从众心理;④ 接近名家住宅的心理;⑤ 讲究风水或吉祥号码。下面从理论上进行具体分析。

**1. 心理预期的影响**

"预期"作为人们参与经济活动时对将来趋向的一种认定,可以在某种程度上控制将来资产价格的变动轨迹。房地产作为一种商品,其售价总值普遍很大,开发周期又相对较长,造成在其开发与销售的过程中不确定因素时有发生。因此,作为供给方的房地产开发企业与作为需求方的购房者,必定会或多或少地受到心理预期的左右。

具体来说,房产购买者如果预计将来房地产价格将会下调,那么即使现在的房地产价格已经处于相对低位,购房者仍然会持币观望,房地产成交量必然持续低迷;反之,如果预期未来的房地产价格将还会有巨大的提高空间,那么即使现在的房地产价格已经处在大大高于其自身价值的高位,购房者仍然会加入。对于将房地产产品推向市场的企业而言,将通过价格预期来预测出房地产市场在将来一定时期的走势,从而估算出房地产项目投资的收益率。如果预测房地产市场总体运行走势良好,就会启动项目以增加供给量;如果预测房地产价格势头将下行,则房地产供给的速度就会相应放缓,甚至可能出现结构性调整。这种需求与供给的变化必然导致房地产价格的变动。

**2. 投机心理的影响**

传统经济学的"有效市场假说"理论把房地产市场假设为有效市场,设定所有参与者都会在理性预期的基础上进行判断,信息渠道对所有参与者都是开放的,并且他们都能够准确使用足够有效的信息,因而市场上所有动向都会很快被市场参与者领悟,并迅速投映到房地产商品的价值中。要使这种有效的市场在现实中得以确立,那么信息就必须要公开有效,并且信息接收者对获得的信息能做出适时恰当的认定;另外,信息的接收者依据其判断,能够实施有效的操作。如果每宗房地产的交易行为都具备了以上条件,那么,市场中将不会有非理性的投机行为的存在。然而,在现实经济生活中同时具备以上条件的可能性会受到种种制约,因而不会出现"有效市场"这种理想状态,个人预期的形成过程也绝不可能是一个完全理性的决策过程,投机者的活动就会在很大程度上改变房地产市场价格。

**3. 从众心理的影响**

在投资者高度分散的大众化房地产市场中,个人投资者有跟从主流心理来投资的倾向,表现出明显的从众心理。从众,是身处群体中的大部分个体普遍存在的社会心理与行为现象,又称"羊群效应"。从投资心理学上来讲,投资过程是一个动态心理均衡的过程。在羊群效应下,往往会产生系统性认知偏差,并导致投资决策方向的偏差,而投资决策的方向性改变必然会使资产价格逐步偏离其内在的价值。房地产市场中的大部分投资参与者并没有真实确凿的信息渠道,更缺乏甄别海量信息的专业技能。他们对房价走向预期的形成主要依赖于观察市场上其他行为人的操作,并通过模仿来选择自己的投资策略。任何市场参与者的个体行动,都会成为市场中其他参与者推测的依据,市场中甚至极微小的动向都会导致较广泛的心理冲击,并持续发酵、放大为对市场中所有人均具有影响力的动因。这就形成了类似"同频振荡",使得房地产市场变得非理性,并因此造成房地产价格的波动。

**4. 心理安全感受的影响**

人们在心理上对安全感受有着天然的要求,这种感受会在其对自身居所做出选择时具体表现出来,相应地必然会左右不同状况的房地产价格。具体分析一下我们就很容易看出,当某一房地产所在的社区治安环境优越,能够符合居住者的安全感受,这是增强房地产性价比的有利方面,就会有利于增强投资者购买该社区房地产的信心,那么必然会有大量购房者加以选购,就必然会促使该社区房价的飘红。但是,如果房地产所处社区治安状况欠佳,居民生命财产缺乏保障,必然就会影响到购房者的生活质量与幸福感,人们对居住环境的心理安全依赖得不到满足,就必然会导致当地的房产滞销,价格下跌。

总之,各种各样的心理因素均会对房地产价格产生(推高或拉低)作用,但心理因素的影响更多地表现在短期内房地产价格的波动上,而在一个相对较长的周期内,因为信息沟通的逐步加强,人们的购房心理就会越来越稳定和理性,从而心理因素对市场价格长期波动的影响将会趋于平稳。

## (八) 其他因素

**1. 行政隶属变更**

行政隶属变更显然会影响房地产价格。例如,将较落后地区管辖的某个地方划归相对较发达地区管辖,通常会使这个地方的房地产价格上涨;反之,会使这个地方的房地产价格下降。将某个非建制镇升为建制镇,建制镇升为市,市由较低级别升为较高级别,如县级市升为地级市、省辖市升为直辖市,通常也会使这些地区的房地产价格上涨。

**2. 重要政治人物的健康状况等**

还有许多因素会影响房地产价格,例如某些重要政治人物的健康或生死状况,人们预期它会影响未来的局势,从而会引起房地产价格的涨落。

# 复习思考题

## 一、简答题

1. 简述房地产价格的含义及房地产价格形成的条件。
2. 简述使用价值、交换价值的含义及其关系。
3. 简述挂牌价格、成交价格、市场价格、理论价格、评估价值之间的关系。
4. 简述成交价格的形成过程。
5. 简述卖方市场和买方市场的含义及其对成交价格的影响。
6. 简述正常成交价格与非正常成交价格的区分。
7. 简述市场调节价、政府指导价和政府定价的含义。
8. 简述基准地价、标定地价和房屋重置价格的含义及其作用。

## 二、论述题

1. 试述房地产价格的特点。
2. 试述影响房地产价格的自身因素。
3. 试述影响房地产价格的因素。

## 三、案例分析题

甲公司2016年通过有偿出让方式获得某宗土地的使用权,土地用途为高档住宅,楼面地价为5500元/平方米。甲公司拟分两期建设60栋别墅。当第一期30栋于2019年3月竣工时,因债务纠纷被法院裁定拍卖10栋还债。拍卖行委托乙房地产估价所评估出拍卖底价为5800元/平方米。拍卖行在当月以此为依据拍卖,卖出4栋,平均价格为5860元/平方米,其余6栋无人承接,退还给甲公司。当2020年10月第二期工程竣工后,建成的别墅以7200元/平方米售出,甲公司因此指责乙房地产估价所当时评估的拍卖底价过低,而且别墅的拍卖底价竟然只比楼面地价高出300元/平方米,远低于其投入的建筑成本,很不合理。而乙房地产估价所坚持当时的估价结论合理。

试分析乙房地产估价所坚持当时的估价结论的理由有哪些?

# 第4章 房地产估价原则

**【本章学习要点】**

① 房地产估价原则的含义和作用；② 独立客观公正原则的含义、重要性和应用要求；③ 合法原则的含义、重要性和应用要求；④ 价值时点原则的含义、重要性和具体应用；⑤ 替代原则的含义、重要性和应用要求；⑥最高最佳原则的含义、经济学原理和应用前提；⑦谨慎原则的含义、重要性和应用要求；⑧一致性原则和一贯性原则的含义与应用。

通过本章的学习，熟悉房地产估价原则的含义和作用，理解独立客观公正原则、合法原则、价值时点原则、替代原则、最高最佳原则、谨慎原则、一致性原则和一贯性原则的含义及其重要性，掌握独立客观公正原则、合法原则、价值时点原则、替代原则、最高最佳原则、谨慎原则、一致性原则和一贯性原则的应用要求。

## 4.1 房地产估价原则概述

### 4.1.1 房地产估价原则的含义

房地产估价是一项涉及面广、内容复杂、系统性、综合性、政策性很强的工作。房地产价格的形成有其客观规律性，但由于影响不动产价格的因素很多，如自然、社会、经济、行政等因素，决定了房地产价格确定的困难性。这就要求估价人员必须了解房地产价格的形成因素，掌握房地产价格运动规律，遵循房地产估价原则进行房地产价格评估。只有在合理的原则指导下，才能使估价结果更切合实际，以达到客观公正的效果。

房地产价格虽然受许多复杂多变的因素的影响，但观察其形成和变动过程，仍然有一些基本规律。房地产价格在总体上、从某种意义上讲，是客观存在的，不会因为个别市场参与者希望它多高或多低，它就会有那么高或那么低。因此，房地产估价师要评估出正确的房地产价值或价格，就不能把自己主观随意认定的某个"数值"强加给估价对象，而应遵循房地产价格形成和变动的客观规律，通过对这些规律的认识和掌握，采用科学的估价方法，把客观存在的房地产价值或价格测算出来。

可见，房地产估价原则是指在房地产估价的反复实践和理论探索中，依据房地产价格形成和变动的客观规律，总结和提炼出了一些简明扼要的进行房地产估价活动应依据的法则或标准。

## 4.1.2 房地产估价的主要原则

房地产估价原则主要有独立客观公正原则、合法原则、价值时点原则、替代原则、最高最佳利用原则、谨慎原则。此外,还有一致性原则、一贯性原则等。

值得注意的是,不是所有的估价项目应遵循的估价原则都是相同的。一般来说,房地产估价的目的、评估的价值类型等的不同,应遵循的估价原则有所不同。例如,评估房地产市场价值时,应遵循独立客观公正原则、合法原则、价值时点原则、替代原则和最高最佳利用原则。而在其他价值和价格评估中,有的除了要遵循市场价值评估应遵循的原则,还要遵循其他原则,如在评估房地产抵押价值和房地产抵押净值时,除了要遵循独立客观公正原则、合法原则、价值时点原则、替代原则和最高最佳利用原则外,还应遵循谨慎原则;有的不一定要遵循市场价值评估应遵循的所有原则,如投资价值评估要站在某个特定单位或个人的立场上而非站在中立的立场上进行评估,严格来说不一定要遵循独立客观公正原则。再如在评估房地产现状价值时,是按估价对象在某一特定时间(通常为现在)的实际状况而非最高最佳利用状况进行评估,因此不应遵循最高最佳利用原则。总之,在评估房地产市场价值以外的其他价值或价格时,可在市场价值评估应遵循的原则外增加其他估价原则,或者在市场价值评估应遵循的原则中进行取舍,但这种增加或取舍不能随意,应依据《房地产估价规范》及相关规定,根据估价目的和价值类型来增加或取舍。

## 4.1.3 房地产估价原则的作用

房地产估价原则可以使不同的估价师对房地产估价的基本前提具有一致性,对同一估价对象在同一估价目的、同一价值时点的评估价值趋于相同或近似,帮助估价师如何去思考和衡量估价对象的价值或价格,如何把估价对象的评估价值首先框定在一个基本合理的范围内,然后结合估价方法的测算,就可以评估出一个更加精准的价值或价格。因此,估价师应熟知并正确理解各项房地产估价原则,以此作为估价时的指南。一旦正确掌握了房地产估价原则,可以收到事半功倍的效果。如果违背了房地产估价原则,就不可能评估出正确的房地产价值或价格。因此,评判一个评估价值是否正确,很重要的一点是检查估价原则的正确性,即估价机构和估价师是否遵循了应遵循的估价原则。

具体来说,房地产估价原则具有以下作用。

### (一)估价原则是估价方法赖以成立的基础

房地产估价原则是对房地产价格形成和变动的客观规律的总结与提炼,也是估价方法的理论依据,如运用比较法评估房地产价值或价格时,其估价结果的合理性取决于房地产估价的替代原则准确把握,不仅如此,运用比较法评估房地产价值或价格的操作过程还要满足独立客观公正原则、合法原则、最高最佳利用原则、价值时点原则等所规定的具体要求。再如,运用收益法和假设开发法评估房地产价值或价格时,其估价结果的合理性取决于房地产估价的最高最佳利用原则准确把握,不仅如此,运用收益法和假设开发法评估房地产价值或价格的操作过程还要满足独立客观公正原则、合法原则、替代原则、价值时点原则等所规定的具体要求。

### (二)估价原则是衡量估价结果的客观依据

例如,当运用收益评估房地产收益价值或价格时,纯收益的确定是否准确合理,可以直接运用最高最佳利用原则中的收益递增递减原理、均衡原理和适合原理等加以验证。总体而言,可运用独立客观公正原则、合法原则、替代原则、最高最佳利用原则、价值时点原则等对各种方法评估求得的估价额的合理性加以判断,正如《房地产估价规范》规定:遵循独立客观公正原则,就是要求评估价值应为对各方估价利害关系人均是公平合理的价值或价格;遵循合法原则,就是要求评估价值应为在依法判定的估价对象状况下的价值或价格;遵循价值时点原则,就是要求评估价值应为在根据估价目的确定的某一特定时间的价值或价格;遵循替代原则,就是要求评估价值与估价对象的类似房地产在同等条件下的价值或价格偏差应在合理范围内;遵循最高最佳利用原则,就是要求评估价值应为在估价对象最高最佳利用状况下的价值或价格;遵循谨慎原则,就是要求评估价值应为在充分考虑导致估价对象价值或价格偏低的因素,慎重考虑导致估价对象价值或价格偏高的因素下的价值或价格。

### (三) 估价原则是规范估价职业道德的准绳

估价职业道德是房地产估价师和房地产估价机构在从事房地产估价活动时应遵守的道德规范和行为准则。估价职业道德要求房地产估价师和房地产估价机构拥有良好的思想、态度、作风和行为去做好房地产估价工作。目前在行业发展水平参差不齐、市场机制不健全、社会对评估结果难以进行准确鉴别和判断的条件下,房地产估价的独立客观公正原则能够确保房地产估价人员和房地产估价机构切实遵守估价职业道德,确保房地产估价活动的独立性、客观性和公正性,保证房地产评估价值或价格对各方估价利害关系人都是公平合理的。

## 4.2 房地产估价主要原则的要求

### 4.2.1 独立客观公正原则的要求

#### (一) 独立客观公正原则的含义

独立客观公正原则是指从事房地产估价的估价人员和估价机构应站在中立的立场上,实事求是、公平正直地评估出对各方估价利害关系人均是公平合理的价值或价格,即要求评估价值对各方估价利害关系人均是公平合理的。

所谓"独立",是要求估价师和估价机构与委托人及估价利害关系人没有利害关系,在估价中不受包括委托人在内的任何单位和个人的影响,应凭自己的专业知识、实践经验和职业道德进行估价。所谓"客观",是要求估价师和估价机构在估价中不带有自己的情感、好恶和偏见,应按照事物的本来面目、实事求是地进行估价。所谓"公正",是要求估价师和估价机构在估价中不偏袒估价利害关系人中的任何一方,应坚持原则、公平正直地进行估价。

#### (二) 独立客观公正原则的重要性

市场价值评估等鉴证性估价之所以要遵循独立客观公正原则,是因为评估出的价值或价格如果不公平合理,就会损害估价利害关系人中某一方的利益,也有损估价师、估价机构乃至整个估价行业的公信力和声誉。例如,在房地产抵押估价中,如果评估出的抵押价值或抵押净值比合理的价值高,则借款人受益,贷款人的风险增加,甚至影响金融安全。在房屋征收评估中,如果评估出的被征收房屋价值比合理的价值低,则被征收人受损,甚至影响社会稳定;反之,则被征收人得利,公共利益受损。在房地产司法拍卖估价中,如果评估出的拍卖房地产价值比合理的价值低,则可能导致被执行人的房地产被低价拍卖,使被执行人的合法利益受损;反之,可能导致流拍,使申请执行人的债权不能实现,合法权益得不到保障。在房地产税收估价中,如果估价结果导致纳税人少交税,则造成税款流失;而无论是估价结果导致纳税人多交税还是少交税,都会造成税负不公平。

### (三) 独立客观公正原则的要求

为了保障估价机构和估价人员独立、客观、公正地估价,应满足以下要求。

一是要求估价机构应是一个不依附于他人、不受他人束缚的具有独立的法人地位的机构。估价机构的独立性是客观、公正估价的前提。

二是要求估价机构和估价师应与委托人及估价利害关系人没有利害关系,与估价对象没有利益关系。如果估价机构或估价师与委托人或估价利害关系人有利害关系或者与估价对象有利益关系,则估价时就难以做到公平公正。即使自己有良好的职业道德自律能够保证估价公平公正,但其公信力仍然会受到人们的质疑。因此,当估价机构或估价师与委托人或估价利害关系人有利害关系或者与估价对象有利益关系的,应当回避。

三是要求任何单位和个人不得干预估价活动,包括不得干预估价过程和结果。当然,在遇到干预时,估价机构和估价人员不应屈从,应坚持原则和立场,维护正义。

在估价操作层面,为了评估出公平合理的价值或价格,估价人员首先应基于以下假设进行估价:各方估价利害关系人均是利己且理性的,例如卖方不肯少得一分钱出售估价对象,买方不肯枉花一分钱购买估价对象。其次,应"换位思考",即估价人员以各方估价利害关系人的角色和心态来思考评估价值,把自己分别设想为各方估价利害关系人时评估价值是怎样形成的,例如卖方的心态是要价不能低于他开发建设该房地产已花费的代价,或类似房地产的正常成交价格;买方的心态是出价不能高于他预计重新开发建设该房地产的必要支出及应得利润,或利用该房地产所能带来的收益,或类似房地产的正常成交价格。然后,再以独立第三方的专家身份来权衡评估价值:评估价值的高低会对各方估价利害关系人有何影响,假如是卖方会怎样,是买方又会怎样,在此基础上便可得出一个不偏袒任何一方估价利害关系人的评估价值。

## 4.2.2 合法原则的要求

### (一) 合法原则的含义

合法原则要求评估价值是在依法判定的估价对象状况下的价值或价格。依法是指不仅要依据有关法律、行政法规、最高人民法院和最高人民检察院发布的有关司法解释,还要依据估价对象所在地的有关地方性法规(民族自治地方应同时依据有关自治条例和单行条例),国务院所属部门颁发的有关部门规章和政策,估价对象所在地人民政府颁发的有关地方政府规章和政策,以及估价对象的不动产登记簿(房屋登记簿、土地登记簿)、权属证书、有关批文和合同等(如规划意见书、建设用地使用权出让招标文件、建设用地使用权出让合同、房地产转让合同、房屋租赁合同等)。因此,合法原则中所讲的"法"是广义的"法"。

## （二）合法原则的重要性

房地产估价之所以要遵循合法原则，是因为房地产状况不同，特别是实物状况、区位状况相同的房地产，如果权益状况不同，评估价值会有所不同。但是，估价对象状况不是委托人或估价师可以随意假定的，甚至不是根据估价对象实际状况确定的，而必须依法判定。

遵循合法原则并不意味着只有合法的房地产才能成为估价对象，而是指依法判定估价对象是哪种状况的房地产，就应将其作为那种状况的房地产来估价。如就权益状况来说，一般情况下，集体土地不能当作国有土地来估价，划拨国有建设用地使用权不能当作出让国有建设用地使用权来估价，共有的房地产不能当作单独所有的房地产来估价，有限产权或部分产权的房地产不能当作完全产权的房地产来估价，租赁的房地产不能当作自己的房地产来估价，产权不明确或权属有争议的房地产不能当作产权明确或权属无争议的房地产来估价，临时用地不能当作正式用地来估价，临时建筑不能当作永久性建筑来估价，超过批准期限的临时用地或临时建筑不能当作未超过批准期限的临时用地或临时建筑来估价，手续不齐全的房地产不能当作手续齐全的房地产来估价，不可补办有关手续的非法房地产不能当作可以补办有关手续的手续不齐全的房地产来估价，违法占地不能当作合法占地来估价，违法建筑不能当作合法建筑来估价，等等。因此，从理论上讲，任何状况的房地产都可以成为估价对象，只是必须做到评估价值与依法判定的房地产状况相匹配。由此可知，评估价值虽然通常大于零，但也可能等于或小于零，只不过如果等于或小于零，则在一般情况下人们就不会委托估价了。另外，在实际估价中，法律法规和政策规定不得以某种方式处分的房地产，就不能成为以该种处分方式为估价目的的估价对象。例如，法律法规和有关政策规定的不得抵押的房地产，就不能成为以抵押为估价目的的估价对象；不得作为出资的房地产，就不能成为以出资为估价目的的估价对象。

还需要指出的是，依法判定的估价对象状况通常是估价对象实际状况，但也可能不是实际状况，而是有关合同、招标文件等中约定的状况或者根据估价目的的需要设定的状况。例如，在建设用地使用权招标出让估价中，拟招标出让的土地实际状况为地上物尚未拆除的毛地或"三通一平"的土地，但招标人在招标文件中承诺将向中标人提供"六通一平"的土地，这种情况下的估价对象状况应为"六通一平"的土地；在房屋征收评估中，估价对象实际状况为已出租或抵押、查封的房地产，但估价中假定估价对象未出租或抵押、查封；在房地产司法拍卖估价中，估价对象实际状况为被查封的房地产，但估价中假定估价对象未被查封。

## （三）合法原则的要求

依法判定的估价对象权益，可分解为依法判定的权利类型及归属，以及使用、处分等权利。具体来说，遵循合法原则在估价对象权益方面应满足以下要求。

### 1. 依法判定估价对象的权利类型及归属

依法判定估价对象的权利类型及归属，是指估价对象的所有权、建设用地使用权、地役权、抵押权、租赁权等房地产权利及其归属，一般应以不动产登记簿、权属证书以及有关合同（如租赁权应依据租赁合同）等为依据。目前，房地产权属证书有房屋权属证书、土地权属证书，或者统一的房地产权证书或不动产权证书。其中，房屋权属证书有《房屋所有权证》、《房屋他项权证》等（过去有《房屋所有权证》、《房屋共有权证》和《房屋他项权证》三种）。土地权属证书有《国有土地使用证》、《集体土地所有证》、《集体土地使用证》和《土地他项权利证明书》。当县级以上地方人民政府由一个部门统一负责房产管理和土地管理工作的,可能制作、颁发统一的《房地产权证书》和《不动产权证书》。

**2. 依法判定估价对象的使用权利**

依法判定的使用权利,是指估价对象应以土地用途管制、规划条件等使用管制为依据。例如,如果城市规划规定了某宗土地的用途、容积率、建筑密度、绿地率、建筑高度等,则对该土地进行估价就应以其使用符合这些规定为前提。所谓"城市规划创造土地价值",在一定程度上反映了这一要求。具体来说,如果城市规划规定了该土地为居住用途,即使从该土地的位置和周围环境来看适合于商业用途,但也应以居住用途为前提来估价,除非申请变更为商业用途并获得批准。在容积率方面,如果城市规划规定了该土地的容积率为不超过2.5,除非依法提高了容积率,否则应以容积率不超过2.5为前提来估价。如果以商业用途或容积率超过2.5来估价,由于商业用途或超出的容积率不仅没有法律保障,而且是违法的,据此评估出的较高价值不能实现,也就不会得到认可。

**3. 依法判定估价对象的处分权利**

依法判定估价对象的处分权利,是指估价对象应以法律法规和政策或合同(如建设用地使用权出让合同)等允许的处分方式为依据。处分方式包括买卖、互换、租赁、抵押、出资、抵债、赠予等。法律法规和政策规定或者合同约定不得以某种方式处分的房地产,不应作为以该种处分方式为估价目的的估价对象,或者委托人要求评估该种处分方式下的价值的,其评估价值应为零。

**4. 依法判定估价对象的其他权益**

依法判定估价对象的其他权益,是指估价对象应以法律法规和政策或合同等规定的或阅读的权益为依据,包括评估出的价值应符合国家的价格政策,如评估政府定价或政府指导价的房地产,应遵守相应的政府定价和政府指导价。例如,房改售房的价格应符合政府有关该价格测算的要求,新建的经济适用住房的价格应符合国家规定的经济适用住房价格构成和对利润率的限定,集体土地征收和国有土地上房屋征收评估应符合有关征收集体土地和国有土地上房屋补偿的法律法规和政策。

此外,还可将合法原则拓展到对采用的估价技术标准和估价主体资格的要求上。具体来说,房地产估价应采用国家和估价对象所在地的有关估价技术标准,估价机构应具有房地产估价资质,估价人员应是注册房地产估价师。

### (四)合法原则的具体应用

**1. 合法原则在房地产抵押估价中的具体应用**

(1)法律法规和政策规定不得抵押的房地产,不应作为以抵押为估价目的的估价对象。目前主要有下列法律法规和政策规定了不得抵押的房地产。

①《物权法》第一百八十四条规定:"下列财产不得抵押:(一)土地所有权;(二)耕地、宅基地、自留地、自留山等集体所有的土地使用权,但法律规定可以抵押的除外;(三)学校、幼儿园、医院等以公益为目的的事业单位、社会团体的教育设施、医疗卫生设施和其他社会公益设施;(四)所有权、使用权不明或者有争议的财产;(五)依法被查封、扣押、监管的财产;(六)法律、行政法规规定不得抵押的其他财产。"

②《担保法》第三十七条对不得抵押的财产的规定与《物权法》基本相同,仅在规定"耕地、宅基地、自留地、自留山等集体所有的土地使用权"不得抵押后,明确"但本法第三十四条第

(五)项、第三十六条第三款规定的除外"。该法第三十四条第(五)项的规定是:"抵押人依法承包并经发包方同意抵押的荒山、荒沟、荒丘、荒滩等荒地的土地使用权"。第三十六条第三款的规定:"乡(镇)、村企业的土地使用权不得单独抵押。以乡(镇)、村企业的厂房等建筑物抵押的,其占用范围内的土地使用权同时抵押"。另外,根据《最高人民法院关于适用〈中华人民共和国担保法〉若干问题的解释》第五十三条规定:"学校、幼儿园、医院等以公益为目的的事业单位、社会团体,以其教育设施、医疗卫生设施和其他社会公益设施以外的财产为自身债务设定抵押的,人民法院可以认定抵押有效",学校、幼儿园、医院等以公益为目的的事业单位、社会团体的教育设施、医疗卫生设施和其他社会公益设施以外的财产,可以作为以抵押为估价目的的估价对象。

③《文物保护法》第二十四条规定:"国有不可移动文物不得转让、抵押。"第二十五条规定:"非国有不可移动文物不得转让、抵押给外国人。"

④《城市房地产抵押管理办法》第八条规定:"下列房地产不得设定抵押:(一)权属有争议的房地产;(二)用于教育、医疗、市政等公共福利事业的房地产;(三)列入文物保护的建筑物和有重要纪念意义的其他建筑物;(四)已依法公告列入拆迁范围的房地产;(五)被依法查封、扣押、监管或者以其他形式限制的房地产;(六)依法不得抵押的其他房地产。"

⑤《国务院办公厅转发建设部等部门关于调整住房供应结构稳定住房价格意见的通知》(2006年5月24日国办发[2006]37号)规定:"对空置3年以上的商品房,商业银行不得接受其作为贷款的抵押物。"

(2)法律法规和政策规定抵押无效的房地产,不应作为以抵押为估价目的的估价对象。《最高人民法院关于适用〈中华人民共和国担保法〉若干问题的解释》第四十八条规定:"以法定程序确认为违法、违章的建筑物抵押的,抵押无效。"

(3)法律法规和政策规定应符合一定条件才能转让的房地产,评估其抵押价值时应符合转让条件。不符合转让条件的房地产,不应作为以抵押为估价目的的估价对象。例如,《城市房地产管理法》第三十九条规定:"以出让方式取得土地使用权的,转让房地产时,应当符合下列条件:(一)按照出让合同约定已经支付全部土地使用权出让金,并取得土地使用权证书;(二)按照出让合同约定进行投资开发,属于房屋建设工程的,完成开发投资总额的25%以上,属于成片开发土地的,形成工业用地或者其他建设用地条件。转让房地产时房屋已经建成的,还应当持有房屋所有权证书。"此外,根据《城市房地产管理法》第三十八条关于共有房地产未经其他共有人书面同意不得转让的规定,共有房地产只有经其他共有人书面同意抵押的情况下,才能作为以抵押为估价目的的估价对象。

(4)评估再次抵押的房地产的抵押价值的,该房地产的抵押价值不应包含已抵押担保的债权数额。《担保法》第三十五条规定:"财产抵押后,该财产的价值大于所担保债权的余额部分,可以再次抵押,但不得超出其余额部分。"

(5)评估尚未竣工或者虽然竣工但自竣工之日或者建设工程合同约定的竣工之日起六个月内的房地产抵押价值的,在评估出假定未设立法定优先受偿权下的价值后减去房地产估价师所知悉的法定优先受偿款这一步骤时,应首先考虑扣除拖欠建设工程价款。建设工程价款包括承包人为建设工程应当支付的工作人员报酬、材料款等实际支出的费用,不包括承包人因发包人违约所造成的损失。《合同法》第二百八十六条规定:"发包人未按照约定支付价款的,承包人可以催告发包人在合理期限内支付价款。发包人逾期不支付的,除按照建设工程的性质不宜折价、拍卖的以外,承包人可以与发包人协议将该工程折价,也可以申请人民法院将该工程依法拍卖。建设工程的价款就该工程折价或者拍卖的价款优先受偿。"《最高人民法院关于建设工程价款优先受偿权问题的批复》第一条规定:"人民法院在审理房地产纠纷案件和办理执行案件中,应当依照《中华人民共和国合同法》第二百八十六条的规定,认定建筑工程的承包人的优先受偿权优于抵押权和其他债权。"第三条规定:"建筑工程价款包括承包人为建设工程应当支付的工作人员报酬、材料款等实际支出的费用,不包括承包人因发包人违约所造成的损失。"第四条规定:"建设工程承包人行使优先权的期限为六个月,自建设工程竣工之日或者建筑工程合同约定的竣工之日起计算。"

(6) 评估建设用地使用权是以划拨方式取得的房地产的抵押价值的,该房地产的抵押价值不应包含划拨建设用地使用权变为出让建设用地使用权应缴纳的出让金等费用。《城市房地产管理法》第五十一条规定:"设定房地产抵押权的土地使用权是以划拨方式取得的,依法拍卖该房地产后,应当从拍卖所得的价款中缴纳相当于应缴纳的土地使用权出让金的款额后,抵押权人方可优先受偿。"

**2. 合法原则在房屋征收估价中的具体应用**

在房屋征收评估中,被征收房屋的价值与被征收房屋的性质(是合法建筑还是违法建筑;是永久建筑还是临时建筑;是未超过批准期限的临时建筑还是超过批准期限的临时建筑)、用途(是居住用途还是商业用途)和面积(计不计算面积,如何计算面积)等密切相关。

例如,《国有土地上房屋征收与补偿条例》第二十四条规定:"对认定为合法建筑和未超过批准期限的临时建筑的,应当给予补偿;对认定为违法建筑和超过批准期限的临时建筑的,不予补偿。"据此,如果被征收房屋被认定为违法建筑或超过批准期限的临时建筑,就不应予以估价,或者评估价值应为零。因此,被征收房屋价值评估必须明确被征收房屋的性质、用途和面积。但在现实中,由于种种原因,被征收房屋的性质、用途和面积有时难以确定,也不是估价机构和估价人员能够确定的。对此,《国有土地上房屋征收与补偿条例》第十五条规定:"房屋征收部门应当对房屋征收范围内房屋的权属、区位、用途、建筑面积等情况组织调查登记,被征收人应当予以配合。"第二十四条规定:"市、县级人民政府作出房屋征收决定前,应当组织有关部门依法对征收范围内未经登记的建筑进行调查、认定和处理。"《国有土地上房屋征收评估办法》第九条规定:"房屋征收评估前,房屋征收部门应当组织有关单位对被征收房屋情况进行调查,明确评估对象。评估对象应当全面、客观,不得遗漏、虚构。房屋征收部门应当向受托的房地产价格评估机构提供征收范围内房屋情况,包括已经登记的房屋情况和未经登记建筑的认定、处理结果情况。调查结果应当在房屋征收范围内向被征收人公布。

对于已经登记的房屋,其性质、用途和建筑面积,一般以房屋权属证书和房屋登记簿的记载为准;房屋权属证书与房屋登记簿的记载不一致的,除有证据证明房屋登记簿确有错误外,以房屋登记簿为准。对于未经登记的建筑,应当按照市、县级人民政府的认定、处理结果进行评估。"有了这些规定,估价机构应要求房屋征收部门提供征收范围内房屋的情况,包括已经登记的房屋情况和未经登记建筑的认定、处理结果情况。

在判定估价对象状况时,有时并不都有法可依,因此从更广的角度来讲,合法原则是指有规定的,应依照规定;没有规定的,应依照估价行业惯例;估价行业没有惯例的,应咨询有关专家的意见;有关专家没有意见或者意见不一致的,估价人员可酌情处理。对于有法可依但法之间有冲突的,一般应遵循"上位法优先于下位法"、"新法优先于旧法"(该原则是在效力相等的法有冲突时适用)、"特别法优先于普通法"、"法律文本优先于法律解释"、"强行法优先于任意法"、"法不溯及既往"等原则来解决法的适用冲突问题。其中,在法的效力等级方面,法律的效力高于行政法规,行政法规的效力高于地方性法规、部门规章、地方政府规章;地方性法规的效力高于本级和下级地方政府的规章;部门规章与地方政府规章的效力相同。

## 4.2.3 价值时点原则的要求

### (一)价值时点原则的含义

价值时点原则是指估价对象的评估价值是根据估价目的确定的某一特定时间的价值或价格。房地产估价之所以要遵循价值时点原则,是因为影响房地产价格的因素是不断变化的,房地产市场是不断变化的,从而房地产价格和价值是不断变化的。实际上,随着时间的变化,房地产本身也可能发生变动,如建筑物变得陈旧过时、周围环境有所改变等。因此,同一房地产在不同的时间通常会有不同的价值。价值与时间密不可分,每一个价值都对应着一个时间,不存在没有时间的价值。如果没有了对应的时间,价值就会失去意义。反过来,不可能离开时间来评估估价对象的价值。如果没有了确定的时间这个前提,价值评估将无从谈起。另外,估价既不可能也无必要评估估价对象在所有时间的价值,通常只是评估估价对象在某个特定时间的价值。这就要求在估价时必须先确定某个时间。但是,这个时间既不是委托人也不是估价人员可以随意假定的,而应根据估价目的来确定。这个由估价目的决定的所评估的价值对应的时间称为价值时点,并一般用公历年、月、日表示。

### (二)价值时点原则的重要性

价值时点除了说明估价对象的评估价值所对应的时间外,还是评估估价对象价值的时间界限。例如,有关房地产的法规、政策和估价标准等的发布、修订、废止和实施日期等,均有可能影响估价对象的价值,因此在对估价对象进行估价时,究竟是采用发布、修订、废止和实施日期之前还是之后的,就应根据价值时点来确定。再如,采用比较法估价时,如果选取的可比实例成交日期与价值时点不同,就需要把可比实例在其成交日期的价格调整为在价值时点的价格,如此调整之后的可比实例成交价格,才可以作为估价对象价值的参照值。

特别需要强调的是,遵循价值时点原则并不是把评估价值说成是某个时间的价值就是遵循了,更本质的是确定价值时点应在前,得出评估价值应在后,而不是有了"评估价值"之后,再把它定义为某个时间的价值。在实际中,多数估价项目是评估现在的价值,一般将估价作业期间特别是实地查勘估价对象期间的某个日期(如完成估价对象实地查勘之日)确定为价值时点。但价值时点并非总是在此期间,也可因特殊需要,将过去或未来的某个时间确定为价值时点。在具体的一个估价项目中,价值时点究竟是现在还是过去或将来,是由估价目的决定的,并且所对应的估价对象状况和房地产市场状况也会有所不同。因此,在估价中要特别注意估价目的、价值时点、估价对象状况和房地产市场状况四者的匹配关系,其中估价目的是关键因素。明确了估价目的之后,便可以根据估价目的来确定其他的。

### (三)价值时点原则的具体要求

不论是何种估价目的,评估估价对象价值所依据的市场状况始终是价值时点的状况,但估价对象状况不一定是价值时点的状况。不同估价目的的房地产估价,其价值时点与所对应的估价对象状况和房地产市场状况的匹配关系如表 4-1 所示。

表 4-1　价值时点、估价对象状况和房地产市场状况的关系

| 估价时点 | 估价对象状况 | 房地产市场状况 |
| --- | --- | --- |
| 过去（回顾性估价） | 过去 | 过去 |
| 现在（现实性估价） | 过去 | 现在 |
|  | 现在 |  |
|  | 未来 |  |
| 未来（预测性估价） | 未来 | 未来 |

表 4-1 中的各种情形说明如下。

（1）价值时点为过去，估价对象状况为过去状况的估价。此种情形大多出现在房地产纠纷案件中，特别是出现在对估价结果有异议而引起的估价鉴定或复核估价、重新估价中。例如，某宗房地产被人民法院强制拍卖后，被执行人认为人民法院确定拍卖保留价所依据的评估价过低，致使该房地产被低价拍卖，从而引起了该评估价是否过低的鉴定。鉴定该评估价是否过低，首先应回到原价值时点（除非原价值时点的确定有误），相应地，估价对象的产权性质、使用性质、建筑物状况、周围环境等估价对象状况以及房地产市场状况，也都要以原价值时点的状况而不是鉴定时的状况为准。

价值时点为过去，估价对象状况为过去状况的估价还出现在对过去评估的房地产抵押价值是否过高的鉴定中。当债务人不履行到期债务或发生当事人约定的实现抵押权的情形，依法以抵押房地产折价或以拍卖、变卖抵押房地产所得的价款优先受偿时，在折价的价值或拍卖、变卖所得的价款不足以偿还抵押贷款的情况下，就需要追究有关责任。此时，最容易怀疑的是当时的抵押价值存在高估。如果通过鉴定，证明当时的抵押价值确实存在高估，则估价师和估价机构就要承担相应的责任。而如果当时评估的抵押价值符合当时的市场状况等实际情况，则之后的市场不景气等引起的价格下跌导致不足以偿还抵押贷款的，估价师和估价机构就不应承担有关责任。另外，评估受贿房地产的价值，从理论上讲，科学的价值时点应为过去的受贿之日，而不是后来的案发之日或委托估价之日，相应的估价对象状况应为受贿当时的房地产状况。

（2）价值时点为现在，估价对象状况为过去状况的估价。此种情形大多出现在房地产损害赔偿和保险理赔案件中。例如，投保了火灾险的建筑物被烧毁后，评估其价值损失或损失程度时，通常是估计将损毁后的状况恢复到损毁前的状况（到实地查勘，估价对象已不存在），在现行的国家财税制度和市场价格体系下的必要费用。房屋征收评估有时也会出现这种情况。例如，在实施房屋征收之前的旧城较繁华地段的某个店铺，租金或收益较高，在实施房屋征收后，随着周围店铺被逐渐拆除，该地段变得不繁华了。此时如果为房屋征收目的评估该店铺的价值，则应评估它在原较繁华环境下的价值，而不是评估它在现在不繁华环境下的价值。

（3）价值时点为现在，估价对象状况为现在状况的估价。此种情形是最常见的估价业务，如房地产抵押估价、房屋征收评估、司法拍卖估价，包括在建工程估价。

（4）价值时点为现在，估价对象状况为未来状况的估价。在房屋征收中，补偿方式为房屋产权调换且用于产权调换房屋为期房的，为计算被征收房屋价值与用于产权调换房屋价值的差价而评估用于产权调换房屋的价值就属于这种情形。在评估用于产权调换房屋的价值时，应特别注意两点：一是价值时点应与评估被征收房屋价值的价值时点一致；二是估价对象状况，如期房

的区位、用途、建筑面积、建筑结构等，以房屋征收部门向房地产估价机构出具书面意见说明的用于产权调换房屋状况为依据。房屋征收部门与被征收人订立补偿协议后，补偿协议约定的用于产权调换房屋状况有变化的，应依据变化后的用于产权调换房屋状况对评估结果进行相应调整。当房屋征收部门和被征收人共同认可了用于产权调换房屋的评估价值或在此评估价值的基础上商定了一个价格后，则该评估价值或商定的价格就不应因将来用于产权调换房屋成为现房时房地产市场发生变化导致的实际市场价格与其不同而调整。仅当交付的用于产权调换房屋状况与补偿协议中约定的状况有出入时，才应对评估价值或商定的价格进行相应调整。

（5）价值时点为未来，估价对象状况为未来状况的估价。此种情形多出现在房地产市场预测、为房地产投资分析提供价值参考依据的情况下，特别是预测房地产在未来开发完成后的价值。在假设开发法中，预测估价对象开发完成后的价值就属于这种情形。

## 4.2.4 替代原则的要求

### （一）替代原则的含义

替代原则是指评估价值与估价对象类似房地产在同等条件下的价值或价格相同或相近或偏差在合理范围内。类似房地产是指与估价对象房地产的区位、用途、权利性质、档次、规模、建筑结构、新旧程度等相同或相近的房地产。

### （二）替代原则的重要性

房地产估价之所以要遵循替代原则，是因为根据经济学原理，在同一个市场上相同的商品有相同的价格。一般来说，任何理性的买者在购买商品之前都会在市场上进行搜寻和比较，然后购买其中效用最大（或质量、性能最好）而价格最低的商品，即购买"性价比"高或"物美价廉"的商品。如果效用与价格相比显示价格过高或效用过低，则人们会放弃购买。具体来说，如果同一个市场上有两个以上相同的商品，则理性的买者会购买价格最低的商品；或者反过来，如果同一个市场上有两个以上价格相同的相似商品，则理性的买者会购买效用最大的商品。卖者为了使其产品能够卖出去，相互之间也会进行价格竞争。市场上买者、卖者的这些行为导致的结果，是在相同的商品之间形成相同的价格。

房地产价格的形成一般也如此，只是由于房地产的独一无二特性，使得完全相同的房地产几乎没有，但在同一个房地产市场上，相似的房地产会有相近的价格。因为在现实房地产交易中，任何理性的买者和卖者都会将其拟买或拟卖的房地产与市场上相似的房地产进行比较，从而任何理性的买者不会接受比市场上相似的房地产的正常价格过高的价格，任何理性的卖者不会接受比市场上相似的房地产的正常价格过低的价格。这种相似的房地产之间价格相互牵掣的结果，是它们的价格相互接近。

### （三）替代原则的要求

替代原则对于具体的房地产估价工作，有下面两个明确的要求。

（1）如果存在着一定数量与估价对象相似的房地产并已知它们的价格时，则要求通过这些相似的房地产的价格推算出估价对象的价格。在通常情况下，由于房地产的独一无二特性，房地产估价人员难以找到各方面状况均与估价对象相同的房地产,所以实际上是寻找那些与估价对象具有一定替代性的相似的房地产,然后将它们与估价对象进行比较,根据它们与估价对象之间的差异对其价格进行适当的修正和调整。

(2) 不能孤立地思考估价对象的价值和价格,要求考虑相似的房地产的价格牵掣。特别是同一个估价机构在同一个城市、同一个时期,为了同一种估价目的对不同区位、不同档次的房地产的评估价值应有合理的"价差",尤其是较好的房地产的评估价值不应低于较差的房地产的评估价值。因此,同一个估价机构在同一个城市的各种房地产的评估价值,都具有可比性,其间"价差"合理,不应相互矛盾。

还需要指出的是,不论采用何种估价方法进行估价,最后都应把评估价值放到市场中去衡量,只有当评估价值没有不合理偏离与估价对象相似的房地产在同等条件下的正常价格时,评估价值才可以说是合理的。当把替代原则用于某个参数的测算和确定时,替代原则就转化为替代原理。替代原理是比较法、收益法、成本法、假设开发法等估价方法的理论依据。例如,整个比较法可以说是以替代原理为基础的。收益法中的客观收益,成本法中的客观成本,假设开发法中的后续开发的必要支出及应得利润等,也都是遵循替代原理来求取的。

## 4.2.5 最高最佳利用原则的要求

### (一) 最高最佳利用原则的含义

最高最佳利用原则要求评估价值是在估价对象最高最佳利用状况下的价值或价格。最高最佳利用是指房地产在法律上允许、技术上可能、财务上可行并使价值最大的合理、可能的利用,包括最佳的用途、规模、档次等。

除现状价值评估外,房地产估价之所以要遵循最高最佳利用原则,是因为在现实的房地产利用中,每个房地产拥有者都试图采取最高最佳利用方式充分发挥其房地产的潜力,以获取最大的经济利益。这一原则也是房地产利用竞争与优选的结果。

### (二) 最高最佳利用的条件

最高最佳利用必须同时满足以下 4 个条件:法律上允许、技术上可能、财务上可行和价值最大化。实际估价中在确定估价对象的最高最佳利用状况时,往往容易忽视"法律上允许"这个前提,甚至误以为最高最佳利用原则与合法原则有时是冲突的。实际上,最高最佳利用不是无条件的最高最佳利用,而是在法律法规、城市规划和出让合同等允许范围内的最高最佳利用。因此,最高最佳利用原则与合法原则的关系是:遵循了合法原则,并不意味着会遵循最高最佳利用原则;而遵循了最高最佳利用原则,则必然符合了合法原则中对估价对象依法利用的要求,但并不意味着符合了合法原则中的其他要求。

最高最佳利用状况的确定方法,是先尽可能地设想出估价对象的各种潜在的利用,然后从下列 4 个方面依次分析、筛选或判断确定。

(1) 法律上是否允许。对于每种潜在的利用,首先检查它是否为法律法规、城市规划和出让合同等所允许。如果是不允许的,则应被淘汰。

(2) 技术上是否可能。对于法律上允许的每种利用,要检查它在技术上是否能够实现,包括建筑材料性能、施工技术手段等能否满足要求。如果是不能实现的,则应被淘汰。

(3) 财务上是否可行。对于法律上允许且技术上可能的每种利用,还要进行经济可行性检验。经济可行性检验的一般做法,是针对每种利用,首先预测它未来的收入和支出流量,然后将未来的收入和支出流量用现值表示,再将这两者进行比较。只有收入现值大于或等于支出现值的利用才具有经济可行性,否则应被淘汰。具体的经济可行性评价指标有财务净现值、财务内部收益率、投资回收期等。

(4) 价值是否最大化。在所有财务上可行的利用中,能够使估价对象的价值达到最大的利用,便是最高最佳利用。

### (三) 最高最佳利用原则的经济学原理

在房地产估价工作中要运用好最高最佳利用原则,一定要掌握三个经济学原理,即收益递增递减原理、均衡原理和适合原理。

#### 1. 收益递增递减原理

收益递增递减原理可以帮助确定估价对象的最佳集约度和最佳规模。收益递增递减原理揭示的是两种投入产出关系:一是在一要素投入量变动而其他要素投入量固定的情况下的投入产出关系;二是在所有要素的投入量都变动的情况下的投入产出关系。

收益递增递减原理揭示的第一种投入产出关系,叫作收益递减规律,也称为报酬递减规律、边际收益递减原理,可以表述如下:假定仅有一种要求投入量是可变的,其他要素的投入量保持不变,则随着该种可变要素投入量的增加,在开始时,产出量的增加一般是递增的;但当这种要素可变投入量继续增加达到一定量以后,产出量的增加会越来越小,即会出现递减现象。

收益递减规律对一宗土地来说,表现在对该土地的利用强度(如容积率、建筑规模、建筑高度、建筑层数)超过一定限度之后,收益开始下降。

收益递增递减原理揭示的第二种投入产出关系,叫作规模收益,也称为规模报酬规律,可以表述如下:假定以相同的比例来增加所有要素的投入量,则产出量的变化有三种可能:一是产出量的增加比例等于要素投入量的增加比例,这种情况称为规模收益不变;二是产出量的增加比例大于要素投入量的增加比例,这种情况称为规模收益递增;三是产出量的增加比例小于要素投入量的增加比例,这种情况称为规模收益递减。在扩大规模时,一般是先经过一个规模收益递增阶段,然后经过一个规模收益不变阶段,再经过一个规模收益递减阶段。

#### 2. 均衡原理

均衡原理是以估价对象的各个组成部分是否搭配,来判定估价对象是否为最高最佳利用。它也可以帮助确定估价对象的最佳集约度和最佳规模。从建筑物和土地两大组成部分来看,建筑物与土地相比较,如果规模过大或过小,或者档次过高或过低,则建筑物与土地的搭配不当,该房地产的效用便不能得到有效发挥,从而会降低该房地产的价值。例如,某宗土地上有建筑物,但该建筑物不是在最高最佳利用状态,如已过时、破旧、现状容积率低,则会妨碍该土地的有效利用,在对该土地进行估价时就需要做减价调整。这种情况在现实中经常遇到,如在旧城区有一块空地,另有一块有建筑物的土地,这两块土地的位置相当,而有建筑物的土地上的建筑物已破旧不堪,此时对买者来说,空地价值要高于有建筑物的土地价值。因为买者取得该有建筑物的土地后,还要花费代价拆除建筑物,从而该建筑物的存在不仅不能增加土地价值,还降低了土地价值。

【例 4-1】 某宗房地产的土地面积为 480 m²,建筑面积为 360 m²,建筑物的外观和设施设备均已陈旧过时,有待拆除重建。测算建筑物拆除费用和残值分别为每平方米建筑面积 400 元和 20 元。请计算该房地产相对于空地的减价额。

【解】 该房地产相对于空地的减价额计算如下:

该房地产相对于空地的减价额=[(400-20)×360]元=136800 元

与上述情形相反,地上建筑物的设计、设施设备和装饰装修等都很超前、高档,但坐落的位置较差,如在较偏僻地方建造的高级宾馆、写字楼或购物中心,不能使该建筑物的效用得到充分发挥,虽然该建筑物的重建价格较高,但该建筑物的价值却低于其重建价格,即功能过剩引起了功能折旧(具体见"建筑物折旧的测算")。

【例 4-2】 某宗房地产的建筑面积为 25000 m²,土地面积为 5000 m²,市场上该类房地产的市场价格为 3800 元/m²,土地市场单价为 4000 元/m²,用成本法测算的建筑物重建价格为 3500 元/m²。请计算该房地产中建筑物的现值。

【解】 该房地产中建筑物的现值计算如下:

该房地产中建筑物的现值=[(3800×25000-4000×5000)/25000]元/m²=3000 元/m²

由上述计算结果可知,该房地产中建筑物的实际价值为 3000 元/m²,比其重建价格 3500 元/m²低 500 元/m²。

### 3. 适合原理

适合原理是以估价对象与其外部环境是否协调,来判定估价对象是否为最高最佳利用。适合原理可以帮助确定估价对象的最佳用途。例如,在日用必需品的零售商店集中地区,开设品牌服装专卖店并不一定能获得高收益,从而在这样的地区开设品牌服装专卖店就不是最高最佳利用。

适合原理加上均衡原理以及收益递增递减原理,即当估价对象与其外部环境相协调,同时其各个组成部分又搭配时,便为最高最佳利用。

## (四) 最高最佳利用原则的应用前提

当估价对象已为某种利用时,应在调查及分析其利用现状的基础上,对其最高最佳利用和相应的估价前提作出下列之一的判断和选择。

### 1. 维持现状前提

经分析和判断,以维持现状、继续利用最为合理的,应选择维持现状前提进行估价。现有房地产应维持现状的财务上可行的条件是:现状房地产的价值≥(新房地产的价值-将现状房地产改变为新房地产的必要支出及应得利润)。

以建筑物为例,现有建筑物应予以保留的财务上可行的条件是:现有房地产的价值≥(新房地产的价值-拆除现有建筑物的必要支出及应得利润-建造新建筑物的必要支出及应得利润)。

### 2. 更新改造前提

经分析和判断,以更新改造再予以利用最为合理的,应选择更新改造前提进行估价。现有房地产应更新改造的财务上可行的条件是:(更新改造后的房地产价值-更新改造的必要支出及应得利润)＞现状房地产的价值。

需要指出的是,更新改造前提不一定是对建筑物进行更新改造,也有可能是对土地进行改造。因为土地与建筑物的不均衡所引起的功能折旧也可能是由于土地方面的原因造成的,这时就需要对土地进行改造。

以建筑物重新装饰装修为例,现有建筑物重新装饰装修的财务上可行的条件是:(装饰装修后的房地产价值－装饰装修的必要支出及应得利润)＞现状房地产的价值。

### 3. 改变用途前提

经分析和判断,以改变用途再予以利用最为合理的,应选择改变用途前提进行估价。现有房地产应改变用途的财务上可行的条件是:(新用途下的房地产价值－改变用途的必要支出及应得利润)＞现用途下的房地产价值。

### 4. 改变规模前提

经分析和判断,以改变规模再予以利用最为合理的,应选择改变规模前提进行估价。现有房地产应改变规模的财务上可行的条件是:(改变规模后的房地产价值－改变规模的必要支出及应得利润)＞现规模下的房地产价值。

### 5. 重新开发前提

经分析和判断,以重新开发再予以利用最为合理的,应选择重新开发前提进行估价。现有房地产应重新开发的财务上可行的条件是:(重新开发完成后的房地产价值－重新开发的必要支出及应得利润)＞现有房地产的价值。

以建筑物为例,现有建筑物应拆除重建的财务上可行的条件是:(新房地产的价值－拆除现有建筑物的必要支出及应得利润－建造新建筑物的必要支出及应得利润)＞现有房地产的价值。

### 6. 各种组合前提

各种组合前提是指上述前提的某种组合或其他特殊利用前提。经分析和判断,以上述前提的某种组合或其他特殊利用最为合理的,应选择上述前提的某种组合或其他特殊利用前提进行估价,如改变用途或改变规模与更新改造的组合。

需要指出的是,在实际估价中,不能以其中某一种估价前提的可行,就判断该种估价前提为最高最佳利用,而应把它与其他几种可行的估价前提进行比较后,才能作出最高最佳利用的判断与选择。

## 4.2.6 谨慎原则的要求

### (一) 谨慎原则的含义

谨慎原则要求在影响估价对象价值或价格的因素存在不确定性的情况下对其作出判断时,应充分考虑其导致估价对象价值或价格偏低的一面,慎重考虑其导致估价对象价值或价格偏高的一面,即要求评估价值是在充分考虑导致估价对象价值或价格偏低的因素,慎重考虑导致估价对象价值或价格偏高的因素下的价值或价格。具体就房地产抵押价值评估来说,在存在不确定因素的情况下作出估价相关判断时,应保持必要的谨慎,充分估计抵押房地产在抵押权实现时可能受到的限制、未来可能发生的风险和损失,不高估假定未设立法定优先受偿权下的价值,不低估法定优先受偿款。

## (二) 谨慎原则的重要性

由于需要处分抵押物的时间与抵押价值时点一般相隔较长,而且抵押担保的范围包括主债权及利息、违约金、损害赔偿金和实现抵押权的费用,届时抵押房地产的价值有可能下跌,其他相关的不确定因素也较多,为确保抵押贷款的清偿,拟接受抵押担保的债权人对变现风险高度关注,所以抵押价值评估应遵循谨慎原则。

理解谨慎原则的关键,是要搞清楚"在存在不确定因素的情况下"。在实际估价中,如果面临的是确定因素,则不存在谨慎问题,应依据确定因素进行估价。如果面临的是不确定因素,当对该因素的乐观、保守和折中判断会导致对抵押价值的相对偏高、偏低和居中估计时,则应采取导致对抵押价值相对偏低的估计。例如,采用收益法评估收益性房地产假定未设立法定优先受偿权下的价值,当估计未来的收益可能会高也可能会低时,应采用保守的较低的收益估计值。相比之下,如果是一般的房地产价值评估,则应采用既不偏高也不偏低的居中的收益估计值。

## (三) 谨慎原则的具体要求

《房地产抵押估价指导意见》针对房地产抵押估价的不同估价方法,提出了遵循谨慎原则的具体要求。

**1. 房地产抵押估价方法的应用要求**

(1) 在运用比较法估价时,不应选取成交价格明显高于市场价格的交易实例作为可比实例,并应对可比实例进行必要的实地查勘。

(2) 在运用收益法估价时,不应高估收入或者低估运营费用,选取的报酬率或资本化率不应偏低。

(3) 在运用成本法估价时,不应高估土地取得成本、建设成本、有关费税和利润,不应低估折旧。

(4) 在运用假设开发法估价时,不应高估未来开发完成后的价值,不应低估后续开发的必要支出及应得利润。

**2. 房地产抵押估价报告的内容要求**

(1) 房地产抵押估价报告应当确定估价对象的抵押价值,并分别说明假定未设立法定优先受偿权利下的市场价值,以及房地产估价师知悉的各项法定优先受偿款。

(2) 房地产抵押估价报告应当向估价报告使用者作如下提示:

① 估价对象状况和房地产市场状况因时间变化对房地产抵押价值可能产生的影响;

② 在抵押期间可能产生的房地产信贷风险关注点;

③ 合理使用评估价值;

④ 定期或者在房地产市场价格变化较快时对房地产抵押价值进行再评估。

(3) 房地产抵押估价应当关注房地产抵押价值未来下跌的风险,对预期可能导致房地产抵押价值下跌的因素予以分析和说明。

(4) 在评估续贷房地产的抵押价值时,应当对房地产市场已经发生的变化予以充分考虑和说明。

(5) 房地产抵押估价报告应当包括估价对象的变现能力分析。变现能力是指假定在估价时点实现抵押权时,在没有过多损失的条件下,将抵押房地产转换为现金的可能性。变现能力分析应当包括抵押房地产的通用性、独立使用性或者可分割转让性,假定在估价时点拍卖或者变卖时最可能实现的价格与评估的市场价值的差异程度,变现的时间长短以及费用、税金的种类、数额和清偿顺序。

### 4.2.7 一致性原则和一贯性原则的要求

#### (一) 一致性原则的含义和要求

**1. 一致性原则的含义**

一致性原则是指为同一估价目的,对同一或相关估价项目涉及的各宗同类房地产,应采用相同的估价方法或对待方式进行估价。

**2. 一致性原则的要求**

(1) 房地产投资信托基金物业价值评估应遵循一致性原则,即为同一估价目的,对同一房地产投资信托基金的同类物业在同一价值时点的价值或价格进行评估时,应采用相同的估价方法。

(2) 国有土地上房屋征收评估也应遵循一致性原则,即对同一房屋征收范围内的同类被征收房屋,应一视同仁,采用相同的估价方法或对待方式进行估价。

(3) 资产置换或房地产互换目的下的估价,一般要遵循一致性原则,即对置换或互换双方的同类房地产,应采用相同的估价方法或对待方式进行估价。

(4) 为征收持有环节的房地产税服务的估价,为保证公平性,通常要遵循一致性原则,即对不同纳税人的同类房地产,应采用相同的估价方法或对待方式进行估价。

对于应遵循一致性原则但确因情况特殊而未采用相同的估价方法或对待方式进行估价的,应在估价报告中说明并陈述理由。

#### (二) 一贯性原则的含义和要求

**1. 一贯性原则的含义**

一贯性原则是指为同一估价目的,在不同时间对同一房地产再次或多次估价时,应采用相同的估价方法或对待方式进行估价。也就是现在与过去所采用的估价方法或对待方式应相同,不得随意变更。

**2. 一贯性原则的要求**

(1) 房地产投资信托基金物业价值评估应遵循一贯性原则,即为同一估价目的,对同一房地产投资信托基金的同一物业在不同价值时点的价值或价格进行评估时,应采用相同的估价方法。

(2) 为财务报告服务的估价,一般也应遵循一贯性原则。

对于应遵循一贯性原则但确因情况特殊,如过去的估价方法选用有误,估价方法或对待方式必须变更的,应在估价报告中说明并陈述理由。

## 复习思考题

**一、简答题**

1. 简述独立客观公正原则的含义和重要性。
2. 简述合法原则的含义和重要性。
3. 简述价值时点原则的含义和重要性。
4. 简述替代原则的含义和重要性。
5. 简述最高最佳利用的含义和重要性。
6. 简述谨慎原则的含义和重要性。
7. 简述一致性原则和一贯性原则的含义。

**二、论述题**

1. 试述房地产估价原则的含义和作用。
2. 试述独立客观公正原则的应用要求。
3. 试述合法原则的应用要求。
4. 试述价值时点原则的应用要求。
5. 试述替代原则的应用要求
6. 试述最高最佳利用原则的经济学原理和应用前提。
7. 试述谨慎原则的应用要求。
8. 试述一致性原则和一贯性原则的应用要求。

**三、案例分析题**

丁某于2018年购置了一套三室二厅的商品住宅,2019年改作餐饮营业用房,并办理了一切相关手续。2020年2月丁某为转让房地产而要求评估其现时价值。因当地无类似餐饮营业用房的可比实例,故估价人员首先采用收益法估价,估值为200万元。然后,再将估价对象视作住宅而采用市场比较法估价,估值为240万元。最后,取两种估价方法所得结果的平均值220万元作为估价结论。

试析这样确定估价结论的正确性。

# 第 5 章 比较法及其运用

【本章学习要点】

① 比较法的含义、理论依据、适用对象、适用条件和操作步骤；② 收集交易实例途径和要求；③ 选取可比实例的要求；④ 建立价格比较基础要做的工作；⑤ 交易情况修正的含义和方法；⑥ 市场状况调整的含义、内容和方法；⑦ 房地产状况调整的含义、内容和方法；⑧ 比较价值的确定方法。

通过本章的学习，熟悉比较法的含义、理论依据、适用对象、适用条件和操作步骤，掌握收集交易实例途径和要求、选取可比实例的要求、建立价格比较基础要做的工作、交易情况修正的方法、市场状况调整的内容和方法、房地产状况调整的内容和方法以及比较价值的确定方法。

## 5.1 比较法概述

### 5.1.1 比较法的含义

简单来说，比较法是根据与估价对象相似的房地产的成交价格来求取估价对象价值或价格的方法；具体来说，比较法是选取一定数量的可比实例，将可比实例与估价对象进行比较，根据其间的差异对可比实例成交价格进行处理后得到估价对象价值或价格的方法。

与估价对象相似的房地产，也称为估价对象的类似房地产，简称类似房地产，是指与估价对象的区位、用途、权利性质、档次、规模、建筑结构、新旧程度等相同或相近的房地产。

可比实例是符合一定条件的类似房地产的交易实例，具体是指交易实例中交易方式适合估价目的、成交日期接近价值时点、成交价格为正常价格或可修正为正常价格的估价对象的类似房地产等财产或相关权益。

比较法的本质是以房地产的市场成交价格为导向来求取估价对象房地产的价值或价格的方法。由于该方法是利用实际发生、经过市场"检验"的与估价对象相似的房地产的成交价格来求取估价对象的价值或价格，所以它是一种直接体现市场价格水平及最具有说服力的估价方法，其测算结果易于被人们理解、认可或接受。

### 5.1.2 比较法的理论依据

比较法的理论依据是房地产价格形成的替代原理或替代原则，即在同一个房地产市场上相似的房地产有相近的价格。依据房地产价格形成的替代原理,估价对象房地产的未知价格(价值)可以通过与市场上已经成交的类似房地产价格来求取。因此,只要收集了较多类似房地产交易实例,筛选出最具有可比性的交易实例成交价格进行恰当处理后,所得的结果就可以作为估价对象价值或价格的测算值。这里所说的"恰当处理"就是要消除以下四个方面的不同所造成的可比实例成交价格与估价对象价值的差异:一是成交价格与比较价值的内涵和形式不同;二是特殊交易情况与正常交易情况不同;三是成交日期与价值时点不同;四是可比实例房地产状况与估价对象房地产状况不同。

上述对可比实例成交价格进行恰当处理的"四个方面",分别称为建立比较基础、交易情况修正、市场状况调整和房地产状况调整。在进行这些处理时,应尽量分解各种房地产价格影响因素,并尽量采用定量分析来量化这些因素对可比实例成交价格的影响程度,如通过对大量成交价格进行统计分析,得出不同因素对房地产价格的影响程度。但由于许多因素对可比实例成交价格的影响程度难以采用定量分析予以量化,主要是估价师凭其估价专业知识和实践经验以及对估价对象和可比实例所在地的房地产市场行情、交易习惯等的深入调研后作出判断。因此,如果估价师没有扎实的估价专业知识和丰富的估价实践经验,对估价对象和可比实例所在地的房地产市场行情、交易习惯等不够熟悉,则难以运用比较法得出正确的估价对象价值。

### 5.1.3 比较法适用的估价对象

比较法适用的估价对象是同类数量较多、有较多交易且具有一定可比性的房地产,例如:住宅、写字楼、商铺、标准厂房、房地产开发用地等。难以采用比较法进行估价的情形有:一是数量很少的房地产,如特殊厂房、机场、码头、博物馆、教堂、寺庙、古建筑等;二是很少发生交易的房地产,如学校、医院、行政办公楼等;三是缺乏可比性的房地产,如在建工程等。

比较法除了用于估价外,还可用于收益法、成本法、假设开发法中市场租金、经营收入、运营费用、空置率、入住率、报酬率、重置成本、房地产价格各个构成部分(如地价、建设成本、管理费用、销售费用、销售税费、开发利润等)、开发完成后的价值、开发经营期等项目的求取。

### 5.1.4 比较法估价的适用条件

比较法估价需要在价值时点的近期有较多类似房地产的交易。房地产市场不够活跃或者类似房地产交易较少的地区,难以采用比较法估价。房地产市场总体上较活跃的地区,在某些情况下比较法也可能不适用,如可能由于某些原因导致在较长一段时期很少发生房地产交易。具体来说,比较法的适用条件有:一是要有足够数量的可比实例;二是可比实例交易资料的可靠性;三是可比实例交易情况的正常性;四是可比实例交易的合法性。

在目前房地产交易和登记等信息不够公开透明的情况下,获取房地产真实成交价格及估价所必要的交易房地产状况等信息,是运用比较法估价的难点。尽管如此,以下情况不能成为不采用比较法估价的理由:估价对象所在地存在较多类似房地产的交易,而由于估价机构和估价师没有努力收集交易实例,造成不能采用比较法估价。

### 5.1.5 比较法估价的操作步骤

运用比较法估价一般分为7个步骤:(1)收集交易实例;(2)选取可比实例;(3)建立比较基础;(4)进行交易情况修正;(5)进行市场状况调整;(6)进行房地产状况调整;(7)计算比较

价值。

上述第三至第六个步骤均是对可比实例的成交价格进行恰当处理的环节，根据处理的内涵不同，可分为三种类型的处理，即价格换算、价格修正和价格调整。价格换算主要是对可比实例成交价格的内涵和形式进行处理，使可比实例成交价格与估价对象价值或价格之间、各个可比实例的成交价格之间口径一致、相互可比，即是建立比较基础；价格修正是把可比实例实际而可能是非正常的成交价格处理成正常价格，是对可比实例成交价格予以"更正"，即是进行交易情况修正；价格调整是对价格"构成要素"的调整，从可比实例"构成要素"下的价格调整为估价对象"构成要素"下的价格。"构成要素"有市场状况要素和房地产状况要素两类，这两类的处理分别称为市场状况调整和房地产状况调整。

## 5.2 收集交易实例

### 5.2.1 收集交易实例的重要性

交易实例是真实成交的房地产等财产或相关权益及有关信息。运用比较法估价需要拥有大量的房地产交易实例。只有拥有了大量的房地产交易实例，才能选择出符合一定数量和质量要求的可比实例，保证根据这些可比实例的成交价格评估出的估价对象价值或价格更加准确而不会出现较大误差。因此，估价机构和估价师应努力收集较多的交易实例。

收集交易实例是一个不可缺少的步骤，如果没有交易实例，比较法缺少适用条件。因此，估价机构和估价师要重视交易实例的收集。交易实例是一个不断积累的过程，平时就应留意收集，不能等到需要采用比较法估价时才去收集，一旦采用比较法估价，就已经有了足够多的交易实例可供选取，从而可以较快地完成估价工作。当然，在采用比较法估价时，也可根据估价对象、价值时点等情况，有针对性地收集一些交易实例。

### 5.2.2 收集交易实例的途径

收集交易实例及相关参考资料的途径主要有以下几种。

（1）走访房地产交易当事人，了解其交易的房地产及成交价格等信息。

（2）访问房地产经纪机构和房地产经纪人员、相关律师、房地产交易当事人的邻居等，了解其促成交易或知悉交易的房地产及成交价格等信息。

（3）查阅政府和有关部门的房地产价格等资料。例如，政府出让建设用地使用权的价格等资料，政府或其有关部门确定、公布的基准地价、标定地价、房屋重置价格等资料。

（4）向专业房地产信息提供机构购买房地产价格等资料。

（5）同行之间相互提供。估价机构或估价师之间可以建立某种协作关系，相互提供所收集的交易实例和经手的估价案例资料。

（6）查阅网站、报刊上的房地产出售、出租信息，参加房地产交易展示会，与房地产业主、开发企业、经纪人员等房地产出售人或其代理人洽谈，获取房地产的要价、标价、挂牌价、报价等资料，了解房地产市场价格行情。要价、标价、挂牌价、报价等虽然不是成交价格，一般不能反映真实的市场价格行情，不应作为交易实例，但与成交价格之间有一定的关系，在一定程度上可以作为了解市场行情的参考。

## 5.2.3 收集交易实例的要求

收集信息真实、准确、完整的交易实例,是提高估价精度的一个基本保证。收集的交易实例信息应能满足比较法运用的需要,并尽可能收集较多的信息。

**1. 收集交易实例的内容要求**

收集的交易实例信息一般包括以下内容。

(1) 交易对象基本状况。如名称、坐落、范围、规模(土地面积或建筑面积)、用途、权属以及土地形状、土地使用期限、建筑物竣工日期(或建成年月、建成年份、建成年代)、建筑结构、周围环境等。

(2) 交易双方基本情况。如卖方和买方的名称及之间的关系等。

(3) 交易方式。如买卖、互换、租赁,买卖中又如协议、招标、拍卖、挂牌等。

(4) 成交日期。如可比实例具体的成交日期。

(5) 成交价格。包括总价、单价及计价方式(是按建筑面积计价还是按套内建筑面积、使用面积计价)。

(6) 付款方式。例如是一次性付款还是分期付款(包括付款期限、每期付款额或付款比例)。

(7) 融资条件。如首付款比例、贷款利率、贷款期限等。

(8) 交易税费负担。如买卖双方是依照规定或按照当地习惯各自缴纳自己应缴纳的税费,还是全部税费由买方负担或卖方负担等。

(9) 交易目的,如卖方为何而卖,买方为何而买,以及是否有急卖或急买等特殊交易情况。

**2. 填写《房地产交易实例调查表》**

为了避免在收集交易实例时遗漏重要的信息并保证所收集的信息统一和规范,最好事先将房地产分为居住、商业、办公、旅馆、餐饮、体育和娱乐、工业、农业等类型,分别针对不同类型的房地产将需要收集的信息制成表格(如表 5-1 所示)。

表 5-1 房地产交易实例调查表

| | | | | | |
|---|---|---|---|---|---|
| 交易实例基本情况 | 名称 | | | | |
| | 坐落 | | | | |
| | 范围 | | | | |
| | 权属 | | | | |
| | 用途 | | | | |
| | 规模 | | | | |
| 交易基本情况 | 卖方 | | | | |
| | 买方 | | | | |
| | 成交日期 | | | | |
| | 成交价格 | 总价 | | 单价 | |
| | 付款方式 | | | | |

续表

| | | |
|---|---|---|
| 交易情况说明 | | |
| 交易实例状况说明 | 区位状况说明 | |
| | 实物状况说明 | |
| | 权益状况说明 | |
| 位置示意图 | 外观照片 | 内部照片 |

到场人员（签字）：　　　　　　　　调查日期：　年　月　日

收集交易实例时按照事先制作好的《房地产交易实例调查表》填写，不仅能够避免遗漏重要的信息，而且很方便。在实际工作中，估价机构还可以安排有关人员专门从事交易实例收集工作。为了保证所收集的交易实例信息真实、准确、完整，对收集到的每个交易实例、每项内容，都应进行检查甚至核查验证。

### 5.2.4　建立房地产交易实例库

房地产估价机构应当广泛收集房地产买卖、租赁的交易信息，建立房地产交易实例库。建立房地产交易实例库不仅是比较法估价的需要，而且是从事房地产估价及相关咨询、顾问业务的一项必不可少的基础性工作，也是形成房地产估价机构核心竞争力的重要手段之一。建立房地产交易实例库有利于交易实例资料的保存和在需要时查找、调用，能有效提高估价工作效率。

建立交易实例库的最简单做法，是将收集交易实例时填写好的《房地产交易实例调查表》及有关资料，以交易实例卡片或档案袋的形式，分门别类地保存起来。有条件的，应开发或购买有关计算机软件，将所收集到的交易实例信息输入计算机中进行管理。

## 5.3　选取可比实例

### 5.3.1　选取可比实例的必要性

房地产估价机构收集到的交易实例或在交易实例库中存储的交易实例较多，但针对特定估价对象及估价目的和价值时点，其中一些交易实例可能存在交易情况、成交时间、房地产状况等与估价目的、价值时点、估价对象等不合适，因此需要从中选取符合一定条件的交易实例作为可比实例。

### 5.3.2 选取可比实例的要求

#### (一) 选取可比实例的数量要求

一般来说,只要对可比实例的成交价格处理得"适当",通过一个可比实例的成交价格就可以得出估价对象的价值或价格。但在实际估价中,因存在信息不完全等情况,对可比实例成交价格的处理不可能做到完全"适当"。因此,为了减小估价误差及提高估价的可信度,需要选取多个可比实例,并且从理论上讲,选取的可比实例越多对成交价格处理的效果可能越好。但如果选取的可比实例过多,一是可能由于交易实例的数量有限而难以做到,二是会大大增加估价的成本,因此从某种意义上讲,选取可比实例主要在于"合适"而不在于数量多,一般选取3~5个即可,但不得少于3个。

#### (二) 选取可比实例的质量要求

可比实例选取得是否合适,直接关系到比较法测算结果的准确性,因此应特别慎重。选取的可比实例质量应符合以下要求。

**1. 可比实例的交易方式应适合估价目的**

由于房地产交易方式的多元化,如房地产交易有买卖、租赁等方式,其中又可分为协议、招标、拍卖、挂牌等。如果是为买卖目的估价,则应选取买卖实例为可比实例;如果是为租赁目的的估价,则应选取租赁实例为可比实例。

**2. 可比实例房地产应与估价对象房地产相似**

(1) 与估价对象的区位状况相似。可比实例与估价对象应在同一地区或同一供求范围内的相似地区。所谓同一供求范围,也称为同一供求圈、同一市场,是指与估价对象有一定的替代关系,价格会相互影响的房地产区域范围。首先是要选择与估价对象区位状况相同的可比实例,如果与估价对象区位状况相同的可比实例不多,则应选择与估价对象近邻地区或同等级的相近或相似区位状况的可比实例。如果估价对象是位于某市区某个住宅小区内的一套住房,则选取的可比实例最好也位于同一住宅小区,而如果在同一住宅小区内没有合适的交易实例可供选取,则应选取该市区内在区位、规模、档次等方面与估价对象小区相当的住宅小区内的交易实例。

(2) 与估价对象的用途相同。这里的用途相同主要指大类用途相同,如果能做到小类用途相同则更好。

(3) 与估价对象的权利性质相同。当不相同时,一般不能作为可比实例。例如,国有土地与集体土地的权利性质不同;出让国有建设用地使用权与划拨国有建设用地使用权的权利性质不同;商品住房与房改所购住房、经济适用住房的权利性质不同。因此,如果估价对象是出让国有建设用地使用权或出让国有建设用地使用权土地上的房地产,则应选取出让国有建设用地使用权或出让国有建设用地使用权土地上的房地产的交易实例,不宜选取划拨国有建设用地使用权或划拨国有建设用地使用权土地上的房地产的交易实例。

(4) 与估价对象的档次相当。档次是指按一定标准分成的不同等级。例如,宾馆划分的五星级、四星级、三星级等;写字楼划分的甲级、乙级等。这里的档次相当主要指在设施设备(如电梯、空调、智能化等)、装饰装修、周围环境等方面的齐全、优劣程度应相当。

(5) 与估价对象的规模相当。例如,估价对象为一宗土地,则选取的可比实例的土地面积应与该土地的面积大小差不多,既不能过大也不能过小。选取的可比实例规模一般应在估价对象规模的 0.5~2 倍范围内。

(6) 与估价对象的建筑结构相同。这里的建筑结构相同主要指大类建筑结构相同,如果能做到小类建筑结构相同则更好。

### 3. 可比实例的成交日期应接近价值时点

在选择可比实例时,如果房地产市场较平稳,则较早之前发生的交易实例仍有参考价值,可选为可比实例;但如果房地产市场变化快,则此期限应缩短,只有近期发生的交易实例才有说服力,才可选为可比实例。可比实例的成交日期与价值时点相差不宜超过 1 年、不得超过 2 年。此外,可比实例的成交日期不应晚于价值时点。

### 4. 可比实例的成交价格应尽量为正常价格

在选择可比实例时,要求可比实例的成交价格为正常价格或可修正为正常价格。

### (三) 选取可比实例应注意的其他问题

在运用比较法进行估价时,如果有较多的交易实例可供选取时,应选取那些与估价对象最相似、成交日期与价值时点最接近的交易实例为可比实例,不得在位置上或成交日期上"舍近求远",不得为了迎合委托人的高估或低估要求而普遍选取那些成交价格明显偏高或明显偏低的交易实例,更不得有符合可比实例要求的交易实例不选取,而选取那些不符合可比实例要求的交易实例,尤其要严禁虚构或编造虚假的可比实例。

## 5.4 建立价格比较基础

建立价格比较基础一般要做以下几项工作:(1) 统一财产范围;(2) 统一付款方式;(3) 统一融资条件;(4) 统一税费负担;(5) 统一计价单位。

### 5.4.1 统一财产范围

统一财产范围就是对可比实例与估价对象的财产范围进行对比,消除因财产范围不同造成的价格差异。所谓财产范围不同,是指房地产在财产的构成上是"有"还是"无"的差别,而不是财产在构成上的一致,但存在好与坏、优与劣、新与旧的差别。因此,统一财产范围即是进行"有无"对比,消除房地产在财产构成上的"有无"差别造成的价格差异。

财产范围不同主要有以下几种情形:(1) 含有房地产以外的资产。如估价对象是"纯粹"的房地产,而可比实例是含有家具、汽车等动产或特许经营权等无形资产的交易实例;(2) 带有债权债务的房地产。如估价对象是"干净"的房地产,而可比实例是有水电费、燃气费、电话费、网费、有线电视收看费、供暖费、物业服务费、房产税等费用和税金欠缴或结余,或者有拖欠建设工程价款的交易实例;(3) 带有其他权益或负担的房地产。如附带入学指标、户口指标,设立了地役权等;(4) 房地产的实物范围不同。如估价对象是不带停车位的住宅,而可比实例是带停车位的住宅。

对含有房地产以外的资产,统一财产范围一般是统一到"纯粹"的房地产范围,利用下列公式对价格进行换算处理:

房地产价格＝含有房地产以外的资产的价格－房地产以外的资产的价值

如果是估价对象含有房地产以外的资产，则一般是在比较法最后步骤求出了不含房地产以外资产的房地产价值后，再加上房地产以外的资产的价值，就可得到估价对象的价值。

对带有债权债务和其他权益或负担的房地产，统一财产范围一般是统一到不带债权债务和其他权益或负担的房地产范围，利用下列公式对价格进行换算处理：

不带债权债务和其他权益或负担的房地产价格＝带有债权债务和其他权益或负担的房地产价格－债权和其他权益价值＋债务和其他负担价值

如果估价对象带有债权债务和其他权益或负担，则一般是在比较法最后步骤求出了不带债权债务和其他权益或负担的房地产价值后，再加上债权和其他权益价值减去债务和其他负担价值，就可得到估价对象的价值。

与房地产的实物范围不同，统一财产范围一般是统一到估价对象的实物范围，补充可比实例缺少的实物范围，扣除可比实例多出的实物范围，相应地对可比实例的成交价格进行加价或减价处理。

## 5.4.2 统一付款方式

房地产成交金额大，存在付款方式、付款期限等不同，导致实际价格也会有所不同。估价中为便于比较，成交价格一般以成交日期一次性付清所需支付的金额为基准。因此，统一付款方式是将可比实例不是成交日期一次性付清的价格，调整为成交日期一次性付清的价格。

【例5-1】 某宗房地产的成交总价为60万元，首付款20万元，余款40万元于半年后一次性付清。假设月利率为1‰，请计算该房地产在其成交日期一次性付清的价格。

【解】 该房地产在其成交日期一次性付清的价格计算如下：

$$\left[20+\frac{40}{(1+1\%)^6}\right]万元=57.68\ 万元$$

## 5.4.3 统一融资条件

统一融资条件是将可比实例在非常规融资条件下的价格，调整为在常规融资条件下的价格。融资条件的不同，主要是首付款比例、贷款利率、贷款期限等的不同。

## 5.4.4 统一税费负担

在房地产交易中需要缴纳一些税费，如增值税、城市维护建设税、教育费附加、契税、所得税、土地增值税、印花税、公证费、补缴出让金等。根据规定，有的税费应由卖方缴纳，如增值税、城市维护建设税、教育费附加、所得税、土地增值税；有的税费应由买方缴纳，如契税、补缴出让金；有的税费则买卖双方都应缴纳或各负担一部分，如印花税。交易税费正常负担下的价格是指在买卖双方各自缴纳自己应缴纳的交易税费下的价格，即在此价格下，卖方缴纳卖方应缴纳的税费，买方缴纳买方应缴纳的税费。需要评估的估价对象价值或价格，一般是基于买卖双方各自缴纳自己应缴纳的交易税费下的价值或价格。但在实际的房地产交易中，往往出现不应由卖方缴纳的税费，买卖双方协议由买方缴纳；本应由买方缴纳的税费，买卖双方协议由卖方缴纳。例如，增值税、土地增值税本应由卖方缴纳，却协议由买方缴纳；契税、补缴出让金本应由买方缴纳，却协议由卖方缴纳；印花税等本应由买卖双方各负担一部分，却协议由其中某一方全部负担。在某些地区,房地产价格之外还有代收代办费。这些代收代办费也可能存在类似的转嫁问题。

统一税费负担是将成交价格调整为依照税法及有关规定,买卖双方各自缴纳自己应缴纳的交易税费下的价格。计算公式为:

$$正常负担下的价格-应由卖方缴纳的税费=卖方实得金额$$

$$正常负担下的价格+应由买方缴纳的税费=买方实付金额$$

如果卖方、买方应缴纳的税费是正常负担下的价格的一定比率,则有:

$$应由卖方缴纳的税费=正常负担下的价格×应由卖方缴纳的税费比率$$

$$应由买方缴纳的税费=正常负担下的价格×应由买方缴纳的税费比率$$

【例 5-2】 某宗房地产在交易税费正常负担下的成交价格为 5000 元$/m^2$,卖方和买方应缴纳的税费分别为交易税费正常负担下的成交价格的 7% 和 5%。请计算卖方实得金额和买方实付金额。

【解】 卖方实得金额计算如下:

$$卖方实得金额=正常负担下的价格-应由卖方缴纳的税费$$
$$=(5000-5000×7\%)元/m^2=4650 元/m^2$$

买方实付金额计算如下:

$$买方实付金额=正常负担下的价格+应由买方缴纳的税费=(5000+5000×5\%)元/m^2=5250 元/m^2$$

【例 5-3】 某宗房地产交易,买卖合同约定成交价格为 4650 元$/m^2$,买卖中涉及的税费均由买方负担。已知房地产买卖中卖方和买方应缴纳的税费分别为交易税费正常负担下的成交价格的 7% 和 5%。请计算该房地产在交易税费正常负担下的价格。

【解】 已知卖方实得金额为 4650 元$/m^2$,则该房地产在交易税费正常负担下的价格计算如下:

$$卖方实得金额=正常负担下的价格-应由卖方缴纳的税费$$
$$4650 元/m^2=正常负担下的价格-正常负担下的价格×7\%$$

解之得:正常负担下的价格=5000 元$/m^2$。

【例 5-4】 某宗房地产交易,买卖合同约定成交价格为 5250 元$/m^2$,买卖中涉及的税费均由卖方负担。已知房地产买卖中卖方和买方应缴纳的税费分别为交易税费正常负担下的成交价格的 7% 和 5%。请计算该房地产在交易税费正常负担下的价格。

【解】 已知买方实付金额为 5250 元$/m^2$,则该房地产在交易税费正常负担下的价格计算如下:

$$正常负担下的价格+应由买方缴纳的税费=买方实付金额$$
$$正常负担下的价格+正常负担下的价格×5\%=5250 元/m^2$$

解之得:正常负担下的价格=5000 元$/m^2$。

### 5.4.5 统一计价单位

统一计价单位包括统一价格表示单位、统一币种和货币单位、统一面积或体积内涵及计量单位等。

#### (一)统一价格表示单位

统一价格表示单位是指将价格统一为总价或者单价,土地可统一为楼面地价。在统一为单价时,通常是单位面积的价格。如房价通常为单位建筑面积或单位套内建筑面积、单位使用面积的价格。土地除了单位土地面积的价格,还可为单位建筑面积的价格,即楼面地价。在这些情况下,单位面积是一个比较单位。根据估价对象的具体情况,还可以有其他的比较单位。如仓库通常以单位体积为比较单位,停车场通常以车位为比较单位,旅馆通常以客房或床位为比较单位,影剧院通常以座位为比较单位,医院通常以病房床位为比较单位,保龄球馆通常以球道为比较单位,等等。

### (二)统一币种和货币单位

在统一币种方面,将某一币种(如美元)的房地产价格换算为另一币种(如人民币)的房地产价格,应采用该价格对应日期的汇率,一般是采用成交日期的汇率。但如果先按照原币种的价格进行市场状况调整,则对进行了市场状况调整后的价格应采用价值时点的汇率进行换算。汇率的取值,一般采用国家外汇管理部门公布的市场汇率中间价。

在统一货币单位方面,按照使用习惯,通常都采用"元"来表示。

### (三)统一面积单位

在现实的房地产交易中,有按建筑面积计价的,有按套内建筑面积或使用面积计价的,也有按套计价的。其中,建筑面积、套内建筑面积、使用面积下的单价之间的换算公式为:

建筑面积下的单价＝套内建筑面积下的单价×套内建筑面积/建筑面积

套内建筑面积下的单价＝使用面积下的单价×使用面积/套内建筑面积

使用面积下的单价＝建筑面积下的单价×建筑面积/使用面积

在面积计量单位方面,中国通常采用平方米(土地面积单位除了平方米,有时还采用公顷、亩),而中国香港地区和美国、英国等习惯采用平方英尺,中国台湾地区和日本、韩国一般采用坪。这些面积计量单位换算关系如下:

$$1 \text{公顷} = 10\,000 \text{平方米} = 15 \text{亩}$$
$$1 \text{亩} = 666.67 \text{平方米}$$
$$1 \text{平方英尺} = 0.09290304 \text{平方米}$$
$$1 \text{坪} = 3.30579 \text{平方米}$$

【例5-5】 收集了甲、乙两个交易实例。甲交易实例的建筑面积为 200 m²,成交总价为400万元人民币,分3期付款,首付款为80万元人民币,第二期于半年后付160万元人民币,余款160万元人民币于1年后支付;乙交易实例的使用面积为2100平方英尺,成交总价为72万美元,于成交时一次性付清。如果选取该两个交易实例为可比实例,请在对它们的成交价格进行有关修正和调整之前,进行"建立价格比较基础"处理。

【解】 对这两个交易实例的成交价格进行建立价格比较基础处理,需要统一付款方式和统一计价单位,具体如下。

(1)统一付款方式。如果以在成交日期一次性付清为基准,假设当时人民币的年利率为8%,则:

$$\text{甲可比实例总价} = \left[80 + \frac{160}{(1+8\%)^{0.5}} + \frac{160}{(1+8\%)}\right] \text{万元} = 382.11 \text{万元(人民币)}$$

$$\text{乙可比实例总价} = 72 \text{万元(美元)}$$

(2)统一计价单位。

① 统一价格表示单位。对可比实例的价格都统一为单价：

$$甲可比实例单价 = \frac{3821100}{200} 元/平方米 = 19105.5 元/平方米（建筑面积）$$

$$乙可比实例单价 = \frac{720000}{2100} 元/平方英尺 = 342.86 元/平方英尺（使用面积）$$

② 统一币种和货币单位。如果以人民币元为基准，则需要将乙交易实例的美元换算为人民币元。已知乙交易实例成交当时人民币元与美元的市场汇率为1美元等于6.8395人民币元，则：

$$甲可比实例单价 = 19105.5 元/平方米（建筑面积）$$

$$乙可比实例单价 = 342.86 \times 6.8395 元/平方英尺 = 2344.99 元/平方英尺（使用面积）$$

③ 统一面积内涵。如果以建筑面积为基准，已知乙交易实例的建筑面积与使用面积的关系为"使用面积为建筑面积的75%"，则：

$$甲可比实例单价 = 19105.5 元/平方米（建筑面积）$$

$$乙可比实例单价 = 2344.99 \times 75\% 元/平方英尺 = 1758.74 元/平方英尺（建筑面积）$$

④ 统一面积计量单位。如果以平方米为基准，因1平方米 = 10.764平方英尺，则：

$$甲可比实例单价 = 19105.5 元/平方米（建筑面积）$$

$$乙可比实例单价 = 1758.74 \times 10.764 元/平方米 = 18931.08 元/平方米（建筑面积）$$

## 5.5 交易情况修正

### 5.5.1 交易情况修正的含义

交易情况修正是指将可比实例的非正常成交价格修正为正常交易情况下的成交价格的处理过程。由于可比实例的成交价格是实际发生的，其交易情况可能是正常的，也可能是不正常的，而要求评估的估价对象价值或价格一般是正常合理的，所以可比实例的成交价格如果是不正常的，就需要对其进行交易情况修正。经过交易情况修正后，就将可比实例实际而可能是非正常的成交价格变成正常价格。

### 5.5.2 造成成交价格不正常的情形

由于房地产市场是一个不完全市场，房地产成交价格容易受交易中的一些特殊因素的影响，从而偏离正常价格。造成房地产成交价格不正常的常见情形主要有以下几种。

**1. 利害关系人之间的交易**

在房地产交易中，经常会出现亲友之间、母子公司之间、公司与其员工之间的房地产交易，成交价格通常低于正常市场价格。但也有成交价格高于正常价格的，如在上市公司的大股东与上市公司的资产交易中，存在大股东将房地产高价卖给上市公司的情况。

**2. 对交易对象或市场行情缺乏了解的交易**

如果买方不了解交易对象或市场行情，盲目购买，成交价格往往偏高。反之，如果卖方不了解交易对象或市场行情，盲目出售，成交价格往往偏低。

**3. 被迫出售或被迫购买的交易**

这类交易包括急于出售、急于购买的交易,如因还债、出国等而急于出售房地产;被强迫出售、被强迫购买的交易,如司法拍卖。被迫出售的成交价格通常偏低,被迫购买的成交价格通常偏高。

**4. 人为哄抬价格的交易**

形成房地产正常成交价格的交易方式,应是买卖双方根据市场供求状况,经过充分讨价还价的协议方式。拍卖、招标等方式容易受诸如现场气氛、情绪、竞买人之间的争强好胜,甚至购买房地产看中的不是房地产本身的价值而是购买房地产这种行为所带来的广告宣传效应等因素的影响,从而使成交价格失常。但中国目前建设用地使用权出让是例外。拍卖、招标、挂牌方式形成的价格尽管也会受非理性因素的影响,但相对于协议方式较能反映市场行情,协议方式形成的价格通常偏低。

**5. 对交易对象有特殊偏好的交易**

房地产交易中,如果买方或卖方对所买卖的房地产有特别的爱好、感情,尤其是对买方有特殊的意义或价值,从而买方执意购买或卖方惜售,在这种情况下,成交价格往往偏高。

**6. 交易税费非正常负担的交易**

正常成交价格是指买卖双方各自缴纳自己应缴纳的交易税费下的价格,即在此价格下,买方缴纳买方应缴纳的税费,卖方缴纳卖方应缴纳的税费。而在实际的房地产交易中,经常会出现某些特定情形,买卖双方约定:卖方应缴的交易税费由买方代替缴纳,或买方应缴的交易税费由卖方代替缴纳,这就出现了交易税费非正常负担的情形,其成交价格就要进行交易情况修正。

**7. 相邻房地产合并的交易**

房地产价格受土地形状是否规则、土地面积或建筑规模是否适当等的影响。形状不规则或面积、规模过小的房地产,价值通常较低。但这类房地产如果与相邻房地产合并后,则利用价值会提高,从而会产生附加价值或"合并增值"。因此,当相邻房地产的拥有者欲购买该房地产时,往往愿意出较高的价格,出售人通常也会索要高价,从而相邻房地产合并交易的成交价格往往高于单独存在或与不相邻者交易的正常市场价格。

一般来说,上述不正常交易情况下的交易实例不宜选为可比实例,但当合适的交易实例少于3个时,在掌握非正常交易情况且能量化其对成交价格影响的情况下,可将非正常交易情况下的交易实例选为可比实例,并对其进行交易情况修正。

## 5.5.3 交易情况修正的方法

交易情况修正的方法主要有总价修正与单价修正、金额修正与百分比修正。总价修正是基于总价对可比实例的成交价格进行交易情况修正;单价修正是基于单价对可比实例的成交价格进行交易情况修正。

**1. 金额修正**

金额修正是采用金额对可比实例的成交价格进行交易情况修正,计算公式为:

$$可比实例成交价格 \pm 交易情况修正金额 = 可比实例正常价格$$

**2. 百分比修正**

百分比修正是采用百分比对可比实例的成交价格进行交易情况修正,计算公式为:

可比实例成交价格×交易情况修正系数＝可比实例正常价格

在百分比修正中，交易情况修正系数应以正常价格为基准来确定。假设可比实例的成交价格比其正常价格高或低的百分率为±S％，则有：

可比实例正常价格×(1±S％)＝可比实例成交价格

因此有：

$$可比实例正常价格 = 可比实例成交价格 \times \frac{1}{(1 \pm S\%)}$$

在交易情况修正中之所以要以正常价格为基准而不以实际成交价格为基准，是因为比较法估价要求选取多个可比实例。这样，如果以正常价格为基准，就只有一个稳定的价格比较基础，而如果以实际成交价格为基准，就会有多个价格比较基础而难以比较。

进行交易情况修正不仅要了解交易中有哪些非正常交易情形影响了成交价格，还要测定非正常交易情形使成交价格偏离正常价格的程度。但由于缺乏客观、统一的尺度，这种测定有时很困难。因此，交易情况的具体修正，主要是估价师凭其扎实的估价专业知识、丰富的估价实践经验以及对房地产市场行情和交易习惯等的深入调查后作出判断。不过，估价师平常就应收集整理交易实例，对其成交价格进行分析、比较，在积累了丰富经验的基础上，准确把握修正系数或修正金额的科学性和合理性。

## 5.6 市场状况调整

### 5.6.1 市场状况调整的含义

市场状况调整也称为交易日期调整，是指对可比实例在其成交日期的价格调整为在价值时点的价格的处理过程。可比实例的成交价格是在其成交日期的价格，是在其成交日期的市场状况下形成的。并且可比实例的成交日期相对于价值时点应为过去，因此可比实例的成交价格是在过去的市场状况下形成的。而需要评估的估价对象价值或价格是在价值时点的价值或价格，应是在价值时点的市场状况下形成的。如果价值时点是现在，则应是在现在的市场状况下形成的。由于可比实例的成交日期与价值时点不同，市场状况可能发生了变化，需要对可比实例的成交价格进行市场状况调整，消除成交日期的市场状况与价值时点的市场状况不同造成的价格差异，将可比实例在其成交日期的价格调整为在价值时点的价格。经过市场状况调整后，就将可比实例在其成交日期的价格变成了在价值时点的价格。

### 5.6.2 市场状况调整的方法

在可比实例的成交日期至价值时点期间，随着时间的变化，房地产市场价格可能发生的变化有平稳、上涨和下跌三种情况。当房地产市场价格平稳时，可不进行市场状况调整。而当房地产市场价格上涨或下跌时，则必须进行市场状况调整，以使价格符合价值时点的房地产市场状况。

市场状况调整的方法主要是百分比调整，其进行市场状况调整的一般公式为：

可比实例成交价格×市场状况调整系数＝可比实例在价值时点的价格

其中，市场状况调整系数一般应以成交日期的价格为基准来确定。假设从成交日期到价值

时点,可比实例的市场价格上涨或下跌的百分率为±T%,则有:

$$可比实例成交价格×(1±T\%)=可比实例在价值时点的价格$$

市场状况调整的关键是把握估价对象或可比实例这类房地产的市场价格自某个时期以来的涨落变化情况,具体是调查过去不同时间的数宗类似房地产的价格,通过这些房地产价格找出该类房地产市场价格随着时间变化而变动的规律,据此再对可比实例的成交价格进行市场状况调整。市场状况调整的具体方法,可采用价格变动率法或价格指数法,也可采用时间序列分析的方法。

### (一)市场状况调整的价格变动率法

房地产价格变动率有逐期递增或递减的价格变动率和期内平均上升或下降的价格变动率。

采用逐期递增或递减的价格变动率分别为$±T_1\%,±T_2\%,\cdots,±T_t\%$,进行市场状况调整的公式为:

$$可比实例成交价格×(1±T_1\%)(1±T_2\%)\cdots(1±T_t\%)=可比实例在价值时点的价格$$

采用$t$期内平均上升或下降的价格变动率($±T\%$)进行市场状况调整的公式为:

$$可比实例成交价格×(1±T\%)^t=可比实例在价值时点的价格$$

【例5-6】 评估某宗房地产2020年7月1日的市场价值,选取的可比实例中有一个可比实例的成交日期为2019年10月1日、成交价格为7000元/m²。另获知该类房地产的市场价格2019年6月1日至2020年3月1日平均每月比上月上涨1.5%,2020年3月1日至7月1日平均每月比上月上涨2%。请对该可比实例的价格进行市场状况调整。

【解】 对该可比实例的价格进行市场状况调整,是将该价格由2019年10月1日调整到2020年7月1日。将该期间分为两段:第一段为2019年10月1日至2020年3月1日5个月,第二段为2020年3月1日至7月1日4个月,则:

$$7000×(1+1.5\%)^5×(1+2\%)^4 元/m² = 8162.60 元/m²$$

### (二)市场状况调整的价格指数法

价格指数有定基价格指数和环比价格指数。在价格指数编制中,需要选择某个时期作为基期,如果是以某个固定时期作为基期的,则为定基价格指数;如果是以前一时期作为基期的,则为环比价格指数。

#### 1. 依据定基价格指数的市场状况调整

依据定基价格指数进行市场状况调整的计算公式为:

$$可比实例成交价格×\frac{价值时点的定基价格指数}{成交日期的定基价格指数}=可比实例在价值时点的价格$$

【例5-7】 某宗房地产2020年6月1日的市场价格为7600元/m²,现需要将其调整到2020年10月1日。已知该类房地产2020年4月1日至10月1日的市场价格指数分别为110.6、110.0、109.7、109.5、108.9、108.5、108.3(以2018年1月1日为100)。试计算该房地产2011年10月1日的市场价格。

【解】 该房地产2020年10月1日的市场价格计算如下:

$$(7600×108.3\%/109.7\%)元/m² = 7503 元/m²$$

#### 2. 依据环比价格指数的市场状况调整

采用环比价格指数进行市场状况调整的公式为:

可比实例成交价格×各期环比价格指数的连乘积＝可比实例在价值时点的价格

【例 5-8】 某宗房地产 2020 年 6 月 1 日的市场价格为 7500 元/$m^2$，现需要将其调整到 2020 年 10 月 1 日。已知该类房地产 2020 年 4 月 1 日至 10 月 1 日的市场价格指数分别为 99.6、98.7、97.5、98.0、99.2、101.5、101.8（均以上个月为 100）。试计算该房地产 2020 年 10 月 1 日的市场价格。

【解】 该房地产 2020 年 10 月 1 日的市场价格计算如下：
(7500×98.0%×99.2%×101.5%×101.8%)元/$m^2$＝7533.78 元/$m^2$

## 5.7 房地产状况调整

### 5.7.1 房地产状况调整的含义

房地产状况调整是指将可比实例在自身状况下的价格调整为在估价对象状况下的价格的处理过程。由于房地产的价值和价格还取决于其自身状况的好坏，所以需要将可比实例状况与估价对象状况进行比较，针对两者的不同，还需要对可比实例的成交价格进行房地产状况调整，消除可比实例状况与估价对象状况不同造成的价格差异。

### 5.7.2 房地产状况调整的内容

房地产状况调整可分解为区位状况调整、实物状况调整和权益状况调整。在这三项调整中，还应进一步分解为若干因素进行调整。

#### （一）区位状况调整的内容

区位状况调整是指将可比实例在自身区位状况下的价格调整为在估价对象区位状况下的价格的处理过程。

区位状况调整的内容主要有位置（包括所处的方位、与相关场所的距离、临街状况、朝向等）、交通（包括进、出的方便程度等）、外部配套设施（包括基础设施和公共服务设施）、周围环境（包括自然环境、人文环境和景观）等影响房地产价格的因素。单套住宅区位状况调整的内容还应包括所处楼幢、楼层。

#### （二）实物状况调整的内容

实物状况调整是指将可比实例在自身实物状况下的价格调整为在估价对象实物状况下的价格的处理过程。

实物状况调整应对土地实物状况和建筑物实物状况分别进行调整。土地实物状况调整的内容主要有：土地的面积、形状、地形、地势、地质、土壤、开发程度等影响房地产价格的因素；建筑物实物状况调整的内容主要有：建筑规模、建筑结构、设施设备、装饰装修、空间布局、防水、保温、隔热、隔声、通风、采光、日照、外观、新旧程度等影响房地产价格的因素。

#### （三）权益状况调整的内容

权益状况调整是指将可比实例在自身权益状况下的价格调整为在估价对象权益状况下的价

格的处理过程。

由于在选取可比实例时要求可比实例的权利性质与估价对象的权利性质相同,所以权益状况调整的内容主要有规划条件(如容积率)、土地使用期限、共有情况、用益物权设立情况、担保物权设立情况、租赁或占用情况、拖欠税费情况、查封等形式限制权利情况、权属清晰情况等影响房地产价格的因素。在实际估价中,遇到最多的是土地使用期限调整,其调整的具体方法参见"收益法及其运用"的有关内容。

## 5.7.3 房地产状况调整的思路和步骤

### (一) 房地产状况调整的思路

房地产状况调整的基本思路有两种:一是直接比较法,即以估价对象房地产状况为基准,将可比实例状况与估价对象房地产状况直接比较;二是间接比较法,即设定一个"标准房地产",以该标准房地产状况为基准,将可比实例状况与估价对象状况间接比较。无论是直接比较法还是间接比较法,如果可比实例状况比估价对象状况好(即估价对象状况比可比实例状况差),则对可比实例的成交价格进行减价调整;如果可比实例状况比估价对象状况差(即估价对象状况比可比实例状况好),则对可比实例的成交价格进行加价调整。

### (二) 房地产状况调整的步骤

房地产状况调整的一般步骤如下。

(1) 确定对估价对象房地产的价格有影响的各种房地产自身因素,包括区位因素、实物因素和权益因素。应该注意的是,不同用途的房地产,影响其价格的房地产自身因素是不尽相同的。例如,商业房地产着重繁华程度、人流量和交通条件等;居住房地产看重安全、宁静、舒适、周围环境、配套设施等;工业房地产强调对外交通运输和基础设施条件等。因此,应根据估价对象这类房地产的用途等情况,确定对其价格有影响的各种房地产自身因素。

(2) 将可比实例与估价对象在这些因素方面的状况逐项进行比较,找出它们之间的差异程度。以普通住宅为例,附近有几条公共交通线路,到公共交通站点多远,周围环境如何,有无电梯、一梯几户,房龄多长,楼层、朝向、户型、室内装饰装修状况,是否附赠车位,是否带入学指标,物业服务费是多少,是商品房还是房改房、经济适用住房等。

(3) 将可比实例状况与估价对象状况之间的差异程度转换为价格差异程度。即量化房地产状况差异程度造成的价格差异程度,如房龄价差、楼层价差、朝向价差等。需要注意的是,可比实例状况与估价对象状况之间的差异程度不一定等于它们之间的价格差异程度。因此,需要根据不同的情况,将可比实例状况与估价对象状况之间的差异程度转换为价格差异程度。

(4) 根据价格差异程度对可比实例的成交价格进行调整。同一使用性质的房地产,各种影响因素对价格的影响程度不同;不同使用性质的房地产,即使某些价格影响因素相同,但这些因素对价格的影响方向和程度也不一定相同。因此,对于同一使用性质的房地产,各种影响因素的权重应有所不同;对于不同使用性质的房地产,同一影响因素的权重应有所不同。

## 5.7.4 房地产状况调整的方法

房地产状况调整的方法有:(1) 总价调整法和单价调整法;(2) 直接比较调整法和间接比较

调整法;(3)金额调整法和百分比调整法;(4)代数和调整法和连乘积调整法。

### (一) 总价调整法和单价调整法

总价调整法是基于总价对可比实例成交价格进行房地产状况调整的方法;单价调整法是基于单价对可比实例成交价格进行房地产状况调整的方法。无论是基于总价还是单价,其房地产状况调整还必须通过直接比较调整法或间接比较调整法、金额调整法或百分比调整法、代数和调整法或连乘积调整法来具体进行。

### (二) 直接比较调整法和间接比较调整法

**1. 直接比较调整法**

直接比较调整法是以估价对象状况为基准,将可比实例状况与估价对象状况进行比较,根据其间的差异对可比实例成交价格进行调整的方法。直接比较调整法的步骤如下。

(1) 确定若干种对房地产价格有影响的房地产状况方面的因素。

(2) 根据每种因素对房地产价格的影响程度确定其权重。

(3) 以估价对象状况为基准(通常将其在每种因素方面的分数定为100分),将可比实例状况与估价对象状况逐个因素进行比较、评分。如果在某个因素方面可比实例状况比估价对象状况好的,则所得分数就高于100分;反之,所得分数就低于100分。

(4) 将累计所得的分数转化为调整价格的比率。

(5) 利用该比率对可比实例价格进行调整。

采用直接比较调整法进行房地产状况调整计算的公式为:

$$可比实例成交价格 \times \frac{100}{(A)} = 可比实例在估价对象状况下的价格$$

上式中括号内的 $A$ 是可比实例状况相对于估价对象状况的得分。

**2. 间接比较调整法**

间接比较调整法是选定或设定标准房地产,将估价对象状况和可比实例状况分别与标准房地产状况进行比较,根据其间的差异对可比实例成交价格进行调整的方法。可见,该方法与直接比较调整法相似,所不同的是不以估价对象状况为基准,而是设定一种"标准房地产",通常将其在每种价格影响因素方面的分数定为100分,将估价对象状况和可比实例状况均与它逐个因素进行比较、评分。如果估价对象状况、可比实例状况比标准房地产状况好的,则所得分数就高于100分;反之,所得分数就低于100分。

采用间接比较调整法进行房地产状况调整计算的公式为:

$$可比实例成交价格 \times \frac{100}{(A)} \times \frac{(B)}{100} = 可比实例在估价对象状况下的价格$$

上式中括号内的 $A$ 是可比实例状况相对于"标准房地产"状况的得分,$B$ 是估价对象状况相对于"标准房地产"状况的得分。

### (三) 金额调整法和百分比调整法

**1. 金额调整法**

金额调整法是采用金额对可比实例成交价格进行房地产状况调整的方法,其基本计算公式为:

可比实例成交价格±房地产状况调整金额＝可比实例在估价对象状况下的价格

### 2. 百分比调整法

百分比调整法是采用百分比对可比实例成交价格进行房地产状况调整的方法,其基本计算公式为:

可比实例成交价格×房地产状况调整系数＝可比实例在估价对象状况下的价格

在百分比调整中,房地产状况调整系数应以估价对象状况为基准来确定。假设可比实例在自身状况下的价格比在估价对象状况下的价格高或低的百分率为$\pm R\%$,则有:

$$可比实例成交价格 \times \frac{1}{(1 \pm R\%)} = 可比实例在估价对象状况下的价格$$

### (四) 代数和调整法和连乘积调整法

#### 1. 代数和调整法

代数和调整法是对影响房地产价格的各个房地产状况因素的调整系数采用代数和的方式进行房地产状况调整的方法,其基本计算公式为:

可比实例成交价格×(1＋房地产状况因素1调整系数＋房地产状况因素2调整系数＋…＋房地产状况因素$n$调整系数)＝可比实例在估价对象状况下的价格

#### 2. 连乘积调整法

连乘积调整法是对影响房地产价格的各个房地产状况因素的调整系数采用连乘积的方式进行房地产状况调整的方法,其基本计算公式为:

可比实例成交价格×(1＋房地产状况因素1调整系数)(1＋房地产状况因素2调整系数)…(1＋房地产状况因素$n$调整系数)＝可比实例在估价对象状况下的价格

## 5.8 计算比较价值

### 5.8.1 计算单个可比实例的比较价值

#### (一) 计算比较价值的基本公式

(1) 基于金额修正和调整的方法。基于金额修正和调整的方法的计算公式为:

比较价值＝可比实例成交价格±交易情况修正金额±市场状况调整金额±房地产状况调整金额

(2) 基于百分比代数和修正和调整的方法。基于百分比代数和修正和调整的方法的计算公式为:

比较价值＝可比实例成交价格×
(1＋交易情况修正系数＋市场状况调整系数＋房地产状况调整系数)

(3) 基于百分比连乘积修正和调整的方法。基于百分比连乘积修正和调整的方法的计算公式为:

比较价值＝可比实例成交价格×交易情况修正系数×

市场状况调整系数×房地产状况调整系数

## （二）计算比较价值的常用公式

在运用比较法估价的过程中，对房地产状况的调整经常采用直接比较调整法或间接比较调整法，所以在具体求取比较价值的综合修正和调整时，经常采用直接比较修正和调整的计算公式及间接比较修正和调整的计算公式。

(1) 直接比较修正和调整的计算公式。

$$比较价值 = \frac{可比实例成交价格}{} \times \frac{100}{(交易情况修正)} \times \frac{(市场状况调整)}{100} \times \frac{(房地产状况调整)}{100}$$

$$= \frac{可比实例成交价格}{} \times \frac{正常市场价格}{实际成交价格} \times \frac{估价时点价格}{成交日期价格} \times \frac{对象状况价格}{实例状况价格}$$

上式中，交易情况修正以正常价格为基准；市场状况调整以成交日期时的价格为基准；房地产状况调整以估价对象的房地产状况为基准。

(2) 间接比较修正和调整的计算公式。

$$比较价值 = \frac{可比实例成交价格}{} \times \frac{100}{(交易情况修正)} \times \frac{(市场状况调整)}{100} \times \frac{100}{(标准化修正)} \times \frac{(房地产状况调整)}{100}$$

$$= \frac{可比实例成交价格}{} \times \frac{正常市场价格}{实际成交价格} \times \frac{价值时点价格}{成交日期价格} \times \frac{标准状况价格}{实例状况价格} \times \frac{对象状况价格}{标准状况价格}$$

上式中，标准化修正是以标准房地产状况为基准，分母是可比实例房地产相对于标准房地产所得的分数；房地产状况调整以标准房地产状况为基准，分子是估价对象房地产状况相对于标准房地产状况所得的分数。

值得注意的是，根据《房地产估价规范》，进行交易情况修正、市场状况调整、区位状况调整、实物状况调整、权益状况调整时，分别对可比实例成交价格的修正或调整幅度不宜超过20%，共同对可比实例成交价格的修正和调整幅度不宜超过30%；经修正和调整后的各个比较价值中，最高价与最低价的比值不宜大于1.2；当幅度或比值超出上述规定时，宜更换可比实例；当因估价对象或市场状况特殊，无更合适的可比实例替换时，应在估价报告中说明并陈述理由。

## 5.8.2 计算最终的比较价值

若干个可比实例价格进行修正后，会得到若干个比较价值，这些比较价值可能是不同的，那么还需将它们综合成一个比较价值，以此作为比较法的测算结果。综合的方法主要有平均数法、中位数法和众数法。

### （一）平均数法

平均数又有简单算术平均数和加权算术平均数。所以平均数法又可分为简单算术平均数法和加权算术平均数法。

**1. 简单算术平均数法**

简单算术平均数是把修正和调整出的各个比较价值直接相加，再除以这些比较价值的个数，所得的数即为综合出的一个比较价值。设 $V_1, V_2, V_3, \cdots, V_n$ 为修正和调整出的 $n$ 个比较价值,则其简单算术平均数的计算公式为:

$$V = \frac{V_1 + V_2 + V_3 + \cdots + V_n}{n}$$

**2. 加权算术平均数法**

加权算术平均数是在将修正和调整出的各个比较价值综合成一个比较价值时,考虑到每个比较价值的重要程度不同,先赋予每个比较价值不同的权数或权重,然后综合出一个比较价值。通常对与估价对象最相似的可比实例所修正和调整出的比较价值,赋予最大的权数或权重;反之,赋予最小的权数或权重。设 $V_1, V_2, V_3, \cdots, V_n$ 为修正和调整出的 $n$ 个比较价值,$f_1, f_2, f_3, \cdots, f_n$ 依次为 $V_1, V_2, V_3, \cdots, V_n$ 的权数,则其加权算术平均数依下列公式求取:

$$V = \frac{V_1 f_1 + V_2 f_2 + V_3 f_3 + \cdots + V_n f_n}{f_1 + f_2 + f_3 + \cdots + f_n}$$

【例 5-9】 对 3 个可比实例的成交价格进行修正和调整得到的 3 个比较价值,分别为 8200 元/m²、8600 元/m² 和 8300 元/m²,分别赋予权重 0.5、0.3 和 0.2。试采用加权算术平均数法综合出一个比较价值。

【解】 采用加权算术平均数法综合出的一个比较价值为:

$$(8200 \times 0.5 + 8600 \times 0.3 + 8300 \times 0.2) 元/m^2 = 8340 元/m^2$$

## (二)中位数法

中位数法是把修正和调整出的各个比较价值按由低到高的顺序排列,如果是奇数个比较价值,则处在正中间位置的那个比较价值为综合出的一个比较价值;如果是偶数个比较价值,则处在正中间位置的那两个比较价值的简单算术平均数为综合出的一个比较价值。例如,对于 8500、8650、8800、8860 和 8950 这组有序数值的中位数为 8800。对于 8200、8300、8400、8600、8750 和 8850 这组有序数值的中位数为 $(8400+8600) \div 2 = 8500$。

## (三)众数法

众数是一组数值中出现频次最多的那个数值,即出现最频繁的那个数值就是众数。例如,对于 8200、8260、8300、8300、8350 和 8380 这组有序数值的众数数值就是 8300。一组数值可能有不止一个众数,也可能没有众数。

对于经过修正和调整后的各个比较价值,应根据可比实例成交日期、可比实例与估价对象状况的相似程度、可比实例资料的可靠程度等情况,选用平均数、中位数等方法计算出最终比较价值。在实际估价中,常用的是平均数法,中位数法和众数法较少采用。

【例 5-10】 为评估某写字楼 2020 年 5 月 1 日的市场价值,在该写字楼附近选取了三个与其相似的写字楼的交易实例为可比实例,成交价格及成交日期如表 5-2 所示,并对估价对象和可比实例在交易情况、市场状况及房地产状况等方面的差异进行了分项目的详细比较,根据比较结果得出了可比实例价格修正和调整表(见表 5-2)。在表 5-2 所示的交易情况中,正(负)值表示可比实例成交价格高(低)于其正常价格的幅度;在房地产状况中,正(负)值表示可比实例状况优(劣)于估价对象状况导致的价格差异幅度。人民币汇率中间价:2020 年 3 月 1 日为 1 美元对人民币 6.570 6 元,2020 年 5 月 1 日为 1 美元对人民币 6.4990 元。该类写字楼以人民币为基准的市场价格 2020 年 1 月 1 日至 2020 年 3 月 1 日平均每月比上月上涨 1%,2020 年 3 月 1 日至 2020 年

5月1日平均每月比上月下降0.5%。试利用上述资料测算该写字楼2011年5月1日的市场价格。

表5-2 可比实例价格修正和调整表

| 项目 | 可比实例1 | 可比实例2 | 可比实例3 |
| --- | --- | --- | --- |
| 成交价格 | 8000元人民币/m² | 1300美元/m² | 8800元人民币/m² |
| 成交日期 | 2020年1月1日 | 2020年3月1日 | 2020年4月1日 |
| 交易情况 | +2% | +3% | −3% |
| 房地产状况 | −8% | −5% | +6% |

【解】 该写字楼2020年5月1日的市场价格测算如下。

（1）测算公式：

比较价值＝可比实例成交价格×交易情况修正系数×市场状况调整系数×房地产状况调整系数

（2）求取比较价值 $V_1$：

$$V_1 = \left[8000 \times \frac{1}{1+2\%} \times (1+1\%)^2 \times (1-0.5\%)^2 \times \frac{1}{1-8\%}\right] 元/m^2 = 8610 元/m^2$$

（3）求取比较价值 $V_2$：

$$V_2 = \left[1300 \times 6.5706 \times \frac{1}{1+3\%} \times (1-0.5\%)^2 \times \frac{1}{1-5\%}\right] 元/m^2 = 8642 元/m^2$$

（4）求取比较价值 $V_3$：

$$V_3 = \left[8800 \times \frac{1}{1-3\%} \times (1-0.5\%) \times \frac{1}{1+6\%}\right] 元/m^2 = 8516 元/m^2$$

（5）将上述三个比较价值的简单算术平均数作为比较法的测算结果，则该写字楼2020年5月1日的市场价值为：

估价对象市场价值（单价）＝[(8610＋8642＋8516)÷3]元/m² ＝8589元/m²

## 复习思考题

### 一、简答题

1．简述比较法的含义和理论依据。
2．简述比较法的适用对象和适用条件。
3．简述比较法的操作步骤。
4．简述造成交易情况不正常的情形。
5．简述交易情况修正的方法。
6．简述房地产状况调整的内容。
7．简述确定比较价值的方法。

### 二、论述题

1．试述收集交易实例的途径和要求。
2．试述选取可比实例的要求。

3. 试述建立价格比较基础要做的具体工作。
4. 试述市场状况调整的方法。
5. 试述房地产状况调整的方法。

### 三、计算题

为评估某写字楼 2020 年 10 月 1 日的正常市场价格，估价人员在附近地区调查选取了 A、B、C 三宗类似写字楼的交易实例作为可比实例，其有关资料如表 5-3 所示。

表 5-3　可比实例的交易信息与房地产状况

| | | 可比实例 A | 可比实例 B | 可比实例 C |
|---|---|---|---|---|
| 成交价格/(元/m²) | | 6000 | 5800 | 6120 |
| 成交日期 | | 2020 年 4 月 1 日 | 2020 年 2 月 1 日 | 2020 年 5 月 1 日 |
| 交易情况 | | +3% | -1% | +2% |
| 房地产状况 | 区位状况(因素 1) | +2% | +4% | 0 |
| | 权益状况(因素 2) | -3% | -1% | +5% |
| | 实物状况(因素 3) | +6% | +2% | -3% |

交易情况分析判断中的数据是以正常价格为基准，正值表示可比实例的成交价格高于其正常价格的幅度，负值表示低于其正常价格的幅度；调查获知该类写字楼的价格：2019 年 11 月 1 日到 2020 年 6 月 1 日平均每月比上月上涨 1.2%，从 2020 年 6 月 1 日至 2020 年 10 月 1 日平均每月比上月上涨 1.8%；房地产状况中的三个因素对价格影响的重要程度是：因素 1 是因素 3 的 4 倍，因素 2 是因素 3 的 1.67 倍。房地产状况各因素的正值表示可比实例的状况优于估价对象状况的幅度，负值表示劣于估价对象状况的幅度。

试利用上述资料估算该写字楼 2005 年 10 月 1 日的正常市场价格。

# 第 6 章 收益法及其运用

【本章学习要点】

① 收益法的含义、理论依据、适用对象、适用条件和操作步骤;② 报酬资本化法的计算公式及其运用;③ 收益期和持有期的测算;④ 净收益的测算及应注意的问题;⑤ 报酬率的含义及确定方法;⑥直接资本化法的含义与种类;⑦直接资本化法与报酬资本化法的优缺点与区别;⑧投资组合技术和剩余技术的含义与种类。

通过本章的学习,理解收益法、报酬资本化法、直接资本化法、投资组合技术和剩余技术的含义,熟悉收益法的理论依据、适用对象、适用条件和操作步骤,掌握报酬资本化法、直接资本化法的计算公式及其运用、收益期和持有期的测算、净收益的测算及应注意的问题、报酬率的确定方法、投资组合技术和剩余技术的具体运用。

## 6.1 收益法概述

### 6.1.1 收益法的含义

简单来说,收益法是指根据估价对象的预期收益来求取估价对象价值或价格的方法。具体来说,收益法是预测估价对象的未来收益,利用报酬率或资本化率、收益乘数将未来收益转换为价值得到估价对象价值或价格的方法。将未来收益转换为价值,类似于根据利息推算本金的过程。

根据将未来收益转换为价值的方式不同,收益法分为报酬资本化法和直接资本化法。报酬资本化法是一种现金流量折现法,即房地产的价值或价格等于其未来各期净收益的现值之和,具体是预测估价对象未来各年的净收益,利用报酬率将其折现到价值时点后相加得到估价对象价值或价格的方法。直接资本化法是预测估价对象未来第一年的收益,将其除以资本化率或乘以收益乘数得到估价对象价值或价格的方法。其中,将未来第一年的收益乘以收益乘数得到估价对象价值或价格的方法,具体称为收益乘数法。

收益法的本质是以房地产的预期未来收益为导向来求取房地产的价值或价格。运用收益法评估的房地产价值或价格称为收益价值或收益价格。

### 6.1.2 收益法的理论依据

收益法是以预期原理为基础的。预期原理揭示，决定房地产当前价值的因素，主要是未来的因素而不是过去的因素，即房地产当前的价值通常不是基于其过去的价格、开发成本、收益或市场状况，而是基于市场参与者对其未来所能产生的收益或能够获得的满足、乐趣等的预期。历史资料的作用主要是用来推知未来，解释预期的合理性。具体来说，过去的收益往往是预测未来收益的基础和参考，因此，为防止实际估价中随意脱离估价对象的实际收益而预测其未来收益，应调查了解估价对象至少最近3~5年的经营与收益状况，并在估价对象至少最近3年及当前类似房地产的收益水平的基础上，合理预测估价对象的未来收益。

收益法的基本思想可粗略地表述如下：由于房地产的寿命长久，占用收益性房地产不仅现在能够获得收益，而且可以在未来不断地获得收益。因此，可以将购买收益性房地产视为一种投资行为：投资者购买收益性房地产的目的不是为获得房地产本身，而是通过购买房地产而获得该房地产未来所能产生的一系列收益，即以现在的一笔资金去换取未来的一系列资金。这样，对投资者来说，将资金用于购买房地产获取收益，与将资金存入银行获取利息所起的作用是相同的。于是，一宗房地产的价值就相当于这样一笔资金，如果将该笔资金存入银行也会带来与该房地产所产生的收益相等的收入。即：

$$某笔资金 \times 年利率 = 房地产年收益$$

那么，这笔资金就是该房地产的价值。将上述等式变换一下便得到：

$$房地产价值 = 房地产年收益 / 年利率$$

从存款本金和利息的关系以及资金的时间价值上来说，收益性房地产的价值就是其未来净收益的现值之和，该价值的高低主要取决于三个因素。一是未来净收益的大小。未来净收益越大，房地产的价值就越高，反之就越低。二是获取净收益期限的长短。获取净收益期限越长，房地产的价值就越高，反之就越低。三是获取净收益的可靠程度。获取净收益越可靠，房地产的价值就越高，反之就越低。

### 6.1.3 收益法适用的估价对象

收益法适用的估价对象是收益性房地产，包括住宅、写字楼、商店、旅馆、餐馆、游乐场、影剧院、停车场、汽车加油站、标准厂房（用于出租的）、仓库（用于出租的）、农地等。这些估价对象不限于其本身目前是否有收益，只要其同类房地产有收益即可。例如，估价对象目前为自用或空置的住宅，虽然目前没有收益，但因同类住宅以出租方式获取收益的情形很多，所以可将该住宅设想为出租的情况下来运用收益法估价。即先根据有租赁收益的类似住宅的有关资料，采用比较法求取该住宅的租金水平、空置率和运营费用等，再利用收益法来估价。

收益法一般不适用于行政办公楼、学校、公园等公用、公益性房地产的估价。收益法中的资本化技术，常用于比较法和成本法中，如比较法中因土地使用年限、收益期等不同进行的价格调整，成本法中不可修复的建筑物折旧的测算。此外，还大量用于房地产损害赔偿中房地产价值减损和相关经济损失的评估。

### 6.1.4 收益法估价需要具备的条件

收益法测算出的价值取决于估价师对未来的预期。合理的或理性的预期会得出合理的或符合客观实际的收益价值。因此,收益法估价需要具备的条件是房地产未来的收益和风险都能够较准确地预测。对未来的预测通常是基于过去的经验和对现实的认识作出的,必须以广泛、深入的房地产市场调查研究为基础。

### 6.1.5 收益法估价的操作步骤

运用收益法估价基本步骤为:(1)选择具体估价方法,即是选用报酬资本化法还是直接资本化法,报酬资本化中是选用持有加转售模式还是全剩余寿命模式;(2)测算收益期或持有期;(3)测算未来收益;(4)确定报酬率或资本化率、收益乘数;(5)计算收益价值。

## 6.2 报酬资本化法的计算公式

### 6.2.1 报酬资本化法的原理公式

报酬资本化法的原理计算公式,也是报酬资本化法最一般的公式:

$$V = \frac{A_1}{1+Y_1} + \frac{A_2}{(1+Y_1)(1+Y_2)} + \cdots + \frac{A_n}{(1+Y_1)(1+Y_2)\cdots(1+Y_n)}$$

式中:$V$ 为房地产在价值时点的收益价值;$n$ 为房地产的收益期限,是从估价时点开始未来可以获取收益的持续时间,通常为收益年限;$A_1, A_2, \cdots, A_n$ 分别为房地产相对于价值时点而言的未来第 1 期,第 2 期,$\cdots$,第 $n$ 期末的净运营收益,通常简称为净收益;$Y_1, Y_2, \cdots Y_n$ 分别为房地产相对于价值时点而言的未来第 1 期,第 2 期,$\cdots$,第 $n$ 期的报酬率。

### 6.2.2 净收益每年不变的公式

净收益每年不变的公式根据收益期不同,具体有两种情况:一是收益期限为有限年;二是收益期限为无限年。

**(一)收益期限为有限年的公式**

收益期限为有限年的公式如下:

$$V = \frac{A}{Y}\left[1 - \frac{1}{(1+Y)^n}\right]$$

此公式的假设前提为:(1)净收益每年不变为 $A$;(2)报酬率大于零为 $Y$;(3)收益期限为有限年 $n$。

**(二)收益期限为无限年的公式**

收益期限为无限年的公式如下:

$$V = \frac{A}{Y}$$

此公式的假设前提为:(1)净收益每年不变为 $A$;(2)报酬率大于零为 $Y$;(3)收益期限为无限年。

### （三）净收益每年不变的公式的作用

净收益每年不变的公式除了可以用于测算价格，还有其他作用：一是用于不同土地使用年限或不同收益期限房地产价格之间的换算；二是用于比较不同期限价格的高低；三是用于比较法中因期限不同进行的价格调整。

**1. 直接用于测算价格**

【例 6-1】 某写字楼是在政府有偿出让的土地上开发建设的，当时获得的土地使用年限为 50 年，至今已使用了 6 年；预计利用该宗房地产正常情况下每年可获得净收益 240 万元；该宗房地产的报酬率为 8.5%。试计算该宗房地产的收益价格。

【解】 该宗房地产的收益价格计算如下：

$$V = \frac{A}{Y}\left[1-\frac{1}{(1+Y)^n}\right] = \left\{\frac{240}{8.5\%}\times\left[1-\frac{1}{(1+8.5\%)^{50-6}}\right]\right\}万元 = 2745.57\ 万元$$

【例 6-2】 某写字楼预计未来每年的净收益为 240 万元，收益期限可视为无限年，该类房地产的报酬率为 8.5%。试计算该宗房地产的收益价格。

【解】 该宗房地产的收益价格计算如下：

$$V = \frac{A}{Y} = \frac{240}{8.5\%}\ 万元 = 2823.54\ 万元$$

**2. 用于不同期限价格之间的换算**

假设：

$$V_n = \frac{A}{Y}\left[1-\frac{1}{(1+Y)^n}\right]; K_n = 1-\frac{1}{(1+Y)^n}; V_\infty = \frac{A}{Y}$$

则有：

$$V_n = V_\infty \times K_n; V_N = V_\infty \times K_N$$

于是，不同期限价格之间的换算方法如下：

$$V_n = V_N \times \frac{K_n}{K_N}$$

式中：$N$ 表示收益年限为 $N$ 年；$n$ 表示收益年限为 $n$ 年；且不同收益年限的年净收益与报酬率相同。

【例 6-3】 已知某宗收益性房地产 40 年收益权利的价格为 5000 元/m²，报酬率为 10%。试求该宗房地产 30 年收益权利的价格。

【解】 该宗房地产 30 年收益权利的价格求取如下：

$$V_n = V_N \times \frac{1-\dfrac{1}{(1+Y)^n}}{1-\dfrac{1}{(1+Y)^N}}$$

$$V_{30} = \left[5000\times\frac{1-\dfrac{1}{(1+10\%)^{30}}}{1-\dfrac{1}{(1+10\%)^{40}}}\right]元/m^2 = 4820\ 元/m^2$$

当 $V_n$ 与 $V_N$ 对应的报酬率不相同时，假如 $V_n$ 对应的报酬率为 $Y_n$，$V_N$ 对应的报酬率为 $Y_N$，其他方面仍符合上述条件，则通过公式：$V_n = \dfrac{A}{Y_n}\left[1-\dfrac{1}{(1+Y_n)^n}\right]$ 与公式 $V_N = \dfrac{A}{Y_N}\left[1-\dfrac{1}{(1+Y_N)^N}\right]$ 相除，可以推导出下列不同期限价格之间的换算公式：

$$V_n = V_N \times \frac{Y_N K_n}{Y_n K_N} = V_N \times \frac{Y_N \left[1 - \frac{1}{(1+Y_n)^n}\right]}{Y_n \left[1 - \frac{1}{(1+Y_N)^N}\right]}$$

**【例 6-4】** 已知某宗收益性房地产 30 年土地使用权、报酬率为 10% 的价格为 6000 元/m²，试求该宗房地产 50 年土地使用权、报酬率为 8% 的价格。

**【解】** 该宗房地产 50 年土地使用权下的价格求取如下：

$$V_n = V_N \times \frac{Y_N \left[1 - \frac{1}{(1+Y_n)^n}\right]}{Y_n \left[1 - \frac{1}{(1+Y_N)^N}\right]}$$

$$V_{50} = \left\{ 6000 \times \frac{10\% \times \left[1 - \frac{1}{(1+8\%)^{50}}\right]}{8\% \times \left[1 - \frac{1}{(1+10\%)^{30}}\right]} \right\} 元/m^2 = 7786 \ 元/m^2$$

### 3. 用于比较不同期限价格的高低

若要比较两宗房地产价格的高低，如果两宗房地产的土地使用年限或收益期限不同时，直接比较是不妥的。如果要比较，就需要将它们先转换成相同期限下的价格。转换成相同期限下价格的方法，与上述不同期限价格之间的换算方法相同。

**【例 6-5】** 有甲、乙两宗房地产，甲房地产的收益期限为 50 年，单价为 4000 元/m²，乙房地产的收益期限为 30 年，单价为 3600 元/m²。假设报酬率均为 6%，试比较该两宗房地产价格的高低。

**【解】** 要比较该两宗房地产价格的高低，需要将它们先转换为相同期限下的价格。为了计算方便，将它们都转换为无限年下的价格：

$$甲房地产 \ V_\infty = V_{50} \times \frac{1}{K_{50}} = \left\{ 4000 \div \left[1 - \frac{1}{(1+6\%)^{50}}\right] \right\} 元/m^2 = 4230 \ 元/m^2$$

$$乙房地产 \ V_\infty = V_{30} \times \frac{1}{K_{30}} = \left\{ 3600 \div \left[1 - \frac{1}{(1+6\%)^{30}}\right] \right\} 元/m^2 = 4359 \ 元/m^2$$

通过上述处理之后可知，乙房地产的价格名义上低于甲房地产的价格（3600 元/m² 低于 4000 元/m²），实际上却高于甲房地产的价格（4359 元/m² 高于 4230 元/m²）。

### 4. 用于比较法中因期限不同进行的价格调整

不同期限价格之间的换算方法，对于比较法中因可比实例房地产与估价对象房地产的期限不同需要对可比实例价格进行调整也是适用的。在比较法中，可比实例房地产的期限可能与估价对象房地产的期限不同，从而需要对可比实例价格进行调整，使其成为与估价对象相同期限下的价格。

**【例 6-6】** 某宗 5 年前通过出让方式取得的 50 年使用年限的工业用地，所处地段的基准地价目前为 2400 元/m²。该基准地价在评估时设定的使用年限为法定最高年限，现行土地报酬率为 10%。假设除了使用年限不同之外，该宗工业用地的其他状况与评估基准地价时设定的状况相同，试通过基准地价求取该宗工业用地目前的价格。

**【解】** 本题通过基准地价求取该宗工业用地目前的价格，实际上就是将使用年限为法定最高年限（50 年）的基准地价转换为 45 年（原取得的 50 年使用年限减去已使用 5 年）的基准地价。具体计算如下：

$$V_{45}=V_{50}\times\frac{K_{45}}{K_{50}}=\left(2400\times\frac{1-\dfrac{1}{1+10\%^{45}}}{1-\dfrac{1}{1+10\%^{50}}}\right)元/m^2=2387\ 元/m^2$$

## 6.2.3 净收益在前若干年有变化的公式

净收益在前若干年有变化的公式具体有两种情况：一是收益期限为有限年；二是收益期限为无限年。

### （一）收益期限为有限年的公式

收益期限为有限年的公式如下：

$$V=\sum_{i=1}^{t}\frac{A_i}{(1+Y)^i}+\frac{A}{Y(1+Y)^t}\left[1-\frac{1}{(1+Y)^{n-t}}\right]$$

此公式的假设前提是：(1) 净收益在未来的前 $t$ 年（含第 $t$ 年）有变化，分别为 $A_1,A_2,\cdots,A_t$，在 $t$ 年以后无变化为 $A$；(2) 报酬率大于零为 $Y$；(3) 收益期限为有限年 $n$。

【例 6-7】 某宗房地产的收益期限为 38 年，通过预测得到其未来 5 年的净收益分别为 20 万元、22 万元、25 万元、28 万元、30 万元，从未来第 6 年到第 38 年每年的净收益将稳定在 35 万元左右，该类房地产的报酬率为 10%。试计算该宗房地产的收益价格。

【解】 该宗房地产的收益价格计算如下：

$$V=\sum_{i=1}^{t}\frac{A_i}{(1+Y)^i}+\frac{A}{Y(1+Y)^t}\left[1-\frac{1}{(1+Y)^{n-t}}\right]$$

$$=\left\{\frac{20}{1+10\%}+\frac{22}{(1+10\%)^2}+\frac{25}{(1+10\%)^3}+\frac{28}{(1+10\%)^4}+\frac{30}{(1+10\%)^5}+\frac{35}{10\%(1+10\%)^5}\left[1-\frac{1}{(1+10\%)^{38-5}}\right]\right\}万元$$

$$=300.86\ 万元$$

### （二）收益期限为无限年的公式

收益期限为无限年的公式如下：

$$V=\sum_{i=1}^{t}\frac{A_i}{(1+Y)^i}+\frac{A}{Y(1+Y)^t}$$

此公式的假设前提是：(1) 净收益在未来的前 $t$ 年（含第 $t$ 年）有变化，分别为 $A_1,A_2,\cdots,A_t$，在 $t$ 年以后无变化为 $A$；(2) 报酬率大于零为 $Y$；(3) 收益期限为无限年。

【例 6-8】 通过预测得到某宗房地产未来 5 年的净收益分别为 20 万元、22 万元、25 万元、28 万元、30 万元，从未来第 6 年开始每年的净收益将稳定在 35 万元左右，该类房地产的报酬率为 10%。试计算该宗房地产的收益价格。

【解】 该宗房地产的收益价格计算如下：

$$V=\sum_{i=1}^{t}\frac{A_i}{(1+Y)^i}+\frac{A}{Y(1+Y)^t}\left[1-\frac{1}{(1+Y)^{n-t}}\right]$$

$$=\left[\frac{20}{1+10\%}+\frac{22}{(1+10\%)^2}+\frac{25}{(1+10\%)^3}+\frac{28}{(1+10\%)^4}+\frac{30}{(1+10\%)^5}+\frac{35}{10\%(1+10\%)^5}\right]万元$$

$$=310.20\ 万元$$

### 6.2.4 净收益按一定数额递增的公式

净收益按一定数额递增的公式具体有两种情况：一是收益期限为有限年；二是收益期限为无限年。

#### （一）收益期限为有限年的公式

收益期限为有限年的公式如下：

$$V = \left(\frac{A}{Y} + \frac{b}{Y^2}\right)\left[1 - \frac{1}{(1+Y)^n}\right] - \frac{b}{Y} \times \frac{n}{(1+Y)^n}$$

式中：$b$ 为净收益逐年递增的数额，其中净收益未来第 1 年为 $A$，未来第 2 年为 $(A+b)$，未来第 3 年为 $(A+2b)$，依此类推，未来第 $n$ 年为 $[A+(n-1)b]$。

此公式的假设前提是：(1) 净收益未来第 1 年为 $A$，此后按数额 $b$ 逐年递增；(2) 报酬率大于零为 $Y$；(3) 收益期限为有限年 $n$。

#### （二）收益期限为无限年的公式

收益期限为无限年的公式如下：

$$V = \frac{A}{Y} + \frac{b}{Y^2}$$

此公式的假设前提是：(1) 净收益未来第 1 年为 $A$，此后按数额 $b$ 逐年递增；(2) 报酬率大于零为 $Y$；(3) 收益期限为无限年。

【例 6-9】 预计某宗房地产未来第 1 年的净收益为 280 万元，此后每年的净收益会在上一年的基础上增加 4 万元，收益期限可视为无限年，该类房地产的报酬率为 10%。试计算该宗房地产的收益价格。

【解】 该宗房地产的收益价格计算如下：

$$V = \frac{A}{Y} + \frac{b}{Y^2} = \left[\frac{280}{10\%} + \frac{4}{(10\%)^2}\right]万元 = 3200\ 万元$$

### 6.2.5 净收益按一定数额递减的公式

净收益按一定数额递减的公式只有收益期限为有限年一种，其公式为：

$$V = \left(\frac{A}{Y} - \frac{b}{Y^2}\right)\left[1 - \frac{1}{(1+Y)^n}\right] + \frac{b}{Y} \times \frac{n}{(1+Y)^n}$$

式中：$b$ 为净收益逐年递减的数额，其中，净收益未来第 1 年为 $A$，未来第 2 年为 $(A-b)$，未来第 3 年为 $(A-2b)$，依此类推，未来第 $n$ 年为 $[A-(n-1)b]$。

此公式的假设前提是：(1) 净收益未来第 1 年为 $A$，此后按数额 $b$ 逐年递减；(2) 报酬率不等于零为 $Y$；(3) 收益期限为有限年 $n$，且 $n \leq \frac{A}{b} + 1$。

$n \leq \frac{A}{b} + 1$ 和不存在收益期限为无限年公式的原因是：当 $n \geq \frac{A}{b} + 1$ 年时，第 $n$ 年的净收益 $\leq$ 0。这可以通过令第 $n$ 年的净收益 $\leq$ 0 推导出，即：当 $A-(n-1)b \leq 0$ 时，有 $n \geq \frac{A}{b} + 1$。

【例 6-10】 预计某宗房地产未来第 1 年的净收益为 25 万元，此后每年的净收益会在上一年的基础上减少2万元。试计算该宗房地产的合理经营期限及合理经营期限结束前后整数年份假定经营情况下的净收益;如果报酬率为6%,试计算该宗房地产的收益价格。

【解】 该宗房地产的合理经营期限 $n$ 计算如下:

令: $$A-(n-1)b=0$$

有: $$25-(n-1)\times 2=0$$

得: $$n=(25\div 2+1)\text{年}=13.5\text{年}$$

该宗房地产第13年的净收益为:
$$A-(n-1)b=[25-(13-1)\times 12]\text{万元}=1\text{万元}$$

该宗房地产第14年的净收益为:
$$A-(n-1)b=[25-(14-1)\times 12]\text{万元}=-1\text{万元}$$

该宗房地产的收益价格计算如下:

$$V=\left(\frac{A}{Y}-\frac{b}{Y^2}\right)\left[1-\frac{1}{(1+Y)^n}\right]+\frac{b}{Y}\times\frac{n}{(1+Y)^n}$$

$$=\left\{\left(\frac{25}{6\%}-\frac{2}{6\%^2}\right)\left[1-\frac{1}{(1+6\%)^{13.5}}\right]+\frac{2}{6\%}\times\frac{13.5}{(1+6\%)^{13.5}}\right\}\text{万元}=129.28\text{万元}$$

### 6.2.6 净收益按一定比率递增的公式

净收益按一定比率递增的公式具体有两种情况:一是收益期限为有限年;二是收益期限为无限年。

#### (一)收益期限为有限年的公式

收益期限为有限年的公式如下:

$$V=\frac{A}{Y-g}\left[1-\left(\frac{1+g}{1+Y}\right)^n\right]$$

式中:$g$ 为净收益逐年递增的比率,其中,净收益未来第1年为 $A$,未来第2年为 $A(1+g)$,未来第3年为 $A(1+g)^2$,依此类推,未来第 $n$ 年为 $A(1+g)^{n-1}$。

此公式的假设前提是:(1)净收益未来第1年为 $A$,此后按比率 $g$ 逐年递增;(2)报酬率 $Y$ 不等于净收益逐年递增的比率 $g$;(3)收益期限为有限年 $n$。

【例6-11】 预计某宗房地产未来第1年的净收益为200万元,此后每年的净收益会在上一年的基础上增长2%,收益期限为48年,该类房地产的报酬率为10%。试计算该宗房地产的收益价格。

【解】 该宗房地产的收益价格计算如下:

$$V=\frac{A}{Y-g}\left[1-\left(\frac{1+g}{1+Y}\right)^n\right]=\left\{\frac{200}{10\%-2\%}\left[1-\left(\frac{1+2\%}{1+10\%}\right)^{48}\right]\right\}\text{万元}=2433\text{万元}$$

#### (二)收益期限为无限年的公式

收益期限为无限年的公式如下:

$$V=\frac{A}{Y-g}$$

此公式的假设前提是:(1)净收益未来第1年为 $A$,此后按比率 $g$ 逐年递增;(2)报酬率 $Y$ 大于净收益逐年递增的比率 $g$;(3)收益期限为无限年 $n$。

**【例 6-12】** 预计某宗房地产未来第 1 年的净收益为 200 万元,此后每年的净收益会在上一年的基础上增长 2%,收益期限可视为无限年,该类房地产的报酬率为 10%。试计算该宗房地产的收益价格。

**【解】** 该宗房地产的收益价格计算如下:

$$V = \frac{A}{Y-g} = \left(\frac{200}{10\%-2\%}\right) 万元 = 2500 \text{ 万元}$$

### 6.2.7 净收益按一定比率递减的公式

净收益按一定比率递减的公式具体有两种情况:一是收益期限为有限年;二是收益期限为无限年。

#### (一) 收益期限为有限年的公式

收益期限为有限年的公式如下:

$$V = \frac{A}{Y+g}\left[1-\left(\frac{1-g}{1+Y}\right)^n\right]$$

式中:$g$ 为净收益逐年递减的比率,其中,净收益未来第 1 年为 $A$,未来第 2 年为 $A(1-g)$,未来第 3 年为 $A(1-g)^2$,依此类推,未来第 $n$ 年为 $A(1-g)^{n-1}$。

此公式的假设前提是:(1) 净收益未来第 1 年为 $A$,此后按比率 $g$ 逐年递减;(2) 报酬率大于零为 $Y$;(3) 收益期限为有限年 $n$。

#### (二) 收益期限为无限年的公式

收益期限为无限年的公式如下:

$$V = \frac{A}{Y+g}$$

此公式的假设前提是:(1) 净收益未来第 1 年为 $A$,此后按比率 $g$ 逐年递减;(2) 报酬率大于零为 $Y$;(3) 收益期限为无限年。

**【例 6-13】** 预计某宗房地产未来第 1 年的净收益为 240 万元,此后每年的净收益会在上一年的基础上递减 2%,收益期限可视为无限年,该类房地产的报酬率为 10%。试计算该宗房地产的收益价格。

**【解】** 该宗房地产的收益价格计算如下:

$$V = \frac{A}{Y+g} = \left(\frac{240}{10\%+2\%}\right) 万元 = 2000 \text{ 万元}$$

### 6.2.8 预知未来若干年后价格的公式

预测房地产未来 $t$ 年的净收益分别为 $A_1, A_2, \cdots, A_t$,第 $t$ 年末的价格为 $V_t$,则其现在的价格为:

$$V = \sum_{i=1}^{t} \frac{A_i}{(1+Y)^i} + \frac{V_t}{(1+Y)^t}$$

式中:$V$ 为房地产评估价值或价格;$t$ 为预测净收益的期限,如果购买房地产的目的是持有一段时间后转售,则 $t$ 为持有期;$A_i$ 为房地产未来 $t$ 年的净收益,即预计在持有期间各年可获得的净收益,简称期间收益;$V_t$ 为房地产未来第 $t$ 年末的价格(为第 $t$ 年末的市场价格或市场价值、残值。

如果购买房地产的目的是持有一段时间后转售,则为持有期末的转售价格减去转售成本后的收益,称为期末转售收益,是预计在持有期末转售房地产时可获得的净收益。转售成本为转让人应负担的销售费用、销售税费等费用和税金)。

**【例 6-14】** 某宗房地产现行的价格为 $2400/m^2$,年净收益为 240 元/$m^2$,报酬率为 10%。现获知该地区将兴建一座大型的现代化火车站,该火车站将在 6 年后建成投入使用,到那时该地区将达到该城市现有火车站地区的繁华程度。在该城市现有火车站地区,同类房地产的价格为 6000 元/$m^2$。据此预计新火车站建成投入使用后,新火车站地区该类房地产的价格将达到 6000 元/$m^2$。试求获知兴建火车站后该宗房地产的价格。

**【解】** 获知兴建火车站后该宗房地产的价格计算如下:

$$V = \frac{A}{Y}\left[1 - \frac{1}{(1+Y)^t}\right] + \frac{V_t}{(1+Y)^t} = \left\{\frac{240}{10\%} \times \left[1 - \frac{1}{(1+10\%)^6}\right] + \frac{6000}{(1+10\%)^6}\right\} 万元 = 4432 万元$$

可见,该宗房地产在获知兴建火车站之后,价格由 2400 元/$m^2$ 上涨到 4432 元/$m^2$。

**【例 6-15】** 某出租的写字楼需要估价。目前房地产市场不景气,但预测 3 年后会回升。因此,该写字楼现行市场租金较低,年出租净收益为 600 万元,预计未来 3 年内仍然维持在该水平,而等到 3 年后市场回暖时,将其转卖的售价会高达 9540 万元,销售税费为售价的 6%。如果投资者要求该类投资的报酬率为 10%,试求该写字楼目前的价值。

**【解】** 该写字楼目前的价值求取如下:

$$V = \frac{A}{Y}\left[1 - \frac{1}{(1+Y)^t}\right] + \frac{V_t}{(1+Y)^t} = \left\{\frac{600}{10\%} \times \left[1 - \frac{1}{(1+10\%)^3}\right] + \frac{9540 \times (1-6\%)}{(1+10\%)^3}\right\} 万元 = 8230 万元$$

**【例 6-16】** 某出租的旧办公楼的租约尚有 2 年到期,在此最后 2 年的租期中,每年收取净租金 96 万元(没有费用支出),到期后要拆除作为商业用地。预计作为商业用地的价值为 1320 万元,拆除费用为 60 万元,该类房地产的报酬率为 10%。试求该旧办公楼的价值。

**【解】** 该旧办公楼的价值求取如下:

$$V = \frac{A}{Y}\left[1 - \frac{1}{(1+Y)^t}\right] + \frac{V_t}{(1+Y)^t} = \left\{\frac{96}{10\%} \times \left[1 - \frac{1}{(1+10\%)^2}\right] + \frac{1320 - 60}{(1+10\%)^2}\right\} 万元 = 1208 万元$$

## 6.3 收益期和持有期的测算

### 6.3.1 收益期的测算

收益期是预计在正常运营状况下估价对象未来可获取净收益的时间,即自价值时点起至估价对象未来不能获取净收益时止的时间。收益期应根据土地使用权剩余期限和建筑物剩余经济寿命为重要依据进行测算。

土地使用权剩余期限是自价值时点起至土地使用权使用期限结束时止的时间。建筑物剩余经济寿命是自价值时点起至建筑物经济寿命结束时止的时间。建筑物经济寿命是建筑物对房地产价值有贡献的时间,即建筑物自竣工时起至其对房地产价值不再有贡献时止的时间。对收益性房地产来说,建筑物经济寿命具体是建筑物自竣工时起,在正常运营状况下,房地产产生的收入大于运营费用,即净收益大于零的持续时间。

建筑物经济寿命主要由市场决定,同类建筑物在不同地区的经济寿命可能不同,一般是在建筑物设计使用年限的基础上,根据建筑物的施工、使用、维护和更新改造等状况,以及周围环境、房地产市场状况等进行综合分析判断得出的。

建筑物剩余经济寿命与土地使用权剩余期限可能同时结束,也可能不同时结束,归纳起来有下列三种情形。

(1) 建筑物剩余经济寿命与土地使用权剩余期限同时结束。在这种情形下,收益期为土地使用权剩余期限或建筑物剩余经济寿命。

(2) 建筑物剩余经济寿命早于土地使用权剩余期限结束,或者说土地使用权剩余期限超过建筑物剩余经济寿命。

在这种情形下,房地产价值等于以建筑物剩余经济寿命为收益期计算的价值,加上自收益期结束时起计算的剩余期限土地使用权在价值时点的价值。

自收益期结束时起计算的剩余期限土地使用权在价值时点的价值,等于自价值时点起计算的剩余期限土地使用权在价值时点的价值,减去以收益期为使用期限的土地使用权在价值时点的价值。

例如,某宗收益性房地产的建筑物剩余经济寿命为 40 年,土地使用权剩余期限为 50 年,求取该房地产现在的价值,可先求取该房地产 40 年收益期的价值,然后加上 40 年后的 10 年使用期限土地使用权在现在的价值。该 40 年后的 10 年使用期限土地使用权在现在的价值,等于现在 50 年使用期限的土地使用权的价值减去现在 40 年使用期限的土地使用权的价值。

求取自收益期结束时起计算的剩余期限土地使用权在价值时点的价值,还可以通过预测自收益期结束时起计算的剩余期限土地使用权在收益期结束时的价值,再将其折现到价值时点来求取。

(3) 建筑物剩余经济寿命晚于土地使用权剩余期限结束,或者说建筑物剩余经济寿命超过土地使用权剩余期限。在这种情形下,分为两种情况:一是出让合同等约定土地使用权期间届满后无偿收回土地使用权及地上建筑物;二是出让合同等未约定土地使用权期间届满后无偿收回土地使用权及地上建筑物。对于第一种情况,房地产价值等于以土地使用权剩余期限为收益期计算的价值。对于第二种情况,房地产价值等于以土地使用权剩余期限为收益期计算的价值,加上建筑物在收益期结束时的价值折现到价值时点的价值。

评估承租人权益价值时,收益期为租赁合同约定租期的剩余租赁期限。

### 6.3.2 持有期的测算

利用预知未来若干年后价格的公式求取价值或价格,以及收益期较长、难以预测该期限内各年净收益的,应估计持有期。持有期是预计正常情况下持有估价对象的时间,即自价值时点起至估价对象未来转售时止的时间。持有期应根据市场上投资者对同类房地产的典型持有时间及能预测期间收益的一般期限来确定,通常为 5 年至 10 年。

## 6.4 房地产净收益的测算

### 6.4.1 房地产净收益测算的基本原理

收益性房地产获取收益的方式可以分为出租和自营两大类。据此,求取净收益的途径可分为两种：一是基于租赁收入求取净收益，如有大量租赁实例的住宅、写字楼、商铺、停车场、标准厂房、仓库等类房地产；二是基于营业收入求取净收益，如宾馆、影剧院、娱乐中心、汽车加油站等类房地产。有些房地产既有大量租赁实例又有营业收入，如商铺、餐馆、农地等。在实际估价中，只要是能够通过租赁收入求取净收益的，应优先通过租赁收入求取净收益。

### （一）基于租赁收入测算净收益的基本原理

基于租赁收入测算净收益的基本公式为：

$$净收益 = 潜在毛租金收入 - 空置和收租损失 + 其他收入 - 运营费用$$
$$= 有效毛收入 - 运营费用$$

净收益是净运营收益的简称，是房地产租赁收入（如有效毛收入）减去房地产租赁费用（如运营费用）后归因于估价对象房地产的收益。评估承租人权益价值时，净收益为市场租金减去合同租金。

有效毛收入是房地产出租经营的潜在毛收入减去空置和收租损失后的收入。潜在毛收入是估价对象在充分利用、没有空置和收租损失情况下所能获得的归因于估价对象的总收入。住宅、写字楼、商铺等出租型房地产的潜在毛收入，为潜在毛租金收入加上各种其他收入。潜在毛租金收入等于全部可出租面积与最可能的租金水平的乘积。各种其他收入是租赁保证金或押金的利息收入，以及洗衣房、自动售货机、投币电话等的收入。空置和收租损失是因房屋空置或承租人拖欠租金等造成的收入损失。空置的面积没有收入。收租损失包括承租人延迟支付租金、少付租金、不付租金、免租期造成的收入损失。空置和收租损失通常按照潜在毛租金收入的一定比例进行测算。

运营费用是维持估价对象正常使用或营业的必要支出，包括房地产税、房屋保险费、物业服务费、管理费用、维修费、水电费等，具体应根据合同租金的内涵决定取舍，其中由承租人负担的部分不应计入。运营费用是从估价角度出发的，与会计上的成本费用有所不同，通常不包含房地产抵押贷款还本付息额、房地产折旧额、房地产改扩建费用和所得税。

运营费用与有效毛收入的百分比，称为运营费用率。某些类型的房地产，其运营费用率有一个相对固定的范围，因此可以采用市场提取法找出这些类型房地产的运营费用率，以供具体估价时测算估价对象的运营费用或净收益参考。采用市场提取法找出某种类型房地产的运营费用率，是调查同一市场上许多相似的房地产的运营费用和有效毛收入，分别求其运营费用与有效毛收入的百分比，然后综合得出一个运营费用率区间。

潜在毛收入、有效毛收入、运营费用、净收益等，通常以年度计，并假设在年末发生。

### （二）基于营业收入测算净收益的基本原理

有些收益性房地产是以自主经营、对外营业的方式获取收益的，如旅馆、娱乐中心、汽车加油站等。这类房地产的净收益测算与基于租赁收入的净收益测算主要有两个不同：一是潜在毛收入或有效毛收入变成了经营收入；二是要扣除归属于其他资本或经营的收益，如要扣除商业、餐饮、工业、农业等经营者的正常利润。

## 6.4.2 不同收益类型房地产净收益的测算

估价对象的收益类型不同，净收益的测算会有所不同，具体可以分为4种情况：一是出租的房地产；二是自营的房地产；三是自用或尚未使用的房地产；四是混合收益的房地产。

### （一）出租的房地产净收益的测算

出租的房地产是收益法估价的典型对象，其净收益通常为租赁收入扣除由出租人负担的运营费用后的余额。

租赁收入包括租金和租赁保证金或押金的利息收入等收入。租金有固定租金和变动租金。变动租金又有多种形式。

出租人负担的费用，根据理论上的房租构成因素（地租、房屋折旧费、维修费、管理费、投资利息、保险费、房地产税、租赁费用、租赁税费和利润），一般为其中的维修费、管理费、保险费、房地产税、租赁费用、租赁税费。但在实际中，房租可能包含真正的房租构成因素之外的费用，也可能不包含真正的房租构成因素的费用，因此，以出租的住宅为例，出租人负担的费用主要包括房地产税、房屋保险费、房屋维修费、物业服务费、水费、电费、燃气费、有线电视费、座机电话费、网络费、供暖费、车位费、租赁费、租赁税费等。

在具体测算净收益时，通常要在分析租赁合同的基础上决定应扣除的费用项目。如果租赁合同约定保证合法、安全、正常使用所需的各项费用均由出租人负担，则应将它们全部扣除；如果租赁合同约定部分或全部费用由承租人负担，则出租人所得的租赁收入就接近于净收益，此时扣除的费用项目就要相应减少。当按惯例确定出租人负担的费用时，要注意与租金水平相匹配。在现实的房地产租赁中，如果出租人负担的费用项目多，名义租金就会高一些；如果承租人负担的费用项目多，名义租金就会低一些。

### （二）自营的房地产净收益的测算

自营的房地产的最大特点是房地产所有者同时也是经营者，房地产租金与经营者利润没有分开。这一类房地产净收益的测算，可以按行业后进行测算。

**1. 商服经营型房地产净收益的测算**

对于商服经营型房地产，应根据其经营资料测算净收益，净收益为经营收入减去经营成本、经营费用、经营税金及附加、管理费用、财务费用以及应归属于商服经营者的利润。其中，采用联营方式的购物中心或商场，产权人通常按经营者的商品销售额返点（或比例）计取租金性质的有效毛收入，以返点收入计算增值税、房产税等税费，因此，净收益为返点收入扣除有关税费。

**2. 工业生产型房地产净收益的测算**

对于工业生产型房地产，应根据产品市场价格和原材料、人工费用等资料测算净收益，净收益为产品销售收入减去生产成本、销售费用、销售税金及附加、管理费用、财务费用以及应归属于工业生产者的利润。

**3. 农地净收益的测算**

农地净收益的测算，是由农地年产值（全年农产品的产量乘以单价）扣除禾苗费、肥料费、农药费、水电费、人工费、畜工费、机工费、运输费、农具折旧费、农舍折旧费、投资利息、农业利润等。

### （三）自用或尚未使用的房地产净收益测算

自用或尚未使用的房地产是指住宅、写字楼等目前为业主自用或暂时空置的房地产，而不是指写字楼、宾馆的大堂、管理用房等所必要的"空置"或"自用"部分。写字楼、宾馆的大堂、管理人员用房等的价值是通过其他用房的收益体现出来的,因此其净收益不应单独计算,否则就重复计价了。自用或尚未使用的房地产的净收益,可比照有收益的类似房地产的有关资料进行测算,或通过类似房地产的净收益的直接比较和调整求得。

### (四) 混合收益的房地产净收益测算

在估价实践中,估价对象房地产存在多种收益类型,如宾馆一般有客房、会议室、餐厅、商场、商务中心、娱乐中心等,其净收益应视具体情况采用下列三种方式之一求取。

一是把费用分为变动费用和固定费用,将测算出的各种类型的收入分别减去相应的变动费用,予以加总后再减去总的固定费用来测算估价对象的净收益。

二是首先测算各种类型的收入,然后测算各种类型的费用,再将总收入减去总费用来测算估价对象的净收益。

三是把混合收益的房地产看成是各种单一收益类型房地产的简单组合,先分别根据各自的收入和费用求出各自的净收益,然后将所有的净收益相加。

## 6.4.3 房地产净收益测算应注意的问题

### (一) 有形收益和无形收益

估价对象的收益可分为有形收益和无形收益。有形收益是估价对象带来的直接货币收益;无形收益是估价对象带来的间接利益,如安全感、自豪感、提高声誉和信用、增强融资能力等。在求取净收益时不仅要包括有形收益,还要考虑无形收益。

无形收益通常难以货币化,难以在测算净收益时予以考虑,但可通过选取较低的报酬率或资本化率予以考虑。但值得注意的是,如果无形收益已通过有形收益得到体现,则不应再单独考虑,以免重复计算。例如,在当地能显示承租人形象与地位的写字楼,即承租人租用该写字楼办公可显示其实力,该因素往往已包含在该写字楼的较高租金中。

### (二) 实际收益和客观收益

估价对象的收益可分为实际收益和客观收益。实际收益是估价对象实际获得的收益,它一般不能直接用于估价,因为具体经营管理者的能力等对实际收益影响很大,如果将实际收益进行资本化,就会得到不切实际的结果。例如,一个交通便利的商场或饭店,由于经营不善,由收入减去费用所得的结果可能为负数,这也不意味着该房地产无价值。相反的情况,如一个交通不便、设施不太好的宾馆,因有特殊关系能将一些会议和培训等活动指定在该宾馆举办,从而可以获得较高的收益,但这并不意味着该宾馆的价值较高。

客观收益是估价对象在正常情况下所能获得的收益,或实际收益经剔除特殊的、偶然的因素后的收益。通常只有客观收益才能用于估价。因此,估价中采用的潜在毛收入、有效毛收入、运营费用或者净收益,除有租约限制外,一般应采用正常客观的数据。为此,除有租约限制外,利用估价对象本身的资料直接测算出了潜在毛收入、有效毛收入、运营费用或者净收益后,还应将它们与类似房地产在正常情况下的潜在毛收入、有效毛收入、运营费用或者净收益进行比较。如果与正常客观的情况不符,应对它们进行适当的修正,使其成为正常客观的。

评估有租约限制的房地产价值,首先应搞清楚是评估无租约限制价值还是出租人权益价值或承租人权益价值。评估出租人权益价值,租赁期间应采用合同租金,租赁期间届满后和未出租部分,应采用市场租金。因此,合同租金高于或低于市场租金,都会影响出租人权益价值。从投资者角度看,如果合同租金高于市场租金,则出租人权益价值就会高一些;反之,如果合同租金低于市场租金,则出租人权益价值就会低一些。当合同租金与市场租金差异较大时,出租人或者承租人毁约的可能性就较大,这对出租人权益价值也有影响。

【例 6-17】 某商店的土地使用期限为 40 年,自 2016 年 8 月 1 日起计算。该商店共有两层,每层的可出租面积均为 200 m²。一层于 2017 年 8 月 1 日租出,租赁期限为 5 年,可出租面积的月租金为 180 元/m²,且每年不变;二层现暂空置。附近相似的商店一、二层可出租面积的正常月租金分别为 200 元/m² 和 120 元/m²,运营费用率为 25%。该类房地产的出租率为 100%,报酬率为 9%。请计算该商店 2020 年 8 月 1 日带租约出售的正常价格。

【解】 该商店 2020 年 8 月 1 日带租约出售的正常价格测算如下。

(1) 商店一层价格的测算:

租赁期间的年净收益=[200×180×(1−25%)×12]万元=32.40 万元

租赁期间届满后的年净收益=[200×200×(1−25%)×12]万元=36.00 万元

$$V = \sum_{i=1}^{t} \frac{A_i}{(1+Y)^i} + \frac{A}{Y(1+Y)^t}\left[1 - \frac{1}{(1+Y)^{n-t}}\right]$$

$$= \left\{\frac{32.40}{1+9\%} + \frac{32.40}{(1+9\%)^2} + \frac{36}{9\% \times (1+9\%)^2} \times \left[1 - \frac{1}{(1+9\%)^{40-4-2}}\right]\right\}万元$$

$$= 375.69 \text{ 万元}$$

(2) 商店二层价格的测算:

年净收益=[200×120×(1−25%)×12]万元=21.60 万元

$$V = \frac{A}{Y}\left[1 - \frac{1}{(1+Y)^n}\right] = \frac{21.60}{9\%} \times \left[1 - \frac{1}{(1+9\%)^{40-4}}\right]万元 = 229.21 \text{ 万元}$$

该商店的正常价格=商店一层的价格+商店二层的价格
=(375.69+229.21)万元=604.90 万元

### (三) 乐观估计、保守估计和合理估计

求取估价对象房地产净收益,实际上是预测其未来净收益。预测由于面临不确定性,不可避免地会有乐观估计、保守估计和合理(最可能或折中)估计。在实际估价中,不仅客观上可能存在上述三种估计,而且可能会为故意高估估价对象房地产价值而对净收益作出过高的估计,或者为故意低估估价对象房地产价值而对净收益作出过低的估计。为避免出现这种情况,应要求估价师同时给出未来净收益的三种估计值,即较乐观的估计值、较保守的估计值和合理的估计值。除评估房地产抵押价值因遵循谨慎原则应选用较保守的估计值、评估投资价值因投资者的原因可能选用较乐观的估计值或较保守的估计值外,其他目的的估价一般应选用合理的估计值。

## 6.5 报酬率的确定

### 6.5.1 报酬率的含义

报酬率也称为回报率或收益率,是将估价对象未来各年的净收益转换为估价对象价值或价

格的折现率。它是与利率、内部收益率或内部报酬率具有相同性质的比率。报酬率为投资回报与所投入的资本的比率,即:

$$报酬率 = \frac{投资回报}{所投入的资本}$$

可以将购买收益性房地产视为一种投资行为:这种投资需要投入的资本是房地产价格,试图获取的收益是房地产预期会产生的净收益。投资既要获取收益,又要承担风险。所谓风险,是指由于不确定性因素的存在,导致投资收益的实际结果偏离预期结果造成损失的可能性。即投资的结果可能盈利较多,也可能盈利较少,甚至会亏损。以最小的风险获取最大的收益,可以说是所有投资者的愿望。盈利的多少一方面与投资者自身的能力有关,但如果抽象掉投资者自身的因素,则主要与投资对象及其所处的投资环境有关。一般来说,报酬率与投资风险正相关,风险大的投资,其报酬率也高,反之则低。报酬率与投资风险的关系可如图 6-1 所示。

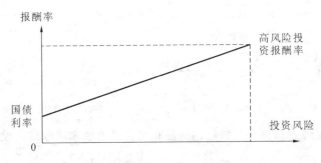

图 6-1 报酬率与投资风险的关系

认识到报酬率与投资风险的上述关系,实际上就在观念上把握住了求取报酬率的方法,即所选用的报酬率,应等同于与获取估价对象产生的净收益具有同等风险的投资的报酬率。例如,两宗房地产的净收益相等,但其中一宗房地产获取净收益的风险大,从而要求的报酬率高,另一宗房地产获取净收益的风险小,从而要求的报酬率低。由于房地产价值与报酬率负相关,因此,风险大的房地产的价值低,风险小的房地产的价值高。

不同地区、不同时期、不同用途或不同类型的房地产,同一类型房地产的不同权益、不同收益类型(如期间收益和未来转售收益),由于投资的风险不同,报酬率是不尽相同的。因此,在估价中并不存在一个统一不变的报酬率数值。

### 6.5.2 报酬率的求取方法

搞清楚了报酬率的实质之后,下面介绍求取报酬率的三种基本方法。这些方法都有一些条件,如要求房地产市场比较发达等。

#### (一) 市场提取法

市场提取法是利用与估价对象房地产具有类似收益特征的可比实例房地产的价格、净收益等资料,选用相应的报酬资本化法公式,反求出报酬率的方法。

**1. 运用公式 $V = \dfrac{A}{Y}$ 求取报酬率**

在 $V = \dfrac{A}{Y}$ 的情况下,可通过 $Y = \dfrac{A}{V}$ 来求取 $Y$,即可以将市场上类似房地产的净收益与其价格的比率作为报酬率。举例说明,如表 6-1 所示。

表 6-1　选取的 6 个可比实例及其相关资料

| 可比实例 | 净收益/(万元/年) | 价格/万元 | 报酬率/(%) |
|---|---|---|---|
| 1 | 24 | 204 | 11.8 |
| 2 | 23 | 190 | 12.1 |
| 3 | 20 | 176 | 11.4 |
| 4 | 32 | 271 | 11.8 |
| 5 | 30 | 240 | 12.5 |
| 6 | 31 | 250 | 12.4 |

表 6-1 中 6 个可比实例报酬率的简单算术平均数为：

$$(11.8\% + 12.1\% + 11.4\% + 11.8\% + 12.5\% + 12.4\%) \div 6 = 12\%$$

可以把 12% 作为估价对象的报酬率。

### 2. 运用公式 $V = \dfrac{A}{Y}\left[1 - \dfrac{1}{(1+Y)^n}\right]$ 求取报酬率

在 $V = \dfrac{A}{Y}\left[1 - \dfrac{1}{(1+Y)^n}\right]$ 的情况下，可通过 $\dfrac{A}{Y}\left[1 - \dfrac{1}{(1+Y)^n}\right] - V = 0$ 来求取 $Y$。可以采用线性内插法求取，即 $Y$ 是通过试错法与线性内插法相结合的方法来求取的。设

$$X = \dfrac{A}{Y}\left[1 - \dfrac{1}{(1+Y)^n}\right] - V$$

利用线性内插法求取 $Y$ 的公式如下：

$$Y = Y_1 + \dfrac{(Y_2 - Y_1) \times |X_1|}{|X_1| + |X_2|}$$

式中：$Y_1$ 为当 $X$ 为接近于零的正值时的 $Y$；$Y_2$ 为当 $X$ 为接近于零的负值时的 $Y$；$X_1$ 为 $Y_1$ 时的 $X$ 值（正值）；$X_2$ 为 $Y_2$ 时的 $X$ 值（负值）。

## （二）累加法

累加法是将报酬率视为包含无风险报酬率和风险报酬率两大部分，然后分别求出每一部分，再将它们相加得到报酬率的方法。无风险报酬率又称安全利率，是无风险投资的报酬率，是资金的机会成本，风险报酬率是指承担额外风险所要求的补偿，即超过无风险报酬率以上部分的报酬率，具体是估价对象房地产存在的具有自身投资特征的区域、行业、市场等风险的补偿。

运用累加法求取报酬率的具体公式为：

报酬率 = 安全利率（无风险报酬率）+ 投资风险补偿率 +
管理负担补偿率 + 缺乏流动性补偿率 - 投资带来的优惠率

其中：(1) 安全利率是指无风险报酬率。

(2) 投资风险补偿率是指当投资者投资收益不确定、具有风险性的房地产时，他必然会要求对所承担的额外风险有补偿，否则就不会投资。

(3) 管理负担补偿率是指一项投资要求的关心和监管越多，其吸引力就会越小，从而投资者必然会要求对所承担的额外管理有补偿。房地产要求的管理工作一般远远超过存款、证券。

(4) 缺乏流动性补偿率是指投资者对所投入的资金由于缺乏流动性所要求的补偿。房地产与股票、债券相比，买卖要困难，交易费用也较高，缺乏流动性。

(5) 投资带来的优惠率是指由于投资房地产可能获得某些额外的好处,如易于获得融资,从而投资者会降低所要求的报酬率。

运用累加法求取报酬率的举例见表 6-2。

表 6-2  运用累加法求取报酬率应用举例

| 项目 | 数值 |
| --- | --- |
| 安全利率 | 0.050　(5.0%) |
| 投资风险补偿率 | 0.025　(2.5%) |
| 管理负担补偿率 | 0.005　(0.5%) |
| 缺乏流动性补偿率 | 0.015　(1.5%) |
| 投资带来的优惠率 | −0.010　(−1.0%) |
| 报酬率 | 0.085　(8.5%) |

由于在现实中不存在完全无风险的投资,所以,一般是选用同一时期相对无风险报酬率去代替安全利率,例如,选用同一时期的国债利率或银行存款利率。于是,投资风险补偿率就变为投资估价对象相对于投资同一时期国债或银行存款的风险补偿率;管理负担补偿率变为投资估价对象相对于投资同一时期国债或银行存款管理负担的补偿率;缺乏流动性补偿率变为投资估价对象相对于投资同一时期国债或银行存款缺乏流动性的补偿率;投资带来的优惠率变为投资估价对象相对于投资同一时期国债或银行存款所带来的优惠率。

需要注意的是,上述无风险报酬率和具有风险性房地产的报酬率,一般是指名义报酬率,即已经包含了通货膨胀的影响。这是因为在收益法估价中,广泛使用的是名义净收益流,因而应使用与之相对应的名义报酬率。

### (三) 投资报酬率排序插入法

报酬率是典型投资者在房地产投资中所要求的报酬率。由于具有同等风险的任何投资的报酬率应该是相近的,所以,可以通过与估价对象同等风险的投资报酬率来求取估价对象的报酬率。报酬率排序插入法的操作步骤和主要内容如下。

(1) 调查、搜集估价对象所在地区的房地产投资、相关投资及其报酬率和风险程度的资料,如各种类型的银行存款利率、政府债券利率、公司债券利率、股票报酬率及其他投资的报酬率等。

(2) 将所搜集的不同类型投资的报酬率按从低到高的排序,制成图表。

(3) 将估价对象与这些类型投资的风险程度进行分析比较,考虑管理的难易、投资的流动性以及作为资产的安全性等,判断出同等风险的投资,确定估价对象风险程度相应的位置。

(4) 根据估价对象风险程度所在的位置,在图表上找出对应的报酬率,从而就求出了估价对象的报酬率。

值得指的是,尽管有上述求取报酬率的方法,但这种方法并不能确切地告诉估价人员报酬率究竟应是个多大的数字,如只能是 10%,不能是 8% 报酬率的确定都含有某些主观选择性,需要估价人员运用自己掌握的关于报酬率的理论知识,结合实际估价经验和对当地的投资及房地产市场的充分了解等,来作出相应的判断。因此,报酬率的确定同整个房地产估价活动一样,也是科学与艺术的有机结合。但在一定时期,报酬率大体上有一个合理的区间。

## 6.6 直接资本化法

### 6.6.1 直接资本化法概述

资本化率是房地产未来第一年的净收益与其价值或价格的百分比。利用资本化率将未来收益转换为价值的直接资本化法的公式为：

$$V = \mathrm{NOI} \div R$$

式中：$V$ 为房地产价值；$\mathrm{NOI}$ 为房地产未来第一年的净收益；$R$ 为资本化率。

收益乘数是房地产价值或价格与其未来第一年的收益的比值。利用收益乘数将未来收益转换为价值的直接资本化法的公式为：

$$房地产价值 = 年收益 \times 收益乘数$$

直接资本化法中未来第一年的收益有时用当前的收益近似代替。

### 6.6.2 收益乘数法的种类

用于直接资本化的收益类型主要有潜在毛收入、有效毛收入和净收益，相应的收益乘数有潜在毛收入乘数、有效毛收入乘数和净收益乘数，相应的收益乘数法有潜在毛收入乘数法、有效毛收入乘数法和净收益乘数法。

#### （一）潜在毛收入乘数法

潜在毛收入乘数法是将估价对象未来第一年的潜在毛收入（PGI）乘以潜在毛收入乘数（PGIM）来求取估价对象价值的方法，即：

$$V = \mathrm{PGI} \times \mathrm{PGIM}$$

潜在毛收入乘数是类似房地产的价格除以其年潜在毛收入所得的倍数，即：

$$\mathrm{PGIM} = V \div \mathrm{PGI}$$

潜在毛收入乘数法没有考虑房地产空置率和运营费用的差异。因此，如果估价对象与可比实例的空置率差异不大，并且运营费用比率相似，则使用潜在毛收入乘数法是一种简单可行的方法。但总的来说，该方法较粗糙，适用于估价对象资料不充分或精度要求不高的估价。

#### （二）有效毛收入乘数法

有效毛收入乘数法是将估价对象未来第一年的有效毛收入（EGI）乘以有效毛收入乘数（EGIM）来求取估价对象价值的方法，即：

$$V = \mathrm{EGI} \times \mathrm{EGIM}$$

有效毛收入乘数是类似房地产的价格除以其年有效毛收入所得的倍数，即：

$$\mathrm{EGIM} = V \div \mathrm{EGI}$$

有效毛收入乘数法考虑了房地产的空置和收租损失情况。因此，当估价对象与可比实例的空置率有较大差异，而且这种差异预计还将继续下去时，则使用有效毛收入乘数比使用潜在毛收入乘数更为合适。因为投资者在估算房地产的价值时，是会考虑空置率的差异的。有效毛收入乘数法的缺点是没有考虑运营费用的差异,因此也只适用于做粗略的估价。

### (三) 净收益乘数法

净收益乘数法是将估价对象未来第一年的净收益(NOI)乘以净收益乘数(NIM)来求取估价对象价值的方法,即:

$$V = NOI \times NIM$$

净收益乘数是类似房地产的价格除以其年净收益所得的倍数,即:

$$NIM = V \div NOI$$

净收益乘数法能提供更可靠的价值测算。

由于净收益乘数(NIM)与资本化率(R)是互为倒数的关系,通常很少直接采用净收益乘数法形式,而采用资本化率将净收益转换为价值的形式,即:

$$V = NOI \div R$$

## 6.6.3 资本化率和收益乘数的求取方法

资本化率和收益乘数都可以采用市场提取法,通过市场上近期交易的与估价对象的净收益流模式(包括净收益的变化、收益期的长短等)相同的许多类似房地产的有关资料(由这些资料可求得年收益和价格)求取。

采用市场提取法求取资本化率(R)的公式为:

$$R = NOI \div V$$

采用市场提取法求取收益乘数的公式为:

$$收益乘数 = 价格 \div 年收益$$

资本化率(R)还可通过净收益率(NIR)与有效毛收入乘数(EGIM)之比、资本化率与报酬率的关系(见后面"资本化率与报酬率的区别和关系")以及投资组合技术求取。

## 6.6.4 资本化率与报酬率的区别和关系

资本化率(R)和报酬率(Y)都是将房地产的预期收益转换为价值的比率,但两者有很大区别。资本化率是在直接资本化法中采用的,是一步就将房地产的预期收益转换为价值的比率;报酬率是在报酬资本化法中采用的,是通过折现的方式将房地产的预期收益转换为价值的比率。资本化率是房地产的某种年收益与其价格的比率(通常用未来第一年的净收益除以价格来测算),仅表示从收益到价值的比率,并不明确地表示获利能力;报酬率是用来除一连串的未来各期净收益,以求取未来各期净收益的现值的比率。

在报酬资本化法中,如果净收益流模式不同,具体的计算公式会有所不同。例如,在净收益每年不变且收益期为无限年的情况下,报酬资本化法的公式为:

$$V = A \div Y$$

在净收益每年不变但收益期为有限年的情况下,报酬资本化法的公式为:

$$V = \frac{A}{Y}\left[1 - \frac{1}{(1+Y)^n}\right]$$

在净收益按比率 $g$ 逐年递增且收益期为无限年的情况下,报酬资本化法的公式为:

$$V = \frac{A}{Y - g}$$

在上述三种情况下的报酬资本化法公式中，$Y$ 是报酬率。而资本化率是不区分净收益流模式的，在所有情况下的未来第一年的净收益与价格的比率（$A/V$）都是资本化率。因此，在上述第一种情况下，资本化率正好等于报酬率，即：

$$R = Y$$

在上述第二种情况下，资本化率就不等于报酬率。它与报酬率的关系变为：

$$R = \frac{Y(1+Y)^n}{(1+Y)^n - 1}$$

在上述第三种情况下，资本化率与报酬率的关系变为：

$$R = Y - g$$

由此可见，报酬率与净收益本身的变化以及收益期的长短等无直接关系，而资本化率与净收益本身的变化以及收益期的长短等有直接关系。

【例 6-18】 某宗房地产未来的净收益流如表 6-3 所示，报酬率为 10%。请求取该房地产的资本化率。

表 6-3　某宗房地产未来的净收益流

| 年度/年 | 1 | 2 | 3 | 4 | 5 |
|---|---|---|---|---|---|
| 净收益/元 | 50000 | 52500 | 56000 | 58500 | 650000 |

【解】 先求取该房地产的价值。该房地产的价值为其未来各年净收益的现值之和，计算结果如表 6-4 所示。

表 6-4　某宗房地产未来净收益现值

| 年度/年 | 1 | 2 | 3 | 4 | 5 | 合计 |
|---|---|---|---|---|---|---|
| 净收益/元 | 50000 | 52500 | 56000 | 58500 | 650000 | |
| 现值/元 | 45454.5 | 43388.4 | 42073.6 | 39956.3 | 403598.9 | 574471.7 |

求出了该房地产的价值之后，其资本化率为其未来第一年的净收益与价值的比率，即：

$$R = 50000 \div 574471.7 \times 100\% = 8.70\%$$

## 6.6.5 直接资本化法与报酬资本化法的比较

### （一）直接资本化法的优缺点

直接资本化法的优点主要体现在：(1) 不需要预测未来许多年的净收益，通常只需要测算未来第一年的收益；(2) 资本化率或收益乘数直接来源于市场上所显示的收益与价值的关系，能较好地反映市场的实际情况；(3) 计算过程较简单。

但由于直接资本化法利用的是未来第一年的收益来资本化，所以要求有较多与估价对象的净收益流模式相同的房地产来求取资本化率或收益乘数，对可比实例的依赖很强。例如，要求选取的房地产的收益变化与估价对象的收益变化相同，否则估价结果会有误。假设估价对象的净收益每年上涨 2%，而选取的房地产的净收益每年上涨 3%，如果以该房地产的资本化率 8% 将估价对象的净收益转换为价值，则会高估估价对象的价值。

## （二）报酬资本化法的优缺点

报酬资本化法的优点主要体现在：（1）指明了房地产的价值是其未来各期净收益的现值之和，这既是预期原理最形象的表述，又考虑到了资金的时间价值，逻辑严密，有很强的理论基础；（2）每期的净收益或现金流量都是明确的，直观并容易理解；（3）由于具有同等风险的任何投资的报酬率应是相近的，所以不必直接依靠与估价对象的净收益流模式相同的房地产来求取报酬率，通过其他具有同等风险的投资的收益率也可以求取报酬率。

但由于报酬资本化法需要预测未来各期的净收益，从而较多地依赖于估价师的主观判断，并且各种简化的净收益流模式不一定符合实际情况。

当相似的预期收益存在大量的可比市场信息时，直接资本化法会是相当可靠的。当市场可比信息缺乏时，报酬资本化法则能提供一个相对可靠的评估价值，因为估价师可以通过投资者在有同等风险的投资上所要求的收益率来确定估价对象的报酬率。

#  投资组合技术和剩余技术

## 6.7.1 投资组合技术

投资组合技术主要有土地与建筑物的组合和抵押贷款与自有资金的组合两种。

### （一）土地与建筑物的组合

运用直接资本化法估价，由于估价对象不同，例如评估的是房地价值还是土地价值，或是建筑物价值，采用的资本化率应有所不同，相应的三种资本化率分别是综合资本化率、土地资本化率、建筑物资本化率。

综合资本化率是求取房地价值时应采用的资本化率。这时对应的净收益是土地与地上建筑物共同产生的净收益。也就是说，在评估土地与建筑物合成体的价值时，应采用土地与地上建筑物共同产生的净收益，同时选用综合资本化率将其资本化。如果选用的不是综合资本化率，则求出的就不是土地与建筑物合成体的价值。

土地资本化率是求取土地价值时应采用的资本化率。这时对应的净收益应当是土地产生的净收益（即仅归属于土地的净收益），不包含建筑物带来的净收益。如果在求取土地价值时选用的不是土地资本化率，即使得出了一个结果，这个结果也不能说是土地的价值。

建筑物资本化率是求取建筑物价值时应采用的资本化率。这时对应的净收益应当是建筑物产生的净收益（即仅归属于建筑物的净收益），不包含土地带来的净收益。如果在求取建筑物价值时选用的不是建筑物资本化率，则求出的就不能说是建筑物的价值。

综合资本化率、土地资本化率、建筑物资本化率三者虽然有严格区分，但又是相互联系的。如果能从可比实例房地产中求出其中的两种资本化率，便可利用下列公式求出另外一种资本化率：

$$R_0 = \frac{V_L \times R_L + V_B \times R_B}{V_L + V_B}$$

$$R_L = \frac{(V_L \times V_B)R_0 - V_B \times R_B}{V_L}$$

$$R_B = \frac{(V_L \times V_B)R_0 - V_L \times R_L}{V_B}$$

式中：$R_0$ 为综合资本化率；$R_L$ 为土地资本化率；$R_B$ 为建筑物资本化率；$V_L$ 为土地价值；$V_B$ 为建筑物价值。

上述公式必须确切地知道土地价值、建筑物价值分别是多少。这有时难以做到。但如果知道了土地价值或建筑物价值占房地价值的比率，就可以找出综合资本化率、土地资本化率和建筑物资本化率三者的关系，公式为：

$$R_0 = L \times R_L + B \times R_B$$

或者：　　　　　　　　　　$R_0 = L \times R_L + (1-L)R_B$

或者：　　　　　　　　　　$R_0 = (1-B)R_L + B \times R_B$

式中：$L$、$B$ 分别为土地价值和建筑物价值占房地价值的比率，且 $L+B=100\%$。

【例 6-19】 某宗房地产的土地价值占总价值的 40%，建筑物价值占总价值的 60%，由可比实例房地产中所求出的土地资本化率为 6%，建筑物资本化率为 8%。试计算综合资本化率。

【解】 综合资本化率计算如下：

$$R_0 = L \times R_L + B \times R_B = 40\% \times 6\% + 60\% \times 8\% = 7.2\%$$

### （二）抵押贷款与自有资金的组合

在房地产市场与金融市场紧密联系的现代化社会，购买房地产的资金通常由两部分构成：一部分为抵押贷款；另一部分为自有资金。因此，房地产的报酬率必须同时满足这两部分资金对投资报酬的要求：贷款者要求得到与其贷款所冒风险相当的贷款利率报酬，自有资金投资者要求得到与其投资所冒风险相当的投资报酬。由于抵押贷款通常是分期偿还的，所以抵押贷款与自有资金的组合通常不是利用抵押贷款利率和自有资金报酬率来求取房地产的报酬率，而是利用抵押贷款常数和自有资金资本化率来求取综合资本化率，具体是综合资本化率为抵押贷款常数与自有资金资本化率的加权平均数，即：

$$R_0 = M \times R_M + (1-M)R_E$$

式中：$R_0$ 为综合资本化率；$M$ 为贷款价值比率，即抵押贷款金额占房地产价值的比率；$R_M$ 为抵押贷款常数；$R_E$ 为自有资金资本化率。

在上述公式中，抵押贷款常数一般采用年抵押贷款常数，它是每年的偿还额（还本付息额）与抵押贷款金额（抵押贷款本金）的比率。如果抵押贷款是按月偿还的，则年抵押贷款常数是将每月的偿还额乘以 12，然后除以抵押贷款金额；或者将月抵押贷款常数（每月的偿还额与抵押贷款金额的比率）乘以 12。在分期等额本息偿还贷款的情况下，抵押贷款常数的计算公式为：

$$R_M = \frac{Y_M(1+Y_M)^n}{(1+Y_M)^n - 1} = Y_M + \frac{Y_M}{(1+Y_M)^n - 1}$$

式中：$R_M$ 为抵押贷款常数；$Y_M$ 为抵押贷款报酬率，即抵押贷款利率（$i$）；$n$ 为抵押贷款期限。

自有资金资本化率是从净收益中扣除抵押贷款还本付息额后的数额（税前现金流量）与自有资金额的比率，通常为未来第一年的税前现金流量与自有资金额的比率，可以由可比实例房地产的税前现金流量除以自有资金额得到。

综合资本化率必须同时满足贷款者对抵押贷款常数的要求和自有资金投资者对税前现金流量的要求，下列几点有助于理解抵押贷款与自有资金组合的公式。

(1) 可以把购买房地产视作一种投资行为,房地产价格为投资额,房地产净收益为投资收益。

(2) 购买房地产的资金来源可分为抵押贷款和自有资金两部分,因此有:

$$抵押贷款金额 + 自有资金额 = 房地产价格$$

(3) 房地产的收益相应地由这两部分资本来分享,即:

$$房地产净收益 = 抵押贷款收益 + 自有资金收益$$

(4) 又因房地产价格、净收益和资本化率三者的关系有:

房地产价格×综合资本化率=抵押贷款金额×抵押贷款常数+自有资金额×自有资金资本化率

(5) 于是有:

$$综合资本化率 = \frac{抵押贷款金额}{房地产价格} \times 抵押贷款常数 + \frac{自有资金额}{房地产价格} \times \frac{自有资金}{资本化率}$$

$$= 贷款价值比率 \times 抵押贷款常数 + (1 - 贷款价值比率) \times 自有资金资本化率$$

**【例 6-20】** 购买某类房地产,通常抵押贷款占七成,抵押贷款年利率为 6%,贷款期限为 20 年,按月等额本息偿还,通过可比实例房地产计算出自有资金资本化率为 12%。试计算综合资本化率。

**【解】** 综合资本化率计算如下:

$$R_M = Y_M + \frac{Y_M}{(1+Y_M)^n - 1} = \left[6\% + \frac{6\%/12}{(1+6\%/12)^{20\times12} - 1} \times 12\right] \times 100\% = 8.60\%$$

$$R_0 = M \times R_M + (1-M)R_E = [70\% \times 8.60\% + (1-70\%) \times 12\%] \times 100\% = 9.62\%$$

**【例 6-21】** 某宗房地产的年净收益为 6 万元,购买者的自有资金为 20 万元,自有资金资本化率为 12%,抵押贷款常数为 0.09。试求该房地产的价格。

**【解】** 该房地产的价格求取如下:

$$购买者要求的税前现金流量 = 20 \times 12\% \text{ 万元} = 2.4 \text{ 万元}$$

$$偿还抵押贷款的能力 = (6 - 2.4)\text{万元} = 3.6 \text{ 万元}$$

$$抵押贷款金额 = (3.6 \div 0.09)\text{万元} = 40 \text{ 万元}$$

$$该房地产价格 = 自有资金额 + 抵押贷款金额 = (20 + 40)\text{万元} = 60 \text{ 万元}$$

## 6.7.2 剩余技术

剩余技术是当已知整体房地产的净收益、其中某一构成部分的价值和各构成部分的资本化率或报酬率时,从整体房地产的净收益中扣除归属于已知构成部分的净收益,求出归属于另外构成部分的净收益,再将它除以相应的资本化率,得出房地产中未知构成部分的价值的方法。此外,把求出的未知构成部分的价值加上已知构成部分的价值,还可以得到整体房地产的价值。剩余技术主要有土地剩余技术和建筑物剩余技术,另外还有自有资金剩余技术和抵押贷款剩余技术。

### (一) 土地剩余技术

土地与地上建筑物共同产生收益,但如果采用收益法以外的方法(如成本法)能求得建筑物的价值时,则可利用收益法公式求得归属于建筑物的净收益,然后从土地与地上建筑物共同产生的净收益中扣除归属于建筑物的净收益,得到归属于土地的净收益,再除以土地资本化率,即可求得土地的价值。这种剩余技术称为土地剩余技术。

土地剩余技术的公式为：

$$V_L = \frac{A_0 - V_B \times R_B}{R_L}$$

式中：$V_L$ 为土地价值；$A_0$ 为土地与地上建筑物共同产生的净收益；$V_B$ 为建筑物价值；$R_B$ 为建筑物资本化率；$R_L$ 为土地资本化率。

在净收益每年不变、收益期限为有限年情况下的土地剩余技术的公式为：

$$V_L = \frac{A_0 - \dfrac{V_B \times Y_B}{\left[1 - \dfrac{1}{(1+Y_B)^n}\right]}}{Y_L}\left[1 - \frac{1}{(1+Y_L)^n}\right]$$

式中：$Y_B$ 为建筑物报酬率；$Y_L$ 为土地报酬率。

另外，如果将土地价值与建筑物价值相加，还可以得到整体房地产的价值。

【例 6-22】 某宗房地产每年净收益为 70 万元，建筑物价值为 300 万元，建筑物资本化率为 10%，土地资本化率为 8%。试计算该宗房地产的价值。

【解】 该宗房地产的价值计算如下：

$$土地价值 = \frac{70 - 300 \times 10\%}{8\%} 万元 = 500 万元$$

该宗房地产价值 = 土地价值 + 建筑物价值 = (500 + 300) 万元 = 800 万元

土地剩余技术在土地难以采用其他估价方法估价时，是一种有效的方法。例如，城市商业区内的土地，有时没有可参照的土地交易实例，难以采用市场法估价，成本法往往也不适用，但存在着大量的房屋出租、商业经营行为，此时可以采用土地剩余技术估价。另外，在需要对附有旧建筑物的土地进行估价时，虽然采用市场法可以求得设想该旧建筑物不存在时的空地价值，但对于因附有旧建筑物而导致的土地价值降低究竟应减价多少，市场法通常难以解决，这时如果运用土地剩余技术便可以求得。

### （二）建筑物剩余技术

土地与地上建筑物共同产生收益，但如果采用收益法以外的方法（如市场法）能求得土地的价值时，则可利用收益法公式求得归属于土地的净收益，然后从土地与地上建筑物共同产生的净收益中扣除归属于土地的净收益，得到归属于建筑物的净收益，再除以建筑物资本化率或选用建筑物报酬率予以资本化，即可求得建筑物的价值。这种剩余技术称为建筑物剩余技术。

建筑物剩余技术的公式为：

$$V_B = \frac{A_0 - V_L \times R_L}{R_B}$$

在净收益每年不变、收益期限为有限年情况下的建筑物剩余技术的公式为：

$$V_B = \frac{A_0 - \dfrac{V_L \times Y_L}{\left[1 - \dfrac{1}{(1+Y_L)^n}\right]}}{Y_B}\left[1 - \frac{1}{(1+Y_B)^n}\right]$$

另外，将建筑物价值与土地价值相加，可以得到整体房地产的价值。

建筑物剩余技术对于检验建筑物相对于土地是否规模过大或过小很有用处。此外，它还可用来测算建筑物的折旧。将建筑物的重新购建价格减去运用建筑物剩余技术求取的建筑物价值即为建筑物的折旧。

## (三) 自有资金剩余技术

自有资金剩余技术是在已知抵押贷款金额的情况下,求取自有资金权益价值的剩余技术。它是先根据从市场上得到的抵押贷款条件(包括贷款金额、贷款利率、贷款期限等)计算出年还本付息额,再把它从净收益中扣除,得到自有资金权益的剩余收益,然后除以自有资金资本化率就可以得到自有资金权益价值。

自有资金剩余技术的公式为:

$$V_E = \frac{A_0 - V_M \times R_M}{R_E}$$

式中:$V_E$ 为自有资金权益价值;$A_0$ 为房地产净收益;$V_M$ 为抵押贷款金额;$R_M$ 为抵押贷款常数;$R_E$ 为自有资金资本化率。

自有资金剩余技术对测算抵押房地产的自有资金权益价值特别有用。如果将抵押贷款金额加上自有资金权益价值,还可以得到整体房地产的价值。

## (四) 抵押贷款剩余技术

抵押贷款剩余技术是在已知自有资金数量的情况下,求取抵押贷款金额或价值的剩余技术。它是从净收益中减去在自有资金资本化率下能满足自有资金的收益,得到属于抵押贷款部分的收益,然后除以抵押贷款常数得到抵押贷款金额或价值。

抵押贷款剩余技术的公式为:

$$V_M = \frac{A_0 - V_E \times R_E}{R_M}$$

抵押贷款剩余技术假设投资者愿意投在房地产上的自有资金数量已确定,并且假设投资者需要从房地产中得到特定的自有资金资本化率也已确定,则贷款金额取决于可作为抵押贷款偿还额的剩余现金流量和抵押贷款常数。

在正常情况下,抵押贷款剩余技术不适用于对已设立其他抵押的房地产进行估价,因为这时剩余的现金流量不完全归自有资金投资者所有,它还必须先偿还原有抵押贷款的债务。

【例 6-23】 某宗房地产建成于 2016 年底,此后收益年限为 48 年;2017 年底至 2020 年底分别获得净收益 83 万元、85 万元、90 万元、94 万元;预计 2021 年底至 2023 年底可分别获得净收益 94 万元、93 万元、96 万元,从 2024 年底起每年可获得净收益将稳定在 95 万元;该类房地产的报酬率为 9%。试利用上述资料测算该宗房地产 2020 年底的收益价格。

【解】 该题主要是注意区分过去收益与未来收益的问题;价格是站在估价时点来看的未来净收益的现值之和。在弄清了此问题的基础上,该宗房地产在 2020 年底的收益价格测算公式为:

$$V = \sum_{i=1}^{t} \frac{A_i}{(1+Y)^i} + \frac{A}{Y(1+Y)^t}\left[1 - \frac{1}{(1+Y)^{n-t}}\right]$$

其中:$A_1 = 94$ 万元,$A_2 = 93$ 万元,$A_3 = 96$ 万元,$A = 95$ 万元,$Y = 9\%$,$n = (48-4)$ 年 $= 44$ 年,$t = 3$ 年。

将上述数值代入公式得:

$$V = \left\{\frac{94}{1+9\%} + \frac{93}{(1+9\%)^2} + \frac{96}{(1+9\%)^3} + \frac{95}{9\% \times (1+9\%)^3} \times \left[1 - \frac{1}{(1+9\%)^{44-3}}\right]\right\} 万元 = 1030 \text{ 万元}$$

因此,该宗房地产在 2020 年底的收益价格为 1030 万元。

# 复习思考题

## 一、简答题
1. 简述收益法的含义和理论依据。
2. 简述收益法的适用对象和适用条件。
3. 简述收益法的操作步骤。
4. 简述收益期的含义和确定收益期的依据。
5. 简述建筑物经济寿命的含义和确定方法。
6. 简述实际收益和客观收益的含义与区别。
7. 简述报酬率和资本化率的含义与关系。
8. 简述组合技术和剩余技术的含义与类别。

## 二、论述题
1. 试述净收益每年不变的计算公式的作用。
2. 试述基于租赁收益对房地产净收益的测算方法。
3. 试述基于营业收入对房地产净收益的测算方法。
4. 试述报酬率的确定方法。
5. 试述直接资本化法与报酬资本化法的优缺点与适用条件。

## 三、计算题

6年前,甲提供一宗面积为1000 $m^2$、使用年限为50年的土地,乙出资300万元人民币,合作建设3000 $m^2$ 建筑面积的房屋。房屋建设期为2年,建成后,其中1000 $m^2$ 建筑面积归甲所有,2000 $m^2$ 建筑面积由乙使用20年,期满后无偿归甲所有。现今,乙方有意将其现在使用的房地产使用期满后的剩余年限购买下来,甲也乐意出售。但双方对价格把握不准并有争议,协商请一家房地产估价机构进行估价。据调查得知,现时该类房屋每平方米建筑面积的月租金平均为80元,出租率为85%,年运营费用约占年租赁有效毛收入的35%,报酬率为10%。试给出估价结果。

# Chapter 7

# 第 7 章 成本法及其运用

【本章学习要点】

① 成本法的含义、理论依据、适用对象、适用条件和操作步骤;② 房地产价格的构成与计算公式;③ 重新购建成本的含义、类型和求取方法;④ 建筑物折旧的含义和原因;⑤ 物质折旧、功能折旧和外部折旧的求取方法。

通过本章的学习,理解成本法、重新购建价格及建筑物折旧的含义,熟悉成本法的理论依据、适用对象、适用条件和操作步骤,掌握房地产价格的构成与成本价格的计算公式及其运用、重新购建价格和建筑物折旧的求取方法。

## 7.1 成本法概述

### 7.1.1 成本法的含义

简单来说,成本法是指根据估价对象的重置成本或重建成本来求取估价对象价值或价格的方法。具体来说,成本法是指测算估价对象在价值时点的重置成本或重建成本和折旧,将重置成本或重建成本减去折旧得到估价对象价值或价格的方法;或者测算估价对象在价值时点的重置成本或重建成本和成新率,将重置成本或重建成本乘以成新率得到估价对象价值或价格的方法。为叙述简便,将重置成本和重建成本合称为重新购建成本,是指假设在价值时点重新购置全新状况的估价对象的必要支出,或者重新开发建设全新状况的估价对象的必要支出及应得利润。其中,重新购置可简单地理解为重新购买,重新开发建设可简单地理解为重新生产。折旧是指各种原因造成的估价对象价值减损,其金额为估价对象在价值时点的重新购建成本与在价值时点的市场价值之差。成新率是估价对象在价值时点的市场价值与在价值时点的重新购建成本的百分比。

成本法也可以说是以房地产价格的各个组成部分之和为基础来求取房地产的价值或价格。即先把房地产价格分解为它的各个组成部分,然后分别求取各个组成部分,再将各个组成部分相加。因此,成本法中的"成本"并不是通常意义上的成本(不含利润),而是价格(包含利润)。但在该方法中也用到了通常意义上的成本以及费用、支出、代价、投入等相关概念。

成本法的本质是以房地产的重新开发建设成本为导向(简称成本导向)来求取房地产的价值或价格。成本法评估得出的房地产价值或价格称为成本价值或价格,该方法的优点是求得的价值或价格能让人"看得见"——人们可以看到该价值或价格是由哪些部分组成的;较容易发现其中哪些是重复多余的,哪些被遗漏了,以及哪些被高估了,哪些被低估了。因此,成本法测算出的价值或价格看似有"依据",特别是在有"文件"规定房地产价格构成以及相关成本、费用、税金、利润等标准的情况下。

### 7.1.2 成本法的理论依据

成本法的理论依据是"生产费用价值论",即商品的价格是依据其生产所必要的费用而决定。具体可从卖方和买方两个角度来分析:从卖方角度来看,房地产价格是基于其过去的"生产费用",重在过去的投入,是卖方愿意接受的最低价格,该价格不能低于开发商开发建设该房地产已花费的代价,否则开发商就会亏损;从买方角度来看,房地产价格是基于类似房地产的"生产费用",即根据"替代原理",买方愿意支付的最高价格,该价格不能高于买方预计重新开发建设该房地产的必要支出及应得利润,否则买方会自建或委托他人开发建设。

可见,卖方希望价格不低于开发建设已花费的代价(含应得利润),买方希望价格不高于预计重新开发建设的必要支出及应得利润,买卖双方可接受的共同点就是正常的开发建设代价(包括开发建设的必要支出及应得利润)。因此,估价对象的价值和价格便可以根据重新开发建设估价对象的必要支出及应得利润来求取。

### 7.1.3 成本法适用的估价对象

新近开发建设完成的房地产(简称新开发建设的房地产)、可以假设重新开发建设的现有房地产(简称旧的房地产)、正在开发建设的房地产(即在建工程)、计划开发建设的房地产(如期房),都可以采用成本法估价。对于很少发生交易而限制了比较法运用,又没有经济收益或没有潜在经济收益而限制了收益法运用的房地产,如行政办公楼、学校、医院、图书馆、体育场馆、公园、军队营房等以公用、公益为目的的房地产,特别适用成本法估价。特殊厂房(如化工厂、钢铁厂、发电厂)、油田、码头、机场之类有独特设计或只针对特定使用者的特殊需要而开发建设的房地产,以及单独的建筑物或其装饰装修部分,通常也是采用成本法估价。

在房地产保险(包括投保和理赔)和房地产损害赔偿中,往往也是采用成本法估价。因为在保险事故发生后或其他损害中,房地产的损毁通常是建筑物的局部,需要将其恢复到原状;对于发生建筑物全部损毁的,有时也需要采取重建方式来解决。另外,在房地产市场不够活跃或类似房地产交易较少的地区难以采用比较法估价时,通常只好采用成本法估价。

成本法一般适用于评估可独立开发建设的整体房地产的价值和价格。当采用成本法评估局部房地产的价值和价格时,例如评估某幢住宅楼中某套住房的价值,通常是先评估该整幢住宅楼的平均单位价值,然后在此基础上进行楼层、朝向、户型、室内装饰装修等因素调整后才可得到该套住房的单位价值。在实际估价中,根据估价对象这类房地产的开发方式,还可能需要先求取整个"小区"的平均单位价值,然后调整到"幢"的平均单位价值,再调整到该套住房的单位价值。采用成本法评估开发区中某宗土地的价值和价格,通常与此类似。

成本法估价通常比较费时费力,因为测算估价对象尤其是建筑物较老旧的房地产的重新购建成本和折旧,难度都较大。如果建筑物过于破旧,基本上没有了使用价值,通常就不宜采用成本法估价。在这种情况下,对于建筑物,一般是根据拆除后的残余价值来估价;对于整个房地产,一般是采用假设开发法,根据其未来开发完成后的价值减去开发的必要支出及应得利润来估价。

因此,成本法主要适用于评估建筑物是新的或比较新的房地产的价值和价格。

## 7.1.4 成本法估价需要具备的条件

运用成本法估价需要注意的是,现实中的房地产价格特别是具体一宗房地产的价格,直接取决于其效用而非花费的成本,成本的增加一定要对效用的增加有所作用才会构成价格。换一个角度讲,房地产成本的增加并不一定能提高其价值,花费的成本不多也不一定说明其价值不高。例如,在一块土地上开发建设商品住宅,事先不知道该土地下埋有垃圾,在基础开挖时才发现。在这种情况下由于要清理垃圾,开发建设成本大大增加了,但不会提高住宅的价格,反而有可能降低住宅的价格,因为尽管对垃圾进行了清理,但购买者通常因心理因素影响而愿意出的价格较低,这时只有少赚利润甚至亏损。因此,价格等于"成本加平均利润"是对同种房地产在较长时期内平均来看的,并且需要具备两个条件:一是自由竞争;二是该种房地产可以大量重复开发建设。

显而易见,如果不是在较长时期内,或者没有自由竞争,又或该种房地产不可以大量重复开发建设,价格就不会等于成本加平均利润。实际上,即使具备这些条件,价格等于成本加平均利润也是偶然的,价格仅仅是围绕着"成本加平均利润"而上下波动,趋向于"成本加平均利润"。当求大于供时,价格可能大大高于开发建设成本;反之,价格可能大大低于开发建设成本。因此,房地产开发建设成本高,并不意味着房地产价格就必定高;房地产开发建设成本低,并不意味着房地产价格就必定低。正是因为房地产价格与房地产开发建设成本不是始终成正比,才出现了从事房地产开发经营有盈利和亏损的问题。

因此,在运用成本法估价时,要使价格"逼近""成本加平均利润",应遵循下列要求。

一是要求采用客观成本而不是实际成本。实际成本也称为个别成本,是购置估价对象的实际支出,或开发建设估价对象的实际支出及所得利润。客观成本也称为正常成本,是购置估价对象的必要支出,或开发建设估价对象的必要支出及应得利润,或实际成本经剔除特殊的、偶然的因素后的成本。

二是要求在客观成本的基础上结合选址、规划设计等分析进行调整。现实中有一些选址不当或规划设计不合理等造成不符合市场需求的房地产,极端的例子是在人流量很小的地方建造的商场。在这种情况下虽然无论谁来建造该商场都要花那么多成本,但该商场也不会有那么高的价值。

三是要求在客观成本的基础上结合市场供求分析进行调整。当房地产市场供大于求时,应在客观成本的基础上调低评估价值;反之,当房地产市场供小于求时,应在客观成本的基础上调高评估价值。

四是要求估价师具有一定的建筑工程、建筑材料、建筑设备、装饰装修、工程造价、财务会计等专业知识。

成本法测算出的价值在未进行有关调整之前一般是完全产权价值,在中国可视为房屋所有权和在价值时点剩余期限土地使用权且不存在租赁、抵押、查封等情况下的价值。当估价对象的权益状况与此不相同时,如产权有瑕疵,则还应对成本法测算出的价值进行相应调整。

## 7.1.5 成本法估价的操作步骤

运用成本法估价一般可分为四个步骤:(1)选择具体估价路径,即房地产合估路径还是分估路径;(2)测算重置成本或重建成本;(3)测算折旧;(4)计算成本价值。

## 7.2 房地产价格构成

运用成本法估价,就是模拟估价对象房地产开发经营过程,从取得土地到房屋竣工验收乃至完成销售的全过程中所需要做的各项工作,即要经过取得土地、前期工作、施工建设、竣工验收、商品房销售等阶段,在该过程中发生的各项成本、费用、税金等必要支出及其支付或缴纳的标准、时间和依据,以及正常的开发利润,结合估价对象的实际情况,确定估价对象的价格构成,进而测算出各个构成项目的金额。

以房地产开发企业取得房地产开发用地进行商品房建设,然后销售所建成的商品房这种典型的房地产开发经营方式为例,并从便于测算房地产价格各个构成项目金额的角度,将房地产价格构成分为土地成本、建设成本、管理费用、销售费用、投资利息、销售税费和开发利润7大项,即:

房地产价格=土地成本+建设成本+管理费用+销售费用+投资利息+销售税费+开发利润

其中,土地成本和建设成本之和,可称为直接成本,即:

直接成本=土地成本+建设成本

土地成本、建设成本、管理费用、销售费用、投资利息和销售税费之和,可称为开发成本,即:

开发成本=土地成本+建设成本+管理费用+销售费用+投资利息+销售税费

### 7.2.1 土地成本

土地成本也称为土地取得成本、土地费用,是指购置土地的必要支出,或开发土地的必要支出及应得利润。

土地成本的具体构成因取得土地的途径不同而有所不同。目前取得土地的途径主要有三个:一是市场购买;二是征收集体土地;三是征收国有土地上房屋。在实际估价中,应根据估价对象相似的房地产开发在价值时点取得土地的途径来测算其土地成本。

#### (一)市场购买的土地成本

通过土地市场交易获得的土地使用权,其土地成本通常由土地购置价款、买方应缴纳的税费和可直接归属于该土地的其他支出构成。目前主要是购买政府招标、拍卖、挂牌出让或其他房地产开发企业转让的已完成土地房屋征收补偿的建设用地使用权。在这种情况下,土地成本一般包括以下两方面。

(1)建设用地使用权价格。主要是采用比较法求取,也可采用基准地价修正法、成本法求取。

(2)土地取得税费。包括契税、印花税等,通常是根据税法及中央和地方政府的有关规定,按照建设用地使用权价格的一定比例来测算。

#### (二)征收集体土地的土地成本

征收集体土地的土地成本一般包括土地征收补偿费用、相关税费和其他费用。

**1. 土地征收补偿费用**

土地征收补偿费用具体包括下列费用。

(1) 土地补偿费。征收耕地的土地补偿费,为该耕地被征收前3年平均年产值的6~10倍。征收其他土地的土地补偿费标准,由省、自治区、直辖市参照征收耕地的土地补偿费的标准规定。土地补偿费的计算公式为:

$$土地补偿费=被征收土地前3年平均年产值×补偿倍数$$

(2) 安置补助费。征收耕地的安置补助费,按照需要安置的农业人口数计算。需要安置的农业人口数,按照被征收的耕地数量除以征地前被征收单位平均每人占有耕地的数量计算。每一个需要安置的农业人口的安置补助费标准,为该耕地被征收前3年平均年产值的4~6倍。但是,每公顷被征收耕地的安置补助费,最高不得超过被征收前3年平均年产值的15倍。征收其他土地的安置补助费标准,由省、自治区、直辖市参照征收耕地的安置补助费的标准规定。

依照规定支付土地补偿费和安置补助费,尚不能使需要安置的农民保持原有生活水平的,经省、自治区、直辖市人民政府批准,可以增加安置补助费。但是,土地补偿费和安置补助费的总和不得超过土地被征收前3年平均年产值的30倍。国务院根据社会、经济发展水平,在特殊情况下,可以提高征收耕地的土地补偿费和安置补助费的标准。

省级国土资源部门会同有关部门制定省域内各县(市)耕地的最低统一年产值标准,报省级人民政府批准后公布执行。制定统一年产值标准可考虑被征收耕地的类型、质量、农民对土地的投入、农产品价格、农用地等级等因素。土地补偿费和安置补助费的统一年产值倍数,应按照保证被征地农民原有生活水平不降低的原则,在法律规定范围内确定;按法定的统一年产值倍数计算的征地补偿安置费用,不能使被征地农民保持原有生活水平,不足以支付因征地而导致无地农民社会保障费用的,经省级人民政府批准应当提高倍数;土地补偿费和安置补助费合计按30倍计算,尚不足以使被征地农民保持原有生活水平的,由当地人民政府统筹安排,从国有土地有偿使用收益中划出一定比例给予补贴。经依法批准占用基本农田的,征地补偿按当地人民政府公布的最高补偿标准执行。

有条件的地区,省级国土资源部门可会同有关部门制定省域内各县(市)征地区片综合地价,报省级人民政府批准后公布执行,实行征地补偿。制定区片综合地价应考虑地类、产值、土地区位、农用地等级、人均耕地数量、土地供求关系、当地经济发展水平和城镇居民最低生活保障水平等因素。

(3) 地上附着物和青苗的补偿费。地上附着物补偿费是对被征收土地上诸如房屋及其他建筑物(含构筑物)、树木、鱼塘、农田水利设施、蔬菜大棚等给予的补偿费。青苗补偿费是对被征收土地上尚未成熟、不能收获的诸如水稻、小麦、蔬菜、水果等给予的补偿费。可以移植的苗木、花草以及多年生经济林木等,一般是支付移植费;不能移植的,给予合理补偿或作价收购。地上附着物和青苗的补偿标准,由省、自治区、直辖市规定。

(4) 安排被征地农民的社会保障费用。

**2. 相关税费**

相关税费一般包括以下税金和费用。

(1) 新菜地开发建设基金(征收城市郊区菜地的)。征收城市郊区的菜地,用地单位应当按照国家有关规定缴纳新菜地开发建设基金。新菜地开发建设基金的缴纳标准,由省、自治区、直辖市规定。

(2) 耕地开垦费(占用耕地的)。国家实行占用耕地补偿制度。非农业建设经批准占用耕地的,按照"占多少,垦多少"的原则,由占用耕地的单位负责开垦与所占用耕地的数量和质量相当的耕地;没有条件开垦或者开垦的耕地不符合要求的,应当按照省、自治区、直辖市的规定缴纳耕地开垦费,专款用于开垦新的耕地。

(3) 耕地占用税(占用耕地的)。根据《中华人民共和国耕地占用税暂行条例》(2007 年 12 月 1 日中华人民共和国国务院令第 511 号,简称《耕地占用税暂行条例》)的规定,占用耕地建房或者从事非农业建设的单位或者个人,为耕地占用税的纳税人,应当缴纳耕地占用税。耕地占用税以纳税人实际占用的耕地面积为计税依据,按照规定的适用税额一次性征收。占用林地、牧草地、农田水利用地、养殖水面以及渔业水域滩涂等其他农用地建房或者从事非农业建设的,比照《耕地占用税暂行条例》的规定征收耕地占用税。

(4) 征地管理费。该项费用是指县级以上人民政府土地管理部门受用地单位委托,采用包干方式统一负责、组织、办理各类建设项目征收土地的有关事宜,由用地单位按照征地费总额的一定比例支付的管理费用。包干方式有全包方式、半包方式和单包方式三种。

(5) 政府规定的其他有关费用。部分省、自治区、直辖市还规定收取防洪费、南水北调费等。具体费用项目和收取标准,应根据国家和当地政府的有关规定执行。

### 3. 其他费用

其他费用一般包括地上物拆除费、渣土清运费、场地平整费以及城市基础设施建设费、建设用地使用权出让金等,通常依照规定的标准或采用比较法求取。

## (三) 征收国有土地上房屋的土地成本

征收国有土地上房屋的土地成本一般包括房屋征收补偿费用、相关费用和其他费用。

### 1. 房屋征收补偿费用

房屋征收补偿费用一般包括以下费用。

(1) 被征收房屋补偿费。这是对被征收房屋价值的补偿。被征收房屋价值包括被征收房屋及其占用范围内的土地使用权和其他不动产的价值,通常由房地产估价机构评估确定。

(2) 搬迁费。根据需要搬迁的家具、电器(如分体式空调、热水器)、机器设备等动产的拆卸、搬运和重新安装费用给予补助。对征收后不可重新利用的动产,根据其残余价值给予相应补偿。

(3) 临时安置费。根据被征收房屋的区位、用途、建筑面积等因素,按照类似房地产的市场租金结合过渡期限确定。

(4) 停产停业损失补偿费。因征收房屋造成停产停业的,根据房屋被征收前的效益、停产停业期限等因素确定。

(5) 补助和奖励。

### 2. 相关费用

相关费用一般包括以下费用。

(1) 房屋征收评估费。该项费用是承担房屋征收评估的房地产估价机构向房屋征收部门收取的费用。

(2) 房屋征收服务费。该项费用是房屋征收实施单位承担房屋征收与补偿的具体工作向房屋征收部门收取的费用。

(3) 政府规定的其他有关费用。这些费用一般是依照规定的标准或采用比较法求取。

### 3. 其他费用

其他费用一般包括地上物拆除费、渣土清运费、场地平整费以及城市基础设施建设费、建设用地使用权出让金等,通常依照规定的标准或采用比较法求取。

## 7.2.2 建设成本

建设成本是指在取得的土地上进行基础设施建设、房屋建设所必要的费用等，主要包括以下费用项目。

**1. 前期费用**

前期费用是指市场调研、可行性研究、项目策划、环境影响评价、交通影响评价、工程勘察、测量、规划及建筑设计、工程造价咨询、建设工程招标，以及施工通水、通电、通路、场地平整和临时用房等房地产开发项目前期工作的必要支出。要注意场地平整费等费用与前述土地成本的衔接。如果土地成本中已包含了地上物拆除、渣土清运和场地平整的费用，或者取得的房地产开发用地是"三通一平"以上状况的熟地，则在此就只有部分或没有场地平整费等费用。

**2. 建筑安装工程费**

建筑安装工程费是指建造商品房及附属工程所发生的建筑工程费、安装工程费、装饰装修工程费等费用。其中，附属工程是指房屋周围的围墙、水池、建筑小品、绿化等。要注意其与下面的基础设施建设、公共配套设施建设等工程建设内容的区分，避免重复计算或漏算。

**3. 基础设施建设费**

基础设施建设费是指建筑物 2 米以外和项目红线范围内的道路、给水、排水、电力、通信、燃气、供热、绿化、环卫、室外照明等设施的建设费用，以及各项设施与市政干道、干管、干线等的接口费用。需要注意的是，要搞清楚该部分费用是否已包含在前述土地成本中，若已包含，则不应再计入。若项目用地是生地，基础设施建设费还应包括城市规划要求配套的项目红线外的道路、给水、排水、电力、通信、燃气、供热等设施的建设费用；若项目用地是熟地，则该部分费用已包含在土地成本中，基础设施建设费中不应包括此类费用。

**4. 公共配套设施建设费**

公共配套设施建设费是指城市规划要求配套的教育（如幼儿园）、医疗卫生（如医院）、文化体育（如文化活动中心）、社区服务（如居委会）等非营业性设施的建设费用。对于工业类房地产开发项目，该部分费用较少发生或没有发生，测算时应据实计取。同时工业类房地产开发项目中通常有较多构筑物，应注意计取构筑物等的建设费用。在实际中，构筑物的建设费用可计入附属工程建设费，也可计入公共配套设施建设费，但不应重复计算或漏算。

**5. 其他工程费**

其他工程费是指工程监理费、工程检测费、竣工验收费等。

**6. 开发期间税费**

开发期间税费是指项目开发建设过程中有关税收和地方政府或其有关部门收取的费用，如绿化建设费、人防工程费、水电增容费、白蚁防治费等。

值得注意的是，有时需要将上述建设成本划分为土地开发成本和建筑物建设成本。在这种情况下，一般可将基础设施建设费归入土地开发成本；公共配套设施建设费视土地市场成熟度、房地产开发用地大小等情况，归入土地开发成本或建筑物建设成本中，或者在两者之间进行合理分配；其他费用一般归入建筑物建设成本中。

### 7.2.3 管理费用

管理费用是指房地产开发企业为组织和管理房地产开发经营活动的必要支出,包括房地产开发企业的人员工资及福利费、办公费、差旅费等,可总结为土地成本与建设成本之和的一定比例。因此,管理费用通常按照土地成本与建设成本之和的一定比例来测算。

### 7.2.4 销售费用

销售费用也称为销售成本,是指预售或销售开发完成后的房地产的必要支出,包括广告费、销售资料制作费、售楼处建设费、样板房(或样板间)建设费、销售人员费用或销售代理费等。为便于投资利息的测算,销售费用应区分为销售之前发生的费用和与销售同时发生的费用。广告费、销售资料制作费、售楼处建设费、样板房建设费一般是在销售之前发生的,销售代理费一般是与销售同时发生的。销售费用通常按照开发完成后的房地产价值的一定比例来测算。

### 7.2.5 投资利息

#### (一)投资利息的含义

投资利息与财务费用或融资成本有所不同,是在房地产开发完成或实现销售之前发生的所有必要费用应计算的利息,而不是借款部分的利息支出和相关手续费等。因此,土地成本、建设成本、管理费用和销售费用,无论它们是借贷资金还是自有资金,都应计算利息。因为借贷资金要支付贷款利息,自有资金要放弃可得的存款利息,即考虑资金的机会成本。此外,从估价的角度看,为了使评估价值客观合理,通常需要把房地产开发企业的自有资金应获得的利息与其应获得的开发利润分开,不能把自有资金应获得的利息算作开发利润,通常也不应受不同房地产开发企业的自有资金比例、融资成本等的影响。但是,如果是评估投资价值,则通常为财务费用,而不是投资利息。

#### (二)投资利息的计算

计算投资利息需要把握以下五个方面的内容。

**1. 计息项目**

计息项目包括土地成本、建设成本、管理费用和销售费用。销售税费一般不计算利息。

**2. 计息周期**

计息周期是计算利息的单位时间。它可以是年、半年、季、月等,通常为年。

**3. 计息期**

计息期也称为计息周期数。为确定每项费用的计息期,首先要估算整个房地产开发项目的建设期。建设期也称为开发期,在成本法中,其起点一般是取得房地产开发用地的日期,终点是达到全新状况的估价对象的日期。例如,采用成本法评估某幢旧写字楼现在的价值,根据现在建设相同或相似的写字楼从取得土地到竣工验收完成正常需要 24 个月,则估算该写字楼的建设期应为 24 个月。

对在土地上进行房屋建设的情况来说,建设期又可分为前期和建造期。前期是自取得房地产开发用地之日起至动工开发(开工)之日止的时间。建造期是自动工开发之日起至房屋竣工之日止的时间。建设期一般能较准确估算,但在现实中由于某些特殊因素的影响,可能使建设期延长。估算建设期可依据全国统一建筑安装工程工期定额结合房地产开发项目具体情况来确定,也可以采用类似于比较法的方法,即通过类似房地产已发生的建设期的比较、修正或调整来求取。

有了建设期之后,便可估计土地成本、建设成本、管理费用、销售费用在该建设期间发生的时间及发生的金额。土地成本、建设成本、管理费用、销售费用等的金额,均应按照它们在价值时点的正常水平来估算。

一项费用的计息期的起点是该项费用发生的时点,终点通常是建设期的终点,一般不考虑预售和延迟销售的情况。另外需要说明的是,有些费用通常不是集中在一个时点发生,而是分散在一段时间内不断发生,但计息时通常将其假设为在所发生的时间段内均匀发生,并具体视为集中发生在该时间段的期中。对发生的时间段的划分,一般与计息周期相同。

**4. 计息方式**

计息方式有单利和复利两种。单利是指每期均按原始本金计算利息,即只有本金计算利息,本金所产生的利息不计算利息。在单利计息下,每期的利息是个常数。如果用 $P$ 表示本金,$i$ 表示利率,$n$ 表示计息期,$I$ 表示总利息,$F$ 表示计息期末的本利和,则有:

$$I = P \cdot i \cdot n$$

$$F = P \cdot (1 + i \cdot n)$$

复利是指以上一期的利息加上本金为基数计算当期利息的方法。在复利计息下,不仅本金要计算利息,而且利息也要计算利息,即通常所说的利滚利。复利的本利和计算公式为:

$$F = P(1+i)^n$$

复利的总利息计算公式为:

$$I = P[(1+i)^n - 1]$$

在运用成本法估价时,计息项目的计息方式通常采用复利计息方式进行计算。

**5. 利率**

利率是用百分比表示的单位时间内增加的利息与原金额之比。利率有单利利率和复利利率、存款利率和贷款利率、名义利率和实际利率等。投资利息计算中一般采用价值时点的房地产开发贷款的平均利率。

## 7.2.6 销售税费

销售税费是预售或销售开发完成后的房地产应由卖方或房地产开发企业缴纳的税费,可分为两类:一是销售税金及附加,包括增值税、城市维护建设税和教育费附加(通常简称"两税一费");二是其他销售税费,包括印花税等。

销售税费一般是按照售价的一定比例收取,如"两税一费"一般为售价的 5.5%。因此,销售税费通常按照开发完成后的房地产价值的一定比例来测算。

值得指出的是,这里的销售税费不包含应由买方缴纳的契税等税费以及应由卖方缴纳的土地增值税、企业所得税。不包含应由买方缴纳的契税等税费,是因为评估价值是建立在买卖双方各自缴纳自己应缴纳的交易税费下的价值。不包含应由卖方缴纳的土地增值税、企业所得税,是为了便于实际估价中正常开发利润率的调查、估计。因为土地增值税是以纳税人转让房地产取得的增值额为计税依据的,每笔转让房地产取得的增值额都可能不同,从而应缴纳的土地增值税会有所不同;企业所得税是以企业为对象缴纳的,一个企业可能同时有多种业务或者多个房地产开发项目,有的业务或项目可能盈利较多,有的业务或项目可能盈利较少,有的业务或项目甚至亏损,从而不同的企业缴纳的企业所得税会有所不同。

### 7.2.7 开发利润

#### (一)开发利润的含义

开发利润是房地产开发企业(或业主、建设单位)的利润,而不是建筑施工企业的利润。建筑施工企业的利润已包含在建筑安装工程费等费用中。现实中的开发利润是一种结果,是由销售收入(销售价格)减去各项成本、费用和税金后的余额。而在成本法中,"销售价格"是未知的,是需要求取的,开发利润则是典型的房地产开发企业进行特定的房地产开发所期望获得的利润(平均利润),是需要事先估算的。因此,运用成本法估价需要先估算出开发利润。

#### (二)开发利润的估算公式

开发利润通常按照一定的基数乘以相应的房地产开发利润率来估算。开发利润的计算基数和相应的房地产开发利润率主要有以下四种。

**1. 采用直接成本利润率估算开发利润**

如果采用直接成本利润率来估算房地产开发利润,则应依据房地产开发的直接成本(直接成本=土地成本+建设成本)来估算,即:

开发利润=直接成本×直接成本利润率=(土地成本+建设成本)×直接成本利润率

**2. 采用投资利润率估算开发利润**

如果采用投资利润率来估算房地产开发利润,则应依据房地产开发的投资总额(投资总额=土地成本+建设成本+管理费用+销售费用)来估算,即:

开发利润=投资总额×投资利润率=(土地成本+建设成本+管理费用+销售费用)×投资利润率

**3. 采用成本利润率估算开发利润**

如果采用成本利润率来估算房地产开发利润,则应依据房地产开发的成本总额(成本总额=土地成本+建设成本+管理费用+销售费用+投资利息)来估算,即:

开发利润=成本总额×成本利润率
=(土地成本+建设成本+管理费用+销售费用+投资利息)×成本利润率

**4. 采用销售利润率估算开发利润**

如果采用销售利润率来估算房地产开发利润,则应依据房地产开发的销售总额(销售总额=开发完成后的房地产价值=土地成本+建设成本+管理费用+销售费用+投资利息+销售税费+开发利润)来估算,即:

开发利润=销售总额×销售利润率=
(土地成本+建设成本+管理费用+销售费用+投资利息+销售税费+开发利润)×销售利润率

### （三）估算开发利润应掌握的要点

**1. 开发利润估算的是税前利润**

为了与不包含土地增值税、企业所得税的销售税费的口径一致，并得到相对客观合理的开发利润，开发利润是未扣除土地增值税和企业所得税的，简称税前利润。

**2. 开发利润估算的是平均利润**

开发利润是该类房地产开发项目在正常情况下房地产开发企业所能获得的平均利润，而不是个别房地产开发企业最终实际获得的利润，也不是个别房地产开发企业期望获得的利润。因此，开发利润率是通过调查同一市场上大量相似的房地产开发项目的利润率得到的。

**3. 开发利润估算要明确利润率的内涵**

由于有不同种类的房地产开发利润率，所以在估算开发利润时要搞清楚利润率的内涵，注意利润率和计算基数相互匹配。各种利润率的分子都是相同的，仅分母不同。其中，销售利润率的分母是所有房地产价格构成项目；成本利润率的分母不包含销售税费和开发利润；投资利润率的分母不包含投资利息、销售税费和开发利润；直接成本利润率的分母不包含管理费用、销售费用、投资利息、销售税费和开发利润。因此，房地产开发利润率由大到小依次为直接成本利润率、投资利润率、成本利润率、销售利润率。从理论上讲，同一个房地产开发项目的开发利润，无论是采用哪种利润率和与之相应的计算基数来估算，所得出的结果都是相同的。

**4. 开发利润估算要关注项目投资风险**

开发利润率应根据不同类型房地产开发项目的投资风险的不同而有所不同。例如，一般来说，商业房地产开发项目的开发经营中不确定因素较多，投资风险较大，开发利润率应相对较高；普通商品住宅开发项目的开发经营中不确定因素较少，投资风险较小，开发利润率应相对较低。

## 7.3 成本法估价的基本公式

### 7.3.1 适用于旧房地产估价的基本公式

成本法的典型估价对象是旧的房地产，即旧的房地和旧的建筑物。

#### （一）适用于旧房地估价的基本公式

把旧的房地作为一个整体，采用成本法估价的基本公式为：

旧的房地价值＝房地重新购建成本－房地折旧

例如，求取某旧房的价值，通过比较法得到类似新房的价值（即房地重新购建成本），然后减去旧房的建筑物陈旧、土地使用期限缩短等造成的价值减损（即房地折旧）。但如前所述，这种成本法本质上是比较法。

把旧的房地分解为土地和建筑物两个组成部分，即把土地和建筑物当作各自独立的物，采用成本法估价的基本公式为：

旧的房地价值＝土地重新购建成本＋建筑物重新购建成本－建筑物折旧

把土地当作原材料，模拟房地产开发建设过程，采用成本法估价的基本公式为：

旧的房地价值＝土地成本＋建设成本＋管理费用＋销售费用＋投资利息＋销售税费＋开发利润－建筑物折旧

### （二）适用于旧建筑物估价的基本公式

在旧的建筑物的情况下，成本法的基本公式为：

旧的建筑物价值＝建筑物重新购建成本－建筑物折旧

## 7.3.2 适用于新开发建设房地产估价的基本公式

新开发建设的房地产可分为新开发的房地、新开发的土地、新建成的建筑物、在建工程等。在实际运用成本法评估新开发建设的房地产价值时，一般是模拟房地产开发建设过程，依据房地产价格构成，根据估价对象及当地的实际情况进行测算。

### （一）适用于新开发房地估价的基本公式

在新开发的房地（如新建的商品房）的情况下，成本法的基本公式为：

新开发的房地价值＝土地成本＋建设成本＋管理成本＋
销售费用＋投资利息＋销售税费＋开发利润

式中的土地成本是熟地成本还是生地成本或毛地成本，要根据估价对象所在地相似的房地产开发在价值时点取得土地的通常状况来确定。如果当地大多是在取得熟地的基础上进行房地产开发，则土地成本为熟地成本；如果当地大多是在取得生地的基础上进行房地产开发，则土地成本为生地成本。

### （二）适用于新开发土地估价的基本公式

新开发的土地包括征收集体土地并进行"三通一平""五通一平"等基础设施建设和场地平整后的土地，征收国有土地上房屋并进行基础设施改造和场地平整后的土地，如填海造地、开山造地等。在这些情况下，成本法的基本公式为：

新开发的土地价值＝待开发土地成本＋土地开发成本＋管理费用＋销售费用
＋投资利息销售＋税费＋开发利润

如果是成片开发完成后的熟地，如新开发区中某宗土地的估价公式为：
新开发区某宗土地的单价＝（开发区用地取得总成本＋土地开发总成本＋总管理费用
＋总投资利息＋总销售费用＋总销售税费＋总开发利润）
÷（开发区用地总面积×开发完成后可转让土地面积比率）×用途、区位等因素调整系数
上式中：
开发完成后可转让土地面积的比率＝开发完成后可转让土地总面积÷开发区用地总面积×100％

实际测算中，通常分为三个步骤：一是测算开发区全部土地的平均价格；二是测算开发区可转让土地的平均价格，即将第一步测算出的平均价格除以可转让土地面积的比率；三是测算开发区某宗土地的价格，即将第二步测算出的平均价格根据该宗地的区位、用途、使用期限、容积率等做适当的增减价调整。

新开发区土地的分宗估价，成本法是一种有效的方法，因为新开发区在初期，土地市场和房地产市场一般还未形成，土地收益也还没有。

【例 7-1】 某成片荒地面积 2 平方千米,取得该荒地的代价为 1.2 亿元,将其开发成"五通一平"熟地的开发成本和管理费用为 5 亿元,开发期为 3 年,贷款年利率为 8%,销售费用、销售税费和开发利润分别为可转让熟地价格的 2%、5.5% 和 10%,开发完成后可转让土地面积的比率为 60%。试求该荒地开发完成后可转让熟地的平均单价(假设开发成本和管理费用在开发期内均匀投入)。

【解】 求取该荒地开发完成后可转让熟地平均单价的过程如下:

$$
\begin{aligned}
\text{该荒地开发完成后可转让熟地的单价} &= \frac{\text{取得该荒地的代价} + \text{土地开发成本} + \text{管理费用} + \text{投资利息}}{(1-\text{销售费用销售税费和开发利润的比率}) \times \text{可转让熟地总面积}} \\
&= \frac{\text{取得该荒地的代价} + \text{土地开发成本} + \text{管理费用} + \text{投资利息}}{(1-\text{销售费用销售税费和开发利润的比率}) \times \text{该荒地总面积} \times \text{可转让土地面积的比率}} \\
&= \left\{ \frac{120000000 \times (1+8\%)^3 + 500000000 \times (1+8\%)^{1.5}}{[1-(2\%+5.5\%+10\%)] \times 2000000 \times 60\%} \right\} \text{元}/\text{m}^2 \\
&= 872 \text{ 元}/\text{m}^2
\end{aligned}
$$

### (三) 适用于新建成建筑物估价的基本公式

新建成的建筑物价值为建筑物建设成本及与该建设成本相应的管理费用、销售费用、投资利息、销售税费和开发利润,不包含待开发土地成本、土地开发成本以及与其相应的管理费用、销售费用、投资利息、销售税费和开发利润。因此,测算新建成的建筑物价值的基本公式为:

新建成的建筑物价值=建筑物建设成本+管理费用+销售费用+投资利息+销售税费开发利润

### (四) 适用于在建工程估价的基本公式

在估价对象为在建工程的情况下,成本法的基本公式为:

在建工程价值=土地成本+已投入的建设成本+管理费用+销售费用
+投资利息+销售税费+开发利润

其中,已投入的建设成本是指在价值时点之前已投入的各项建设成本;管理费用、投资利息和开发利润是已投入的建设成本相应的管理费用、投资利息和开发利润;销售费用和销售税费应视项目具体情况而定。

## 7.4 重新购建成本的测算

### 7.4.1 重新购建成本的含义

重新购建价格又称重新购建成本,是指假设在估价时点重新取得全新状况的估价对象所必需的支出,或者重新开发建设全新状况的估价对象所必需的支出和应获得的利润。要把握重新购建价格的含义需要注意以下三个要点。

一是重新购建成本是在价值时点的重新购建成本。例如,在重新开发建设的情况下,重新购建成本是在价值时点的国家财税制度和市场价格体系下,按照价值时点的房地产价格构成来测算的。但应注意的是,价值时点并非总是现在,也可能是过去或将来。

二是重新购建成本是客观的重新购建成本。具体来说,重新购置的必要支出或重新开发建设的必要支出及应得利润,不是个别单位或个人的实际支出和实际利润,而是必须付出的成本、费用、税金和应当获得的利润,并且为相似的房地产开发活动的平均水平,即为客观成本而非实际成本。如果实际支出超出了平均水平,则超出的部分不仅不能构成价格,而且是一种浪费;反之,实际支出低于平均水平的部分,不会降低价格,只会形成个别单位或个人的超额利润。

三是建筑物的重新购建成本是全新状况的建筑物的重新购建成本,土地的重新购建成本是价值时点状况的土地的重新购建成本。因此,建筑物的重新购建成本中未扣除建筑物折旧,而土地的减价因素和增值因素一般已考虑在土地的重新购建成本中。例如,估价对象中的土地是5年前取得的商业用途法定最高年限40年的建设用地使用权,求取其重新购建成本,不是求取目前40年建设用地使用权的价格,而是求取目前剩余35年建设用地使用权的价格。再如,如果该土地目前的交通条件比其10年前有了很大改善,求取其重新购建成本,不是求取其在10年前交通条件下的价格,而是求取其在目前交通条件下的价格。

### 7.4.2 重新购建成本的求取思路

#### (一) 房地重新购建成本的求取思路

求取房地重新购建成本有两个路径:一是"房地合估"路径,即把土地当作原材料,模拟房地产开发建设过程,在房地产价格构成的基础上,采用成本法求取。二"房地分估"路径,即把土地和建筑物当作各自独立的物,分别求取土地重新购建成本、建筑物重新购建成本,然后将两者相加。

实际估价中,应根据估价对象状况和土地市场状况,选择求取重新购建成本的路径,并应优先选择"房地合估"路径,即适用"房地合估"路径求取的,应采用"房地合估"路径求取。"房地分估"路径主要适用于土地市场上以能直接在其上进行房屋建设的小块熟地交易为主的情况,或者有关成本、费用、税金和利润特别是基础设施建设费、公共配套设施建设费较容易在土地和建筑物之间进行分配的情况。

#### (二) 土地重新购建成本的求取思路

由于土地一般不存在重建成本问题,所以土地重新购建成本即为土地重置成本或土地重置价格,是指在价值时点重新购置土地的必要支出,或重新开发土地的必要支出及应得利润。因此,求取土地重置成本有两种思路:一是求取土地重新购置成本,即求取在价值时点重新购置土地的必要支出,通常是假设该土地上没有建筑物,除此之外的状况均维持不变,然后采用比较法、基准地价修正法等方法求取;二是求取土地重新开发成本,即求取在价值时点重新开发土地的必要支出及应得利润,通常是采用成本法求取。第一种求取思路特别适用于城市建成区内难以采用成本法求取重新开发的必要支出及应得利润的土地。此外,在求取旧的房地特别是其中建筑物破旧的土地重置成本时应注意,有时需要考虑破旧的建筑物导致的土地价值减损,即这种情况下的空地价值大于有破旧建筑物的土地价值,甚至大于有破旧建筑物的房地价值。

## （三）建筑物重新购建成本的求取思路

求取建筑物重新购建成本，是假设该建筑物占用的土地已经取得，并且该土地为没有该建筑物的空地，但除没有该建筑物外，其他状况均维持不变，然后在该土地上建造与该建筑物相同或具有同等效用的全新建筑物的必要支出及应得利润；也可以设想将该全新建筑物发包给建筑施工企业建造，由建筑施工企业将能直接使用的全新建筑物移交给发包人，这种情况下发包人应支付给建筑施工企业的全部费用（即建设工程价款或工程承发包价格），再加上发包人的其他必要支出（如勘察设计和前期工程费、管理费用、销售费用、投资利息、销售税费等）及发包人的应得利润。

### 7.4.3 建筑物重新购建成本的求取方式

按照建筑物重新建造方式的不同，建筑物重新购建成本分为重置成本和重建成本，它们也可以说是两种重新购建成本基准，分别称为重置成本基准和重建成本基准。

建筑物重置成本也称为建筑物重置价格，是指采用价值时点的建筑材料、建筑构配件和设备及建筑技术、工艺等，在价值时点的国家财税制度和市场价格体系下，重新建造与估价对象中的建筑物具有相同效用的全新建筑物的必要支出及应得利润。

建筑物重建成本也称为建筑物重建价格，是指采用与估价对象中的建筑物相同的建筑材料、建筑构配件和设备及建筑技术、工艺等，在价值时点的国家财税制度和市场价格体系下，重新建造与估价对象中的建筑物完全相同的全新建筑物的必要支出及应得利润。这种重新建造方式即是复原建造，可形象地理解为"复制"。因此，进一步地说，重建成本是在原址，按照原有规格和建筑形式，使用与原有建筑材料、建筑构配件和设备相同的新的建筑材料、建筑构配件和设备，采用原有建筑技术和工艺等，在价值时点的国家财税制度和市场价格体系下，重新建造与原有建筑物相同的全新建筑物的必要支出及应得利润。

重建成本与重置成本通常是不同的。一般的建筑物适用重置成本，具有历史、艺术、科学价值或代表性的建筑物适用重建成本。因年代久远、已缺少与旧建筑物相同的建筑材料、建筑构配件和设备，或因建筑技术、工艺改变等使得旧建筑物复原建造有困难的建筑物，一般只好使用重置成本，或者尽量做到功能上相同或相近的"形似"。

重置成本的出现是技术进步的必然结果，也是"替代原理"的体现。由于技术进步，使原有的许多材料、设备、结构、技术、工艺等都已过时落后或者成本过高，而采用新的材料、设备、结构、技术、工艺等，不仅功能更加完善，而且成本会降低，因此重置成本通常低于重建成本。

### 7.4.4 建筑物重新购建成本的求取方法

建筑物的重新购建价格可以采用比较法、成本法求取，也可以通过政府或者其授权的部门公布的房屋重置价格或房地产市场价格扣除其中可能包含的土地价值且进行适当调整来求取。

成本法求取建筑物重新购建成本，相当于成本法求取新建成的建筑物价值，公式为：

建筑物重新购建成本＝建筑安装工程费＋专业费用＋管理费用＋销售费用
＋投资利息＋销售税费＋开发利润

其中，求取建筑安装工程费的方法主要有单位比较法、分部分项法、工料测量法和指数调整法。

## (一)单位比较法

单位比较法是以建筑物为整体,选取与该类建筑物的建筑安装工程费密切相关的某种计量单位(如单位建筑面积、单位体积等)为比较单位,调查在价值时点的近期建成的类似建筑物的单位建筑安装工程费,对其进行处理后得到建筑物建筑安装工程费的方法。

单位比较法实质上是一种比较法。该方法中的有关处理包括:(1)把可比实例建筑物实际而可能不是正常的单位建筑安装工程费,修正为正常的单位建筑安装工程费;(2)把可比实例建筑物在其建造时的建筑安装工程费,调整为在价值时点的建筑安装工程费;(3)根据可比实例建筑物与估价对象建筑物在对单位建筑安装工程费有影响的建筑规模、建筑设备、装饰装修等方面的差异,对单位建筑安装工程费进行调整,即可得到估价对象建筑物的单位建筑安装工程费。

单位比较法较为简单、实用,因此经常被采用,但这种方法比较粗略。单位比较法主要有单位面积法和单位体积法。

单位面积法是调查在价值时点的近期建成的类似建筑物的单位建筑面积建筑安装工程费,对其进行处理后得到建筑物建筑安装工程费的方法。这种方法主要适用于同一类型建筑物的单位建筑面积建筑安装工程费基本相同的建筑物,如住宅、办公楼等。

【例 7-2】 某幢房屋的建筑面积为 $300\text{ m}^2$,该类用途、建筑结构和档次的房屋的建筑安装工程费为 $1200 \text{ 元}/\text{m}^2$,专业费用为建筑安装工程费的 8%,管理费用为建筑安装工程费与专业费用之和的 3%,销售费用为重新购建成本的 4%,建设期为 6 个月,所有费用可视为在建设期内均匀投入,年利率为 6%,房地产开发成本利润率为 15%,销售税费为重新购建成本的 6%。试计算该房屋的重新购建成本。

【解】 设该房屋单位建筑面积的重新购建成本为 $V_B$,计算如下:

(1) 建筑安装工程费 $= 1200 \text{ 元}/\text{m}^2$;

(2) 专业费用 $= 1200 \times 8\% \text{ 元}/\text{m}^2 = 96 \text{ 元}/\text{m}^2$;

(3) 管理费用 $= (1200 + 96) \times 3\% \text{ 元}/\text{m}^2 = 38.88 \text{ 元}/\text{m}^2$;

(4) 销售费用 $= V_B \times 4\% = 0.04 V_B \text{ 元}/\text{m}^2$;

(5) 投资利息 $= (1200 + 96 + 38.88 + 0.04 V_B) \times [(1+6\%)^{0.25} - 1] = 19.59 + 0.0006 V_B$ ($\text{元}/\text{m}^2$);

(6) 销售税费 $= V_B \times 6\% = 0.06 V_B \text{ 元}/\text{m}^2$;

(7) 开发利润 $= (1200 + 96 + 38.88 + 0.04 V_B + 19.59 + 0.0006 V_B) \times 15\% = 203.17 + 0.0061 V_B$ ($\text{元}/\text{m}^2$);

(8) $V_B = 1200 + 96 + 38.88 + 0.04 V_B + 19.59 + 0.0006 V_B + 0.06 V_B + 203.17 + 0.0061 V_B$。

解之得:$V_B = 1743.69 \text{ 元}/\text{m}^2$。

则有:重新购建成本总额 $= 1743.69 \times 300 \text{ 元} = 523107 \text{ 元}$。

单位体积法与单位面积法相似,是调查在价值时点的近期建成的类似建筑物的单位体积建筑安装工程费,对其进行处理后得到建筑物建筑安装工程费的方法。这种方法主要适用于同一类型建筑物的单位体积建筑安装工程费基本相同的建筑物,如储油罐、地下油库等。

## (二)分部分项法

分部分项法是先假设将估价对象建筑物分解为各个独立的构件或分部分项工程,然后测算各个独立构件或分部分项工程的数量,再调查和了解估价时点各个独立构件或分部分项工程的单位价格或成本,最后将各个独立构件或分部分项工程的数量乘以相应的单位价格或成本后相加,来求取建筑物重新购建价格的方法。

在运用分部分项法测算建筑物的重新购建价格时,需要注意以下两点:一是应结合各个构件或分部分项工程的特点使用计量单位,有的要用面积,有的要用体积,有的要用长度,有的要用容量(如千瓦、千伏安)等。例如,基础工程的计量单位通常为体积,墙面抹灰工程的计量单位通常为面积,楼梯栏杆工程的计量单位通常为米。二是既不要漏项也不要重复计算,以免造成测算误差。

采用分部分项法测算建筑物重新购建价格的一个简化例子如表7-1所示。

表7-1 某构成项目重新购建成本的分部分项法测算一览表

| 项目 | 数量 | 单位成本 | 金额/元 |
|---|---|---|---|
| 基础工程 | 150 m³ | 300 元/m³ | 45000 |
| 墙体工程 | 160 m² | 400 元/m² | 64000 |
| 楼地面工程 | 150 m² | 300 元/m² | 45000 |
| 屋面工程 | 150 m² | 300 元/m² | 45000 |
| 给排水工程 | 50 m³ | 700 元/m³ | 35000 |
| 供暖工程 | 20 m³ | 750 元/m³ | 15000 |
| 电气工程 | 200 m | 100 元/m | 20000 |
| 直接费合计 | | | 269000 |
| 承包商间接费、利润和税金 | | | 19000 |
| 工程承发包价格 | | | 288000 |
| 开发商管理费、利息和税费 | | | 50000 |
| 建筑物重新购建价格 | | | 338000 |

### (三) 工料测量法

工料测量法是先假设将估价对象建筑物分解还原为建筑材料、建筑构配件和建筑设备,然后测算重新建造该建筑物所需要的建筑材料、建筑构配件、建筑设备的种类、数量和人工时数,再调查、了解估价时点相应建筑材料、建筑构配件、建筑设备的单价和人工费标准,最后将各种建筑材料、建筑构配件、建筑设备的数量和人工时数乘以相应的单价和人工费标准后相加,来求取建筑物重新购建价格的方法。

工料测量法的优点是详细、准确,缺点是比较费时、费力并需要其他专家(如建筑师、造价工程师)的参与,它主要用于具有历史价值的建筑物重新购建价格的求取。采用工料测量法测算建筑物重新购建价格的一个简化例子如表7-2所示。

表7-2 某工程项目重新购建成本的工料测量法一览表

| 项目 | 数量 | 单价 | 成本/元 |
|---|---|---|---|
| 现场准备 | 5 天 | 600 元/天 | 3000 |
| 水泥 | 26 吨 | 250 元/吨 | 6500 |

续表

| 项　　目 | 数　　量 | 单　　价 | 成本/元 |
|---|---|---|---|
| 沙石 | 250 立方米 | 20 元/立方米 | 5000 |
| 砖块 | 4 万块 | 3000 元/块 | 12000 |
| 木材 | 7 立方米 | 1000 元/立方米 | 7000 |
| 瓦面 | 3000 片 | 1 元/片 | 3000 |
| 铁钉 | 100 公斤 | 2 元/公斤 | 200 |
| 人工 | 1500 工时 | 10 元/工时 | 15000 |
| 税费 |  |  | 1000 |
| 其他 |  |  | 5000 |
| 重新购建价格 |  |  | 57700 |

### （四）指数调整法

指数调整法也称为成本指数趋势法，是利用建筑安装工程费的有关指数或变动率，将估价对象建筑物的历史建筑安装工程费调整到价值时点的建筑安装工程费来求取建筑物建筑安装工程费的方法。这种方法主要用于检验其他方法的测算结果。

将历史建筑安装工程费调整到价值时点的建筑安装工程费的具体方法，与比较法中市场状况调整的方法相同。

## 7.5　建筑物折旧的测算

### 7.5.1　建筑物折旧的含义和原因

#### （一）建筑物折旧的含义

估价上的建筑物折旧是指各种原因造成的建筑物价值减损，其金额为建筑物在价值时点的重新购建成本与在价值时点的市场价值之差，即：

建筑物折旧＝建筑物重新购建成本－建筑物市场价值

建筑物重新购建成本是指建筑物在全新状况下的价值，建筑物市场价值是指建筑物在价值时点状况下的价值。将建筑物重新购建成本减去建筑物折旧，相当于把建筑物在全新状况下的价值调整为在价值时点状况下的价值，调整后的结果为建筑物的市场价值，即：

建筑物市场价值＝建筑物重新购建成本－建筑物折旧

#### （二）建筑物折旧的原因

根据引起建筑物折旧的原因，建筑物折旧分为物质折旧、功能折旧和外部折旧。

**1. 物质折旧**

物质折旧也称为物质损耗、有形损耗,是指因自然力作用或使用导致建筑物老化、磨损或损坏造成的建筑物价值减损。建筑物物质折旧的原因主要有以下几点。

(1) 自然经过的老化。自然经过的老化可称为自然老化折旧,主要是指随着时间的流逝由于自然力作用而引起的,如风吹、日晒、雨淋等引起的建筑物腐朽、生锈、风化、基础沉降等。这种折旧与建筑物的实际年龄(建筑物自竣工时起至价值时点止的年数)正相关,并且要看建筑物所在地的气候和环境条件,如酸雨多、昼夜温差大的地区,建筑物的老化就快。

(2) 正常使用的磨损。正常使用的磨损可称为使用磨损折旧,主要是指由于正常使用而引起的,与建筑物的使用性质、使用强度和使用时间正相关。例如,工业用途的建筑物磨损要大于居住用途的建筑物磨损。受腐蚀的工业用途的建筑物磨损,因受到使用过程中产生的有腐蚀作用的废气、废液等的不良影响,要大于不受腐蚀的工业用途的建筑物磨损。

(3) 意外破坏的损毁。意外破坏的损毁可称为意外损毁折旧,主要是指由于突发性的天灾人祸而引起的,包括自然方面的,如地震、水灾、风灾、雷击等;人为方面的,如失火、碰撞等。即使对这些损毁进行了修复,但可能仍然有无法恢复原状的情形。

(4) 延迟维修的损坏残存。延迟维修的损坏残存可称为延迟维修折旧,主要是指由于未适时地采取预防、养护措施或者修理不够及时而引起的,它造成建筑物不应有的损坏或提前损坏,或者已有的损坏仍然存在,如门窗有破损,墙面、地面有裂缝等。

**2. 功能折旧**

功能折旧也称为无形损耗,是因建筑物功能不足或过剩造成的建筑物价值减损。导致建筑物功能不足或过剩的原因可能是科学技术进步、人们的消费观念改变、过去的建筑标准过低、建筑设计上的缺陷等。功能折旧可分为以下三种情形。

(1) 功能缺乏折旧。功能缺乏折旧是指因建筑物中某些部件、设施设备、功能等缺乏造成的建筑物价值减损。例如,住宅没有卫生间、暖气(北方地区)、燃气、电话线路、有线电视等;办公楼没有电梯、集中空调、宽带等。

(2) 功能落后折旧。功能落后折旧是指因建筑物中某些部件、设施设备、功能等低于市场要求的标准造成的建筑物价值减损。例如,设备、设施陈旧落后或容量不够,建筑式样过时,空间布局欠佳等。以住宅为例,现时流行"三大、一小、一多"型住宅,即起居室、厨房、卫生间大,卧室小,壁橱多的住宅,而过去建造的卧室大、起居室小、厨房小、卫生间小的住宅相对就过时了。再如高档办公楼,现在要求有较好的智能化系统,如果某个所谓高档办公楼的智能化程度不够,则其功能相对就落后了。

(3) 功能过剩折旧。功能过剩折旧是指因建筑物中某些部件、设施设备、功能等超过市场要求的标准而对房地产价值的贡献小于其成本造成的建筑物价值减损。例如,某幢厂房的层高为6米,但如果当地该类厂房的标准层高为4米,则该厂房超高的2米因不能被市场接受而使其多花的成本成为无效成本。

**3. 外部折旧**

外部折旧也称为经济折旧,是指因建筑物以外的各种不利因素造成的建筑物价值减损。不利因素可能是经济因素(如市场供给过量或需求不足)、区位因素(如周围环境改变,包括原有的较好景观被破坏、自然环境恶化、环境污染、交通拥挤、城市规划改变等),也可能是其他因素(如政策变化、市场调控措施加强等)。进一步可把外部折旧分为暂时性的和永久性的。例如,在经济不景气时期房地产价值下降,这就是一种外部折旧,但这种外部折旧不会永久下去,当经济复苏后就会消失。再如,一个高级居住区的附近兴建了一座工厂,使得该居住区的房地产价值下降,这也是一种外部折旧,且这种外部折旧一般是永久性的。

【例7-3】 某旧住宅的重置成本为170万元,门窗、墙面、地面等破损引起的物质折旧为8万元,户型设计不好、没有独用卫生间、燃气等引起的功能折旧为12万元,位于城市衰落地区引起的外部折旧为10万元。请计算该旧住宅的折旧总额和折旧后价值。

【解】 (1) 该旧住宅的折旧总额计算如下:

该旧住宅的折旧总额=物质折旧+功能折旧+外部折旧=(8+12+10)万元=30万元

(2) 该旧住宅的折旧后价值计算如下:

该旧住宅的折旧后价值=重置成本-折旧=(170-30)万元=140万元

## 7.5.2 建筑物折旧的求取方法

求取建筑物折旧的方法,主要有年限法、市场提取法和分解法。

### (一) 年限法

**1. 年限法和有关年限的含义**

年限法也称为年龄-寿命法,是指根据建筑物的有效年龄和预期经济寿命或预期剩余经济寿命来测算建筑物折旧的方法。

建筑物的年龄分为实际年龄和有效年龄。建筑物实际年龄是指建筑物自竣工时起至价值时点止的年数,类似于人的实际年龄。建筑物有效年龄是指根据价值时点的建筑物实际状况判断的建筑物年龄,类似于人看上去的年龄。

建筑物有效年龄可能等于也可能小于或大于其实际年龄。类似于有的人看上去比实际年龄小,有的人看上去比实际年龄大。有效年龄一般是根据建筑物的施工、使用、维护和更新改造等状况,在实际年龄的基础上进行适当的加减调整得出的。当建筑物的施工、使用、维护为正常的,其有效年龄与实际年龄相当;当建筑物的施工、使用、维护比正常的施工、使用、维护好或经过更新改造的,其有效年龄小于实际年龄;当建筑物的施工、使用、维护比正常的施工、使用、维护差的,其有效年龄大于实际年龄。

建筑物的寿命也称为使用寿命、使用年限、耐用年限,分为自然寿命和经济寿命。建筑物自然寿命是指建筑物自竣工时起至其主要结构构件自然老化或损坏而不能保证建筑物安全使用时止的时间。建筑物经济寿命是指建筑物对房地产价值有贡献的时间,即建筑物自竣工时起至其对房地产价值不再有贡献时止的时间。一般来说,建筑物的经济寿命短于其自然寿命。如果建筑物经过了更新改造,包括改建、扩建和修缮等,其自然寿命和经济寿命都有可能得到延长。

建筑物的剩余寿命是建筑物寿命减去年龄后的寿命,分为剩余自然寿命和剩余经济寿命。建筑物剩余自然寿命是指建筑物自然寿命减去实际年龄后的寿命。建筑物剩余经济寿命是指建筑物经济寿命减去有效年龄后的寿命,即自价值时点起至建筑物经济寿命结束时止的时间。因此,如果建筑物的有效年龄比实际年龄小,就会延长建筑物的剩余经济寿命;反之,就会缩短建筑物的剩余经济寿命。建筑物有效年龄是指从价值时点向过去推算的时间,剩余经济寿命是指自价值时点起至建筑物经济寿命结束的时间,两者之和等于建筑物经济寿命。如果建筑物的有效年龄小于实际年龄,就相当于建筑物比其实际竣工之日晚建成。此时,建筑物经济寿命可视为从这个晚建成之日起至建筑物对房地产价值不再有贡献之日止的时间。

利用年限法求取建筑物折旧时,建筑物的年龄应采用有效年龄,寿命应采用预期经济寿命,或者剩余寿命应采用预期剩余经济寿命。因为只有这样,求出的建筑物折旧和价值才符合实际。例如,两幢同时建成的完全相同的建筑物,如果使用、维护状况不同,它们的市场价值就会不同,但如果采用实际年龄、自然寿命来计算建筑物折旧,则它们的价值就会相同。进一步来说,新近建成的建筑物未必完好,从而其价值未必高;而较早时期建成的建筑物未必损坏严重,从而其价值未必低。例如,新建成的房屋可能由于存在设计、施工质量缺陷或者使用不当,竣工没有几年就已经成了"一般损坏房";而有些建设年代较早的旧建筑物,至今可能仍然完好,即使不考虑其文化内涵因素,也有较高的市场价值。

**2. 直线法**

年限法中最主要的是直线法。直线法是最简单的一种测算折旧的方法,它假设在建筑物的经济寿命期间每年的折旧额相等。直线法的年折旧额计算公式为:

$$D_i = D = (C-S)/N = C(1-R)/N$$

式中:$D_i$ 为第 $i$ 年的折旧额(直线法测算的折旧额 $D_i$ 是一个常数 $D$);$C$ 为建筑物重新购建成本;$S$ 为建筑物预计净残值(简称残值,是预计建筑物经济寿命结束时,经拆除后的旧料价值减去清理费用后的余额);$N$ 为建筑物经济寿命;$R$ 为建筑物净残值率(简称残值率,是建筑物的净残值与其重新购建成本的比率)。

另外,$(C-S)$ 称为折旧基数;年折旧额与重新购建成本的比率称为年折旧率,如果用 $d$ 来表示,即有:

$$d = (D/C) \times 100\% = [(1-R)/N] \times 100\%$$

有效年龄为 $t$ 年的建筑物折旧总额($E_t$)的计算公式为:

$$E_t = D \cdot t = C \cdot d \cdot t$$

采用直线法折旧下的建筑物折旧后价值($V$)的计算公式为:

$$V = C - E_t = C - C \cdot d \cdot t = C(1 - d \cdot t)$$

【例 7-4】 某幢平房的建筑面积为 180 m²,有效年龄为 20 年,预期经济寿命为 50 年,重置成本为 2000 元/m²,残值率为 4%。请用直线法计算该房屋的折旧总额,并计算其折旧后价值。

【解】 已知:$t = 20$ 年,$N = 50$ 年,$C = 2000 \times 180$ 元 $= 360000$ 元,$R = 4\%$。

该房屋的折旧总额 $E_t$ 和折旧后价值 $V$ 计算如下:

$$E_t = C(1-R) \times t/N = [360000 \times (1-4\%) \times 20/50] 元 = 138240 元$$
$$V = C - E_t = (360000 - 138240) 元 = 221760 元$$

直线法求取建筑物折旧,可分为综合折旧法、分类折旧加总法和个别折旧加总法。这三种方法是从粗到细。前面介绍的直线法即是综合折旧法。分类折旧加总法是把建筑物分解为结构、设备和装修三大类,分别根据它们的重新购建成本和有效年龄、预期经济寿命或预期剩余经济寿命来求取折旧后相加。个别折旧加总法是把建筑物分解为各个更为具体的组成部分,分别根据它们的重新购建成本和有效年龄、预期经济寿命或预期剩余经济寿命来求取折旧后相加。

**3. 成新折扣法**

采用成本法求取建筑物折旧后价值时,可以根据建筑物的建成年代或新旧程度、完损状况等,判定出建筑物成新率,或者用建筑物的年龄、寿命计算出建筑物成新率,然后将建筑物重新购建成本乘以该成新率来直接求取建筑物折旧后价值。这种方法称为成新折扣法,计算公式为:

$$V = C \cdot q$$

式中：$V$ 为建筑物折旧后价值；$C$ 为建筑物重新购建成本；$q$ 为建筑物成新率。成新折扣法比较粗略，主要用于建筑物初步估价，或者同时需要对大量建筑物进行估价的场合，即建筑物批量估价，尤其是在大范围内开展建筑物现值摸底调查。批量估价是指基于同一估价目的，利用共同的数据，采用相同的方法，并经过统计检验，对大量相似的房地产在给定日期的价值或价格进行评估。与批量估价相对而言的是个案估价，是指单独对一宗或若干宗房地产的价值或价格进行评估。

如果利用建筑物的有效年龄、经济寿命或剩余经济寿命来求取建筑物成新率，则成新折扣法就成了年限法的另一种表现形式。用直线法计算成新率的公式为：

$$q = V/C = C(1 - d \cdot t)/C = 1 - d \cdot t$$

当 $R = 0$ 时，有：

$$q = 1 - d \cdot t = 1 - t/N = (N-t)/N = n/N = n/(t+n)$$

**【例 7-5】** 某幢 10 年前建成支付使用的房屋，在此 10 年间维护状况正常，经实地查勘判定其剩余经济寿命为 40 年，残值率为零。请用直线法计算该房屋的成新率。

**【解】** 已知：$t = 10$ 年，$n = 40$ 年，$R = 0$，$N = 50$ 年。

该房屋的成新率 $q$ 计算如下：

$$q = n/N = 10/50 = 0.8 = 80\%$$

即该房屋的成新率为 80%。

### （二）市场提取法

**1. 市场提取法测算建筑物折旧的基本思路**

采用市场提取法求取建筑物折旧，是通过含有与估价对象中的建筑物具有类似折旧状况的建筑物的房地可比实例，来求取估价对象中的建筑物折旧。类似折旧状况是指可比实例中的建筑物折旧类型（物质折旧、功能折旧和外部折旧）和折旧程度与估价对象中的建筑物折旧类型和折旧程度相同或相当。

市场提取法是基于先知道旧的房地价值，然后利用适用于旧的房地的成本法公式反求出建筑物折旧。因为适用于旧的房地的成本法公式为：

旧的房地价值 = 土地重置成本 + 建筑物重新购建成本 - 建筑物折旧

所以，如果知道了旧的房地价值、土地重置成本和建筑物重新购建成本，便可求出建筑物折旧，即：

建筑物折旧 = 土地重置成本 + 建筑物重新购建成本 - 旧的房地价值
= 建筑物重新购建成本 -（旧的房地价值 - 土地重置成本）
= 建筑物重新购建成本 - 建筑物折旧后价值

**2. 市场提取法测算建筑物折旧的基本步骤**

市场提取法求取建筑物折旧的基本步骤如下。

(1) 从估价对象所在地的房地产市场中收集大量的房地交易实例。

(2) 从房地交易实例中选取不少于 3 个作为可比实例。要求所选取的房地交易实例中的建筑物与估价对象中的建筑物具有类似折旧状况。

(3) 对每个可比实例的成交价格进行标准化处理、交易情况修正、房地产状况调整（不对其中的折旧状况进行调整),但不进行市场状况调整。

(4) 采用比较法或基准地价修正法求取每个可比实例在其成交日期的土地重置成本,然后将前面换算、修正和调整后的可比实例成交价格减去土地重置成本,得出建筑物折旧后价值。

(5) 采用成本法或比较法求取每个可比实例在其成交日期的建筑物重新购建成本,然后将每个可比实例的建筑物重新购建成本减去前面求出的建筑物折旧后价值,得出建筑物折旧。

(6) 将每个可比实例的建筑物折旧除以其建筑物重新购建成本转换为总折旧率,即:

$$总折旧率 = 建筑物折旧 \div 建筑物重新购建成本$$

如果可比实例中的建筑物年龄与估价对象中的建筑物年龄相近,且求出的各个可比实例总折旧率的范围较窄,则可将各个可比实例的总折旧率调整为适用于估价对象的总折旧率。

如果各个可比实例中的建筑物区位、年龄、维护状况等之间有较大差异,求出的各个可比实例总折旧率的范围较宽,则应将每个可比实例的总折旧率除以其建筑物年龄转换为年折旧率,即:

$$年折旧率 = 总折旧率 \div 建筑物年龄$$

然后将各个可比实例的年折旧率调整为适用于估价对象的年折旧率。

(7) 将估价对象建筑物的重新购建成本乘以总折旧率,或者乘以年折旧率再乘以建筑物年龄,便可得到估价对象建筑物折旧,即:

$$建筑物折旧 = 建筑物重新购建成本 \times 总折旧率$$

或者:

$$建筑物折旧 = 建筑物重新购建成本 \times 年折旧率 \times 建筑物年龄$$

采用市场提取法求出的年折旧率,还可求取年限法所需的建筑物经济寿命。在假设建筑物的残值率为零的情况下:

$$建筑物经济寿命 = 1 \div 年折旧率$$

例如,如果采用市场提取法求出的估价对象建筑物的年折旧率为2%,则可根据2%的倒数估计估价对象建筑物的经济寿命为50年。

此外,利用总折旧率还可求出建筑物的成新率,即:

$$建筑物成新率 = 1 - 总折旧率$$

【例7-6】 某宗房地产的土地面积5000 m²,建筑面积12500 m²,现行市场价格4700元/m²,土地重置成本(楼面地价)2300元/m²,建筑物重置成本3000元/m²,建筑物年龄10年。试计算建筑物折旧总额、总折旧率和年折旧率。

【解】 (1) 建筑物折旧总额计算如下:

$$建筑物折旧总额 = 土地重置成本 + 建筑物重置成本 - 房地产市场价格$$
$$= (2300 + 3000 - 4700) \times 12500 元 = 750 万元$$

(2) 建筑物总折旧率计算如下:

$$建筑物总折旧率 = 建筑物折旧总额 \div 建筑物重置成本 = 750 \div (3000 \times 1.25) = 20\%$$

(3) 建筑物年折旧率计算如下:

$$建筑物年折旧率 = 建筑物总折旧率 \div 建筑物 = 20\% \div 10 = 2\%$$

(三) 分解法

**1. 分解法测算建筑物折旧的基本思路**

分解法是把建筑物折旧分解成物质折旧、功能折旧和外部折旧三个组成部分,分别测算出各个组成部分后相加得到建筑物折旧的方法。分解法是求取建筑物折旧最详细、最复杂的一种方法,其求取建筑物折旧的思路与构成可如图 7-1 所示。

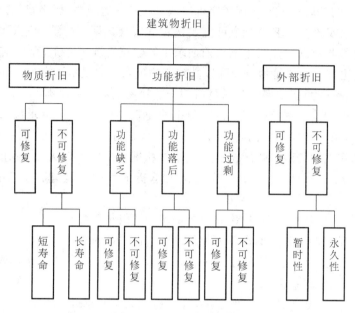

图 7-1　分解法求取建筑物折旧思路与构成

分解法认为,建筑物折旧首先可分成物质折旧、功能折旧和外部折旧三大组成部分,而物质折旧、功能折旧和外部折旧又可分成若干个组成部分,然后根据各个组成部分的特点分别采用适当的方法予以求取。

**2. 分解法测算建筑物折旧的基本步骤**

分解法求取建筑物折旧的基本步骤如下。

(1) 物质折旧的求取。先把物质折旧分解为各个项目,然后分别采用适当的方法求取其折旧后相加。例如,可将建筑物分解为建筑结构、建筑设备、装饰装修三个部分,分别求其重置成本,按其维护等状况确定相应的成新率或折旧率,再求其折旧后相加,即可得建筑物的物质折旧额。求取物质折旧的过程和方法如下。

① 将物质折旧项目分为可修复项目和不可修复项目两类。修复是指恢复到新的或相当于新的状况,有的是修理,有的是更换。预计修复成本小于或等于修复所能带来的房地产价值增加额的,即:

$$修复成本 \leqslant 修复后的房地产价值 - 修复前的房地产价值$$

则该项目是可修复的;反之,是不可修复的,即预计修复成本大于修复所能带来的房地产价值增加额。修复成本是采用合理的修复方案恢复到新的或相当于新的状况的必要支出及应得利润。需要进一步说明的是,可修复不仅是技术上能够做到,而且是法律上允许和经济上可行的。即判断是否可修复,不仅要看技术上能否修复,而且要看法律上是否允许修复,以及经济上是否值得修复。

② 对可修复项目,估算其在价值时点的修复成本作为折旧额。

③ 对不可修复项目,根据其在价值时点的剩余寿命是否短于整体建筑物的剩余经济寿命,将其分为短寿命项目和长寿命项目两类。短寿命项目是剩余寿命短于整体建筑物剩余经济寿命

的部件、设备、设施等,它们在建筑物剩余经济寿命期间迟早需要更换,甚至需要更换多次。长寿命项目是剩余寿命等于或长于整体建筑物剩余经济寿命的部件、设备、设施等,它们在建筑物剩余经济寿命期间不需要更换。在实际中,短寿命项目与长寿命项目的划分,一般是在其寿命是否短于建筑物经济寿命的基础上作出的,如基础、墙体、梁柱、屋顶、门窗、管道、电梯、空调、卫生设备、装饰装修等的寿命是不同的。

短寿命项目分别根据各自的重新购建成本(通常为市场价格、运输费、安装费等之和)、年龄、寿命或剩余寿命,采用年限法计算其折旧额。

长寿命项目是合在一起,根据建筑物重新购建成本减去各个可修复项目的修复成本和短寿命项目的重新购建成本后的余额、建筑物的有效年龄、经济寿命或剩余经济寿命,采用年限法计算其折旧额。

④ 把各个可修复项目的修复成本、短寿命项目的折旧额、长寿命项目的折旧额相加,即为物质折旧额。

【例 7-7】 某个建筑物的建筑面积为 500 m²,重置成本为 3600 元/m²,有效年龄为 10 年,预期经济寿命为 50 年。其中,门窗等破损的修复成本为 2 万元;建筑设备的重置成本为 60 万元,年龄为 10 年,平均寿命为 15 年;装饰装修的重置成本为 600 元/m²,已使用 3 年,平均寿命为 5 年。残值率假设均为零。试计算该建筑物的物质折旧额。

【解】 该建筑物的物质折旧额计算如下:
① 门窗等破损的修复成本=2 万元;
② 建筑设备的折旧额=(60×10÷15)万元=40 万元;
③ 装饰装修的折旧额=(600×500×3/5)元=18 万元;
④ 长寿命项目的折旧额=[(3600×500−20000−600000−600×500)×10/50]元=17.6 万元;
⑤ 该建筑物的物质折旧额=(2+40+18+17.6)万元=77.6 万元。

(2) 功能折旧的求取。先把功能折旧分解为各个项目,然后分别采用适当的方法求取其折旧后相加。求取功能折旧的过程和方法如下。

① 把功能折旧分成功能缺乏折旧、功能落后折旧和功能过剩折旧三类。

② 功能缺乏折旧的求取。把功能缺乏折旧分成可修复的功能缺乏折旧和不可修复的功能缺乏折旧。

可修复的功能缺乏折旧在采用缺乏该功能的"建筑物重建成本"下的求取方法是:首先估算在价值时点在估价对象建筑物上单独增加该功能的必要费用(简称单独增加功能费用);然后估算在价值时点重置估价对象建筑物时随同增加该功能的必要费用(简称随同增加功能费用);最后将单独增加功能费用减去随同增加功能费用,即单独增加功能的超额费用为可修复的功能缺乏折旧额。

【例 7-8】 某幢应有电梯而没有电梯的办公楼,重建成本 2000 万元,现单独增加电梯(包括建筑工程费、电梯购买费和安装费等)需要 180 万元,而重置该办公楼时随同增加电梯仅需 150 万元。请计算该办公楼没有电梯引起的折旧额及扣除该折旧后的价值。

【解】 该办公楼没有电梯引起的折旧额及扣除该折旧后的价值计算如下:
该办公楼没有电梯引起的折旧额=(180−150)万元=30 万元
该办公楼扣除没有电梯引起的折旧后的价值=(2000−30)万元=1970 万元

如果是采用具有该功能的"建筑物重置成本",则将建筑物重置成本减去单独增加功能费用,便直接得到了扣除该可修复的功能缺乏折旧后的价值。

【例 7-9】 该办公楼没有电梯,现单独增加电梯需要 180 万元,相似的有电梯办公楼的重置成本为 2150 万元。请计算该办公楼扣除没有电梯引起的折旧后的价值。

【解】 该办公楼扣除没有电梯引起的折旧后的价值计算如下:

该办公楼扣除没有电梯引起的折旧后的价值＝(2150－180)万元＝1970 万元

不可修复的功能缺乏折旧可采用以下方法求取:首先利用"收益损失资本化法"求取因缺乏该功能造成的未来每年损失的净收益的现值之和;然后估算随同增加功能费用;最后将未来每年损失的净收益的现值之和减去随同增加功能费用,即得到不可修复的功能缺乏折旧额。

【例 7-10】 某幢没有电梯的旧写字楼建筑面积为 3000 m²,租金为 1.8 元/(m²·天),空置率为 15%。有电梯的同类写字楼的租金为 2 元/(m²·天),空置率为 10%。现单独增加电梯的必要费用为 400 万元,而重置该写字楼时随同增加电梯的必要费用为 200 万元。该写字楼的预期剩余寿命为 30 年,报酬率为 8%。试求:该功能缺乏是否可修复及该功能缺乏折旧额是多少?

【解】 计算增加电梯所能带来的房地产价值增加额:

$$V = \frac{A}{Y}\left[1 - \frac{1}{(1+Y)^n}\right]$$

$$= \frac{[2 \times (1-10\%) - 1.8 \times (1-15\%)] \times 365 \times 3000}{8\%} \times \left[1 - \frac{1}{(1+8\%)^{30}}\right]$$

$$= 332.84 \text{ 万元}$$

通过比较修复成本与房地产价值增加额的大小,判断是否可修复。因为修复成本 400 万元大于房地产价值增加额 332.84 万元,所以该没有电梯的功能缺乏不可修复。

计算没有电梯的功能折旧额:

没有电梯的功能折旧额＝房地产价值增加额－随同增加电梯费用

＝(332.84－200)万元＝132.84 万元

③ 功能落后折旧的求取。把功能落后折旧分成可修复的功能落后折旧和不可修复的功能落后折旧。

可修复的功能落后折旧在采用该落后功能的"建筑物重建成本"下,为在价值时点该落后功能的重置成本减去该落后功能已提折旧,加上拆除该落后功能的必要费用(简称拆除落后功能费用),减去该落后功能拆除后的残余价值(简称落后功能残余价值),加上单独增加先进功能的必要费用(简称单独增加先进功能费用),减去重置建筑物时随同增加先进功能的必要费用(简称随同增加先进功能费用),即:

建筑物重建成本－落后功能重置成本＋落后功能已提折旧－拆除落后功能费用＋落后功能残余价值－单独增加先进功能费用＋随同增加先进功能费用＝扣除功能落后折旧后的价值

如果是采用具有先进功能的"建筑物重置成本",则将建筑物重置成本减去落后功能重置成本,加上落后功能已提折旧,减去拆除落后功能费用,加上落后功能残余价值,减去单独增加先进功能费用,便直接得到了扣除可修复的功能落后折旧后的价值。

与可修复的功能缺乏折旧额相比,可修复的功能落后折旧额多了落后功能尚未折旧的价值(即落后功能的重置成本减去已提折旧。因为该尚未折旧的部分未发挥作用就报废了),少了落后功能的净残值(即可挽回的损失,等于落后功能的残余价值减去拆除费用),即多了落后功能的服务期未满而提前报废的损失。

**【例 7-11】** 某幢旧办公楼的电梯已落后,如果将该旧电梯更换为功能先进的新电梯,估计需要 2 万元的拆除费用,可回收残值 3 万元,安装新电梯需要 180 万元,比在建造同类办公楼时随同安装新电梯多花 30 万元。估计该旧办公楼的重建成本为 2150 万元,该旧电梯的重置成本为 100 万元,已提折旧 80 万元。试计算该办公楼电梯落后引起的折旧额及扣除该折旧后的价值。

**【解】** 该办公楼电梯落后引起的折旧额及扣除该折旧后的价值计算如下:

该办公楼电梯落后引起的折旧额 = [(100−80)+(2−3)+30]万元 = 49 万元

该办公楼扣除电梯落后引起的折旧后的价值 = (2150−49)万元 = 2101 万元

不可修复的功能落后折旧是在上述可修复的功能落后折旧额计算中,将单独增加先进功能费用替换为利用"收益损失资本化法"求取的功能落后导致的未来每年损失的净收益的现值之和。

④ 功能过剩折旧的求取。功能过剩一般是不可修复的。功能过剩折旧包括功能过剩造成的"无效成本"和"超额持有成本"。如果采用"建筑物重置成本",则"无效成本"可自动消除;如果采用"建筑物重建成本",则"无效成本"不能消除。以层高过高的工业厂房为例,因为厂房重置成本是依据 5 米层高来估算,而厂房重建成本是依据 6 米层高来估算。"超额持有成本"可利用"超额运营费用资本化法"——功能过剩导致的未来每年超额运营费用的现值之和来求取。这样,在采用建筑物重置成本下:

扣除功能过剩折旧后的价值 = 建筑物重置成本 − 超额持有成本

在采用建筑物重建成本下:

扣除功能过剩折旧后的价值 = 建筑物重建成本 − (无效成本 + 超额持有成本)

**【例 7-12】** 某房地产的重建成本为 2000 万元,已知在建造期间中央空调系统因功率过大较正常情况多投入 150 万元,投入使用后每年多耗电费 0.8 万元。假定该空调系统使用寿命为 15 年,估价对象的报酬率为 9%。试计算该房地产中央空调功率过大引起的折旧及扣除该折旧后的价值。

**【解】** 该房地产中央空调功率过大引起的折旧及扣除该折旧后的价值计算如下:

该房地产中央空调功率过大引起的折旧 $= \left\{150 + \dfrac{0.8}{9\%} \times \left[1 - \dfrac{1}{(1+9\%)^{15}}\right]\right\}$ 万元

$= 156.45$ 万元

该房地产扣除中央空调功率过大引起的折旧后的价值 = (2000−156.45)万元 = 1843.55 万元

⑤ 把功能缺乏折旧、功能落后折旧和功能过剩折旧相加,即为功能折旧。

(3) 外部折旧的求取。先把外部折旧分为不同的情形,然后分别采用适当的方法求取其折旧后相加。

外部折旧通常是不可修复的,但它可能是暂时的,如供给过度的市场;也可能是永久的,如周围环境发生了不可逆的改变。因此,求取外部折旧首先应分清它是暂时性的还是永久性的,然后可以根据收益损失的期限不同,利用"收益损失资本化法"求取建筑物以外的各种不利因素导致的未来每年损失的净收益的现值之和,即为外部折旧。

(4) 求取建筑物折旧总额。把上述求取的物质折旧、功能折旧和外部折旧相加,即得到建筑物折旧总额。

### 7.5.3 求取建筑物折旧应注意的问题

**（一）估价上的折旧与会计上的折旧的本质区别**

估价上的折旧与会计上的折旧存在着本质区别：估价上的折旧实质上是资产市场价值的真实减损，科学地说不是"折旧"，而是"减价调整"；会计上的折旧实质上是资产历史成本的分摊、补偿或回收。以直线法折旧下的公式：$V=C[1-(1-R)t/N]$为例，式中的$C$在会计上为资产的历史成本，是当初购置时不随着时间的流逝而变化的"原值"，在估价上为资产的重新购建成本，是价值时点的"重新购建价值"，价值时点不同，其值可能不同。此外，会计上把资产的历史成本$C$与累计折旧额$C(l-R)t/N$之差，称为资产的账面价值，它不需与资产的市场价值一致；估价上把资产的重新购建成本$C$与折旧总额$C(l-R)t/N$之差，视为资产的实际价值，它必须与资产的市场价值一致。

**（二）土地使用期限对建筑物经济寿命的影响**

在求取建筑物折旧时应注意土地使用期限对建筑物经济寿命的影响。计算建筑物折旧所采用的建筑物经济寿命遇到下列情况的处理方式具体如下。

（1）住宅不论其经济寿命是早于还是晚于土地使用期限而结束，均按照其经济寿命计算折旧，因为《物权法》第一百四十九条规定："住宅建设用地使用权期间届满的，自动续期。"

（2）非住宅建筑物经济寿命早于土地使用期限而结束的，应按照建筑物经济寿命计算建筑物折旧。如图7-2(a)所示，假设是在原划拨国有建设用地上建造的办公楼，在其建成15年后补办了出让手续，出让年限为50年，办公楼经济寿命为60年。在这种情况下，应按照60年（办公楼经济寿命）而不是45年（60年办公楼经济寿命减去15年办公楼年龄）、50年（土地使用期限）或65年（60年办公楼经济寿命加上5年剩余土地使用期限）计算办公楼折旧。

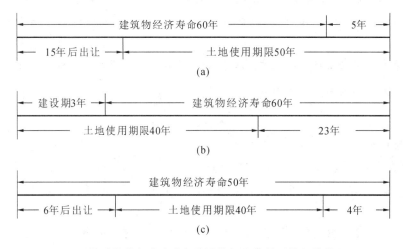

图7-2 建筑物经济寿命与土地使用期限关系的几种情况

（3）非住宅建筑物经济寿命晚于土地使用期限而结束的，分为两种情况：① 出让合同约定建设用地使用权期间届满需要无偿收回建设用地使用权时，根据收回时建筑物的残余价值给予土地使用者相应补偿。② 出让合同约定建设用地使用权期间届满需要无偿收回建设用地使用权时,建筑物也无偿收回。

对于上述第一种情况,应按照建筑物经济寿命计算建筑物折旧。对于上述第二种情况,应按照建筑物经济寿命减去其晚于土地使用期限的那部分寿命后的寿命计算建筑物折旧。如图 7-2(b)所示,假设是在出让的国有建设用地上建造的商场,出让年限为 40 年,建设期为 3 年,商场经济寿命为 60 年。在这种情况下,商场经济寿命中晚于土地使用期限的那部分寿命为 23 年(3 年建设期加上 60 年商场经济寿命减去 40 年土地使用权出让年限),因此,应按照 37 年(60 年商场经济寿命减去 23 年)而不是 60 年、63 年或 40 年计算商场折旧。如图 7-2(c)所示,假设是旧厂房改造的超级市场,在该旧厂房建成 6 年后补办了出让手续,出让年限为 40 年,建筑物经济寿命为 50 年。在这种情况下,建筑物经济寿命中晚于土地使用期限的那部分寿命为 4 年(50 年建筑物经济寿命减去 6 年建筑物年龄,再减去 40 年土地使用权出让年限),因此,应按照 46 年(50 年建筑物经济寿命减去 4 年)而不是 50 年、44 年或 40 年计算建筑物折旧。

## 7.6 房屋完损等级评定和折旧的有关规定

### 7.6.1 房屋完损等级评定的有关规定

房屋完损等级是用来检查房屋维修养护情况的一个标准,是确定房屋真实新旧程度和测算房屋折旧的一个重要依据。房屋的完好程度越高,其现值就越接近于重新购建价格。

1984 年 11 月 8 日,原城乡建设环境保护部发布了《房屋完损等级评定标准(试行)》,同年 12 月 12 日发布了《经租房屋清产估价原则》,有关内容如下。

(1) 房屋完损等级是根据房屋的结构、装修、设备三个组成部分的各个项目完好、损坏程度来划分的,分为 5 类:① 完好房;② 基本完好房;③ 一般损坏房;④ 严重损坏房;⑤ 危险房。

(2) 房屋结构、装修、设备三个组成部分,其中,房屋结构组成分为地基基础、承重构件、非承重墙、屋面、楼地面;房屋装修组成分为门窗、外抹灰、内抹灰、顶棚、细木装修;房屋设备组成分为水卫、电照、暖气及特种设备(如消防栓、避雷装置等)。

(3) 房屋完损等级的判定依据如下。

① 完好房:结构构件完好,装修和设备完好、齐全完整,管道畅通,现状良好,使用正常,或虽然个别分项有轻微损坏,但一般经过小修就能修复的。

② 基本完好房:结构基本完好,少量构部件有轻微损坏,装修基本完好,油漆缺乏保养,设备、管道现状基本良好,能正常使用,经过一般性的维修能恢复的。

③ 一般损坏房:结构一般性的损坏,部分构部件有损坏或变形,屋面局部漏雨,装修局部有破损,油漆老化,设备、管道不够畅通,水卫、电照管线、器具和零件有部分老化、损坏或残缺,需要进行中修或局部大修更换部件的。

④ 严重损坏房:房屋年久失修,结构有明显变形或损坏,屋面严重漏雨,装修严重变形、破损,油漆老化见底,设备陈旧不齐全,管道严重堵塞,水卫、电照管线、器具和零部件残缺及严重损坏,需进行大修或翻修、改建的。

⑤ 危险房:承重构件已属危险构件,结构丧失稳定及承载能力,随时有倒塌可能,不能确保住用安全的。

(4) 房屋新旧程度的判定标准是:① 完好房:十、九、八成新;② 基本完好房:七、六成新;③ 一般损坏房:五、四成新;④ 严重损坏房及危险房:三、二、一成新。

### 7.6.2 房屋折旧的有关规定

1992年6月5日,建设部、财政部制定的《房地产单位会计制度——会计科目和会计报表》对经租房产折旧作了有关规定。这些规定虽然是针对会计上的折旧和"经租房产"的,但其中的房屋分类分等和一些参数,如房屋的耐用年限(寿命)、残值率等,对于估价上求取建筑物的折旧有一定的参考价值。经租房产折旧的有关规定如下。

(1) 计算折旧必须确定房产的价值、使用年限、残值和清理费用,计算公式为:

$$年折旧额 = 原价 \times (1 - 残值率) \div 耐用年限$$

(2) 经租房产根据房屋结构分为下列4类7等。

① 钢筋混凝土结构:全部或承重部分为钢筋混凝土结构,包括框架大板与框架轻板结构等房屋。这类房屋一般内外装修良好,设备比较齐全。

② 砖混结构一等:部分钢筋混凝土,主要是砖墙承重的结构,外墙部分砌砖、水刷石、水泥抹面或涂料粉刷,并设有阳台,内外设备齐全的单元式住宅或非住宅房屋。

③ 砖混结构二等:部分钢筋混凝土,主要是砖墙承重的结构,外墙是清水墙,没有阳台,内部设备不全的非单元式住宅或其他房屋。

④ 砖木结构一等:材料上等、标准较高的砖木(石料)结构。这类房屋一般是外部有装修处理、内部设备完善的庭院式或花园洋房等高级房屋。

⑤ 砖木结构二等:结构正规,材料较好,一般外部没有装修处理,室内有专用上、下水等设备的普通砖木结构房屋。

⑥ 砖木结构三等:结构简单,材料较差,室内没有专用上、下水等设备,较低级的砖木结构房屋。

⑦ 简易结构:如简易楼、平房、木板房、砖坯房、土草房、竹木捆绑房等。

(3) 各种结构房屋的耐用年限一般如下。

① 钢筋混凝土结构:生产用房50年,受腐蚀的生产用房35年,非生产用房60年。

② 砖混结构一等:生产用房40年,受腐蚀的生产用房30年,非生产用房50年。

③ 砖混结构二等:生产用房40年,受腐蚀的生产用房30年,非生产用房50年。

④ 砖木结构一等:生产用房30年,受腐蚀的生产用房20年,非生产用房40年。

⑤ 砖木结构二等:生产用房30年,受腐蚀的生产用房20年,非生产用房40年。

⑥ 砖木结构三等:生产用房30年,受腐蚀的生产用房20年,非生产用房40年。

⑦ 简易结构10年。

(4) 房屋残值是指房屋达到使用年限,不能继续使用,经拆除后的旧料价值;清理费用是指拆除房屋和搬运废弃物所发生的费用;残值减去清理费用,即为残余价值,其与房屋造价的比例为残值率。各种结构房屋的残值率一般如下。

① 钢筋混凝土结构的残值率为0。

② 砖混结构一等的残值率为2%。

③ 砖混结构二等的残值率为2%。

④ 砖木结构一等的残值率为6%。

⑤ 砖木结构二等的残值率为4%。

⑥ 砖木结构三等的残值率为 3%。
⑦ 简易结构的残值率为 0。

# 复习思考题

## 一、简答题
1. 简述成本法的含义和理论依据。
2. 简述成本法的适用对象和适用条件。
3. 简述成本法的操作步骤。
4. 简述重置成本和重建成本的含义。
5. 简述重新购建成本的求取方法。
6. 简述建筑物折旧的含义和原因。
7. 简述物质折旧的含义与求取方法。
8. 简述功能折旧的含义与求取方法。
9. 简述外部折旧的含义与求取方法。

## 二、论述题
1. 试述土地的取得途径及其成本构成。
2. 试述建设成本的构成。
3. 试述开发利润的估算方式。
4. 试述重新购建成本的含义与求取思路。
5. 试述建筑物折旧的求取方法。

## 三、计算题
某宗房地产的土地总面积为 1000 $m^2$，是 10 年前通过征收农地取得的，当时取得的费用为 18 万元/亩，现时重新取得该类土地需要的费用为 620 元/$m^2$；地上建筑物总建筑面积为 2000 $m^2$，是 8 年前建成交付使用的，当时的建筑造价为每平方米建筑面积 600 元，现时建造类似建筑物的建筑造价为每平方米建筑面积 1200 元，估计该建筑物有八成新。试根据所给资料测算该宗房地产的现时总价和单价。

# 第8章 假设开发法及其运用

【本章学习要点】

① 假设开发法的含义、理论依据、适用对象、适用条件和操作步骤;② 动态分析法与静态分析法的区别与优缺点;③ 假设开发法的估价前提和最高最佳经营方式的选择;④ 假设开发法的计算公式;⑤ 后续开发经营期、必要支出和开发完成后价值的求取。

通过本章的学习,理解假设开发法的含义、理论依据、适用对象、适用条件和动态分析法与静态分析法的区别及优缺点,掌握假设开发法的估价前提和最高最佳经营方式的选择,熟悉假设开发法的计算公式,掌握后续开发经营期、必要支出和开发完成后价值的求取方法。

## 8.1 假设开发法概述

### 8.1.1 假设开发法的含义

简单来说,假设开发法是指根据估价对象预期开发完成后的价值来求取估价对象价值或价格的一种估价方法。具体来说,假设开发法分为动态分析法和静态分析法。动态分析法是求得估价对象后续开发的必要支出及折现率和开发完成后的价值,将开发完成后的价值和后续开发的必要支出折现到价值时点后相减得到估价对象价值或价格的方法;静态分析法是求得估价对象后续开发的必要支出及应得利润和开发完成后的价值,将开发完成后的价值减去后续开发的必要支出及应得利润得到估价对象价值或价格的方法。

假设开发法的本质与收益法相同,是以房地产的预期未来收益(从静态分析法来看,具体为开发完成后的价值减去后续开发的必要支出及应得利润后的余额,简称剩余开发价值)为导向来求取房地产的价值或价格。

### 8.1.2 假设开发法的理论依据

假设开发法的理论依据与收益法相同,是预期原理。其估价的基本思路可以用房地产开发企业出价拿地的过程加以说明。

假如有一块房地产开发用地要出让或转让,同时有许多房地产开发企业想得到它,作为其中的一个房地产开发企业将怎样出价才能拿到土地呢?首先,该房地产开发企业要深入调查、分析该块土地的内外部状况和当地房地产市场状况,如该块土地的位置、四至、面积(包括规划总用地面积、建设用地面积和代征地面积)、形状、地形、地势、地质、开发程度、交通、外部配套设施、周围环境、规划条件(如土地用途、容积率,以及配套建设保障性住房、公共服务设施等要求)和将拥有的土地权利等。

其次,该房地产开发企业要根据调查、分析得到的该块土地的内外部状况和当地房地产市场状况,研究、判断该块土地的最高最佳利用,即在规划允许的范围内最适宜做何种用途、建筑规模多大、什么档次。例如,是建住宅还是建写字楼或商场、宾馆;如果建住宅,是建普通住宅还是建高档公寓或别墅。

接下来,该房地产开发企业要预测在未来适当的时候预售或销售开发完成后的房地产,价格将是多少?在取得该块房地产开发用地时作为买方需要缴纳的契税等"取得土地的税费"将是多少?为了开发和售出开发完成后的房地产,支出将是多少?包括建设成本、管理费用、销售费用、投资利息(该房地产开发企业投入的资金有些是自己的,有些是向银行借贷的,有些还可能是通过其他融资渠道取得的,但都要计算利息,因为借入的资金要支付利息,自有资金要考虑其机会成本)、销售税费。此外,还不能忘了要获取开发利润。但期望所获取的开发利润既不能过高也不能过低。因为利润期望过高就会导致出价较低,从而在取得该块房地产开发用地的竞争中将得不到它;利润期望过低(如低于相同或相似的房地产开发活动的正常利润,或者低于将有关资金、时间和精力投到其他方面所能获得的利润)还不如将有关资金、时间和精力投到其他方面,这是基于机会成本的考虑。

在做出上述预测后,便可知愿意为该块房地产开发用地支付的最高价格等于预测的开发完成后的房地产价格,减去预测的该块房地产开发用地的取得税费以及未来开发经营中必须付出的各项成本、费用、税金和应获得的开发利润后的余额。

由此可以看出,假设开发法在形式上是评估新开发建设的房地产(如新建商品房)价值的成本法的"倒算法"。两者的主要区别是:成本法中的土地价值为已知,需要求取的是开发完成后的房地产价值;而在假设开发法中,开发完成后的房地产价值已事先通过预测得到,需要求取的是土地价值。

假设开发法更深层的理论依据类似于地租原理,只不过地租是每年的租金剩余,假设开发法测算的通常是一次性的价格剩余。

## 8.1.3 假设开发法适用的估价对象

假设开发法适用的估价对象不仅是上述房地产开发用地,凡是具有开发或再开发潜力且开发完成后的价值可采用比较法、收益法等成本法以外的方法进行测算的房地产,都适用假设开发法估价,如可供开发的土地(包括生地、毛地、熟地,典型的是各种房地产开发用地),在建工程(或称为房地产开发项目),可重新开发、更新改造或改变用途的房地产(包括改建、扩建、重新装饰装修等。如果是重建,则属于毛地的范畴)。这类房地产,统称为"待开发房地产"。

对于规划条件尚不明确的待开发房地产,难以采用假设开发法估价。因为在该房地产的法定开发利用前提尚不确定的情况下,其价值也就不能确定。如果在这种情况下仍然需要估价,则可以通过咨询城乡规划主管部门或有关专业机构、专家的意见,或者参照周边土地的规划条件等方式,推测其最可能的规划条件,然后据此进行估价,但必须将该推测的最可能的规划条件作为估价假设,并在估价报告中作出特别提示,说明估价假设的依据,以及它对估价结果的影响或估价结果对它的依赖性。

假设开发法除了适用于房地产估价,还适用于房地产开发项目分析。假设开发法用于房地产估价与用于房地产开发项目分析的主要不同之处是:在选取有关参数和测算有关数值时,房地产估价是站在一个典型的投资者的立场上,而房地产开发项目分析是站在某个特定的投资者的立场上。房地产开发项目分析的目的,是为了给房地产投资者的投资决策提供参考依据。假设开发法具体可为房地产投资者提供下列三种数值。

(1)测算待开发房地产的最高价格。如果房地产投资者有意向取得某宗待开发房地产,他必须事先测算出自己可以承受的最高价格,他的实际购置价格应低于或等于此价格,否则就不值得取得该房地产。

(2)测算房地产开发项目的预期利润。在测算房地产开发项目的预期利润时,是假定待开发房地产已经按照某个价格购置,即待开发房地产的取得成本被视为已知。预计可取得的总收入减去待开发房地产的取得成本以及建设成本等成本、费用、税金后的余额,为该房地产开发项目所能产生的利润。此利润或利润率如果高于房地产投资者期望的利润或利润率,则认为该房地产开发项目可行;否则,应推迟开发,甚至取消投资。

(3)测算房地产开发中可能的最高费用。在测算最高费用时,待开发房地产的取得成本也被视为已知。测算最高费用的目的是使开发利润保持在一个合理的范围内,同时使建设成本等成本、费用、税金在开发过程的各个阶段得到有效控制,不至于在开发过程中出现成本失控。

### 8.1.4 假设开发法估价需要具备的条件

在实际估价中,假设开发法测算结果的可靠程度主要取决于两个预测:(1)是否根据房地产估价的合法原则和最高最佳利用原则,正确判断了估价对象的最佳开发利用方式(包括用途、建筑规模、档次等);(2)是否根据当地房地产市场状况,正确预测了估价对象开发完成后的价值。由于这两个预测包含着较多的不确定因素,假设开发法有时被指责为较粗糙,具有较大的随意性。这一点也可从国有建设用地使用权拍卖、挂牌、招标出让中,都是采用假设开发法测算出价或报价,但不同的竞买者所愿意支付的最高价格常常相差悬殊中反映出来。当然,各个竞买者在测算其报价或出价时所依据的自身条件以及对未来房地产市场的判断可能不同,因为其测算结果本质上是投资价值而不是市场价值。另外,准确地预测后续开发的必要支出及应得利润,也有较大的难度。不过,当估价对象具有潜在的开发价值时,假设开发法几乎是最主要且实用的一种估价方法。

假设开发法测算结果的准确与否,除了取决于对假设开发法本身掌握得如何,还要求有一个良好的社会经济环境,包括:一是要有一套统一、严谨及健全的房地产法规;二是要有一个稳定、具有可预见性及透明的房地产政策,包括有一个长远、公开的土地供应计划;三是要有一个具备较长历史、连续、全面及开放的房地产信息资料库,包括有一个清晰、全面的有关房地产开发和交易的税费清单或目录。如果这些条件不具备,在运用假设开发法估价时会使本来就难以预测的房地产市场,人为地掺入了更多的不确定因素,使未来的房地产市场变得更加不可捉摸,从而对开发完成后的价值以及后续开发的必要支出的预测变得更加困难。

### 8.1.5 假设开发法估价的操作步骤

运用假设开发法估价一般分为8个步骤:(1)选择具体估价方法;(2)选择估价前提;(3)选择最佳开发经营方式;(4)测算后续开发经营期;(5)测算后续开发的必要支出;(6)测算开发完成后的价值;(7)确定折现率或测算后续开发的应得利润;(8)计算开发价值。

## 8.2 动态分析法与静态分析法

### 8.2.1 动态分析法与静态分析法的产生

房地产项目的开发周期一般都较长,其待开发房地产的购置价款、后续开发的各项支出、开发完成后的房地产销售回款等发生的时间相隔较长。因此,运用假设开发法估价应考虑资金的时间价值。考虑资金的时间价值主要有两种方式:一是折现,二是计算投资利息。将前一种方式下的假设开发法定义为动态分析法,将后一种方式下的假设开发法定义为静态分析法。

### 8.2.2 动态分析法与静态分析法的区别

动态分析法与静态分析法主要有三个方面的区别。

一是对后续开发的必要支出和开发完成后的价值的测算,在静态分析法中主要是根据价值时点(通常为现在)的房地产市场状况做出的,即它们基本上是静止在价值时点的金额。而在动态分析法中,是模拟房地产开发经营过程,预测它们未来发生的时间以及在未来发生时的金额,即要进行现金流量预测。

二是静态分析法不考虑各项收入、支出发生的时间不同,即不是将它们折算到同一时间上,而是直接相加减,但要计算投资利息,计息期通常到开发完成之时,即既不考虑预售,也不考虑延迟销售;而动态分析法要考虑各项收入、支出发生的时间不同,即要先把它们折算到同一时间点上,然后再相加减。例如,评估一宗房地产开发用地2020年8月5日的价值,要把预测的在未来发生的各项收入和支出都折算到2020年8月5日。如果预测该项目2023年8月5日开发完成后的房价为30000元/m²,折现率为10%,则需要将这30000元/m²折现到2020年8月5日,即在2020年8月5日来看的房价实际为:

$$[30000/(1+10\%)^3]元/m^2 = 22539.44 元/m^2$$

三是在静态分析法中投资利息和开发利润都单独显现出来,在动态分析法中这两项都不显现出来,而是隐含在折现过程中。因此,动态分析法要求折现率既包含安全收益部分(即通常的利率),又包含风险收益部分(即利润率)。之所以这样处理,是为了与投资项目经济评价中的现金流量分析的口径一致,便于比较。

### 8.2.3 动态分析法与静态分析法的优缺点

从理论上讲,动态分析法测算出的结果较精确,但测算过程相对复杂;静态分析法测算出的结果较粗略,但测算过程相对简单。就它们的精确与粗略而言,在现实中可能并不完全如此。这是因为动态分析法从某种意义上讲要求"预测准确",即需要做到:(1)后续开发经营期究竟多长要预测准确;(2)各项收入、支出在何时发生要预测准确;(3)各项收入、支出发生的金额要预测准确。

由于存在着众多的未知因素和偶然因素会使预测偏离实际,准确预测是十分困难的。尽管如此,在实际估价中应该优先选用动态分析法。在难以采用动态分析法的情况下,可以选用静态分析法。

## 8.3 假设开发法的估价前提

### 8.3.1 运用假设开发法估价的情形

在实际运用假设开发法估价时,面临着待开发房地产是由业主(拥有者或房地产开发企业)继续开发完成,还是被业主自愿转让给他人开发完成,或是被人民法院拍卖、变卖等被迫转让给他人开发完成。在这三种情形下,预测出的后续开发经营期的长短和后续开发的必要支出是不同的,从而测算出的待开发房地产价值和价格是不同的。例如,估价对象现为某个房地产开发企业开发的商品房在建工程,在运用假设开发法估价时,要搞清楚该在建工程是仍然由该房地产开发企业续建完成,还是将由其他房地产开发企业续建完成,特别是该在建工程是否要被人民法院强制拍卖。假如预测该商品房在建工程的后续建设期,通过比较法等方法得到该在建工程的正常建设期为24个月,类似商品房开发项目(将商品房建成)的正常建设期为36个月,则在该在建工程由现房地产开发企业续建完成的情况下,其后续建设期为12个月。但如果该在建工程要被现房地产开发企业自愿转让给其他房地产开发企业或被人民法院强制拍卖给其他房地产开发企业,则还应加上由现房地产开发企业转为其他房地产开发企业的"交易"的正常期限,如需要办理有关变更等交接手续,相当于产生了一个新的"前期"。如果"交易"的正常期限分别为6个月和9个月,则该在建工程的后续建设期分别为18个月和21个月。在存在"交易"的情况下,不仅会有一个新的"前期",通常还会发生新的"前期费用",因此在估算后续开发的必要支出时,还应加上这部分新产生的"前期费用"。

### 8.3.2 假设开发法的估价前提

由上述可见,假设开发法的估价前提有三种:一是估价对象将由业主继续开发完成,这种估价前提称为"业主自行开发前提";二是估价对象将被业主自愿转让给他人开发完成,这种估价前提称为"自愿转让开发前提";三是估价对象将被迫转让给他人开发完成,这种估价前提称为"被迫转让开发前提"。同一估价对象在这三种不同的估价前提下运用假设开发法估价,评估出的价值往往不同。一般情况下,自行开发前提下评估出的价值要大于自愿转让前提下评估出的价值,自愿转让前提下评估出的价值要大于被迫转让前提下评估出的价值。但需要指出的是,在运用假设开发法时究竟应采用上述哪种估价前提进行估价,不是估价师可以随意假定的,必须根据估价目的和估价对象所处的实际情况来选择,并应在估价报告中充分说明理由。对于房地产抵押估价和房地产司法拍卖估价,一般应采用"被迫转让前提"。

## 8.4 最佳开发经营方式的选择

### 8.4.1 调查分析待开发房地产状况

在选取最佳开发经营方式时，应首先调查分析待开发房地产状况和当地房地产市场状况，然后选取最佳开发经营方式并确定未来开发完成后的房地产状况。下面以评估政府有偿出让建设用地使用权的价格为例予以说明。

在现行土地使用制度下，政府有偿出让建设用地使用权的土地，主要是房地产开发用地，它可能是熟地，也可能是毛地或生地。政府出让建设用地使用权的方式主要有招标、拍卖、挂牌和协议四种。无论是采取哪种出让方式，政府都需要对这类房地产开发用地进行估价，以确定其招标底价、拍卖底价、挂牌底价、协议出让最低价。投标人、竞买人、土地使用者也需要对这类房地产开发用地进行估价，以确定其报价或出价。这类房地产开发用地的用途、容积率、建筑密度、绿地率、建筑高度、使用期限等限制条件，通常政府在事先已明确，投标人、竞买人、土地使用者如果取得了该类土地，只能在政府的这些限制条件下开发利用。因此，政府的这些限制条件，也是评估这类房地产开发用地的价值时必须遵守的前提条件。

调查分析该类房地产开发用地的状况主要包括下列几个方面。

（1）搞清楚土地的区位状况。包括三个层次的内容：一是土地所在城市的性质；二是土地所在城市内的区域的性质；三是具体的区位状况，如位置、交通、外部配套设施、周围环境等。搞清楚这些是为了选择土地最佳的用途。

（2）搞清楚土地的实物状况。包括面积、形状、地形、地势、地质、开发程度等。搞清楚这些，主要是为测算后续开发的必要支出。

（3）搞清楚土地的权益状况。包括搞清楚规划条件（如土地用途、容积率、建筑密度、绿地率等）和将拥有的土地权利（如土地权利类型、使用期限、能否续期，以及对该房地产开发项目及建成后的房地产转让、租赁、价格等的有关规定等）。搞清楚规划条件主要是为选择最佳的开发利用方式、确定未来开发完成后的房地产状况，搞清楚将拥有的土地权利主要是为预测开发完成后的房地产市场价格、租金等。

### 8.4.2 选择最佳开发利用方式

在调查、分析了房地产开发用地的状况和当地房地产市场状况后，便可以选取最佳的开发利用方式，包括选取最佳的用途、建筑规模、档次等。这些都要在规划允许的范围内选取，也就是说在规划条件给定的范围内的最佳。在选取最佳的开发利用方式中，最重要的是选取最佳的用途。选取最佳的用途要考虑该土地位置的可接受性及这种用途的现实社会需要程度和未来发展趋势，或者说，要分析当地市场的接受能力，即在项目建成后市场上究竟需要什么类型的房地产。例如，某宗土地的规划用途为宾馆或公寓、写字楼，但在实际估价中究竟应选择哪种用途？这首先要调查分析该土地所在城市和区域宾馆、公寓、写字楼的供求关系及其走向。如果对宾馆、写字楼的需求开始趋于饱和，表现为客房入住率、写字楼出租率呈下降趋势，但希望能租到或买到公寓住房的人逐渐增加，而在未来几年内能提供的数量又较少时，则应选择该土地的用途为公寓。

## 8.5 假设开发法估价的基本公式

下面以静态分析法和自愿转让开发前提为例,介绍假设开发法的基本公式。

### 8.5.1 假设开发法估价的原理公式

假设开发法估价的原理公式为:

房地产开发价值＝开发完成后的房地产价值－后续开发的必要支出及应得利润

后续开发的必要支出及应得利润为待开发房地产取得税费与后续开发的建设成本、管理费用、销售费用、投资利息、销售税费及开发利润之和。

如果是采用成本法求取开发完成后的房地产价值,则公式为:

开发完成后的房地产价值＝待开发房地产价值＋待开发房地产取得税费＋建设成本
＋管理费用＋销售费用＋投资利息＋销售税费＋开发利润

在实际估价中,对假设开发法公式中具体应减去的项目及其金额,要理解"后续"两字重要含义,掌握的基本原则是设想得到估价对象以后到把它开发完成,还需要做的具体项目和相应的必要支出及应得利润。因此,如果是已经完成的项目和相应的支出及利润,则它们已包含在估价对象的价值内,不应作为扣除项目。

在测算开发完成后的房地产价值时,要把握好两个问题:一是要把握估价对象状况和未来开发完成后的房地产状况;二是要把握未来开发完成后的房地产的经营方式。估价对象状况有生地、毛地、熟地、在建工程和旧房等。未来开发完成后的房地产状况有熟地和新房(又可分为毛坯房、简装房、精装房)等。将估价对象状况和未来开发完成后的房地产状况匹配起来,假设开发法估价的情形主要有以下 7 种:(1)估价对象为生地,将生地开发成熟地;(2)估价对象为生地,将生地开发为熟地再进行房屋建设;(3)估价对象为毛地,将毛地开发成熟地;(4)估价对象为毛地,将毛地开发成熟地再进行房屋建设;(5)估价对象为熟地,在熟地上进行房屋建设;(6)估价对象为在建工程,将在建工程续建成房屋;(7)估价对象为旧房,将旧房重新改造或改变用途成新房。

未来开发完成后的房地产经营方式,有出售、出租、自营(如商场、宾馆、游乐场这类房地产,投资者将其建成后也可能自己直接经营)等。

### 8.5.2 按估价对象和开发完成后房地产状况细化的公式

#### (一) 求土地价值的公式

**1. 求生地价值的公式**

(1) 适用于将生地开发成熟地的公式:

生地价值＝开发完成后的熟地价值－生地取得税费－由生地开发成熟地的成本
－管理费用－销售费用－投资利息－销售税费－开发利润

(2) 适用于将生地开发为熟地再进行房屋建设的公式:

生地价值＝开发完成后的房地产价值－生地取得税费－由生地建成房屋的成本

　　　　　－管理费用－销售费用－投资利息－销售税费－开发利润

**2. 求毛地价值的公式**

（1）适用于将毛地开发成熟地的公式：

　　　毛地价值＝开发完成后的熟地价值－毛地取得税费－由毛地开发成熟地的成本
　　　　　　　－管理费用－销售费用－投资利息－销售税费－开发利润

（2）适用于将毛地开发成熟地再进行房屋建设的公式：

　　　毛地价值＝开发完成后的价值－毛地取得税费－由毛地建成房屋的成本
　　　　　　　－管理费用－销售费用－投资利息－销售税费－开发利润

**3. 求熟地价值的公式**（适用于在熟地上进行房屋建设）

　　　熟地价值＝开发完成后的房地价值－熟地取得税费－由熟地建成房屋的成本
　　　　　　　－管理费用－销售费用－投资利息－销售税费－开发利润

**（二）求在建工程价值的公式（适用于将在建工程续建成房屋）**

　　　在建工程价值＝续建完成后房地价值－在建工程取得税费－续建成本
　　　　　　　　　－管理费用－销售费用－投资利息－销售税费－续建利润

**（三）求旧房价值的公式（适用于将旧房重新改造或改变用途成新房）**

　旧房价值＝重新改造或改变用途后房地价值－旧房取得税费－重新改造或改变用途的成本
　　　　　－管理费用－销售费用－投资利息－销售税费－利润

### 8.5.3 按开发完成后房地产经营方式细化的公式

　　未来开发完成后的房地产适宜出售的，其价值适用比较法评估；适宜出租或自营的，其价值适用收益法评估。据此，可将假设开发法最基本的公式细化如下。

**（一）适用于开发完成后的房地产出售的公式**

$$V = V_P - C$$

式中：$V$ 为房地产开发价值；$V_P$ 为采用比较法测算的开发完成后的价值；$C$ 为后续开发的必要支出及应得利润。

**（二）适用于开发完成后的房地产出租或自营的公式**

$$V = V_R - C$$

式中：$V$ 为房地产开发价值；$V_R$ 为采用收益法测算的开发完成后的价值；$C$ 为后续开发的必要支出及应得利润。

## 8.6 假设开发法估价各项目的求取

### 8.6.1 后续开发经营期

　　为了预测后续开发的各项必要支出和开发完成后的价值发生的时间及金额，便于进行折现或测算后续开发的应得利润,需要预测后续开发经营期。后续开发经营期简称开发经营期,其起点是取得估价对象(待开发房地产)的日期(一般为价值时点),终点是未来开发完成后的房地产经营结束的日期,即开发经营期是自价值时点起至未来开发完成后的房地产经营结束时止的时间,可分为后续建设期和经营期。

后续建设期简称建设期,其起点与开发经营期的起点相同,终点是未来开发完成后的房地产竣工之日,即建设期是自价值时点起至未来开发完成后的房地产竣工时止的时间,可分为前期和建造期。

后续经营期简称经营期,可根据未来开发完成后的房地产的经营方式而具体确定。由于未来开发完成后的房地产经营方式有出售、出租和自营,所以经营期可分为销售期(针对出售这种情况)和运营期(针对出租和自营两种情况)。销售期是自未来开发完成后的房地产开始销售时起至其售出时止的时间。在有预售的情况下,销售期与建设期有重合。在有延迟销售的情况下,销售期与运营期有重合。运营期是自未来开发完成后的房地产竣工时起至其持有期或经济寿命结束时止的时间,即运营期的起点是未来开发完成后的房地产竣工之日,终点是未来开发完成后的房地产的一般正常持有期结束之日或经济寿命结束之日。

开发经营期、开发期、经营期等之间的关系如图 8-1 所示。

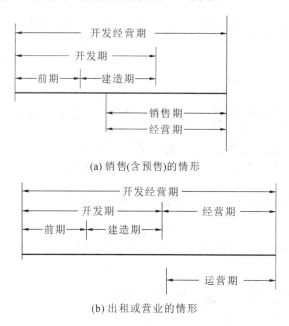

图 8-1 开发经营期的构成

预测开发经营期,宜先把开发经营期分成它的各个组成部分,然后分别预测出各个组成部分,再把预测出的各个组成部分连接起来。其中,建设期的预测要相对容易些,经营期特别是销售期通常难以准确预测。

在预测建设期中,前期的预测相对较困难,建造期一般能较准确地预测。预测建设期首先要抓住待开发房地产状况和未来开发完成后的房地产状况这两个关键要素,然后估算将待开发房地产状况开发成未来开发完成后的房地产状况所需的时间。估算的方法有两种:一是根据往后要做的各项工作所需的时间来直接估算建设期;二是采用类似于比较法的方法,即通过类似房地产已发生的建设期的比较、修正或调整,先分别求取未来开发完成后的房地产的建设期和待开发房地产的建设期,然后将未来开发完成后的房地产的建设期减去待开发房地产的建设期。例如,估算估价对象为某个商品房在建工程的后续建设期,通过比较法得到类似商品房的建设期为30个月,该在建工程的正常建设期为18个月,则后续建设期为12个月。

在预测经营期中,销售期的预测要考虑未来房地产市场景气状况,运营期的预测主要是考虑未来开发完成后的房地产的一般正常持有期或经济寿命。

## 8.6.2 后续开发的必要支出

后续开发的必要支出是将估价对象开发建设成未来开发完成后的房地产必须付出的各项成本、费用和税金,即将待开发房地产状况"变成"未来开发完成后的房地产状况所必须付出的待开发房地产取得税费和后续的建设成本、管理费用、销售费用、投资利息、销售税费。这些都是在假设开发法测算中应减去的项目,统称为"扣除项目"。它们的估算方法与成本法中的相同,但要注意两点区别:一是它们本质上应是预测的扣除项目在未来发生时的值,而不是在价值时点的值;二是它们是在取得待开发房地产之后到把待开发房地产开发完成的必要支出,而不包括在取得待开发房地产之前所发生的支出。

待开发房地产取得税费是假定在价值时点购置待开发房地产,此时应由购置者(买方)缴纳的有关税费,如契税、印花税等。该项税费通常是根据税法及中央和地方政府的有关规定,按照待开发房地产价值的一定比例来测算。

后续开发的建设成本、管理费用、销售费用等必要支出的多少,要与未来开发完成后的房地产状况相对应。例如,同一待开发房地产,未来开发完成后的房地产为毛坯房的后续开发的必要支出,要少于为简装房的后续开发的必要支出;简装房的后续开发的必要支出,要少于精装房的后续开发的必要支出。特别是未来开发完成后的房地产为"以房地产为主的整体资产"的,后续开发的必要支出通常还应包括家具、机器设备等房地产以外的资产的价值或购买价款。

投资利息只有在静态分析法中才需要测算。在测算投资利息时要把握应计息项目、计息周期、计息期、计息方式和利率。其中,应计息项目包括待开发房地产价值及其取得税费,以及后续开发的建设成本、管理费用和销售费用。销售税费一般不计算利息。一项费用的计息期的起点是该项费用发生的时点,终点通常是建设期的终点,一般不考虑预售和延迟销售的情况。另外值得注意的是,待开发房地产价值和待开发房地产取得税费是假设在价值时点一次性付清,因此其计息的起点是价值时点。后续开发的建设成本、管理费用、销售费用通常不是集中在一个时点发生,而是分散在一段时间内(如开发期间或建造期间)不断发生,但计息时通常将其假设为在所发生的时间段内均匀发生,并具体视为集中发生在该时间段的期中。发生的时间段通常按年来划分,精确的测算要求按半年、季或月来划分。

## 8.6.3 开发完成后的价值

### (一)开发完成后的价值对应的房地产状况

开发完成后的价值是未来开发完成后的房地产等财产的价值或价格,因此开发完成后的价值对应的房地产状况是未来开发完成后的房地产等财产状况。以估价对象为商品房开发用地或在建工程为例,如果预计未来开发完成后的商品房是毛坯房的,则开发完成后的价值对应的房地产状况是毛坯房,此时测算的开发完成后的价值应是毛坯房的价值或价格;如果预计未来开发完成后的商品房是简装房的,则开发完成后的价值对应的房地产状况是简装房,此时测算的开发完成后的价值应是简装房的价值或价格;如果预计未来开发完成后的商品房是精装房的,则开发完成后的价值对应的房地产状况是精装房,此时测算的开发完成后的价值应是精装房的价值或价格。

还需要说明的是,未来开发完成后的房地产状况并不一定是纯粹的房地产,有可能包含房地产以外的动产、权利等,特别是未来开发完成后的房地产为宾馆、影剧院、高尔夫球场、汽车加油站这类收益性房地产的,其状况通常是"以房地产为主的整体资产",除了房地产,还包含家具、机器设备等房地产以外的资产。在这种情况下,开发完成后的价值对应的房地产状况是以房地产为主的整体资产状况,简称房地产等财产状况,此时测算的开发完成后的价值还应包含家具、机器设备等房地产以外的资产的价值。

### (二)开发完成后的价值对应的时间

开发完成后的价值对应的时间可能是未来开发完成之时,也可能是在此之前或之后的某个时间。因此,在测算开发完成后的价值之前,还要搞清楚是测算未来开发完成后的房地产在哪个时间的价值。在静态分析法中,开发完成后的价值一般是未来开发完成后的房地产在价值时点的房地产市场状况下的价值,因此开发完成后的价值对应的时间一般是价值时点。在动态分析法中,对于未来开发完成后的房地产适宜出售的,通常是预测它在未来开发完成之时的房地产市场状况下的价值,开发完成后的价值对应的时间是未来开发完成之时;但当房地产市场较好而适宜预售的,则是预测它在预售之时的房地产市场状况下的价值,开发完成后的价值对应的时间是未来预售之时;当房地产市场不够好而需要延迟销售的,则是预测它在延迟销售之时的房地产市场状况下的价值,开发完成后的价值对应的时间是未来延迟销售之时。

### (三)开发完成后的价值的测算方法

在动态分析法中测算开发完成后的价值时,一般不宜将估价时的类似房地产的市场价格直接作为开发完成后的价值,通常是采用比较法并考虑类似房地产市场价格的未来变化趋势,或者采用比较法与长期趋势法相结合,即根据类似房地产过去和现在的市场价格及其未来可能的变化趋势来预测。例如,假设现在是 2020 年 8 月,有一宗房地产开发用地,用途为商品住宅,预测建设期为 24 个月,如果要预测该商品住宅在 2022 年 8 月建成时的价值,则可通过收集当地该类商品住宅过去若干年和现在的市场价格资料以及未来可能的变化趋势来推测确定。

对于出租或自营的房地产,如写字楼、商店、旅馆、餐馆等,测算开发完成后的价值,可先测算其租赁或自营的净收益,再采用收益法将该净收益转换为价值。在这种情况下,收益法就不是一种独立的估价方法,而被包含在假设开发法中,成了假设开发法的一个部分。例如,根据当前的市场租金水平,预测未来建成的某写字楼的月租金为每平方米使用面积 70 元,出租率为 90%,运营费用占租金的 30%,报酬率为 10%,可供出租的使用面积 9500 m²,运营期为 47 年,则未来建成的该写字楼在建成时的总价值 V 可估计为:

$$V = \frac{70 \times 9500 \times 90\% \times (1-30\%) \times 12}{10\%} \times \left[1 - \frac{1}{(1+10\%)^{47}}\right] = 4970.40(万元)$$

值得指出的是,运用假设开发法估价,开发完成后的价值不能采用成本法测算,否则表面上是采用假设开发法估价,本质上是采用成本法估价。有人据此认为同一估价对象不能同时采用成本法和假设开发法估价。但这种观点是不正确的。许多待开发房地产,如住宅、写字楼、商场、宾馆等在建工程,不仅可以而且应同时采用成本法和假设开发法估价,只是在运用假设开发法估价时,开发完成后的价值不能采用成本法测算。

### 8.6.4 折现率

折现率是在采用动态分析法时需要确定的一个重要估价参数,其实质是房地产开发投资所要求的收益率,它包含了资金的利率和开发利润率两部分,具体应等同于同一市场上相同或相似的房地产开发项目所要求的平均收益率,其求取方法与报酬资本化法中的报酬率的求取方法相同。

### 8.6.5 后续开发的应得利润

后续开发的应得利润只有在静态分析法中才需要测算。它是将估价对象开发建设成未来开发完成后的房地产应当获得的利润,即将待开发房地产状况"变成"未来开发完成后的房地产状况而应当获得的一般正常利润,通常为同类房地产开发项目在正常情况下所能获得的开发利润。

在测算后续开发的应得利润时要注意在成本法中讲过的,利润率有直接成本利润率、投资利润率、成本利润率和销售利润率,它们的内涵及计算基数有所不同,测算时要相互匹配。其中,采用直接成本利润率计算后续开发的应得利润的,计算基数为待开发房地产价值及其取得税费,以及后续的建设成本;采用投资利润率计算后续开发的应得利润的,计算基数为待开发房地产价值及其取得税费,以及后续的建设成本、管理费用和销售费用;采用成本利润率计算后续开发的应得利润的,计算基数为待开发房地产价值及其取得税费,以及后续的建设成本、管理费用、销售费用和投资利息;采用销售利润率计算后续开发的应得利润的,计算基数为开发完成后的价值。另外,要注意利润率是总利润率还是年平均利润率。

### 8.6.6 测算中的其他有关问题

假设开发法本质上是一种收益法,在上述测算中只讲了通常情况下的开发完成后的价值这种收入,在实际估价中特别是评估投资价值时,有时还应考虑某些额外的收入、节省的费用或无形收益。例如,深圳市1987年12月1日首次公开拍卖的一块面积为8588 m²的国有土地50年使用权,从当时预测的开发完成后的房地产价值减去建设成本等必要支出及应得利润后的余额来看,价值也许不高,但由于是国内首块公开拍卖的土地,购买者一旦取得了该块土地后会附带取得一些意想不到的社会效果。例如,随着对这种改革开放措施的广泛宣传,实际上也就间接地对该块土地的取得者起着广告宣传作用。因此,这块土地的成交价格比较高是较自然的(当时该块土地的拍卖底价为200万元人民币,最后成交价格为525万元人民币,比拍卖底价高了很多)。

【例8-1】 需要评估一宗"七通一平"熟地于2020年10月的价值。获知该宗土地面积为5000 m²,土地剩余使用年限为65年,容积率为2,适宜建造普通商品住宅;预计取得该宗土地后建造普通商品住宅的开发期为2年,建筑安装工程费为每平方米建筑面积800元,勘察设计等专业费用及管理费为建筑安装工程费的12%,第一年需要投入60%的建筑安装工程费、专业费用及管理费,第二年需要投入40%的建筑安装工程费、专业费用及管理费;销售商品住宅时的广告宣传等费用为其售价的2%,房地产交易中卖方需要缴纳的营业税等销售税金为交易价格的6%,买方需要缴纳的契税等为交易价格的3%;开发利润为销售收入的15%;预计该商品住宅在建成时可全部售出,售出时的平均价格为每平方米建筑面积2000元。试根据所给资料运用假设开发法评估该宗土地2020年10月的总价、单价及楼面地价(折现率为8%)。

【解】设该宗土地2020年10月的总价为$P$。

(1) 计算开发完成后的总价值：

$$开发完成后的总价值 = \frac{2000 \times 5000 \times 2}{(1+8\%)^2} 元 = 1714.68 万元$$

(2) 计算建筑安装工程费、专业费用及管理费：建筑安装工程费、专业费用及管理费在各年的投入实际上是覆盖全年的，但为折现计算的方便起见，假设各年的投入是集中在各年的年中，因此，计算中的折现年数分别是0.5和1.5。

$$建筑安装工程费等的总额 = \left\{ 800 \times (1+12\%) \times 5000 \times 2 \times \left[ \frac{60\%}{(1+8\%)^{0.5}} + \frac{40\%}{(1+8\%)^{1.5}} \right] \right\} 元$$
$$= 836.30 万元$$

(3) 计算销售费用：

$$销售费用 = 1714.68 \times 2\% 万元 = 34.29 万元$$

(4) 计算销售税总额：

$$销售税总额 = 1714.68 \times 6\% 万元 = 102.88 万元$$

(5) 计算开发利润：

$$开发利润 = 1714.68 \times 15\% 万元 = 257.20 万元$$

(6) 计算购买该宗土地的税金总额：

$$购买该宗土地的税金总额 = P \times 3\% = 0.03P$$

(7) 求取土地总价$P$：

$$P = 1714.68 - 836.30 - 34.29 - 102.88 - 257.20 - 0.03P$$
$$P = 469.91 万元$$

故：
$$土地总价 = 469.91 万元$$
$$土地单价 = (469.91/0.5) 元/m^2 = 939.82 元/m^2$$
$$楼面地价 = [469.91/(0.5 \times 2)] 元/m^2 = 470 元/m^2$$

【例8-2】某旧厂房的建筑面积为20000 m²。根据其所在地点和周围环境，适宜装饰装修改造成商场出售，并可获得政府批准，但需补交土地使用权出让金等(500元/m²，按建筑面积计算)，同时取得40年的土地使用权。预计装饰装修改造期为1年，改造装修装饰费为每平方米建筑面积2000元；改造装修装饰完成后即可全部售出，售价为每平方米建筑面积6000元；销售费用和销售税金为售价的9%；改造装修装饰利润为销售收入的15%；购买该旧厂房买方需要缴纳的税金为其价格的4%。试运用假设开发法测算该旧厂房正常的购买总价和单价(折现率为8%)。

【解】设该旧厂房的正常购买总价为$P$。

(1) 计算装饰装修改造后的总价值：

$$装饰装修改造后的总价值 = \frac{6000 \times 20000}{1+8\%} 元 = 11111.11 万元$$

(2) 计算装饰装修改造总费用：

$$装饰装修改造总费用 = \frac{2000 \times 20000}{(1+8\%)^{0.5}} 元 = 3849.00 万元$$

(3) 计算销售费用和销售税金总额：

$$销售费用和销售税金总额 = 11111.11 \times 9\% 万元 = 1000.00 万元$$

(4) 计算改造装修装饰利润：
$$改造装修装饰利润 = 11111.11 \times 15\% 万元 = 1666.67 万元$$
(5) 计算需补交土地使用权出让金等的总额
$$需补交土地使用权出让金等的总额 = 500 \times 20000 元 = 1000 万元$$
(6) 计算购买该旧厂房的税金总额：
$$购买该旧厂房的税金总额 = P \times 4\% = 0.04P$$
(7) 求取土地总价 $P$：
$$P = 11111.11 - 3849.00 - 1000.00 - 1666.67 - 1000 - 0.04P$$
$$P = 3457.15 万元$$

故：
$$旧厂房总价 = 3457.15 万元$$
$$旧厂房单价 = (3457.15/2) 元/m^2 = 1729 元/m^2$$

**【例 8-3】** 某在建工程开工于 2019 年 4 月 1 日，总用地面积 5000 m²，规划总建筑面积 22400 m²，用途为写字楼。土地使用年限为 50 年，从开工之日起计；当时取得土地的花费为楼面地价 800 元/m²。该项目的正常开发期为 2 年，建设费用（包括前期工程费、建筑安装工程费、管理费等）为每平方米建筑面积 2500 元。至 2019 年 10 月 1 日实际完成了主体结构，已投入 45% 的建设费用后停工，但估计至建成尚需 1.5 年的建设期，还需投入 55% 的建设费用。建成后半年可租出，可出租面积的月租金为 100 元/m²，可出租面积为建筑面积的 60%。正常出租率为 90%，出租的运营费用为有效毛收入的 30%。购买在建工程买方需要缴纳的税金为购买价的 2%，同类房地产开发项目的销售费用和销售税金为售价的 8%，同类房地产开发项目的开发利润为售价的 15%，同类房地产出租经营的资本化率为 9%。试运用假设开发法测算该在建工程 2020 年 10 月 1 日的正常购买总价和按规划建筑面积折算的单价（折现率为 8%）。

**【解】** 设该在建工程 2020 年 10 月 1 日的正常购买总价为 $P$。
(1) 计算在建工程续建完后的总价值：在建工程完工后出租经营，其总价值的计算公式为：
$$续建完后的总价值 = \frac{a}{Y}\left[1 - \frac{1}{(1+Y)^n}\right] \times \frac{1}{(1+r_d)^t}$$
式中：$r_d$ 表示折现率；$t$ 表示需要折现的年数，其他符号的含义同收益法。故续建完成后的总价值为：
$$续建完成后的总价值 = \left\{\frac{100 \times 22400 \times 60\% \times 12 \times 90\% \times (1-30\%)}{9\%} \times \left[1 - \frac{1}{(1+9\%)^{50-3.5}}\right] \times \frac{1}{(1+8\%)^2}\right\} 元$$
$$= 9503.02 万元$$
(2) 计算在建工程续建费用：
$$续建费用 = \frac{2500 \times 22400 \times 55\%}{(1+8\%)^{0.75}} 元 = 2907.25 万元$$
(3) 计算销售费用和销售税金：
$$销售费用和销售税金 = 9503.02 \times 8\% 万元 = 760.24 万元$$
(4) 计算开发利润：
$$开发利润 = 9503.02 \times 15\% 万元 = 1425.45 万元$$
(5) 计算购买该在建工程的税金：
$$购买该在建工程的税金 = P \times 2\% = 0.02P$$
(6) 求取在建工程 2020 年 10 月 1 日的正常购买总价 $P$：

$$P = 9503.02 - 2907.25 - 760.24 - 1425.45 - 0.02P$$
$$P = 4323.61 \text{ 万元}$$

故：

在建工程总价 = 4323.61 万元

在建工程单价 = (4323.61 ÷ 2.24)元/m² = 1930 元/m²

【例 8-4】 估价对象概况：本估价对象是一块"三通一平"的建设用地；土地总面积 10000 m²，且土地为正方形地块；规划允许的用途为商业和居住，容积率≤5，建筑覆盖率≤40%；土地使用权出让时间为 2020 年 10 月 1 日，土地使用权出让年限为 50 年。

估价要求：需要评估该块土地于 2020 年 10 月 1 日出让时的正常购买价格。

【解】 估价过程如下。

(1) 选择估价方法。该块土地属于待开发房地产，适用假设开发法进行估价，故选用假设开发法。

(2) 选择最佳的开发利用方式。通过市场调查研究，得知该块土地的最佳开发利用方式如下：① 用途为商业与居住混合；② 容积率达到最大的允许程度，即为 5，故总建筑面积为 50000 m²；③ 建筑覆盖率适宜为 30%；④ 建筑物层数确定为 18 层，其中，1~2 层的建筑面积相同，均为 3000 m²，适宜为商业用途，3~18 层的建筑面积相同，均为 2750 m²，适宜为居住用途，故商业用途的建筑面积为 6000 m²，居住用途的建筑面积为 44000 m²。

(3) 预计开发期。预计共需 3 年时间才能完全建成投入使用，即 2023 年 10 月底建成。

(4) 预测开发完成后的房地产价值。根据对房地产市场的调查分析，预计商业部分在建成后可全部售出，居住部分在建成后可售出 30%，半年后再可售出 50%，其余 20% 需一年后才能售出；商业部分在出售时的平均价格为每平方米建筑面积 4500 元，居住部分在出售时的平均价格为每平方米建筑面积 2500 元。

(5) 测算建筑费用、管理费用、销售费用、销售税金、开发利润。建筑安装工程费预计为每平方米建筑面积 1200 元；勘察设计和前期工程费及管理费等预计为每平方米建筑面积 500 元；估计在未来 3 年的开发期内，开发建设费用（包括勘察设计和前期工程费、建筑安装工程费、管理费等）的投入情况如下：第一年需投入 30%，第二年需投入 50%，第三年投入余下的 20%。销售费用和销售税金预计为售价的 9%，开发利润为售价的 15%。折现率为 8%。据了解，如果得到该土地，还需要按取得价款的 3% 缴纳有关税金。

(6) 求取地价。设估价时点即 2020 年 10 月 1 日该块土地出让的正常购买总价格为 P。

① 计算项目建成后的总价值：

$$\text{项目建成后总价值} = \left\{ \frac{4500 \times 6000}{(1+8\%)^3} + 2500 \times 44000 \times \left[ \frac{30\%}{(1+8\%)^3} + \frac{50\%}{(1+8\%)^{3.5}} + \frac{20\%}{(1+8\%)^4} \right] \right\} \text{元}$$
$$= 12772.76 \text{ 万元}$$

② 计算项目建设费用总额：

$$\text{项目建设费用总额} = \left\{ (1200+500) \times 50000 \times \left[ \frac{20\%}{(1+8\%)^{0.5}} + \frac{50\%}{(1+8\%)^{1.5}} + \frac{30\%}{(1+8\%)^{2.5}} \right] \right\} \text{元}$$
$$= 7526.15 \text{ 万元}$$

③ 计算销售费用和销售税金：

销售费用和销售税金 = 12772.76 × 9% 万元 = 1149.55 万元

④ 计算开发利润：

$$开发利润=12772.76×15\%万元=1915.91万元$$

⑤ 计算有关购地税金：
$$购地税金=P×3\%=0.03P$$

⑥ 求取土地出让的正常购买价格 $P$：
$$P=12772.76-7526.15-1149.55-1915.91-0.03P$$
$$P=2117.62万元$$

故：
$$土地总价=2117.62万元$$
$$土地单价=(2117.62/1)元/m^2=2118元/m^2$$
$$楼面地价=(2117.62/5)元/m^2=424元/m^2$$

估价结果：估价对象于估价时点 2020 年 10 月 1 日的土地使用权正常购买总价格为 2117.62 万元，单位地价为 2118 元/$m^2$，楼面地价 424 元/$m^2$。

# 复习思考题

## 一、简答题

1. 简述假设开发法的含义和理论依据。
2. 简述假设开发法的适用对象和适用条件。
3. 简述假设开发法的操作步骤。
4. 简述重置成本和重建成本的含义。
5. 简述后续开发的必要支出项目。

## 二、论述题

1. 试述动态分析法与静态分析法的区别。
2. 试述假设开发法的估价前提。
3. 试述最佳开发经营方式的选择。
4. 试述后续开发经营期的求取。
5. 试述开发完成后的价值的求取方法。

## 三、计算题

1. 某在建工程开工于 2020 年 11 月 30 日，拟建为商场和办公综合楼；总用地面积 3000 平方米，土地使用权年限 50 年，从开工之日起计；规划建筑总面积 12400 平方米，其中商场建筑面积 2400 平方米，办公楼建筑面积 10000 平方米；该工程正常施工期 2 年，建筑费每平方米建筑面积 2300 元，前期工程费和管理费为建筑费的 10%；至 2020 年 5 月 31 日已完成 7 层主体结构，已投入总建筑费及专业管理费的 36%，还需要投入总建筑费及专业管理费的 64%（均匀投入）；贷款年利率为 8.5%。预计该工程建成后商场即可租出，办公楼即可售出；办公楼售价为每平方米建筑面积 5000 元，销售税费为售价的 8%；商场可出租面积的月租金为 80 元/平方米，建筑面积与可出租面积之比为 1∶0.75，正常出租率为 85%，出租的成本及税费为有效总收益的 25%，经营期资本化率为 8%，购买在建工程的税费为购买价的 2%。估计购买该在建工程后于建成时应获得正常投资利润为 520 万元。试根据上述资料用假设开发法估计该在建工程于 2020 年 5 月 31 日的正常总价格。

2. 某旧厂房的土地面积 4000 平方米，建筑面积 6000 平方米。根据其所在地点和周围环境，适宜装修改造成写字楼出租，并可获得政府主管部门批准，但需补交楼面地价为 500 元/平方米的地价款，同时取得 50 年的土地使用权。预计装修改造期为一年，装修改造费为每平方米建筑面积 1000 元（装修改造费均匀投入，视同发生在装修改造期中）。此类房地产投资的正常利润率为 10%。估计该写字楼装修改造完成后即可全部租出，可出租面积为建筑面积的 70%；附近同档次写字楼每平方米可出租面积的年租金为 1000 元，出租的成本及税费为年租金的 40%，资本化率为 8%。购买该旧厂房买方需要缴纳的税费为旧厂房价格的 4%。试根据上述资料估算购买旧厂房的正常价格（折现率为 8%）。

3. 某在建工程开工于 2020 年 3 月 1 日，用地总面积 2000 平方米，建筑容积率为 5.1，用途为公寓。土地使用年限为 50 年，从 2020 年 3 月 1 日起计。土地取得费用为楼面地价每平方米 1000 元，该公寓正常建设期为 2 年，建设费用为每平方米建筑面积 2500 元，至 2020 年 9 月 1 日已完成主体封顶，已投入了建设费用的 45%。估计该公寓可按期建成，建成后即可出租。可出租面积的月租金为每平方米 80 元，可出租面积为建筑面积的 65%，正常出租率为 80%，出租期间运营费用率为 30%。又知当地购买在建工程应缴纳的税费为购买价格的 5%。试利用上述资料采用现金流量折现法估算该在建工程于 2020 年 9 月 1 日的正常购买总价和按建成后的建筑面积折算的单价。假定资本化率为 8%，体现投资利息和开发利润的折现率为 14%。

# Chapter 9

## 第 9 章  其他估价方法及其运用

【本章学习要点】

路线价法、基准地价修正法、标准价调整法、多元回归分析法、修复成本法、损失资本化法、价差法和长期趋势法的含义、适用对象、操作步骤和具体运用。

通过本章的学习,掌握路线价法、基准地价修正法、标准价调整法、多元回归分析法、修复成本法、损失资本化法、价差法和长期趋势法的含义、适用对象、操作步骤和具体运用。

##  9.1 土地估价方法及其运用

### 9.1.1 路线价法

#### (一)路线价法概述

**1. 路线价的含义**

城镇街道两侧的商业用地,如图 9-1(a)、(b)、(c)、(d)所示,即使形状相同、面积相等、位置相邻。但由于临街状况不同,价格会有所不同,而且差异可能很大。我们凭直觉就可以看出:图 9-1(a)中,地块 A 的价格高于地块 B 的价格;图 9-1(b)中,地块 C 的价格高于地块 D 的价格;图 9-1(c)中,地块 E 的价格高于地块 F 的价格;图 9-1(d)中,地块 G 的价格高于地块 H 的价格。如果需要同时、快速地评估出城镇街道两侧所有商业用地的价格,则可以采用路线价法。

路线价法是在特定的街道上设定标准临街深度,从中选取若干标准临街宗地求其平均价格,将此平均价格称为路线价,然后利用临街深度价格修正率或其他价格修正率来测算街道其他临街土地价格的一种估价方法。

**2. 路线价法的理论依据**

路线价法实质上是一种比较法,是比较法的派生方法,其理论依据与比较法相同,是房地产价格形成的替代原理。

在路线价法中,"标准临街宗地"可视为比较法中的"可比实例";若干标准临街宗地的平均价格称为"路线价",可视为比较法中经过交易情况修正、市场状况调整,但未进行房地产状况调整的"可比实例价格"。其余临街土地的价值或价格是根据其临街深度、临街宽度、土地形状、临街

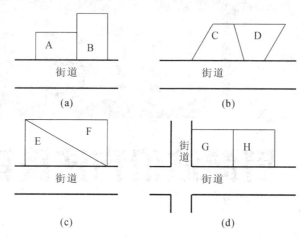

图 9-1 不同临街状况土地价格高低的比较

状况等因素,对路线价进行适当的调整来求取。这些调整可视为比较法中的"房地产状况调整"。

路线价法与比较法的不同之处主要表现在:一是不做"交易情况修正"和"市场状况调整";二是先对多个"可比实例价格"进行综合,然后再进行"房地产状况调整",而不是先对"可比实例价格"进行有关修正、调整,然后再进行综合;三是利用相同的"可比实例价格"即路线价,同时评估出许多"估价对象"即所有临街土地的价值或价格,而不是仅评估出一个"估价对象"的价值或价格。

在路线价法中不做"交易情况修正"和"市场状况调整"的原因有两个:一是求得的路线价——若干标准临街宗地的平均价格,已是经过交易情况修正的正常价格;二是求得的路线价所对应的日期,已与要求取得临街土地价值或价格的日期一致,都是价值时点时的价值或价格。

**3. 路线价法适用的对象和条件**

路线价法主要适用于城镇街道两侧商业用地的估价。比较法、收益法、成本法和假设开发法主要适用于单宗土地的估价,而且估价所需的时间通常较长。路线价法则被认为是一种高效率、低成本、相对科学准确、客观公平地评估出许多宗土地价值或价格的方法,即是一种批量估价方法,特别适用于城镇土地整理、房地产税收或其他需要在较短时间内对许多宗地进行估价的情形。

运用路线价法估价的前提条件是街道较规整,两侧临街土地的排列较整齐。

**(二)路线价法的操作步骤**

运用路线价法估价一般分为下列 6 个步骤进行:(1)划分路线价区段;(2)设定标准临街深度;(3)选取标准临街宗地;(4)调查评估路线价;(5)制作价格修正率表;(6)计算临街宗地的价格。

**1. 划分路线价区段**

路线价区段是沿着街道两侧呈带状分布的。一个路线价区段是指具有同一个路线价的地段。因此,在划分路线价区段时,应将"通达性相当、位置相邻、地价水平相近"的临街土地划为同一个路线价区段。两个路线价区段的分界线,原则上是地价有显著差异的地点,一般是从十字路或丁字路中心处划分,两个路口之间的地段为一个路线价区段。但较长的繁华街道,有时需要将两个路口之间的地段划分为两个以上的路线价区段,分别附设不同的路线价。而某些不很繁华的街道,同一个路线价区段可延长至数个路口。另外,在同一条街道上,如果两侧的繁华程度、地价水平有显著差异的,应以街道中心为分界线,将该街道的两侧各自视为一个路线价区段,分别设定不同的路线价。

**2. 设定标准临街深度**

标准临街深度通常简称为标准深度。从理论上讲,标准深度是街道对地价影响的转折点:由此接近街道的方向,地价受街道的影响而逐渐升高;由此远离街道的方向,地价可视为基本不变。但在实际估价中,设定的标准临街深度通常是路线价区段内各宗临街土地深度的众数。例如,某个路线价区段内临街土地的临街深度大多为 20 m,则标准临街深度应设定为 20 m;如果临街深度普遍为 30 m,则标准临街深度应设定为 30 m。

以各宗临街土地深度的众数作为标准临街深度,可以简化以后各宗土地价格的计算。如果不以各宗临街土地的临街深度的众数为标准临街深度,由此制作的临街深度价格修正率将使以后多数土地价格的计算都要用临街深度价格修正率进行修正。这不仅会增加计算的工作量,而且会使所求得的路线价失去代表性。

**3. 选取标准临街宗地**

标准临街宗地通常简称为标准宗地,是路线价区段内具有代表性的宗地。选取标准临街宗地的具体要求如下:(1)一面临街;(2)土地形状为矩形;(3)临街深度为标准临街深度;(4)临街宽度为标准临街宽度或众数宽度;(5)临街宽度与临街深度的比例适当;(6)用途为所在路线价区段具有代表性的用途;(7)容积率为所在路线价区段具有代表性的容积率(可为同一路线价区段内临街各宗土地的容积率的众数);(8)其他方面,如土地使用年限、土地生熟程度等也应具有代表性。

**4. 调查评估路线价**

路线价是附设在街道上的若干标准临街宗地的平均价格。通常在同一路线价区段内选择一定数量的标准临街宗地,运用收益法(通常是土地剩余技术)、市场法等,分别求其单位价格或楼面地价。然后求这些标准临街宗地的单位价格的平均数、中位数、众数,即得该路线价区段的路线价。

路线价通常为土地单价,也可为楼面地价;可用货币表示,也可用相对数表示,如用点数来表示,将一个城市中路线价最高的路线价区段以 1000 点表示,其他路线价区段的点数依此确定。以货币表示的路线价比较容易理解,直观性强,便于土地交易时参考。以点数表示的路线价便于测算,可避免由于币值波动而引起的麻烦。下面分别以土地单价、货币来表示路线价的情形,进一步介绍路线价法。

**5. 制作价格修正率表**

价格修正率表有临街深度价格修正率表和其他价格修正率表。

(1)临街深度价格修正率表。临街深度价格修正率表通常简称为深度价格修正率表,又称为深度百分率表、深度指数表,是基于临街深度价格递减率制作出来的。

① 临街深度价格递减原理。临街深度价格递减率又是基于临街土地中各部分的价格随着远离街道而有递减现象,或者说,距街道深度越深,可及性越差,价格也就越低。如果将临街土地划分为许多与道平行的细条,由于越接近街道的细条的利用价格越大,越远离街道的细条的利用价格越小,则接近街道的细条的价格高于远离街道的细条的价格。

临街深度价格递减率如图 9-2(a)所示,有一临街深度为 $n$ 米的矩形土地,假设以 1 米为单位将其划分为 $n$ 个与街道平行的矩形地块。可知各矩形地块的形状和面积是相同的,并且越接近

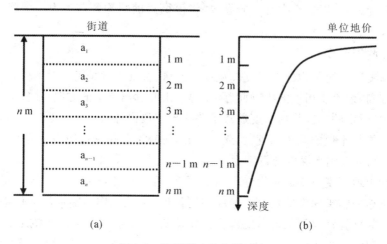

图 9-2 临街深度价格递减率

街道的矩形地块的价格越高。如果从临街方向起按顺序以 $a_1, a_2, a_3, \cdots, a_{n-1}, a_n$ 来表示各矩形地块,则有 $a_1$ 的价格大于 $a_2$ 的价格,$a_2$ 的价格大于 $a_3$ 的价格,$\cdots$,$a_{n-1}$ 的价格大于 $a_n$ 的价格。另外,虽然都为 1m 之差,但 $a_1$ 与 $a_2$ 的价格之差最大,$a_2$ 与 $a_3$ 的价格之差次之,之后逐渐缩小,至 $a_{n-1}$ 与 $a_n$ 的价格之差可视为接近于零。如果把总价转化为单价的形式,因为各矩形地块的面积相同,所以各矩形地块单价的变化也遵从相同的规律。但是不同的城镇、同一城镇的不同路线价区段,土地价格随临街深度变化的程度是不完全相同的,表现为图 9-2(b)中曲线的位置及弯曲程度不同。弯曲程度越大,表明土地价格对临街深度的变化越敏感;弯曲程度越小,表明土地价格对临街深度的变化越不敏感。如果将各细条的价格折算为相对数,便可以制成临街深度价格修正率表。

② 临街深度价格递减的四三二一法则。最简单且最容易理解的临街深度价格递减率是四三二一法则。该法则是将临街深度 100 英尺的临街土地,划分为与街道平行的四等份,各等份由于距离街道的远近不同,价格有所不同。从街道方向算起,第一个 25 英尺深度矩形地块的价格占整块土地价格的 40%,第二个 25 英尺深度矩形地块的价格占整块土地价格的 30%,第三个 25 英尺深度矩形地块的价格占整块土地价格的 20%,第四个 25 英尺深度矩形地块的价格占整块土地价格的 10%。

如果超过 100 英尺,则以九八七六法来补充,即超过 100 英尺的第一个 25 英尺深度矩形地块的价格为临街深度 100 英尺土地价格的 9%,第二个 25 英尺深度矩形地块的价格为临街深度 100 英尺的土地价格的 8%,第三个 25 英尺深度矩形地块的价格为临街深度 100 英尺的土地价格的 7%,第四个 25 英尺深度矩形地块的价格为临街深度 100 英尺的土地价格的 6%。

【例 9-1】 某块临街深度 30.48 m(即 100 英尺)、临街宽度 20 m 的矩形土地,总价为 121.92 万元,试根据四三二一法则,计算其相邻的临街深度 15.24 m(即 50 英尺)、临街宽度 20 m 的矩形土地的总价。

【解】 该相邻街土地的总价计算如下:

$$[121.92 \times (40\% + 30\%)] \text{万元} = 85.34 \text{万元}$$

【例 9-2】 某块临街深度 30.48 m(即 100 英尺)、临街宽度 20 m 的矩形土地,总价为 121.92 万元,试根据四三二一法则,计算其相邻的临街深度为 45.72 m(即 150 英尺)、临街宽度 20 m 的矩形土地的总价。

【解】 该相邻街土地的总价计算如下:

$$[121.92\times(40\%+30\%+20\%+10\%+9\%+8\%)]万元=[121.92\times(100\%+9\%+8\%)]万元$$
$$=142.65\ 万元$$

(2) 临街深度价格修正率的种类。临街深度价格修正率表的制作形式有：单独深度价格修正率(深度价格递减率)、累计深度价格修正率和平均深度价格修正率三种。在图 9-2(a)中。假设 $a_1,a_2,\cdots,a_{n-1},a_n$ 也分别表示各等分矩形地块的价格占整块土地价格的比率，则：

单独深度价格修正率的关系为：
$$a_1>a_2>a_3>\cdots>a_{n-1}>a_n$$

累计深度价格修正率的关系为：
$$a_1<a_1+a_2<a_1+a_2+a_3<\cdots<a_1+a_2+a_3+\cdots+a_{n-1}+a_n$$

平均深度价格修正率的关系为：
$$a_1>\frac{a_1+a_2}{2}>\frac{a_1+a_2+a_3}{3}>\cdots>\frac{a_1+a_2+a_3+\cdots+a_{n-1}+a_n}{n}$$

以四三二一法则为例，单独深度价格修正率为：
$$40\%>30\%>20\%>10\%>9\%>8\%>7\%>6\%$$

累计深度价格修正率为：
$$40\%<70\%<90\%<100\%<109\%<117\%<127\%<130\%$$

平均深度价格修正率为：
$$40\%>35\%>30\%>25\%>21.8\%>19.5\%>17.7\%>16.25\%$$

表 9-1 中的平均深度价格修正率，是将上述临街深度 100 英尺的平均深度价格修正率 25% 乘以 4 转换为 100%，同时为保持与其他数字的相对关系不变，其他数字也相应乘以 4 得出的。这也是利用平均深度价格修正单价的需要。平均深度价格修正率与累计深度价格修正率的关系还可用如下公式表示：

$$平均深度价格修正率=累计深度价格修正率\times\frac{标准临街深度}{所给临街深度}$$

制作临街深度价格修正率表的要领是：① 设定标准临街深度；② 将标准临街深度分为若干等份；③ 制定单独深度价格修正，或将单独深度价格修正率转换为累计深度价格修正率或平均深度价格修正率。

(3) 其他价格修正率表。计算三角形等形状的土地价格以及街角地价格，还需要制作相应的三角形土地价格修正率表和街角地价格修正率表。

表 9-1 临街深度价格修正率的形式

| 临街深度/英尺 | 25 | 50 | 75 | 100 | 125 | 150 | 175 | 200 |
| --- | --- | --- | --- | --- | --- | --- | --- | --- |
| 四三二一法则/(%) | 40 | 30 | 20 | 10 | 9 | 8 | 7 | 6 |
| 单独深度价格修正率/(%) | 40 | 30 | 20 | 10 | 9 | 8 | 7 | 6 |
| 累计深度价格修正率/(%) | 40 | 70 | 90 | 100 | 109 | 117 | 124 | 130 |
| 平均深度价格修正率/(%) | 160 (40) | 140 (35) | 120 (30) | 100 (25) | 87.2 (21.8) | 78.0 (19.5) | 70.8 (17.7) | 65.0 (16.25) |

**6. 计算临街宗地的价格**

(1) 路线价法的计算公式。运用路线价法计算临街宗地的价格，需要搞清楚路线价的含义、临街深度价格修正率的含义、标准临街宗地的条件，并结合需要计算价格的临街宗地的形状和临街状况。其中就路线价与临街深度价格修正率两者的对应关系来说,在单独深度价格修正率、累计深度价格修正率和平均深度价格修正率中,究竟应采用哪一种,要根据所给路线价的含义来确定。采用不同的临街深度价格修正率,路线价法的计算公式有所不同。下面先以一面临街矩形土地的情形来说明这个问题。

① 以标准临街宗地的总价作为路线价的计算公式。当以标准临街宗地的总价作为路线价时,应采用累计深度价格修正率。其中,如果估价对象土地的临街宽度与标准临街宗地的临街宽度(简称标准宽度)相同,则计算公式为:

$$P(总价) = 标准临街宗地总价 \times \sum 单独深度价格修正率$$

$$p(单价) = \frac{P(总价)}{估价对象土地面积}$$

$$= \frac{标准临街宗地总价 \times \sum 单独深度价格修正率}{估价对象土地面积}$$

$$= \frac{标准临街宗地总价 \times \sum 单独深度价格修正率}{临街宽度 \times 临街深度}$$

如果临街宽度与标准宽度不相同,则计算公式为:

$$P(总价) = \frac{标准临街宗地总价 \times \sum 单独深度价格修正率}{标准宽度 \times 临街深度} \times 估价对象土地面积$$

$$= 标准临街宗地总价 \times \sum 单独深度价格修正率 \times \frac{临街宽度}{标准宽度}$$

$$p(单价) = \frac{P(总价)}{估价对象土地面积}$$

$$= \frac{标准临街宗地总价 \times \sum 单独深度价格修正率}{标准宽度 \times 临街深度}$$

② 以单位宽度的标准临街宗地的总价作为路线价的计算公式。当以单位宽度的标准临街宗地(如临街宽度1英尺、临街深度100英尺)的总价作为路线价时,也应采用累计深度价格修正率,计算式为:

$$P(总价) = 路线价 \times 累计深度价格修正率 \times 临街宽度$$

$$p(单价) = \frac{P(总价)}{估价对象土地面积}$$

$$= \frac{路线价 \times 累计深度价格修正率}{临街深度}$$

③ 以标准临街宗地的单价作为路线价的计算公式。当以标准临街宗地的单价作为路线价时,应采用平均深度价格修正率,计算公式为:

$$p(单价) = 路线价 \times 平均深度价格修正率$$

$$P(总价) = 路线价 \times 平均深度价格修正率 \times 临街宽度 \times 临街深度$$

如果土地的形状和临街状况有特殊者(如土地形状不是矩形,临街状况不是一面临街),则除了按照上述计算公式计算价格外,还要做加价或减价修正。以标准宗地的单价作为路线价的情况为例,计算公式如下:

$$p(单价) = 路线价 \times 平均深度价格修正率 \times 其他价格修正率$$

$$P(总价) = 路线价 \times 平均深度价格修正率 \times 其他价格修正率 \times 土地面积$$

$$或者: p(单价) = 路线价 \times 平均深度价格修正率 \pm 单价修正额$$

$$P(总价) = 路线价 \times 平均深度价格修正率 \times 土地面积 \pm 总价修正额$$

(2) 路线价法计算举例。下面以标准临街宗地的单价作为路线价,采用平均深度价格修正率为例,说明临街土地价格的计算。

① 一面临街矩形土地价格的计算。计算一面临街矩形土地的价格,是先查出其所在区段的路线价,再根据其临街深度查出相应的深度价格修正率。其中,单价是路线价与临街深度价格修正率之积,总价是单价乘以土地面积。计算公式如下:

$$p(单价) = u \times dv$$
$$P(总价) = u \times dv \times f \times d$$

式中:$u$ 为路线价(用土地单价表示);$dv$ 为临街深度价格修正率(采用平均深度价格修正率);$f$ 为临街宽度;$d$ 为临街深度。

【例 9-3】 图 9-3 所示是一块临街深度 15.24 m(即 50 英尺)、临街宽度 20 m 的矩形土地,其所在区段的路线价(土地单价)为 2000 元/m²。根据表 9-1 中的临街深度价格修正率,计算该块临街土地的单价和总价。

【解】 由于路线价是用土地单价表示的,所以计算时采用表 9-1 中的临街深度价格修正率,具体应为平均深度价格修正率。因此有:

该块土地的单价=路线价×平均深度价格修正率
          $=1000 \times 140\%$ 元/m² $=1400$ 元/m²

该块土地的总价=土地单价×土地面积
          $=1400 \times 20 \times 15.24$ 元$=426720$ 元

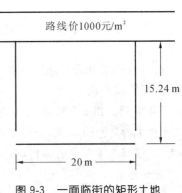

图 9-3 一面临街的矩形土地

② 前后两面临街矩形土地价格的计算。计算前后两面临街矩形土地的价格,通常是采用"重叠价格估价法"。该方法是先确定高价街(也称前街)与低价街(也称后街)影响深度的分界线,再以此分界线将前后两面临街矩形土地分为前后两部分,然后根据该两部分各自所临街道的路线价和临街深度分别计算价格,再将此两部分的价格加总。计算公式如下:

$$P(总价) = u_0 \times du_0 \times f \times d_0 + u_1 \times du_1 \times f \times (d - d_0)$$
$$p(单价) = \frac{u_0 \times du_0 \times d_0 + u_1 \times du_1 \times (d - d_0)}{d}$$

式中:$u_0$ 为前街路线价;$du_0$ 为前街临街深度价格修正率;$f$ 为临街宽度;$d_0$ 为前街影响深度;$u_1$ 为后街路线价;$du_1$ 为后街临街深度价格修正率;$d$ 为总深度(总深度=前街影响深度+后街影响深度)。

前街与后街影响深度的分界线的求取方法如下:

$$前街影响深度 = 总深度 \times \frac{前街路线价}{前街路线价 + 后街路线价}$$

$$后街影响深度 = 总深度 \times \frac{后街路线价}{前街路线价 + 后街路线价}$$

【例 9-4】 图 9-4 所示是一块前后两面临街、总深度为 30 m 的矩形土地,前街路线价(土地单价)为 2000 元/m²,后街路线价(土地单价)为 1000 元/m²。试采用重叠价格估价法计算其前街和后街影响深度。

【解】 该块前后两面临街矩形土地的前街和后街影响深度计算如下:

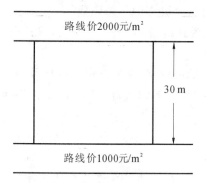

图 9-4 前后两面临街的矩形土地

$$前街影响深度 = 30 \times \frac{2000}{2000+1000} \text{m} = 20 \text{ m}$$

$$后街影响深度 = 总深度 - 前街影响深度 = (30-20)\text{m} = 10 \text{ m}$$

③ 矩形街角地价格的计算。街角地是指位于十字路口或丁字路口的土地。计算街角地的价格,通常是采用"正定旁影估价法"。该方法是先求取高价街(也称正街)的价格,再计算低价街(也称旁街)的影响加价,然后加总。计算公式如下:

$$p(单价) = u_0 \times du_0 + u_1 \times du_1 \times t$$

$$P(总价) = (u_0 \times du_0 + u_1 \times du_1 \times t) \times (f \times d)$$

式中:$u_0$ 为正街路线价;$du_0$ 为正街临街深度价格修正率;$u_1$ 为旁街路线价;$du_1$ 为旁街临街深度价格修正率;$t$ 为旁街影响加价率;$f$ 为临街宽度;$d$ 为临街深度。

街角地如果有天桥或地下通道出入口等而影响其利用价值的,则应对上述方法求取的价格进行适当的减价调整。

【例 9-5】 图 9-5 所示是一块矩形街角地,正街路线价(土地单价)为 2000 元/m²,旁街路线价(土地单价)为 1000 元/m²,临正街深度为 22.86 m(即 75 英尺),临旁街深度为 15.24 m(即 50 英尺)。根据表 9-1 中的临街深度价格修正率,另假设旁街影响加价率为 20%,试计算该块土地的单价和总价。

【解】 该块土地的单价和总价计算如下:

该块土地的单价 $= u_0 \times du_0 + u_1 \times du_1 \times t = (2000 \times 120\% + 1000 \times 140\% \times 20\%)$ 元/m² $= 2680$ 元/m²

该块土地的总价 = 土地单价 × 土地面积 $= 2680 \times 15.24 \times 22.86$ 元 $= 933675$ 元

④ 三角形土地价格的计算。计算一边临街直角三角形土地的价格,如图 9-6 所示,要计算 $BC$ 边临街直角三角形土地 $ABC$ 的价格,通常是先以直角三角形土地 $ABC$ 为基准,作辅助线使其成为一面临街的矩形土地 $ABCD$,然后依照一面临街矩形土地单价的计算方法计算,再乘以三角形土地价格修正率(临街直角三角形土地价格占临街矩形土地的价格的百分率)。如果需要计算总价,则再乘以该三角形土地的面积。计算公式如下:

$$p(单价) = u \times du \times h$$

$$P(总价) = u \times du \times h \times (f \times d \div 2)$$

式中:$u$ 为路线价;$du$ 为临街深度价格修正率;$h$ 为三角形土地价格修正率;$f$ 为临街宽度;$d$ 为临街深度;

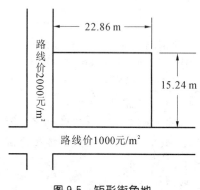

图 9-5 矩形街角地

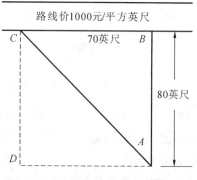

图 9-6 一边临街的直角三角形土地

其他三角形土地价格的计算,通常是先借助作辅助线的方法,将该三角形土地成为一边临街的直角三角形土地,然后依照前述方法计算一边临街直角三角形土地的价格,再相减,即可得到该三角形土地的价格。

【例 9-6】 图 9-7 所示是一块三角形 ABC 的土地。如果临街深度 80 英尺的一面临街矩形土地的平均深度价格修正率为 116%,临街深度 80 英尺的三角形土地价格修正率为 63%,试计算该块三角形土地 ABC 的价格。

【解】 在图 9-7 中,作辅助线 AD、AE、CE 及 BF,则有:
　　　三角形土地 ABC 的总价＝三角形土地 ACD 的总价－三角形土地 ABD 的总价
　　其中:三角形土地 ACD 的总价＝(1000×116%×63%×70×80÷2)元＝2046240 元
　　　　　三角形土地 ABD 的总价＝(1000×116%×63%×20×80÷2)元＝584640 元
　　则有:三角形土地 ABC 的总价＝三角形土地 ACD 的总价－三角形土地 ABD 的总价
　　　　　　　　　　　　　　　＝(2046240－584640)元＝1461600 元

⑤ 其他形状土地价格的计算。计算其他形状土地的价格,通常是先将其划分为矩形、三角形土地,然后分别计算这些矩形、三角形土地的价格,再相加减。所以,一般只要掌握了一面临街矩形土地、前后两面临街矩形土地、街角地及三角形土地,这几种基本形状土地价格的计算,其他形状土地价格的计算问题便可迎刃而解。

如图 9-8 所示,计算梯形土地 ABCD 的价格。

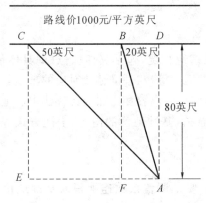

图 9-7 一边临街的三角形土地

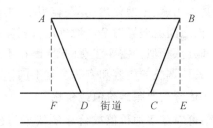

图 9-8 一面临街的梯形土地

梯形土地 ABCD 的价格可以采用以下思路计算:
梯形土地 ABCD 的价格＝矩形土地 ABEF 的价格－三角形土地 ADF 的价格－三角形土地 BEC 的价格。

### 9.1.2 基准地价修正法

#### (一) 基准地价系数修正法

基准地价修正法是在政府或其有关部门已公布基准地价的地区,利用有关调整系数对估价对象宗地所在位置的基准地价进行调整后得到估价对象宗地价值或价格的方法。该方法本质上是一种比较法,并且是一种间接估价方法,因为基准地价是一种评估价。因此,基准地价修正法估价结果的准确性,主要取决于基准地价的准确性以及调整系数(修正系数)体系的完整性和合理性。

### (二) 基准地价修正法的操作步骤

运用基准地价修正法进行宗地估价,一般分为5个步骤:(1) 收集有关基准地价的资料;(2) 查找估价对象宗地所在位置的基准地价;(3) 对基准地价进行市场状况调整;(4) 对基准地价进行土地状况调整;(5) 计算估价对象宗地价值或价格。

**1. 收集有关基准地价的资料**

收集有关基准地价的资料主要包括收集估价对象宗地所在城镇的基准地价图、基准地价表、基准地价修正系数表、基准地价内涵(如基准地价对应的土地权利类型、使用期限、用途、容积率、开发程度和估价期日)说明等。

**2. 查找估价对象宗地所在位置的基准地价**

查找估价对象宗地所在位置的基准地价通常是先根据估价对象宗地的具体用途,确定其所属的用途类别,例如是属于商服用途还是属于住宅用途或工业用途;其次根据估价对象宗地的用途类别和位置,确定其所处的土地级别或均质地域;然后根据估价对象宗地所处的土地级别或均质地域,确定其适用的基准地价。

**3. 对基准地价进行市场状况调整**

对基准地价进行市场状况调整就是将基准地价在其估价期日的值,调整为在价值时点的值,调整的方法与比较法中市场状况调整的方法相同。

**4. 对基准地价进行土地状况调整**

对基准地价进行土地状况调整就是将估价对象宗地状况,包括具体区位(如具体位置、临街状况等)、具体用途、土地使用期限、容积率、土地开发程度等,与基准地价对应的土地状况进行比较,根据它们之间的差异对基准地价进行相应调整,调整的内容和方法与比较法中房地产状况调整的内容和方法相似。需要注意的是,因在不同的城镇,基准地价的内涵、表达方式等可能有所不同,所以具体调整的内容和方法会有不同。

**5. 计算估价对象宗地价值或价格**

计算估价对象宗地价值或价格所依据的公式主要是调整系数连乘积的基准地价修正法公式为:

$$宗地价值或价格 = 适用的基准地价 \times 土地市场状况调整系数 \times 区位调整系数$$
$$\times 用途调整系数 \times 土地使用期限调整系数 \times 容积率调整系数$$
$$\times 土地开发程度调整系数 \times 其他因素调整系数$$

## 9.2 批量估价方法及其运用

### 9.2.1 标准价调整法

#### (一) 标准价调整法的含义

标准价调整法是对估价范围内的所有被估价房地产进行分组,使同一组内的房地产具有相似性,在每组内选定或设定标准房地产并测算其价值或价格,利用有关调整系数将标准房地产价值或价格调整为各宗被估价房地产价值或价格的方法。该方法是一种批量估价方法,主要用于存量房交易税收估价和房地产税计税价值评估。

### (二) 标准价调整法的操作步骤

运用标准价调整法估价,一般分为6个步骤:(1)确定估价范围;(2)进行房地产分组;(3)设定标准房地产;(4)测算标准价;(5)确定有关调整系数;(6)计算各宗被估价房地产的价值或价格。

**1. 确定估价范围**

估价范围包括估价的区域范围和房地产种类。估价的区域范围即需要对哪个地区范围内的房地产进行估价,例如是某个城市的全部行政区,还是其规划区、建成区、某个或某几个辖区内的房地产。估价的房地产种类即需要对哪些用途和类型的房地产进行估价,例如是住宅,还是商店、办公楼、旅馆、厂房、仓库等。

**2. 进行房地产分组**

进行房地产分组就是对估价范围内的所有被估价房地产进行分组,简称"房地产分组"。进行房地产分组,就是把相似的房地产划分在同一组内,通常是将估价范围内的所有被估价房地产,先按用途划分,简称"分用途",如分为居住、商业、办公、旅馆、工业、仓库等用途的房地产;再按类型划分,简称"分类型",如将住宅分为高层住宅、多层住宅、低层住宅等,将商业房地产分为大型商场、小型店铺等,将办公楼分为甲级办公楼、乙级办公楼、普通办公楼等;然后按区位划分,简称"分区域",如成片开发的住宅按自然小区划分,临街商业房地产按路线价区段划分等。从理论上讲,划分的组越小,组内的房地产越相似,从而需要调整的因素就会越少。但如果分组过小,则组内的交易实例等"样本"可能较少,从而难以满足测算标准房地产价值或价格的需要。

**3. 设定标准房地产**

设定标准房地产就是在每组内设定标准房地产。标准房地产是指一个组内具有代表性的典型房地产。标准房地产最好是实际存在的,在没有合适的实际房地产作为标准房地产的情况下,可以设定某种状况的房地产作为标准房地产。标准房地产无论是实际存在的还是设定的,都要对其基本状况(如用途、位置、楼层、朝向、户型、面积等影响同一组内不同房地产价值和价格的主要因素)做出明确界定。

**4. 测算标准价**

标准价即标准房地产的价值或价格,其测算方法与测算房屋重置价、基准地价、路线价的方法相似。

**5. 确定有关调整系数**

确定有关调整系数就是要确定因楼幢、楼层、朝向、户型、面积等因素存在差异而影响房地产价值或价格的调整系数。

**6. 计算各宗被估价房地产的价值或价格**

计算各宗被估价房地产的价值或价格就是利用有关调整系数,将标准房地产价值或价格调整为各宗被估价房地产的价值或价格。

### 9.2.2 多元回归分析法

**(一) 多元回归分析法的含义**

多元回归分析法是对估价范围内的所有被估价房地产进行分组,使同一组内的房地产具有相似性,在每组内把房地产价值或价格作为因变量,把影响房地产价值或价格的若干因素作为自变量,设定多元回归模型,搜集大量房地产成交价格及其影响因素数据,经过试算优化和分析检验,确定多元回归模型,利用该模型计算出各宗被估价房地产价值或价格的方法。该方法是一种批量估价方法,主要用于存量房交易税收估价和房地产税计税价值评估。

**(二) 多元回归分析法的操作步骤**

运用多元回归分析法估价,一般分为 5 个步骤。
(1) 确定估价范围。这与标准价调整法中的确定估价范围相同。
(2) 进行房地产分组。这与标准价调整法中的进行房地产分组相同。
(3) 设定多元回归模型。常见的多元回归模型为:

$$V = b_0 + b_1 X_1 + b_2 X_2 + \cdots + b_n X_n$$

式中:$V$ 为房地产价值或价格;$X_1, X_2, \cdots, X_n$ 为影响房地产价值或价格的若干因素;$b_0$ 为常数项(待定系数);$b_1, b_2, \cdots, b_n$ 为自变量系数(待定系数);$n$ 为自变量的数量。
(4) 确定多元回归模型。
(5) 计算各宗被估价房地产的价值或价格。

此外,在运用多元回归分析法时,考虑到某些较少见或不普遍的影响房地产价值或价格的特殊因素如果作为多元回归模型中的自变量,会增加多元回归模型的复杂性和准确性,可先将这些特殊因素不作为多元回归模型中的自变量,待利用多元回归模型计算出被估价房地产的价值或价格后,再利用特殊因素调整系数对那些存在特殊因素的被估价房地产的多元回归模型计算结果进行调整,从而得出这些被估价房地产的价值或价格。

## 9.3 价值减损估价方法及其运用

### 9.3.1 修复成本法

修复成本法是测算修复的必要支出及应得利润,将其作为房地产价值减损额的方法。该方法主要用于评估可修复的房地产价值减损额。

修复成本法实质上就是成本法,其估价测算与成本法相似。

### 9.3.2 损失资本化法

损失资本化法是预测未来各年的净收益减少额或收入减少额、运营费用增加额,将其现值之和作为房地产价值减损额的方法。该方法主要用于评估不可修复的房地产价值减损额,如不可修复的房屋质量缺陷、噪声污染以及通风、采光、日照、景观等受到影响导致房地产租金降低或运营费用增加所造成的房地产价值减损额。

损失资本化法可分为"收益损失资本化法"、"收入损失资本化法"、"超额费用资本化法"。这些方法的测算依据和计算公式与收益法相似,只是将收益法中的"净收益"改为"净收益减少额"或"收入减少额"、"费用增加额"。

【例9-7】某商业门面位于综合大楼一楼,因门前修建过街天桥而影响门面出租收入,其租金从每月7000元降到6000元,运营费用每月增加100元。该商业门面的剩余使用寿命为45年,该类商业用房的报酬率为8.5%。试计算该商业门面因门前修建过街天桥影响经营造成的价值减损额。

【解】商业门面因门前修建过街天桥影响经营造成的价值减损额计算如下:

(1) 该商业门面的年净收益减少额为 $A$:
$$A = [(7000-6000)+100] \times 12 \text{元} = 13200 \text{元}$$

(2) 该商业门面的价值减损额 $V$ 为:
$$V = \frac{A}{Y}\left[1 - \frac{1}{(1+Y)^n}\right]$$
$$= \frac{13200}{8.5\%} \times \left[1 - \frac{1}{(1+8.5\%)^{45}}\right] \text{元} = 151342 \text{元}$$

### 9.3.3 价差法

#### (一) 价差法的含义

价差法是分别评估房地产在改变之前和改变之后状况下的价值,将两者之差作为房地产价值减损额或价值增加额的方法。该方法主要用于评估房地产价值减损额或价值增加额。

#### (二) 价差法的计算公式

房地产在改变之前和改变之后状况下的价值,通常采用比较法、收益法来评估。改变之前和改变之后状况下的价值均采用比较法来评估的,除可分别采用比较法评估出改变之前和改变之后状况下的价值后将两者相减外,还可直接采用价值影响因素状况的改变所造成的价值增减得出价值减损额或价值增加额,相应的计算公式如下:

估价对象价值减损额或增加额=估价对象在改变之前状况下的价值×(1+价值影响因素状况改变造成的价值增减率代数和)

例如,房屋日照受影响造成的价值减损额采用价差法评估,可先评估出房屋日照未受影响下的市场价值,然后将日照受影响造成的房屋实物因素危害(如造成房屋潮湿、室内空气流通不畅、缺乏阳光照射杀菌、影响房屋构件及室内物品使用寿命)、区位因素危害(如造成房屋视觉环境、私密性差,甚至相当于改变了房屋朝向,如使朝南的房屋相当于变为朝北)、使用人心理和生理因素危害(如造成房屋使用人压抑感、生理机能受损、健康状况下降、小孩身体发育受影响)、经济因素危害(如造成照明、取暖费用增加,房屋使用成本上升)等对房屋日照未受影响下的市场价值的影响程度进行分析,以百分比的形式确定各因素造成房屋价值下降的比率。

#### (三) 价差法用于测算补地价的情形

价差法用于评估房地产价值增加额的一种情形,是测算补地价。所谓补地价是指建设用地使用权人因改变建设用地使用权出让合同约定的土地使用条件等而应向国家缴纳的建设用地使用权出让金、土地出让价款、租金、土地收益等。需要补地价的情形主要有:(1) 改变土地用途、容积率等规划条件,具体有建设用地使用权出让之后变更用途、变更容积率、既变更用途又变更容积率等情形;(2) 延长土地使用期限(包括建设用地使用权期间届满后续期)(3) 转让、出租、抵押以划拨方式取得建设用地使用权的房地产。

对改变土地用途、容积率等规划条件的,补地价的数额理论上等于批准变更时新旧规划条件下的土地市场价格之差额,即:

补地价＝新规划条件下的土地市场价格－旧规划条件下的土地市场价格

其中,对单纯提高容积率,或者改变土地用途并提高容积率的补地价来说,补地价的数额为:

补地价(单价)＝新楼面地价×新容积率－旧楼面地价×旧容积率

补地价(总价)＝补地价(单价)×土地总面积

如果楼面地价不随容积率的改变而改变,则有:

补地价(单价)＝楼面地价×(新容积率－旧容积率)

【例9-8】 某宗土地的面积为 2000 $m^2$,容积率为 3.0,相应的土地单价为 900 元/$m^2$。现可依法将容积率提高到 5.0。假设楼面地价不变,试计算应补地价款数额。

【解】 应补地价款数额计算如下:

补地价(单价)＝[900×(5－3)/3]元/$m^2$＝600 元/$m^2$

补地价(总价)＝600×2000 元＝120 万元

【例9-9】 某宗工业用地的面积为 6000 $m^2$,容积率为 0.8,相应的楼面地价为 700 元/$m^2$。现可依法变更为商业用地,容积率提高到 2.0,相应的楼面地价为 1500 元/$m^2$。试计算应补地价款数额。

【解】 应补地价款数额计算如下:

补地价(单价)＝(1500×2.0－700×0.8)元/$m^2$＝2440 元/$m^2$

补地价(总价)＝2440×6000 元＝1464 万元

## 9.4 价格预测估价方法及其运用

对房地产未来价值或价格进行预测性评估的方法主要是长期趋势法,本节介绍长期趋势法及其运用。

### 9.4.1 长期趋势法概述

#### (一) 长期趋势法的含义

长期趋势法是运用预测科学的有关理论和方法,特别是时间序列分析和回归分析,来推测、判断房地产未来价格的方法。所谓预测,就是由已知的过去和现在预先推测未知的未来。

#### (二) 长期趋势法的理论依据

长期趋势法的理论依据是事物的未来和过去是有联系的,事物的现在是其历史发展的结果,而事物的未来又是其现实的延伸。就房地产价格来说,虽然存在波动,在短期内难以看出其变动规律和发展趋势,但从长期来看,会显现出一定的变动规律和发展趋势。因此,当需要评估(实质上是预测)某宗(或某类)房地产的价格时,可以搜集该宗(或该类)房地产过去较长时期的历史价格资料,并按照时间的先后顺序将其编排成时间序列,从而找出该宗(或该类)房地产的价格随时间变化而变动的过程、方向、程度和趋势,然后进行外延或类推,这样就可以做出对该宗(或该类)房地产的价格在价值时点(通常为未来)比较肯定的推测和科学的判断,即评估出了该宗(或该类)房地产的价格。

### (三)长期趋势法适用的估价对象

长期趋势法是根据房地产价值或价格在过去长时期内形成的变动规律做出判断,借助历史统计资料和现实调查资料来推测未来,通过对这些资料的统计、分析得出一定的变动规律,并假定其过去形成的趋势在未来继续存在。因此,长期趋势法适用的对象是价值或价格具有一定变动规律的房地产。

### (四)长期趋势法估价需要具备的条件

长期趋势法估价需要具备的条件是拥有估价对象或类似房地产较长时期的历史价格资料,并且要求所拥有的历史价值或价格资料真实可靠。拥有越长时期、越真实的历史价格资料,做出的推测和判断就会越准确可信,因为长期趋势可以消除房地产价值或价格的短期波动和意外变动等不规则变动。

### (五)长期趋势法估价的操作步骤

运用长期趋势法估价一般分为下列4个步骤进行:(1)收集估价对象或类似房地产的历史价值或价格资料,并进行检查和鉴别,以保证其真实可靠;(2)整理上述搜集到的历史价值或价格资料,将其化为同一标准(如为单价、楼面地价等,化为同一标准的方法与比较法中"建立可比基础"的内容和方法相同),并按照时间的先后顺序将它们编排成时间序列,画出时间序列图;(3)观察和分析该时间序列,根据其特征选择适宜与具体的长期趋势法,找出估价对象的价格随时间变化而出现的变动规律,得出一定的模式(或数学模型);(4)以此模式去推测和判断估价对象在价值时点的价格。

长期趋势法主要有数学曲线回归法、平均增减量法、平均发展速度法等。

## 9.4.2 数学曲线回归法

### (一)线性趋势回归法

**1. 线性趋势回归法估价的基本原理**

将房地产价值或价格资料按时间顺序点绘成动态折线图,可以发现点距虽有波动,但这种波动都表现出明显的上升或下降趋势。如果通过点距的中心绘制一条直线,则点距在直线上下跳动。由于跳动往往是由于房地产价格上升或下降的幅度差异造成的。这就为采用直线模型方程来描述它的趋势提供了条件。

一般来说,房地产价值或价格的变化呈现线性趋势的条件是:房地产价值或价格随着时间变化的逐期增量为常数或基本相同。假设房地产价值或价格的线性趋势方程为：

$$\hat{P} = a + bt$$

式中：$\hat{P}$ 为房地产价值或价格的评估（预测）值；$t$ 为时间（年、月或季）序号数（$t=1,2,3,\cdots,n$）；$a$ 和 $b$ 为待定系数，可由回归法或最小二乘法求得，具体可通过解以下方程组求得待定系数 $a$ 和 $b$：

$$\begin{cases} \sum P = na + b\sum t \\ \sum (tp) = a\sum t + b\sum t^2 \end{cases}$$

式中：$t$ 为时间（年、月或季）序号数；$P$ 为房地产实际价格；$tp$ 为某时间序号与该时间房地产实际价格之乘积；$n$ 为时间序号个数。

求得 $a$、$b$，确定了线性趋势方程，若要推算未来某年房地产价值或价格，只要把未来某年的序号代入上述方程式，便可求得。运用直线趋势方程推算未来房地产价格的方法称为线性趋势回归法。

运用直线趋势法推算未来房地产价格有一点必须注意：直线趋势方程确定的只是房地产价格呈线性变化趋势的一种描述，描述的精度如何，不取决于方程本身，而主要取决于房地产实际价格资料与直线的接近程度。如果点距在直线上下跳动幅度很大，说明建立的直线方程不能很好地描述价格变动趋势，此时应考虑采用其他模型。衡量直线与点距配合好坏程度的指标，在统计上称为相关系数。相关系数的计算能有助于我们对已建立的直线方程是否合适作出判断。相关系数的计算公式为：

$$r = \frac{n\sum tp - \sum t \sum p}{\sqrt{\left[n\sum t^2 - \left(\sum t\right)^2\right]\left[n\sum P^2 - \left(\sum P\right)^2\right]}}$$

相关系数的数值有个范围，总在 $-1$ 和 $+1$ 之间，即 $-1\leqslant r\leqslant +1$。计算结果带有负号表示负相关，说明房地产价格随时间延续呈下降趋势；计算结果带有正号表示正相关，说明房地产价格随时间延续呈上涨趋势。

相关系数 $r$ 的值越接近于 $+1$ 或 $-1$，表示相关关系越强或相关程度越高。越接近于 0，表示相关关系越弱。依据高度相关的房地产价格动态资料确定的直线趋势方程来推算房地产未来价格，可靠性是较高的。

**2. 线性趋势回归法估价的应用举例**

【例 9-10】 表 9-2 是某市 2010 年至 2019 年的某类商业用租金资料及线性回归有关计算结果。运用这些资料可以采用直线回归趋势估价法推算 2020 年和 2021 年该类商业用房的租金。

表 9-2　商业用房租金资料及线性趋势回归相关计算

| 年　份 | 时间序号($t$) | 租金($P_i$)/(元/m²) | ($P^2$) | ($t^2$) | ($tp$) |
|---|---|---|---|---|---|
| 2010 | $-9$ | 70 | 4900 | 81 | $-630$ |
| 2011 | $-7$ | 85 | 7225 | 49 | $-595$ |
| 2012 | $-5$ | 96 | 9216 | 25 | $-480$ |
| 2013 | $-3$ | 110 | 12100 | 9 | $-330$ |
| 2014 | $-1$ | 200 | 40000 | 1 | $-200$ |
| 2015 | 1 | 300 | 90000 | 1 | 300 |
| 2016 | 3 | 350 | 129600 | 9 | 1080 |

续表

| 年 份 | 时间序号($t$) | 租金($P_i$)/(元/m²) | ($P^2$) | ($t^2$) | ($tp$) |
|---|---|---|---|---|---|
| 2017 | 5 | 400 | 160000 | 25 | 2000 |
| 2018 | 7 | 450 | 202500 | 49 | 3150 |
| 2019 | 9 | 500 | 250000 | 81 | 4500 |
| 合计 | 0 | 2571 | 905541 | 330 | 8795 |
| 平均值 | 0 | 257.1 | — | — | — |

【解】（1）将表 9-2 中的资料，以租赁价格 $P$ 为纵坐标，年份序号 $t$ 为横坐标，画出散点图，从图中可以看出，租赁价格与时间大致呈直线关系。

（2）建立预测模型，即列出直线趋势方程如下：

$$\hat{P} = a + bt$$

把表中相关数据代入标准方程组，有：

$$\begin{cases} 2571 = 10a + b \times 0 \\ 8795 = a \times 0 + b \times 330 \end{cases}$$

解之得：$a = 257.1$；$b = 26.65$。则有商业用房租金的线性趋势方程为：

$$\hat{P} = 257.1 + 26.65t$$

（3）根据直线回归方程推算未来该类商业用房的租赁价格。如要评估 2020 年和 2021 年该商业用房的租金，则有：

$$\hat{p}_{2020(t=11)} = (257.1 + 26.65 \times 11) \text{元/m}^2 = 550 \text{元/m}^2$$

$$\hat{p}_{2021(t=12)} = (257.1 + 26.65 \times 12) \text{元/m}^2 = 577 \text{元/m}^2$$

（4）用相关系数进行可靠性检验。

$$r = \frac{n\sum tp - \sum t \sum p}{\sqrt{\left[n\sum t^2 - \left(\sum t\right)^2\right]\left[n\sum p^2 - \left(\sum p\right)^2\right]}}$$

$$= \frac{10 \times 8795 - 0 \times 2571}{\sqrt{(10 \times 330 - 0)(10 \times 905541 - 2571^2)}} = 0.979$$

相关系数的计算结果表明，以上直线回归方程的相关程度很高，在运用线性回归方程对该类商业用房的租赁价格进行估价具有较高的可靠性。

### （二）二次曲线趋势回归法

**1. 二次曲线趋势回归法的基本原理**

二次曲线的一般方程式为：

$$\hat{P}_t = a + bt + ct^2$$

式中：$a$、$b$、$c$ 为待定系数。

房地产价值或价格呈二次曲线趋势的特点是：每期价格都有变化，但是其变化既不是按相同的增长量，也不是按相同的增长速度，而是呈现出每期的价格增长量按相同的增长量增长，即二级增长量相等（如表 9-3 所示）。

表 9-3  二次曲线的特点

| 年份(时间序号) | 房地产价格 $\hat{P}_t = a+bt+ct^2$ | 价格增长量(一级增长量) | 二级增长量 |
|---|---|---|---|
| 1 | $a+b+c$ | — | — |
| 2 | $a+2b+4c$ | $b+3c$ | — |
| 3 | $a+3b+9c$ | $b+5c$ | $2c$ |
| 4 | $a+4b+16c$ | $b+7c$ | $2c$ |
| 5 | $a+5b+25c$ | $b+9c$ | $2c$ |
| 6 | $a+6b+36c$ | $b+11c$ | $2c$ |

从表 9-3 可以看出,二次曲线的特点就是其二级增长量相同。

二次曲线的拟合可采用回归法来求得。即根据实际资料,求解待定系数 $a$、$b$ 和 $c$,从而求得二次曲线方程。求解待定系数 $a$、$b$ 和 $c$,可由回归法或最小二乘法求得,具体可通过解以下方程组求得待定系数 $a$、$b$ 和 $c$ 的值。

$$\begin{cases} \sum P_t = c\sum t^2 + b\sum t + na \\ \sum tP_t = c\sum t^3 + b\sum t^2 + a\sum t \\ \sum t^2 P_t = c\sum t^4 + b\sum t^3 + a\sum t^2 \end{cases}$$

**2. 二次曲线趋势回归法估价的应用举例**

【例 9-11】 某类住宅 2014—2019 年的价格资料及相关计算结果如表 9-4 所示。

表 9-4  某类住宅 2014—2019 年价格及相关计算结果

| 年 份 | 时间序号($t$) | 价格($P_t$)/(元/m²) | 一级增长量 | 二级增长量 |
|---|---|---|---|---|
| 2014 | 1 | 1200 | — | — |
| 2015 | 2 | 1400 | 200 | — |
| 2016 | 3 | 1620 | 220 | 20 |
| 2017 | 4 | 1862 | 242 | 22 |
| 2018 | 5 | 2127 | 265 | 23 |
| 2019 | 6 | 2413 | 286 | 21 |

【解】 根据表 9-4 的资料,各年价格二级增长量基本相同,所以该类住宅价格的变化趋势是呈二次曲线 $\hat{P}_t = a+bt+ct^2$ 型的。

根据表中资料,可计算出:

$$n=6, \sum t = 21, \sum t^2 = 91, \sum t^3 = 441, \sum t^4 = 2275,$$
$$\sum P_t = 10622, \sum tP_t = 41421, \sum t^2 P_t = 191215$$

将上述计算结果代入求取待定系数 $a$、$b$、$c$ 的方程组有:

$$\begin{cases} 10622 = 6a + 21b + 91c \\ 41421 = 21a + 91b + 441c \\ 191215 = 91a + 441b + 2275c \end{cases}$$

解之得：
$$\begin{cases} a = 1023.2 \\ b = 166.264 \\ c = 10.893 \end{cases}$$

则其房价变化趋势方程为：
$$\hat{P}_t = 1023.2 + 166.264t + 10.893t^2$$

如果要评估该类住宅 2020 年和 2021 年的价格，则其分别为：

$\hat{P}_{7(2020年)} = (1023.2 + 166.264 \times 7 + 10.893 \times 7^2)$ 元 $/m^2 = 2721$ 元 $/m^2$

$\hat{P}_{7(2021年)} = (1023.2 + 166.364 \times 8 + 10.893 \times 8^2)$ 元 $/m^2 = 3050$ 元 $/m^2$

### （三）指数曲线趋势回归法

**1. 指数曲线趋势回归法估价的基本原理**

对于估价对象房地产过去年份的实际价格满足条件：第 $t(t=2,3,\cdots,n)$ 年的价格 $P_t$ 与 $t-1$ 年的价格 $P_{t-1}$ 的比值的数值大小基本相同时，则可断定该房地产价格呈指数曲线趋势，对于此类房地产价格，则可采用指数曲线趋势法进行评估。

指数曲线趋势的模型为：
$$\hat{P}_t = ab^t$$

式中：$\hat{P}_t$ 为第 $t$ 年的房地产趋势价格；$t$ 为年份序号；$a$ 和 $b$ 分别为待定系数。

为了求取待定系数 $a$ 和 $b$，必须将指数曲线变换为直线形式，具体变换为：对指数曲线方程两边同时取对数，即有：
$$\lg\hat{P}_t = \lg a + t\lg b$$

设 $\hat{P}_t' = \lg\hat{P}_t$；$A = \lg a$；$B = \lg b$

则有：
$$\hat{P}_t' = A + Bt$$

这样就可以按直线回归的方法确定所需要的指数曲线了。

即根据方程组
$$\begin{cases} \sum P_t' = nA + B\sum t \\ \sum (tP_t') = A\sum t + B\sum t^2 \end{cases}$$

求出 $A$、$B$，再由 $a = 10^A$，$b = 10^B$，计算出 $a$、$b$ 值，从而确定指数曲线方程 $\hat{P}_t = ab^t$。上述方程组中，$P_t' = \lg P_t$。

**2. 指数曲线趋势回归法估价的应用举例**

【例 9-12】某市商业用房的价格及相关计算结果见表 9-5。

表 9-5 某商业用房 2014—2019 年价格及相关计算结果

| 年 份 | 时间序号($t$) | 商业用房价格($P_t$)/(元/$m^2$) | 房价递增速度/(%) | $P_t' = \lg P_t$/(元/$m^2$) |
|---|---|---|---|---|
| 2014 | 1 | 530 | — | 2.7243 |
| 2015 | 2 | 720 | 35.85 | 2.8573 |
| 2016 | 3 | 960 | 33.33 | 2.9823 |
| 2017 | 4 | 1290 | 34.38 | 3.1106 |

续表

| 年份 | 时间序号($t$) | 商业用房价格($P_t$)/(元/m²) | 房价递增速度/(%) | $P_t' = \lg P_t$/(元/m²) |
|---|---|---|---|---|
| 2018 | 5 | 1710 | 32.26 | 3.2330 |
| 2019 | 6 | 2320 | 35.68 | 3.3655 |

【解】 根据表 9-5 中的资料可以看出,各年房价递增速度大体相同,所以其价格变化趋势是呈指数曲线型的。

根据表 9-5 中的资料计算可得:

$$\sum P_t' = \sum \lg P_t = 18.273, \sum t = 18.273, \sum t = 21, n = 6,$$

$$\sum t P_t' = \sum t \lg P_t = 66.1862, \sum t^2 = 91$$

将上述计算结果代入求取待定系数 $A$、$B$ 的方程组有:

$$\begin{cases} 18.273 = 6A + 21B \\ 66.1862 = 21A + 91B \end{cases}$$

解之得:

$$\begin{cases} A = 2.5994 \\ B = 0.1275 \end{cases}$$

则待定系数 $a$ 和 $b$ 分别为:

$$a = 10^A = 398 \qquad b = 10^B = 1.34$$

则指数曲线为:

$$\hat{P}_t = 398 \times 1.34^t$$

如果要评估该类商业用房 2020 年和 2021 年的趋势价格,有:

$$\hat{P}_{7(2020年)} = 398 \times 1.34^7 \text{ 元/m}^2 = 3088 \text{ 元/m}^2$$

$$\hat{P}_{8(2021年)} = 398 \times 1.34^8 \text{ 元/m}^2 = 4137 \text{ 元/m}^2$$

### 9.4.3 平均增减量法

**1. 平均增减量法估价的基本原理**

房地产价格通常处于变动之中,如果在时间 $t_0, t_1, t_1, \cdots, t_n$ 对应的价格分别为 $P_0, P_1, P_2, \cdots, P_n$,在分析价格的动态变化时,可以先从逐期增长量入手,如 $P_1 - P_0, P_2 - P_1, P_3 - P_2, \cdots, P_n - P_{n-1}$。如果逐期增长量大致相等,就可采用逐期增长量的平均值进行预测:

$$\Delta \overline{P} = \frac{(P_1 - P_0) + (P_2 - P_1) + \cdots + (P_n - P_{n-1})}{n}$$

则:

$$\hat{P}_i = P_0 + i \times \overline{P}$$

式中:$\hat{P}_i$ 为第 $i$ 年评估价格(趋势价格);$P_0$ 为初期房地产价格;$i$ 为年份序号;$\Delta \overline{P}$ 为年平均增减量。

**2. 平均增减量法估价的应用举例**

【例 9-13】 表 9-6 是某市白云小区 2010—2019 年住宅价格资料,逐期增长量大致相近,我们就可用平均增减量趋势法评估出白云小区 2020 年的住宅价格。

表 9-6　某市白云小区居住用房价格资料及其平均增减量计算表

| 年　份 | 序号($i$) | 住宅价格($P_i$)/(元/m²) | 逐期增长量($\Delta P$) |
|---|---|---|---|
| 2010 | 0 | 12620 | — |
| 2011 | 1 | 13200 | 580 |
| 2012 | 2 | 13800 | 600 |
| 2013 | 3 | 14360 | 560 |
| 2014 | 4 | 14980 | 620 |
| 2015 | 5 | 15520 | 540 |
| 2016 | 6 | 16070 | 550 |
| 2017 | 7 | 16680 | 610 |
| 2018 | 8 | 17280 | 600 |
| 2019 | 9 | 17930 | 650 |
| 合计 | — | — | 5310 |
| 平均值 | — | — | 590 |

【解】将上表中数据 $\Delta \overline{P}=590$，2020年序号 $i=10$，2010年的住宅价格 $P_0=12620$元/m²代入预测公式：

$$\hat{P}_i = P_0 + i \times \overline{P}$$

则有白云小区2020年的住宅价格为：

$$\hat{P}_{2020} = (12620 + 10 \times 590) \text{元/m}^2 = 18520 \text{元/m}^2$$

在运用平均增减量法估价时，要求价格资料逐期增减幅度比较平稳。如果增减幅度急剧变化，则平均增减量代表性就差。用代表性差的数值预测未来趋势，可信度就会降低。消除误差的办法是求取平均值的项数不宜过多，一般选择临近预测期的3至5期资料进行平均，其评估的准确效果会更好一些。

### 9.4.4　平均发展速度法

**1. 平均发展速度法估价的基本原理**

在评估房地产趋势价格时，有时候不从绝对值方面去研究，而从相对数方面，即从发展速度和增长速度方面去分析。若逐期环比发展速度的数值基本一致，则可以对其计算平均发展速度，并借此来评估未来房地产的趋势价格。

评估计算方法可以用以下公式计算：

$$\overline{x} = \sqrt[n]{x_1 \cdot x_2 \cdot x_3 \cdots x_n} = \sqrt[n]{\frac{P_1}{P_0} \cdot \frac{P_2}{P_1} \cdot \frac{P_3}{P_2} \cdots \frac{P_n}{P_{n-1}}} = \sqrt[n]{\frac{P_n}{P_0}}$$

式中：$x_n$ 为第 $n$ 年的价格发展速度；$P_n$ 为第 $n$ 年的实际价格；$\overline{x}$ 为价格年平均发展速度。

**2. 平均发展速度法估价的应用举例**

【例9-14】某市从2010年至2019年商业区门面租金水平及相关计算结果如表9-7所示。

表 9-7 某市商业门面租金水平及其平均发展速度计算表

| 年　份 | 序　号 | 租金水平($P_n$)/(元/m²) | 环比发展速度($x$)/(%) |
|---|---|---|---|
| 2010 | 0 | 350 | — |
| 2011 | 1 | 420 | 120.00 |
| 2012 | 2 | 505 | 120.24 |
| 2013 | 3 | 604 | 119.60 |
| 2014 | 4 | 730 | 120.86 |
| 2015 | 5 | 868 | 118.90 |
| 2016 | 6 | 1038 | 119.59 |
| 2017 | 7 | 1230 | 118.50 |
| 2018 | 8 | 1445 | 117.48 |
| 2019 | 9 | 1700 | 117.65 |
| 2020 | 10 | — | — |

【解】 由表 9-7 中环比发展速度的计算结果表明,该房地产价格的发展速度水平基本一致,因而其平均发展速度具有较强的代表性。其平均发展速度 $\bar{x}$ 为:

$$\bar{x} = \sqrt[9]{\begin{array}{c}120\% \times 120.24\% \times 119.6\% \times 120.86\% \times 118.9\% \times 119.59\% \\ \times 118.5\% \times 117.48\% \times 117.65\%\end{array}}$$

$$= 119.197\%$$

或

$$\bar{x} = \sqrt[9]{\frac{P_{2019}}{P_{2010}}} = \sqrt[9]{\frac{1700}{350}} = 119.197\%$$

则价格评估模型为:

$$\hat{P}_t = P_{2010} \bar{x}^t$$

即:

$$\hat{P}_t = 350 \times 1.19197^t$$

据此,某市 2020 年商业门面的租金水平为(2020 年所对应的时间序号为 10):

$$\hat{P}_{10} = 350 \times 1.19197^{10} \text{元}/\text{m}^2 = 2026 \text{元}/\text{m}^2$$

## 9.5 长期趋势法的作用

长期趋势法主要用于推测和判断房地产的未来价值和价格,如用于假设开发法中预测未来开发完成后的房地产价值,此外还有一些其他作用:一是用于收益法中预测未来的租金、经营收入、运营费用、空置率、净收益等;二是用于比较法中对可比实例成交价格进行市场状况调整;三是用来比较和分析两宗或两类以上房地产价值和价格的发展趋势或潜力;四是用来填补某些房地产历史价值和价格资料的缺乏。

以比较和分析两宗或两类以上房地产价格的发展趋势或潜力来说,利用长期趋势法制作的房地产价格长期趋势图,如图 9-9 所示,可以比较和分析两宗或两类房地产价格上涨(或下降)的强弱程度或发展潜力,为房地产投资决策等提供参考依据。

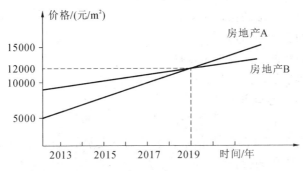

图 9-9　两宗(两类)房地产价格变化趋势比较

如果长期趋势线越陡,则表明房地产价格的上涨(或下降)趋势越强;反之,则表明房地产价格的上涨(或下降)趋势越弱。在图 9-9 中,从 2012 年至 2019 年这段时间来看,房地产 B 的价格高于房地产 A 的价格;到了 2019 年,两者的价格水平达到一致;而 2019 年以后,房地产 A 的价格会超过房地产 B 的价格。由此可以得出以下结论:房地产价格上涨(或下降)趋势的强弱,不是由房地产目前价格的高低决定的。目前价格高的房地产,其价格上涨趋势可能较缓慢,而价格低的房地产,其价格上涨趋势可能较强劲。例如,城乡接合部的房地产价格,通常比已发展成熟的城市中心区的房地产价格上涨得快;同理,价格高的房地产也可能由于需求的作用具有更强劲的上涨趋势。

## 复习思考题

### 一、简答题
1. 简述路线价法的含义与理论依据。
2. 简述路线价法的适用对象和需要具备的条件。
3. 简述标准临街深度的设定。
4. 简述"重叠价值估价法"的含义。
5. 简述基准地价的含义。
6. 简述标准价调整法的含义与适用对象。
7. 简述多元线性回归分析法的含义与适用对象。
8. 简述修复成本法的含义与适用对象。
9. 简述损失资本化法的含义与适用对象。
10. 试述价差法的含义与适用对象。

### 二、论述题
1. 试述路线价法的操作步骤。
2. 试述标准宗地应符合的条件。
3. 试述临街深度价格修正率的含义及其种类。

4. 试述基准地价修正法的操作步骤。
5. 试述补地价的含义与情形。
6. 试述长期趋势法的含义与理论依据。
7. 试述长期趋势法的适用对象和应具备的条件。
8. 试述长期趋势法的操作步骤。

三、计算题

1. 某市普通住宅 2015—2019 年的价格水平如下表所示。试采用平均增减量法预测该类房地产 2020 年和 2021 年的价格。

| 年份 | 2015 | 2016 | 2017 | 2018 | 2019 |
|---|---|---|---|---|---|
| 普通住宅价格/(元/m²) | 5681 | 5753 | 5786 | 5821 | 5855 |

2. 通过市场调研获得某类商业门面 2015—2019 年的租金水平如下表所示。试采用平均发展速度法预测该类商业门面 2020 年、2021 年的租金水平。

| 年份 | 2015 | 2016 | 2017 | 2018 | 2019 |
|---|---|---|---|---|---|
| 房地产价格/(元/m²) | 560 | 675 | 820 | 985 | 1200 |

# 第 10 章 房地产估价程序与估价报告

【本章学习要点】

房地产估价程序的含义、作用及具体内容,房地产估价报告的含义、质量要求、形式及构成内容。

通过本章的学习,理解房地产估价程序的含义和作用、房地产估价报告的含义与质量要求,熟悉房地产估价报告的形式,掌握房地产估价程序的具体内容和房地产估价报告的构成内容,能够独立撰写房地产估价报告。

##  10.1 房地产估价程序

### 10.1.1 房地产估价程序的含义与作用

#### (一) 房地产估价程序的含义

房地产估价程序是指完成房地产估价项目所需做的各项工作进行的先后次序,通俗地说,就是又好又快地完成一个估价项目,从头到尾需要做哪些工作,其中哪些工作应当先做,哪些工作可以后做。为了保质、按时完成每个估价项目,房地产估价机构和估价师应不断总结和梳理出完成一个估价项目所需要做的各项工作及其进行的先后次序,形成一套科学、严谨、完整的估价程序。

房地产估价的基本程序是:(1) 受理估价委托;(2) 确定估价基本事项;(3) 编制估价作业方案;(4) 收集估价所需资料;(5) 实地查勘估价对象;(6) 选用估价方法进行测算;(7) 确定估价结果;(8) 撰写估价报告;(9) 内部审核估价报告;(10) 交付估价报告;(11) 保存估价资料。

在实际中,不同的估价目的和估价对象,具体的估价程序可能有所不同,例如被征收房屋价值评估,根据《国有土地上房屋征收评估办法》,还需要公示分户的初步评估结果,并在公示期间要对分户的初步评估结果进行现场说明解释。此外,上述估价程序中的某些工作之间不是绝对分隔开的,有些工作可以交叉进行,有时甚至需要一定的反复,但不得随意简化和省略。例如,估价基本事项可在受理估价委托时原则性初步确定,在确定估价基本事项时再具体确定;收集估价所需资料可在受理估价委托和确定估价基本事项时要求委托人尽量提供,在实地查勘估价对象时还可进一步补充收集。

### (二) 房地产估价程序的作用

按照科学、严谨、完整的估价程序有条不紊地开展估价工作,可以使估价工作具有计划性并规范化和精细化,避免疏忽遗漏、顾此失彼或重复浪费,从而可以保证估价工作质量,提高估价工作效率。

履行必要的估价程序是完成任何估价项目的基本要求,也是估价机构和估价师防范估价风险、有效保护自己的重要手段。作为专业服务的房地产估价,不仅其实质内容(评估价值准确)很重要,而且其形式和过程(估价程序)也很重要。

估价程序的作用概括起来主要体现在四个方面:(1) 规范估价行为;(2) 保证估价质量;(3) 提高估价效率;(4) 防范估价风险。

## 10.1.2 房地产估价程序的具体内容

### (一) 受理估价委托

**1. 估价业务来源渠道**

从事房地产估价活动,首先要有估价业务。从估价机构和估价师的主观能动性角度,估价业务来源可分为"被动接受"和"主动争取"两大渠道。

(1) 被动接受。所谓被动接受,就是估价机构和估价师坐等估价需求者找上门来要求为其提供估价服务。例如,估价需求者可能是房屋所有权人、土地使用权人的代理人;房地产的意向购买者也可能要求对其想要购买的房地产进行估价;一方以提供房地产的方式与另一方合作,如用房地产作价入股,合资、合作开发经营房地产或从事其他经营活动,该另一方也可能委托估价机构对该房地产进行估价,为其与对方洽商提供参考依据;房屋所有权人、土地使用权人将其房地产抵押贷款,贷款人(如商业银行)也可能委托其信任的估价机构对该房地产进行估价;征收国有土地上单位、个人的房屋,房屋征收部门委托估价机构对被征收房屋价值进行评估;人民法院处理有关房地产案件,如司法拍卖、分家析产、损害赔偿、定罪量刑等,也可能委托估价机构对涉案房地产进行估价;政府为征收房地产税收,也可能委托估价机构对应税房地产进行估价,等等。

(2) 主动争取。所谓主动争取,就是估价机构和估价师走出去寻找估价需求者并力争为其提供估价服务,例如积极向潜在的估价需求者宣传估价的必要性和作用,将其潜在的估价需要变为现实的估价需求;密切关注商业银行、人民法院、房屋征收部门等发布的遴选入围估价机构、估价项目招标、委托评估等信息,积极申请加入入围估价机构名单,参加估价项目投标,报名参加委托评估等。在估价机构多、竞争激烈的情况下,"主动争取"是估价业务的主要来源。

**2. 不应承接估价业务的情形**

不应承接估价业务的情形是指房地产估价机构不应承接估价业务或不应接受估价委托的情形,而不是指估价师个人不应承办估价业务或应回避的情形。在获取估价业务或受理估价委托中,估价机构和估价师通过与估价需求者沟通,根据所了解的估价目的、估价对象、估价相关当事人等情况,从该项业务是否超出本机构的业务范围,是否与本机构有利害关系,是否本机构的专业能力不能胜任,以及在分析和评价该项业务风险的基础上决定是否受理估价委托。

(1) 超出估价机构业务范围的估价业务。如果估价业务超出了估价机构的业务范围,就不应承接。目前,根据估价目的,对不同资质等级的房地产估价机构的业务范围有所限制。《房地产估价机构管理办法》第二十五条规定:"从事房地产估价活动的机构,应当依法取得房地产估价机构资质,并在其资质等级许可范围内从事估价业务。一级资质房地产估价机构可以从事各类房地产估价业务。二级资质房地产估价机构可以从事除公司上市、企业清算以外的房地产估价业务。三级资质房地产估价机构可以从事除公司上市、企业清算、司法鉴定以外的房地产估价业务。暂定期内的三级资质房地产估价机构可以从事除公司上市、企业清算、司法鉴定、房屋征收、在建工程抵押以外的房地产估价业务。"

(2) 与估价机构有利害关系的估价业务。如果估价机构与估价需求者或其他相关当事人及估价对象有利害关系,就不应承接。例如,应回避与自身、关联方及其他利害关系人有利害关系的估价业务。因为估价机构与估价需求者或相关当事人有利害关系,或者与估价对象有利益关系,就有可能影响其独立、客观、公正地估价。即使估价机构会秉公估价,但其估价结果也会招致怀疑,缺乏公信力。为此,有关法律法规规定了回避制度。例如,《资产评估法》第二十条规定评估机构不得"受理与自身有利害关系的业务"。《房地产估价机构管理办法》第二十七条规定:"房地产估价机构及执行房地产估价业务的估价人员与委托人或者估价业务相对人有利害关系的,应当回避。"《房地产抵押估价指导意见》第六条规定:"房地产估价机构、房地产估价人员与房地产抵押当事人有利害关系或者是房地产抵押当事人的,应当回避。"《国有土地上房屋征收评估办法》第三条规定:"任何单位和个人不得干预房屋征收评估、鉴定活动。与房屋征收当事人有利害关系的,应当回避。"

(3) 估价机构专业能力不能胜任的估价业务。如果估价机构认为自身的专业能力不能胜任该项估价业务,就不应承接。这是世界上所有专业服务基本上都要遵守的一个职业道德准则,也就是俗话所说的"没有金刚钻,别揽瓷器活"。但是,对于那些新兴或综合性的估价业务,在没有其他合适的估价机构可推荐的情况下,可以承接或与其他较合适的估价机构联合承接、合作完成该项估价业务。而对于估价中涉及的其他专业问题,如房屋中镶嵌的古董和艺术品、地上的特殊树木、特殊机器设备,则可以聘请相关专家,咨询相关研究机构、生产厂家,或者采取"分包"方式或建议委托人聘请相关专业机构或专家出具专业意见来解决,即可借用相关专业意见。例如,《房地产估价规范》第 8.0.2 条规定:"房地产估价师和房地产估价机构不得承接超出自己专业胜任能力和本机构业务范围的估价业务,对部分超出自己专业胜任能力的工作,应聘请具有相应专业胜任能力的专家或单位提供专业帮助。"第 3.0.9 条规定:"在估价中遇有难以解决的复杂、疑难、特殊的估价技术问题时,应寻求相关估价专家或单位提供专业帮助,并应在估价报告中说明。"第 3.0.10 条规定:"对估价对象的房屋安全、质量缺陷、环境污染、建筑面积、财务状况等估价专业以外的专业问题,经实地查勘、查阅现有资料或向相关专业领域的专家咨询后,仍难以作出常规判断和相应假设的,应建议估价委托人聘请具有相应资质资格的专业机构或专家先行鉴定或检测、测量、审计等,再以专业机构或专家出具的专业意见为依据进行估价,并应在估价报告中说明。"

(4) 存在很大风险的估价业务。估价机构应分析和评价拟承接的估价业务风险,搞清楚其风险之所在及其程度。对于不具备相应估价目的下的估价基本条件的,不应承接该项估价业务;对于估价需求者或有关单位和个人要求高估或低估甚至要求出具虚假估价报告的,要坚守估价职业道德底线,同其说明不能满足其要求的原因,对于执意甚至以利诱、威胁等不正当手段要求高估或低估甚至要求出具虚假估价报告的,应拒绝该项估价业务。

此外,根据《资产评估法》,估价机构不得分别接受利益冲突双方的委托对同一估价对象进行估价;估价事项涉及两个以上当事人的,由全体当事人协商委托估价机构。在与估价需求者沟通中,还应向其了解估价对象是否拟委托过其他估价机构估价或已做过估价。对于拟委托过其他估价机构估价的,应向估价需求者了解其不委托其他估价机构的原因。如果是因其他估价机构不能满足其高估或低估等不正当要求的,则不应承接该项估价业务。另外,对于估价需求者或其他相关单位和个人索要回扣、恶性压低估价服务费的,要予以抵制,甚至不承接该项估价业务。

**3. 估价业务接洽与承接**

在与估价需求者相互了解、充分沟通,以及认真细致地了解其真实的估价需要及其初步指定估价对象的基础上,如果估价需求者愿意将估价业务交给估价机构,估价机构认为该业务不属于不应承接的情形并愿意承接的,则可为估价需求者起草好估价委托书,准备好估价委托合同,经与估价需求者协商议定后,由估价需求者出具估价委托书,与估价机构签订估价委托合同。

需要指出的是,估价委托应由估价机构统一受理、统一收费;估价师等估价专业人员不得私自接受委托从事估价业务、收取费用,分支机构应以设立该分支机构的估价机构名义承揽估价业务。签订估价委托合同后,未经委托人同意,估价机构不得转让或变相转让受托的估价业务。

估价机构在接受估价委托时要求委托人出具估价委托书,并把它与估价委托合同分开的原因之一,是估价委托书相对简单,估价委托合同较复杂且可能涉及商业秘密,因此,可将估价委托书而不是估价委托合同作为重要的估价依据放入未来完成的估价报告附件中,估价委托合同则应存入估价档案中。

估价委托书表面上看是委托人向估价机构提交的,应由委托人自己撰写,实际中通常是估价师在与委托人沟通的基础上,为委托人起草好或者指导委托人在事先制作好的估价委托书文本上填写,经委托人签名或盖章后,再向估价机构出具。估价委托书一般应载明委托人的名称或姓名,委托的估价机构的名称,委托人的估价需要或估价目的,委托人指定的估价对象的名称和坐落,委托人的估价要求,委托日期等内容。委托估价事项属于重新估价的,应在估价委托书中注明。

估价机构应与委托人订立书面估价委托合同。估价委托合同是估价机构和委托人之间就估价服务事宜订立的协议,其作用主要有:① 建立受法律保护的委托与受托关系;② 约定双方的权利和义务;③ 载明估价的有关事项。

估价委托合同的内容一般包括:① 估价委托人和估价机构的基本情况(如委托人的名称或姓名、住所,估价机构的名称、资质等级和住所);② 负责本估价项目的估价师(包括估价师的姓名和注册号);③ 估价目的和估价对象;④ 委托人应提供的估价所需资料(包括资料的目录和数量,如委托人应向估价机构提供估价对象的权属证明、财务会计信息以及历史成交价格、运营收益、开发建设成本等资料。对于要求委托人提供的资料,最好事先针对不同的估价目的和估价对象列出"估价所需资料清单",然后根据本次估价情况从中勾选);⑤ 估价过程中双方的权利和义务(如估价师和估价机构应对估价活动中知悉的委托人的商业秘密和个人隐私予以保密;委托人应保证所提供的资料是真实、完整、合法及准确的,没有隐匿或虚报的情况,应协助估价师对其提供的资料进行核查验证,协助收集估价所需资料,并协助对估价对象进行实地查勘);⑥ 估价费用及其支付的方式、期限;⑦ 估价报告及其交付(包括交付的估价报告类型、份数以及交付期限、交付方式等。例如,交付的估价报告是鉴证性估价报告还是咨询性估价报告,是仅提供估价结果报告还是既提供估价结果报告又提供估价技术报告。在确定估价报告交付期限时,应保证有足够的时间以保质完成该估价项目,不能"立等可取");⑧ 违约责任;⑨ 解决争议的方法;⑩ 其他需要约定的事项。在估价委托合同中还应注明估价委托合同签订日期。

对受理的估价业务,无论估价项目大小,都应选派至少两名注册房地产估价师承办,并且应明确其中一人为项目负责人。具体的选派要求如下：① 选派的估价师应与委托人或其他相关当事人及估价对象无利害关系；② 选派的估价师应能胜任该项估价工作，如《房地产抵押估价指导意见》第七条规定："从事房地产抵押估价的房地产估价师，应当具备相关金融专业知识和相应的房地产市场分析能力。"③ 选派的估价师至少为两名，具体的估价师数量应根据估价项目的规模大小、难易程度和完成时间等情况来确定。

除应采用批量估价的项目外，每个估价项目应有至少一名注册房地产估价师全程参与受理估价委托、实地查勘估价对象、撰写估价报告等估价工作，即不得将有机联系的估价工作前后割裂开来，采取流水作业方式，分别由不同的人员完成其中一部分工作。应采用批量估价的项目，主要是适用于批量估价的房地产计税价值评估、房地产抵押贷款后重估。房地产（包括住宅）抵押贷款前估价、房屋征收评估（不包括预评估），不宜采用批量估价或自动估价。

在受理估价委托及以后的估价过程中，应做好"估价项目来源和沟通情况记录"。

### （二）确定估价基本事项

#### 1. 估价基本事项概述

房地产估价的核心内容，是为了特定目的，对特定房地产在特定时间的特定价值或价格进行分析、测算和判断。因此，在分析、测算和判断特定价值或价格之前，必须搞清楚特定目的、特定房地产、特定时间和特定价值或价格，即要搞清楚估价目的、估价对象、价值时点和价值类型。这四者通常称为估价基本事项，把搞清楚它们称为确定估价基本事项。在实际中，一些估价师寄希望于委托人提出明确的估价目的、估价对象、价值时点和价值类型，甚至抱怨委托人不能明确地提出它们，这种想法是不正确的，估价基本事项不能明确的责任主要在估价师。因此，估价师应在与委托人进行充分沟通及调查了解有关情况和规定的基础上确定估价基本事项。

在一个估价项目中，估价目的、估价对象、价值时点和价值类型之间有着内在联系，其中估价目的是龙头。因为只有确定了估价目的，才能确定估价对象、价值时点和价值类型。例如，从确定估价对象来看，法律、法规规定不得买卖、租赁、抵押、作为出资或进行其他活动的房地产，或征收不予补偿的房地产就不应作为相应估价目的的估价对象。如《物权法》《担保法》《文物保护法》《城市房地产抵押管理办法》等法律法规规定不得抵押的房地产，就不应作为抵押估价目的的估价对象。此外，不能独立使用、处分的房地产，如一个高尔夫球洞、一条保龄球球道、封闭使用的大院内的一幢房屋，因为不宜作为抵押物，所以不宜作为抵押估价目的的估价对象。

另外，估价对象有时与价值时点有关。例如，一些估价目的要求估价对象状况是在价值时点的状况，价值时点不同，估价对象的具体状况可能不同。因此，确定价值时点一般应在确定具体的估价对象之前。

#### 2. 估价目的的确定

估价目的是由委托人的估价需要决定的，但在实际中，委托人一般不懂得要提出估价目的，甚至不懂得什么是估价目的，更不懂得如何表述它，因此，估价目的应是估价师根据委托人的估价需要，将其表述出来，然后请委托人确认。

估价目的的具体确定，需要估价师主动地与委托人沟通，了解其真实、具体的估价需要，询问委托人将要拿未来完成后的估价报告或估价结果去满足何种需要、解决什么问题、交给谁使用或由谁认可，即根据委托人真实、具体的估价需要及估价报告的预期用途或预期使用人来确定。

估价目的的表述应符合有关规定并具体、准确、简洁，要对应相应的民事行为或行政行为、司法行为。例如,房地产抵押贷款前估价的估价目的应表述为"为确定房地产抵押贷款额度提供参考依据而评估房地产抵押价值";房屋征收评估中,被征收房屋价值评估目的应表述为"为房屋征收部门与被征收人确定被征收房屋价值的补偿提供依据,评估被征收房屋的价值";用于产权调换房屋价值评估目的应表述为"为房屋征收部门与被征收人计算被征收房屋价值与用于产权调换房屋价值的差价提供依据,评估用于产权调换房屋的价值"。如果估价项目背景复杂或估价报告用途特殊,在简要表述了估价目的后,还可简要说明估价项目的背景或作必要的解释,使估价目的更加具体、明确。估价目的的表述要避免模糊、笼统,特别是要避免为达到高估或低估目的的或者为回避有关规定而故意采用"了解市场价值"之类模糊、笼统的表述。

需要说明的是,一个估价项目应只有一个估价目的。如果委托人有多种估价目的,应分别作为不同的估价项目。

### 3. 价值时点的确定

确定价值时点是要确定将要评估的价值或价格是在哪个时间的价值或价格。价值时点是由估价目的决定的,但在实际中,价值时点应是估价师根据估价目的并经委托人认可后确定的。例如,房屋征收评估的价值时点应为房屋征收决定公告之日;在评估受贿所收受的房地产的价值时,价值时点有受贿之日、案发之日和委托估价之日等多种选择,但从理论上讲,科学的价值时点应为受贿之日;对估价结果有异议而引起的复核估价或估价鉴定的价值时点,应为原估价报告确定的价值时点,除非原估价报告确定的价值时点有误。因此,价值时点不是委托人或估价师可以随意确定的,而应根据估价目的来确定。

价值时点应采用公历表示,宜具体到日。回顾性估价和预测性估价的价值时点,在难以具体到日且能满足估价目的需要的情况下,可以到周或旬、月、季、半年、年等。价值时点为现在的,一般以估价作业期间特别是实地查勘估价对象期间的某个日期(如完成估价对象实地查勘之日)为价值时点,一般不得早于受理估价委托之日(如收到估价委托书之日、签订估价委托合同之日),不得晚于出具估价报告之日。价值时点为过去的,确定的价值时点应早于受理估价委托之日。价值时点为将来的,确定的价值时点应晚于出具估价报告之日。一个估价项目通常只有一个价值时点,但也可以有多个价值时点,即同时给出估价对象在多个时间的价值或价格。

### 4. 估价对象的确定

估价对象是委托人指定,但又不是完全由其决定的。也就是说,估价对象不能简单地根据委托人的要求来确定,而应在委托人初步指定及提供有关情况和资料的基础上,根据已确定的估价目的依法具体确定,并应明确界定其范围,不得遗漏或虚构。即使是委托人提出了明确的估价对象及其范围,也应检查是否有应列入而未列入的,或者有不应列入而列入的,特别是有无冒充、顶替甚至虚构的。具体来说,确定估价对象应注意下列几点:

(1)要搞清楚哪些财产可以作为估价对象,哪些财产不能作为估价对象。因为根据有关法律、法规,有些财产不应作为某些估价目的的估价对象。例如,前面所讲的法律、法规规定不得抵押的房地产,不应作为抵押估价目的的估价对象;不得作为出资的房地产,不应作为出资设立企业为估价目的的估价对象;不得买卖的房地产,不应作为买卖估价目的的估价对象。而对作为估价对象的,应在估价报告中根据估价目的分析、说明其进行相应买卖或租赁、抵押、作为出资等活动的合法性。

(2)要明确界定估价对象的范围,包括财产范围和空间范围。在财产范围方面,例如是否包括停车位,建筑物内的家具、电器、机器设备等动产,以及特许经营权、债权债务等。在空间范围方面,例如坐落、四至、高度、深度等。在界定估价对象的财产范围时,要特别注意是否不包括属于房地产的资产和包括房地产以外的资产,以及同一标的物在抵押、征收、自愿转让、司法拍卖等不同估价目的下的财产范围可能应有所不同。

(3) 要明确估价对象状况,包括实物状况、权益状况和区位状况。其中,明确估价对象的实物状况是在界定估价对象范围的基础上,进一步搞清楚估价对象实物包括的具体内容。较具体地说,它是土地,还是建筑物,或是既包括土地又包括建筑物;是一宗房地产,还是多宗房地产,或是一宗房地产的某个部分。对于正在运营、使用的房地产,如宾馆、商场、餐馆、影剧院、游乐场、高尔夫球场、汽车加油站、码头、厂房等,还应明确是否包含家具、电器、装饰品、货柜、专业设备等房地产以外的资产,如工业房地产是否包括土地范围内的构筑物、基础设施、机器设备等。对于房地产开发用地,还应明确其开发程度。对于在建工程,还应明确是当前工程进度下的状况,还是未来某种状况,如开发完成后的状况。

明确估价对象的权益状况,首先要搞清楚估价对象的现实法定权益状况,然后在此基础上根据估价目的来明确是评估估价对象在现实法定权益下的价值或价格,还是在设定权益下的价值或价格。多数情况下是评估估价对象在现实法定权益下的价值或价格,不得随意设定估价对象的权益状况来估价。但在某些情况下,根据估价目的的要求,应以设定的估价对象的权益状况来估价。例如被征收房屋价值评估,是评估被征收房屋在完全产权下的价值,不考虑被征收房屋租赁、抵押、查封等因素的影响。其中,不考虑租赁因素的影响,是评估无租约限制价值而不是评估出租人权益价值;不考虑抵押、查封因素的影响,是评估价值中不扣除被征收房屋已抵押担保的债权数额、拖欠的建设工程价款和其他法定优先受偿款。这是因为被征收房屋无论是否租赁、抵押、查封等,政府都应付出足额的补偿。至于被征收房屋租赁、抵押、查封等问题,属于被征收人与被征收房屋承租人、抵押权人等有关单位和个人的债权债务等关系问题,应由相关当事人或有关管理部门解决。因此,如果评估的是设定权益下的价值或价格,则应在估价报告中清晰说明所设定的权益状况及设定的依据和理由,并应在"估价假设和限制条件"中作出相应说明,对估价报告用途作出相应限制,避免被误认为虚假估价报告或有重大遗漏的估价报告。

明确估价对象的区位状况,是要搞清楚估价对象的位置、交通、外部配套设施、周围环境等。值得注意的是,估价对象的用途和实物状况不同,对其区位状况的界定会有所不同。例如,居住、商业、办公和工业用途的房地产,它们的区位状况的具体内容就有所不同。再如,估价对象是整个住宅小区,还是其中一幢住宅楼或一幢住宅楼中的一套住房,对区位状况的界定是不同的。如果是整个住宅小区,则区位状况一般不包括朝向和楼层;如果是一幢住宅楼,则区位状况应包括朝向,但不包括楼层;如果是一幢住宅楼中的一套住房,则区位状况既包括朝向,也包括楼层。

此外,还可根据需要,要求委托人进一步提供其所能提供的反映估价对象状况的资料,如坐落、四至、面积、用途、权属(例如,土地是国有土地还是集体土地;如果是国有建设用地使用权,它是划拨的,还是出让、租赁、作价出资或入股、授权经营的;土地是否有使用期限,如果有,其使用期限为多长,已使用了多少年,还剩多少年)、房屋竣工日期(没有确切的竣工日期,应搞清楚建成年月或建成年份、建成年代)等。

**5. 价值类型的确定**

确定价值类型是要确定将要评估的是哪种具体的价值或价格,包括价值或价格的名称、定义或内涵。如果价值类型不确定,将无法估价,因为同一估价对象的不同类型的价值或价格会有所不同,甚至差异很大,如市场价值和投资价值,即使是估价方法相同,但其中有关估价参数的取值也可能不同。价值类型与价值时点一样,在本质上既不是委托人决定的,也不是估价师决定的,而是由估价目的决定的。

多数估价目的要求评估市场价值,但有些估价目的要求评估投资价值或现状价值、谨慎价值、快速变现价值、残余价值等。例如,房屋征收虽然是强制性的,不符合市场价值形成的"不受强迫"条件,但根据有关法律和行政法规,因要"给予公平、合理的补偿",并"对被征收房屋价值的补偿,不得低于房屋征收决定公告之日被征收房屋类似房地产的市场价格",所以被征收房屋价值评估应评估市场价值,而不是"被迫转让价值"。房地产司法拍卖估价,根据最高人民法院的有关规定,一般应评估市场价值或市场价格,而不是快速变现价值或拍卖保留价。房地产抵押估价,应评估抵押价值或抵押净值。为房地产开发企业取得待开发房地产服务的估价,一般是评估投资价值。一个估价项目可以有多种价值类型,如为了更好地为委托人或估价报告使用人服务,提供多种价值和价格参考,房地产抵押估价在给出估价对象的抵押价值、抵押净值外,还可给出市场价值、市场价格;为房地产开发企业取得待开发房地产服务的估价,在给出估价对象的投资价值外,还可给出市场价值、市场价格,甚至给出竞争对手的可能出价。

### (三)编制估价作业方案

#### 1.估价作业方案的含义

估价作业方案是为完成某个特定估价项目而制定的用于指导未来估价工作的计划。在确定了估价基本事项及估价报告交付期限等有关事项的基础上,应再次对估价项目进行分析,编制估价作业方案,以保质、按时完成该估价项目。

#### 2.估价作业方案的内容

估价作业方案的核心是解决将要做什么、什么时候做以及由谁来做,其内容包括估价工作的主要内容、质量要求、具体步骤、时间进度和人员安排等。

(1)估价工作的主要内容及质量要求。估价工作的主要内容包括拟采用的估价方法和估价技术路线,拟收集的估价所需资料及其来掘渠道,以及实地查勘估价对象等估价工作。

在确定了估价目的、估价对象等估价基本事项后,便可以初步选择估价方法和估价技术路线。在此初步选择估价方法的目的,是为了使后面的收集估价所需资料、实地查勘估价对象等工作有的放矢,因为不同的估价方法所需要的资料有所不同。估价技术路线是评估估价对象价值或价格所遵循的基本途径和指导整个估价过程的技术思路,其中包含估价方法如何具体运用。初步选择估价方法时,只要是理论上适用于估价对象的方法,都应作为拟采用的估价方法。例如,现成的商品住宅、写字楼、商场,理论上一般适用比较法、收益法和成本法估价;现成的游乐场、影剧院,理论上一般适用收益法和成本法估价;开发完成后的价值可以采用比较法或收益法估价的在建工程,如在建的商品住宅、写字楼、商场、宾馆等,理论上一般适用假设开发法和成本法估价;开发完成后的价值可以采用比较法或收益法估价的房地产开发用地,理论上一般适用假设开发法、比较法和成本法估价。

不同估价方法之间存在三种关系:一是可以同时采用,以相互验证,而不是相互替代。因为不同的估价方法是从不同的方面或角度来测量房地产价值的,同时采用多种估价方法估价,可以使估价结果更加合理。二是可以相互弥补。例如,有些房地产适用成本法估价而不适用比较法估价,如在建工程;有些房地产可能相反,适用比较法估价而不适用成本法估价,如位置和环境很好、适宜建造别墅、尚未开发的生地。三是可以相互引用。例如,比较法中的土地使用期限调整可以采用收益法;收益法中的租赁收入、成本法中的土地成本可以采用比较法求取;假设开发法中的开发完成后的价值可以采用比较法和收益法求取。

估价机构应依法建立健全估价工作质量控制制度,保证各项估价工作质量。如《资产评估法》第十七条规定"评估机构应当依法独立、客观、公正开展业务,建立健全质量控制制度,保证评估报告的客观、真实、合理。"

（2）估价工作的具体步骤及时间进度。这主要是对往后需要做的各项工作进行的先后次序及时间作出安排,以便于控制进度,通常最好附以流程图、进度表等,特别是对于大型、复杂的估价项目。

拟定估价工作的具体步骤和时间进度,有时单靠文字难以清晰表达,为此可采用线条图或网络计划技术。线条图也称为横道图、甘特图,是20世纪初出现的进度计划方法。线条图中的进度线与时间坐标相对应,这种表达方式具有直观、简明、方便的优点。网络计划技术也称为计划协调技术、计划评审技术,是20世纪50年代后期发展起来的一种计划管理的科学方法。这种方法的基本原理是:① 用网络图形式来表达一项计划中各项工作的先后次序和相互关系;② 通过计算找出计划中的关键工作和关键路线;③ 通过不断改善网络计划,选择最优方案,并付诸实践;④ 在计划执行过程中进行有效的控制和监督,保证最合理地使用人力、财力和物力,多快好省地完成任务。

（3）估价工作的人员安排等。根据估价基本事项、估价报告交付期限、估价工作的具体步骤及时间进度等,可以更加清楚估价项目的大小、难易和缓急,从而可以确定需要什么样的人员、需要多少人员以及何时需要。由于某些估价师擅长某种估价目的的估价,或者擅长某种类型房地产的估价,或者擅长运用某种估价方法进行估价,在估价目的、估价对象等已确定,初步选择了估价方法的情况下,可以确定由哪些估价师进行估价更加合适,并进行工作分工。随着估价目的越来越多,估价对象越来越复杂,以及对估价精度的要求越来越高,估价师应按照估价目的或估价对象进行适当的专业细分。此外,还可配备一定数量的辅助人员或助理人员,协助估价师开展有关工作。

有时根据估价项目的具体需要,还应聘请其他专业领域的专家,如建筑师、城市规划师、设备工程师、造价工程师、注册会计师、律师等提供专业帮助。

### （四）收集估价所需资料

#### 1. 估价所需资料的类型

估价所需资料形式上有证书、证明、文件、合同、报表、数据、图纸、照片等,内容上主要包括以下四类:(1) 反映估价对象状况的资料;(2) 估价对象及其同类房地产的交易、收益、成本等资料;(3) 对估价对象所在地区的房地产价值、价格有影响的资料;(4) 对房地产价值、价格有普遍影响的资料。

针对特定的估价项目具体应收集哪些资料,除了所有的估价项目都需要的反映估价对象状况的资料外,主要取决于拟采用的估价方法。例如,拟采用比较法的,主要是收集交易实例资料;拟采用收益法的,主要是收集收益实例资料;拟采用成本法或假设开发法的,主要是收集成本实例资料。而具体应收集的内容,还要针对估价方法中的计算所需要的数据进行。例如,对出租的写字楼拟采用收益法估价的,需要收集租金水平、出租率或空置率、运营费用等方面的资料;对房地产开发用地拟采用假设开发法估价的,需要收集开发建设成本、与未来开发完成后的房地产相似的房地产过去和现在的市场价格水平及其未来变动趋势等方面的资料。在收集房地产交易、收益、成本等资料时,还要了解它们是否受到不正常或人为因素的影响。对于受到这些因素影响的,严格地说,只有在能够确定其受影响程度并能够进行修正的情况下才可以采用。

对所有直接或间接影响房地产价值、价格因素的资料都应尽量收集。例如:收集房地产供求方面的资料,包括不同区域、不同用途、不同档次、不同价位的房地产的供求状况,如供给量、需求量、空置量和空置率等。在供给量中应包括已完成的项目、在建的项目、已审批立项的项目、潜在的竞争项目及预计它们投入市场的时间。

**2. 收集估价所需资料的渠道**

收集估价所需资料的渠道主要有:(1) 依法要求委托人提供;(2) 查阅本机构的估价资料库;(3) 在实地查勘估价对象时获取;(4) 依法向有关国家机关或其他组织查阅;(5) 咨询有关知情人士或单位;(6) 到有关网站、报刊等媒体上查找。

上述渠道中,估价师依法要求委托人提供真实、完整、合法、准确的估价所需资料,是收集估价所需资料的最有效、最直接的方法。根据《资产评估法》第十二条,估价师有权要求委托人提供相关的权属证明、财务会计信息和其他资料。根据《资产评估法》第十八条,委托人拒绝提供或不如实提供执行估价业务所需的估价对象权属证明、财务会计信息和其他资料的,估价机构有权依法拒绝其履行估价委托合同的要求,终止估价程序。

虽然通常会在估价委托合同中要求委托人如实提供其知悉的估价所需资料,并保证其提供的资料是真实、完整、合法及准确的,没有隐匿或虚报的情况,甚至《资产评估法》第二十三条规定:"委托人应当对其提供的权属证明、财务会计信息和其他资料的真实性、完整性和合法性负责",但估价师也要合理怀疑委托人提供的资料的真实性、完整性、合法性和准确性,对其提供的资料应进行检查。对自己收集的资料也应进行检查。当委托人是估价对象权利人的,应查看估价对象的权属证明原件,并将复印件与原件核对,不得仅凭复印件判断或假定估价对象的权属状况。当为鉴定性估价的,应依法对收集的作为估价依据的资料进行核查验证。资料收集后,应及时进行分析整理,以便需要时查阅和使用。

**(五) 实地查勘估价对象**

**1. 实地查勘估价对象的必要性**

实地查勘估价对象即对估价对象进行现场调查,是估价师亲自到估价对象现场,观察、询问、检查、核对、记录估价对象状况。俗话说"百闻不如一见"、"眼见为实",对于房地产尤其如此,因为房地产具有独一无二特性,且其价值和价格与区位密切相关。实地查勘估价对象是做好房地产估价不可省略的最重要的工作步骤之一。除应采用批量估价的项目和非正式的估价外,任何房地产估价项目,估价师都必须对估价对象进行实地查勘。对估价对象为已经灭失的房地产,虽然不能进行完全意义上的实地查勘,但也应到估价对象原址进行必要的调查。

实地查勘估价对象有利于估价师加深对估价对象的认知,形成一个直观、具体的印象,获取文字、图纸、照片等资料无法或难以反映的细节。此外,对于委托人等相关当事人涂改或伪造估价对象权属证书、编造或虚构估价对象状况、有意替换估价对象等情况的,只要进行认真的实地查勘,与被查勘房地产内的有关人员和四邻进行交谈,是可以发觉的。

对运用比较法等估价方法所选取的可比实例房地产,可参照实地查勘估价对象的要求,进行必要的实地查勘。

**2. 实地查勘估价对象的工作内容**

实地查勘估价对象的工作内容主要包括:

（1）观察及感受估价对象的区位优劣；

（2）检查、核对之前收集的估价对象的坐落、四至、面积、用途等情况；

（3）观察、调查估价对象的内外部状况，如实际用途、土地形状、建筑结构、设施设备、装饰装修、维修养护等；；

（4）询问、调查估价对象的历史使用状况（如是否存放过污染物）；

（5）拍摄能反映估价对象内部状况、外部状况和周围环境状况的照片等影像资料；

（6）补充收集估价所需的其他资料，包括了解、收集估价对象周边和当地同类房地产的市场行情等。

### 3. 实地查勘估价对象的实施和记录

在实地查勘估价对象时，应要求委托人提供必要的协助，一般需要委托人和被查勘房地产业主等相关当事人到场，估价师要认真听取关于估价对象的情况介绍，详细询问实地查勘需要搞清楚的问题，并应将有关情况和数据记录下来，制作"估价对象实地查勘记录"。

在委托人是被查勘房地产业主的情况下，进行实地查勘通常会较顺利。但一些估价项目的委托人不是被查勘房地产业主，甚至与被查勘房地产业主有利益冲突，如房屋征收评估中委托人是房屋征收部门，房地产司法拍卖估价中委托人是人民法院，在这种情况下进行实地查勘通常会遇到困难，为此，估价师一是可要求委托人与被查勘房地产业主事先做好沟通，二是自己向被查勘房地产业主说明来意和相关情况，争取其理解与配合。当因征收、司法拍卖等强制取得、强制转让估价对象或估价对象涉及国家秘密等客观因素而无法进入估价对象内部进行实地查勘时，应对估价对象的外部状况和区位状况进行实地查勘。对未进行实地查勘的估价对象内部状况，应作为估价假设中的依据不足假设在估价报告中说明。

为避免实地查勘时遗漏应调查了解的内容，提高实地查勘工作效率，可事先针对不同类型的估价对象和估价目的制作相应的实地查勘记录表，在实地查勘时再按照该表进行调查和填写。估价对象实地查勘记录应记载实地查勘的对象、内容、结果、时间和人员（包括估价师）及其签名，记载的内容应真实、客观、准确、完整、清晰。执行实地查勘的估价师可以用照片等方式证明自己进行了实地查勘。另外，还应按有关规定要求委托人和被查勘房地产业主等相关当事人在实地查勘记录上签字或盖章确认。例如，房屋征收评估应由房屋征收部门、被征收人和实地查勘的注册房地产估价师在实地查勘记录上签字或盖章确认。如果被征收人拒绝在实地查勘记录上签字或盖章的，应有房屋征收部门、房地产估价机构和无利害关系的第三人见证，有关情况应在估价报告中说明。再如房地产司法鉴定估价，根据最高人民法院的有关规定，"评估机构勘验现场，应当制作现场勘验笔录。勘验现场人员、当事人或见证人应当在勘验笔录上签字或盖章确认。"

### （六）选用估价方法进行测算

#### 1. 选用估价方法的依据

在前面编制估价作业方案时，已根据估价对象初步选择了估价方法。那时，只要是理论上适用于估价对象的方法，都应作为拟采用的估价方法。但每种估价方法是否真正适用，除了其适用的估价对象，还需要具备一定条件。有些估价对象因其所在地的房地产市场发育不够成熟等客观因素，可能会限制某些在理论上适用的估价方法的实际运用。因此，在此正式选用估价方法时，应根据估价对象及其所在地的房地产市场状况等客观条件，包括根据收集到的估价所需资料的数量和质量、当地本类房地产市场状况等情况，对比较法、收益法、成本法、假设开发法等估价方法进行适用性分析,然后确定采用的估价方法。关于收集到的估价所需资料的数量和质量,值得指出的是,有的是真正缺少估价所必要的资料,有的可能是估价机构和估价师没有尽力去收集。限制估价方法选用的情况不应包括后一种情况。

关于估价方法的选用,应依据《房地产估价规范》的规定:

(1) 估价对象的同类房地产有较多交易的,应选用比较法;

(2) 估价对象或其同类房地产通常有租金等经济收入的,应选用收益法;

(3) 估价对象可假定为独立的开发建设项目进行重新开发建设的,宜选用成本法;

(4) 当估价对象的同类房地产没有交易或交易很少,且估价对象或其同类房地产没有租金等经济收入时,应选用成本法;

(5) 估价对象具有开发或再开发潜力且开发完成后的价值可采用除成本法以外的方法测算的,应选用假设开发法。

**2. 选用估价方法应注意的问题**

(1) 当估价对象仅适用一种估价方法进行估价时,可只选用一种估价方法进行估价。

(2) 当估价对象适用两种或两种以上估价方法进行估价时,宜同时选用所有适用的估价方法进行估价,不得随意取舍,当必须取舍时,应在估价报告中说明并陈述理由。

(3) 对同一估价对象选用了两种以上估价方法进行估价,是指该两种以上估价方法均是用于直接得出估价对象的价值或价格,而不包括估价方法之间引用的情况。例如,某在建工程采用假设开发法估价,其中开发完成后的价值采用比较法或收益法评估,则该在建工程实际上只采用了假设开发法一种方法估价,而不是采用了比较法、假设开发法或者收益法、假设开发法两种或三种方法估价。

(4) 估价方法选定后,应根据所选用的估价方法恰当选取计算公式和估价参数等进行测算。

### (七) 确定估价结果

估价结果包括评估价值和相关专业意见。这里主要讲评估价值的确定。确定评估价值可细分为以下三个步骤:一是测算结果的校核和分析比较;二是得出一个综合测算结果;三是确定最终的评估价值。

**1. 测算结果的校核和分析比较**

在确定评估价值之前,应对所选用的估价方法的测算结果进行校核。同时选用两种或两种以上估价方法进行估价的,还应对不同估价方法的测算结果进行比较分析。在对测算结果进行校核和比较分析时,应进行下列检查,以找出测算结果可能存在的差错和造成各个测算结果之间差异的原因:(1) 估价计算的正确性,即纯粹的计算是否存在错误;(2) 估价基础数据的正确性,即估价测算中所使用的面积、使用期限等反映估价对象状况的数据,以及估价对象及其类似房地产的成交价格、运营收益、开发建设成本等数据是否正确;(3) 估价参数的合理性,即用于测算估价对象价值或价格的调整系数、报酬率、利润率等系数、比率或比值是否合理;(4) 估价计算公式的恰当性,即选取的计算公式是否合适;(5) 不同估价方法的估价对象财产范围的一致性,即比较法、收益法、成本法等估价方法的财产范围是否相同;(6) 不同估价方法的估价前提的一致性,即估价前提是否相同;(7) 估价方法的适用性,即选用的估价方法是否合适;(8) 估价假设的合理性,即估价假设是否合理;(9) 估价依据的正确性,即估价依据是否正确;(10) 估价原则的正确性,即是否遵循了应遵循的估价原则;(11) 房地产市场状况的特殊性,即房地产市场是否处在特殊情况,如房地产价格是否有较大泡沫、房地产市场是否不景气。

通过上述检查,发现有错误的,应予以改正;存在不合理差异的,应予以消除。此外,特别需要强调的是,测算中的估价基础数据和估价参数等每个数字都应有其来源或确定的依据或方法。房地产估价行业组织公布了估价参数的,应优先选用。

**2. 得出一个综合测算结果**

对于选用一种估价方法进行估价的,应在确认测算结果无差错后,将其作为综合测算结果。对于同时选用两种或两种以上估价方法进行估价的,应在确认各个测算结果无差错及其之间差异的合理性后,根据估价目的及不同估价方法的适用程度、数据可靠程度、测算结果之间差异程度等情况,选用简单算术平均或加权算术平均等方法得出一个综合测算结果。当选用加权算术平均方法时,通常是对适用于估价对象、占有资料全面准确的估价方法的测算结果给予较大权重;反之其权重较小。

当各种估价方法的测算结果无差错,但因房地产市场处在特殊情况导致不同估价方法的测算结果之间差异较大时,不能简单地采取平均的方法得出一个综合测算结果,而应根据具体情况特别是根据估价目的,先排除不合适的估价方法的测算结果,然后将余下的估价方法的测算结果综合为一个测算结果。例如,在房地产价格有较大泡沫的情况下,如果是房地产抵押估价,因要遵循谨慎原则,则估价结果不宜采用比较法的测算结果,而应采用收益法或成本法的测算结果,或者收益法和成本法的测算结果综合出的结果;但如果是被征收房屋价值评估,因要保护被征收人的合法权益,则估价结果不宜采用成本法或收益法的测算结果,而应采用比较法的测算结果。反之,在房地产市场不景气的情况下,房地产抵押估价应采用比较法的测算结果,而被征收房屋价值评估应采用成本法的测算结果。

**3. 确定最终的评估价值**

在得出一个综合测算结果后,还应根据未能在综合测算结果中反映的价值或价格影响因素,对综合测算结果进行适当调整后确定最终的评估价值,特别是应考虑一些不可量化的价值和价格影响因素。这是因为房地产价值和价格的影响因素众多,许多因素对房地产价值或价格的影响难以反映在估价公式中,所以不能拘泥于估价公式的测算结果,还应根据估价师的经验及其对房地产市场行情的深入了解,同时可参考有关专家的建议来确定最终的评估价值。当确认不存在未能在综合测算结果中反映的价值或价格影响因素时,可直接将综合测算结果确定为最终的评估价值。此外,最终评估价值的精度还应满足估价目的需要的精度,并应将其误差控制在合理范围内。

### (八) 撰写估价报告

在确定估价结果后,应撰写房地产估价报告。有关房地产估价报告撰写的要求和内容在本章的第二节"房地产估价报告"进行阐述。

### (九) 审核估价报告

**1. 审核估价报告的目的**

对估价报告进行内部审核,类似于对生产出的产品在出厂前进行质量检验,是保证估价报告质量和防范估价风险的最后一道防线。为了保证出具的每份估价报告都是合格的,估价机构应建立健全估价报告质量内部审核制度,指定本机构业务水平高、为人正直、责任心强的估价师或外聘估价专家担任审核人员，按照合格的估价报告要求，对已撰写完成而尚未向委托人出具的估价报告，从形式到内容等方面进行全面、认真、细致的审查核定，确认估价结果是否正确合理，提出审核意见和结论。

**2. 审核估价报告的要求**

为了使估价报告内部审核工作规范化、标准化及便于审核，估价机构和审核人员可在总结以往估价报告内部审核经验的基础上制作估价报告内部审核表，并不断加以改进。审核人员按照该表对估价报告进行审核，可以统一审核内容和标准，避免审核上的疏忽遗漏，保证审核工作质量，提高审核工作效率。

审核意见应具体指出估价报告存在的问题，审核结论可分为以下四种情况：一是报告规范可以出具；二是报告需要修改后才能出具；三是报告有关内容需要重新撰写；四是估价结果有误需要重新估价。对审核认为需要修改的估价报告，应进行修改；对审核认为不合格的估价报告，应重新撰写，甚至需要重新估价。经修改、重新撰写和重新估价后的估价报告，还应再次进行审核。只有经审核合格的估价报告才可交付委托人。

估价报告审核完成后，应形成估价报告内部审核记录，记载内部审核的意见、结论、日期和人员及其签名。

估价机构可以将内部审核意见作为考核估价师执业水平的重要依据。当承办业务的估价师、估价报告内部审核人员、估价机构或部门负责人相互间对估价结果、估价方法选用、估价参数选取等有不同意见时，应形成估价中的不同意见记录。

### （十）交付估价报告

估价报告经内部审核合格并完成估价师签名、估价机构盖章等手续后，应按有关规定和估价委托合同约定的方式，及时交付委托人。在交付估价报告时，为避免交接不清引起的麻烦，可由委托人或其指定的接收人在《估价报告交接单》上签收（接收人签名并填写收到估价报告的日期。该日期即为估价报告交付日期）。

在交付估价报告时，估价师可主动对估价报告中的某些问题特别是估价报告使用建议作口头说明。委托人对估价过程或估价报告提出询问，甚至对估价报告有异议的，估价机构或承办该项业务的估价师应予以解释。

### （十一）保存估价资料

**1. 保存估价资料的目的**

估价报告交付委托人后，估价师和估价档案管理人员应按有关规定及时收集、整理估价报告及其他在估价活动中获得和形成的文字、图表、声像等形式的资料，对其中具有保存价值的资料进行分类形成估价档案，并予以妥善保存。

保存估价资料的目的是建立估价档案和估价资料库（如估价实例库和估价参数、评估价值等数据库），为今后的相关估价及管理工作奠定基础。保存估价资料有助于解决日后可能发生的估价争议，有助于估价机构和估价师展现估价业绩，有助于有关行政主管部门和行业组织对估价机构和估价师开展相关监督检查。例如，《资产评估法》规定："评估机构应当依法接受监督检查，如实提供评估档案以及相关情况。"

**2. 保存估价资料的要求**

估价机构应建立估价资料的立卷、归档、保管、查阅和销毁等估价资料管理制度，保证估价资料妥善保管、有序存放、方便查阅,不得擅自改动、更换、删除或销毁。估价师和相关工作人员不得将估价资料据为己有或拒不归档。

保存的估价资料应全面、完整,一般包括:(1) 估价报告;(2) 估价委托书和估价委托合同;(3) 估价所依据的委托人提供的资料;(4) 估价项目来源和沟通情况记录;(5) 估价作业方案;(6) 估价对象实地查勘记录;(7) 估价报告内部审核记录;(8) 估价中的不同意见记录;(9) 外部专业帮助的专业意见。

估价资料应采用纸质文档保存,同时可采用电子文档保存。纸质文档应每个估价项目专卷建档,并至少保留一份与交给委托人完全相同的估价报告原件。电子文档保存的,应与纸质文档一致。

估价资料保存期限自估价报告出具之日起计算。根据《资产评估法》和《房地产估价规范》,估价资料的保存期限不少于 15 年;属于法定评估业务的,保存期限不少于 30 年;估价资料保存已超过 15 年或 30 年而估价服务的行为尚未结束的,应保存到估价服务的行为结束。例如,某个住房抵押贷款估价项目,如果不属于法定评估业务,该笔住房抵押贷款期限为 20 年,则为该笔住房抵押贷款服务的估价资料应保存 20 年以上。

保存期限届满的估价资料需要销毁的,应按照有关规定编造清册后销毁。因各种原因需要更换估价档案管理人员或管理部门的,应按照有关规定办理估价档案交接手续。估价机构分立、合并、终止(如撤销、解散、破产)等,估价档案管理人员应会同有关人员和单位编制估价档案移交清册,将估价档案移交指定的单位,并按照有关规定办理估价档案交接手续。其中,估价机构终止的,其估价报告及相关资料应移交当地建设(房地产)行政主管部门或其指定的机构。

对未正式出具估价报告的估价项目的相关资料,应参照上述要求保存,保存期限至少 1 年。

## 10.2 房地产估价报告

### 10.2.1 房地产估价报告概述

#### (一) 房地产估价报告的含义

房地产估价报告是房地产估价机构和房地产估价师向委托人所做的关于房地产估价情况和估价结果的正式陈述,是房地产估价机构履行房地产估价委托合同、给予委托人关于房地产估价对象价值或价格及相关问题的正式答复,也是关于房地产估价对象价值或价格及相关问题的专业意见和研究报告。房地产估价报告可以说是房地产估价机的"产品"和房地产估价师的"作品"。

《资产评估法》第二十七条规定:"评估机构及其评估专业人员对其出具的评估报告依法承担责任。"第十四条规定:评估专业人员不得"签署虚假评估报告或者有重大遗漏的评估报告"。第二十条规定:评估机构不得"出具虚假评估报告或者有重大遗漏的评估报告"。因此,估价报告存在问题,特别是虚假估价报告和有重大遗漏的估价报告,无论是估价机构还是估价师都要依法承担责任。

## （二）房地产估价报告的质量

《房地产估价规范》第7.0.1条规定："估价报告应采取书面形式，并应真实、客观、准确、完整、清晰、规范。"因此，房地产估价报告的质量要求为：

**1. 房地产估价报告要真实**

所谓真实，即房地产估价报告应按事物的本来面目陈述事实、描述状况、说明情况，没有虚假记载。

**2. 房地产估价报告要客观**

所谓客观，即房地产估价报告应不加个人偏见地进行叙述、分析和评论，得出的结论应有依据，没有误导性陈述。

**3. 房地产估价报告要准确**

所谓准确，即房地产估价报告中的估价基础数据应正确，用语应明确肯定、避免产生误解，对未予以核实的事项不得轻率写入报告，对难以确定的事项及其对估价结果的影响应予以说明，没有含糊其词。

**4. 房地产估价报告要完整**

所谓完整，即房地产估价报告应全面反映估价情况和结果，包含估价报告使用人所需的必要信息及与其知识水平相适应的必要信息，正文内容和附件资料应齐全、配套，不得隐瞒事实，没有重大遗漏。

**5. 房地产估价报告要清晰**

所谓清晰，即房地产估价报告应层次分明，用简洁的文字或图表对有关情况和结果进行归纳总结，避免不必要的重复，便于估价报告使用人理解和使用。

**6. 房地产估价报告要规范**

所谓规范，即房地产估价报告的制作应符合规定的格式，文字、图表等的使用应符合相应的标准，房地产估价术语及其他专业术语应符合《房地产估价基本术语标准》等有关规定。此外，房地产估价报告应做到图文并茂。纸质估价报告应装订成册，纸张大小宜采用尺寸为210 mm×297 mm的A4纸规格。

## （三）房地产估价报告的形式

房地产估价报告可分为书面估价报告和口头估价报告、叙述式估价报告和表格式估价报告、估价结果报告和估价技术报告、鉴证性估价报告和咨询性估价报告、整体评估报告和分户评估报告、纸质估价报告和电子估价报告、中文估价报告和外文估价报告等。

《房地产估价规范》规定"估价报告应采取书面形式"，即应为书面估价报告。书面估价报告按照格式，分为叙述式估价报告和表格式估价报告。表格式估价报告可以比叙述式估价报告简明扼要一些，但并非是简单或省略的估价报告，其内容应包含叙述式估价报告应有的内容，两者的差别主要是表现形式上的不同。当为成套住宅抵押估价或基于同一估价目的的大量相似的房地产批量估价时，估价报告可采取表格形式。住宅房屋征收分户估价报告，也可以采取表格形式。

## 10.2.2 房地产估价报告的构成和内容

一份完整的叙述式房地产估价报告应包括以下8个部分的构成内容:(1)封面;(2)致估价委托人函;(3)目录;(4)估价师声明;(5)估价假设和限制条件;(6)估价结果报告;(7)估价技术报告;(8)附件。

**1. 封面**

封面应包括以下7项内容。

(1)估价报告名称。即房地产估价报告,也可结合估价对象和估价目的给估价报告命名,如房地产抵押估价报告、国有土地上房屋征收评估报告、房地产司法拍卖估价报告等。

(2)估价报告编号。即反映估价机构简称、估价报告出具年份,并应按顺序编号数,不得重复、遗漏、跳号。

(3)估价项目名称。即根据估价对象的名称或位置和估价目的,提炼出简洁的名称。

(4)估价委托人。即当估价委托人为单位时,应写明该单位的名称;当为个人时,应写明其姓名。

(5)房地产估价机构。即写明房地产估价机构的名称。

(6)注册房地产估价师。即写明所有参加估价的注册房地产估价师姓名和注册号。

(7)估价报告出具日期。即估价报告出具的具体日期,与致估价委托人函中的致函日期一致。

**2. 致估价委托人函**

致估价委托人函是房地产估价机构和房地产估价师正式地向委托人报告估价结果、呈送估价报告的文件,应包括以下9项内容。

(1)致函对象。即写明估价委托人的名称或姓名。

(2)估价目的。即写明估价委托人对估价报告的预期用途,或估价是为了满足估价委托人的何种需要。

(3)估价对象。即写明估价对象的财产范围及名称、坐落、规模、用途、权属等基本状况。

(4)价值时点。即写明所评估的估价对象价值或价格对应的时间。

(5)价值类型。即写明所评估的估价对象价值或价格的名称;当所评估的估价对象价值或价格无规范的名称时,应写明其定义或内涵。

(6)估价方法。即写明所采用的估价方法的名称。

(7)估价结果。即写明最终评估价值的总价,并应注明其大写金额,除估价对象无法用单价表示外,还应写明最终评估价值的单价。

(8)特别提示。即写明与评估价值和使用估价报告、估价结果有关的引起估价委托人和估价报告使用人注意的事项。

(9)致函日期。即注明致函的年、月、日,该致函日期即为估价报告出具日期。

致估价委托人函应加盖房地产估价机构公章,不得以其他印章代替;法定代表人或执行事务合伙人宜在其上签名或盖章。

**3. 目录**

目录应按前后次序列出估价报告各个组成部分的名称及对应的页码,以便于估价委托人或估价报告使用人对估价报告的框架和内容有一个总体了解,并容易找到其关注的内容。

**4. 估价师声明**

估价师声明应写明所有参加估价的注册房地产估价师对其估价职业道德、专业胜任能力和勤勉尽责估价的承诺和保证。该声明对签名的估价师也是一种警示。不得将估价师声明的内容与估价假设和限制条件的内容相混淆，或把估价师声明变成估价师和估价机构的免责声明。

鉴证性估价报告的估价师声明应包括以下内容。

（1）注册房地产估价师在估价报告中对事实的说明是真实和准确的，没有虚假记载、误导性陈述和重大遗漏。

（2）估价报告中的分析、意见和结论是注册房地产估价师独立、客观、公正的专业分析、意见和结论，但受到估价报告中已说明的估价假设和限制条件的限制。

（3）注册房地产估价师与估价报告中的估价对象没有现实或潜在的利益，与估价委托人及估价利害关系人没有利害关系，也对估价对象、估价委托人及估价利害关系人没有偏见。

（4）注册房地产估价师是按照有关房地产估价标准的规定进行估价工作，撰写估价报告。

非鉴证性估价报告的估价师声明的内容，可根据实际情况对鉴证性估价报告的估价师声明的内容进行适当增减。

**5. 估价假设和限制条件**

估价假设和限制条件是估价报告中对估价假设和估价报告使用限制的说明。

在说明估价假设和限制条件时，应有针对性并尽量简明，要防止出现三种情况：一是随意编造估价假设和限制条件；二是应说明的估价假设和限制条件不予以说明；三是无针对性地列举一些与本估价项目无关的估价假设和限制条件。

（1）估价假设。估价假设应针对估价对象状况等估价前提，作出必要、合理且有依据的假定。不得为了规避应尽的检查或核查验证资料、调查情况等勤勉尽责估价义务或为了高估、低估估价对象的价值或价格而滥用估价假设。估价假设应说明下列内容。

① 一般假设。即说明对估价所依据的估价对象的权属、面积、用途等资料在无法进行核查验证的情况下进行了认真的检查，在无理由怀疑其真实性、准确性、完整性及合法性且未予以核实的情况下，对其真实、准确、完整及合法的合理假定；对房屋安全、环境污染等影响估价对象价值或价格的重大因素给予了关注，在无理由怀疑估价对象存在安全隐患且无相应的专业机构进行鉴定、检测的情况下，对其安全的合理假定等。

② 未定事项假设。即说明对估价所必需的尚未明确或不够明确的土地用途、容积率等事项所做的合理的、最可能的假定。

③ 背离事实假设。即说明因估价目的的特殊需要、交易条件设定或约定，对估价对象状况所做的与估价对象的实际状况不一致的合理假定。例如，在国有土地上房屋征收评估中，评估被征收房屋的价值不考虑被征收房屋租赁、抵押、查封等因素的影响。在房地产司法拍卖估价中，不考虑拍卖财产上原有的担保物权、其他优先受偿权及查封因素，因为原有的担保物权及其他优先受偿权因拍卖而消灭，查封因拍卖而解除。

④ 不相一致假设。即说明在估价对象的实际用途、登记用途、规划用途等用途之间不一致，或不同权属证明上的权利人之间不一致，估价对象的名称或地址不一致等情况下，对估价所依据的用途或权利人、名称、地址等的合理假定。

⑤ 依据不足假设。即说明在估价委托人无法提供估价所必需的反映估价对象状况的资料及估价师进行了尽职调查仍然难以取得该资料的情况下，缺少该资料及对相应的估价对象状况

的合理假定。例如,估价时一般应查看估价对象的权属证明原件,但在估价委托人不是估价对象权利人且不能提供估价对象权属证明原件的情况下,估价师虽然进行了尽职调查,但也难以取得估价对象的权属证明,此时对缺少估价对象权属证明的说明以及对估价对象权属状况的合理假定。再如,因征收、司法拍卖等强制取得或强制转让房地产,房地产占有人拒绝估价师进入估价对象内部进行实地查勘,或估价对象涉及国家秘密,估价师不得进入其内部进行实地查勘的,对不掌握估价对象内部状况的说明以及对估价对象内部状况的合理假定。

(2)估价报告使用限制。估价报告使用限制应说明估价报告的使用范围以及在使用估价报告时需要注意的其他事项。估价报告的使用范围包括估价报告的用途、使用人、使用期限等。其中,估价报告使用期限也称为估价报告应用有效期,是指自估价报告出具之日起计算,使用估价报告不得超过的时间。估价报告使用期限应根据估价目的和预计估价对象的市场价格变化程度来确定,不宜超过一年。估价报告使用期限的表述形式为:自某年某月某日起至某年某月某日止。

说明估价报告使用范围的意义在于:在估价报告使用范围内使用估价报告的,相关责任应由在估价报告上盖章的估价机构和签名的估价师承担,但估价报告使用人不当使用的除外;超出估价报告使用范围使用估价报告的,相关责任应由估价报告使用人承担。《资产评估法》第三十二条第一款规定:"委托人或者评估报告使用人应当按照法律规定和评估报告载明的使用范围使用评估报告。"第二款规定:"委托人或者评估报告使用人违反前款规定使用评估报告的,评估机构和评估专业人员不承担责任。"另外,估价报告使用期限不同于估价报告有效期或估价责任期限:如果估价报告超过了其使用期限未被使用的,则估价报告有效期或估价责任期限就是估价报告使用期限;如果估价报告在其使用期限内被使用的,则估价报告有效期或估价责任期限应到估价服务的行为结束为止,即在估价报告上盖章的估价机构和签名的估价师要负责到底。

**6. 估价结果报告**

房地产估价结果报告应简明扼要地说明下列事项。

(1)估价委托人。即当为单位时,应写明其名称、住所和法定代表人姓名;当为个人时,应写明其姓名和住址。

(2)房地产估价机构。即写明房地产估价机构的名称、住所、法定代表人或执行事务合伙人姓名、资质等级和资质证书编号。

(3)估价目的。即说明估价委托人对估价报告的预期用途,或估价是为了满足估价委托人的何种需要。

(4)估价对象。即概要说明估价对象的财产范围及名称、坐落、规模、用途、权属等基本状况;对土地基本状况的说明,还应包括四至、形状、开发程度、土地使用期限;对建筑物基本状况的说明,还应包括建筑结构、设施设备、装饰装修、新旧程度。

(5)价值时点。即说明所评估的估价对象价值或价格对应的时间及其确定的简要理由。

(6)价值类型。即说明所评估的估价对象价值或价格的名称、定义或内涵。

(7)估价原则。即说明所遵循的估价原则的名称、定义或内涵。

(8)估价依据。即说明估价所依据的有关法律、法规和政策,有关估价标准,估价委托书、估价委托合同、估价委托人提供的估价所需资料,房地产估价机构、注册房地产估价师掌握和收集的估价所需资料。房地产抵押估价应有《房地产抵押估价指导意见》,房屋征收评估应有《国有土地上房屋征收评估办法》。

(9)估价方法。即说明所采用的估价方法的名称和定义。当按估价委托合同约定不向估价委托人提供估价技术报告的,还应说明估价测算的简要内容。

(10)估价结果。即说明不同估价方法的测算结果和最终评估价值。最终评估价值应注明单价和总价,且总价应注明大写金额。当估价对象无法用单位表示的,最终评估价值可不注明单价。

(11)注册房地产估价师。即写明所有参加估价的注册房地产估价师的姓名和注册号,并由本人签名及注明签名日期,不得以个人印章代替签名。非注册房地产估价师和未参加估价的注册房地产估价师不得在其上签名。《资产评估法》第十四条规定:评估专业人员不得"签署本人未承办业务的评估报告"。

(12)实地查勘期。即说明实地查勘估价对象的起止日期,具体为自进入估价对象现场之日起至完成实地查勘之日止。

(13)估价作业期。即说明估价工作的起止日期,具体为自受理估价委托之日(如收到估价委托书之日或签订估价委托合同之日)起至估价报告出具之日止。

(14)其他需要说明的事项。

### 7. 估价技术报告

房地产估价技术报告应较详细地叙述下列内容。

(1)估价对象描述与分析。即有针对性地较详细说明、分析估价对象的区位、实物和权益状况。区位状况应包括位置、交通、外部配套设施、周围环境等状况,单套住宅的区位状况还应包括所处楼幢、楼层和朝向。土地实物状况应包括土地的面积、形状、地形、地势、地质、土壤、开发程度等;建筑物实物状况应包括建筑规模、建筑结构、设施设备、装饰装修、空间布局、建筑功能、外观、新旧程度等。权益状况应包括用途、规划条件、所有权、土地使用权、共有情况、用益物权设立情况、担保物权设立情况、租赁或占用情况、拖欠税费情况、查封等形式限制权利情况、权属清晰情况等。

(2)市场背景描述与分析。即简要说明估价对象所在地区的经济社会发展状况和房地产市场总体状况,并有针对性地较详细说明、分析过去、现在和可预见的未来同类房地产的市场状况。

(3)估价对象最高最佳利用分析。即说明以估价对象的最高最佳利用状况为估价前提,并有针对性地较详细分析、说明估价对象的最高最佳利用状况。当估价对象已为某种利用时,应从维持现状、更新改造、改变用途、改变规模、重新开发及它们的某种组合或其他特殊利用中分析、判断何种利用为最高最佳利用。当根据估价目的不以最高最佳利用状况为估价前提的,可不进行估价对象最高最佳利用分析。

(4)估价方法适用性分析。即逐一分析比较法、收益法、成本法、假设开发法等估价方法对估价对象的适用性。对于理论上不适用而不选用的,应简述不选用的理由;对于理论上适用但客观条件不具备而不选用的,应充分陈述不选用的理由;对于选用的估价方法,应简述选用的理由并说明其估价技术路线。

(5)估价测算过程。即详细说明所选用的估价方法的测算步骤、计算公式和计算过程,以及其中的估价基础数据和估价参数的来源或确定依据等。

(6)估价结果确定。即说明不同估价方法的测算结果和最终评估价值,并详细说明最终评估价值确定的方法和理由。

估价技术报告一般应提供给估价委托人,但因知识产权、商业秘密等原因也可以不提供给估价委托人。如果不提供给估价委托人的,应事先在估价委托合同中约定。

### 8. 附件

附件是估价报告的重要组成部分,是放在估价报告后面的、相对独立的补充说明或证明估价依据、估价对象状况、估价机构资质和估价师资格等的资料,应包括:

(1)估价委托书复印件;

(2)估价对象位置图;

(3)估价对象实地查勘情况和相关照片;

(4)估价对象权属证明复印件;

(5)估价对象法定优先受偿款调查情况,当不是房地产抵押估价报告时,可不包括该情况;

(6)可比实例位置图和外观照片,当未采用比较法进行估价时,可不包括该图和照片;

(7)专业帮助情况和相关专业意见;

(8)估价所依据的其他文件资料;

(9)房地产估价机构营业执照和估价资质证书复印件;

(10)注册房地产估价师估价资格证书复印件。

### 9. 估价对象变现能力分析与风险提示

房地产抵押贷款前估价报告应包括估价对象变现能力分析与风险提示,它应较详细分析、说明估价对象的通用性、独立使用性、可分割转让性、区位、开发程度、价值大小及房地产市场状况等影响估价对象变现能力的因素及其对变现能力的影响,假定估价对象在价值时点拍卖或变卖时最可能实现的价格与其市场价值或市场价格的差异程度,变现的时间长短以及费用、税金的种类和清偿顺序;预期可能导致估价对象抵押价值或抵押净值下跌的因素及其对估价对象抵押价值或抵押净值的影响,未来可能产生的房地产信贷风险关注点等。

## 10.3 房地产估价报告举例

### 房地产抵押估价报告(封面)

估价项目名称:武汉华顶包装印务工业园 A 区××栋 1-2 层房地产抵押价值评估

估价委托人:尹某某

房地产估价机构:湖北×××房地产资产评估咨询有限公司

注册房地产估价师:石某某(注册证号:422××××××××);易某某(注册证号:422×××××××)

估价报告出具日期:2020 年 6 月 16 日

估价报告编号:×××【2020】房估第××××号

目 录

一、致估价委托人函

二、房地产估价师声明

三、估价假设和限制条件

四、房地产抵押估价结果报告

(一)估价委托人

（二）房地产估价机构
（三）估价目的
（四）估价对象
（五）价值时点
（六）价值类型
（七）估价原则
（八）估价依据
（九）估价方法
（十）估价结果
（十一）估价人员
（十二）估价作业日期
（十三）估价报告应用有效期
（十四）变现能力分析
（十五）风险提示

五、估价技术报告
（一）估价对象描述与分析
（二）市场背景描述与分析
（三）估价对象最高最佳利用分析
（四）估价方法适用性分析
（五）估价测试过程
（六）估价结果确定

六、附件
（一）估价对象与比较案例位置图
（二）估价对象现场照片
（三）《估价委托书》复印件
（四）《法定优先受偿权利调查表》复印件
（五）《房屋所有权证》复印件
（六）《国有土地使用证》复印件
（七）估价机构营业执照复印件
（八）房地产估价机构资质证书复印件
（九）估价人员执业资格证书复印件

### 10.3.1　致估价委托人函

尹某某：

受贵方委托，我公司估价人员于 2020 年 5 月 23 日对贵方汉南区经济开发区武汉华顶包装印务工业园 A 区××栋 1～2 层房地产进行了现场勘查，对其房地产抵押价值进行评估。

估价目的：为确定房地产抵押贷款额度提供参考依据而评估房地产抵押价值。

估价对象：根据委托人提供的《房屋所有权证》记载，估价对象证载用途为工、交、仓，现状用途为厂房及工业配套用房,建筑面积为 5828.36 m$^2$；根据《国有土地使用证》记载,估价对象土地使用权类型为出让,土地用途为工业用地,土地使用权面积为 7218.0 m$^2$,土地使用权终止日期为 2053 年 12 月 30 日。

价值类型:房地产抵押价值,即估价对象未设立法定优先受偿权利下的市场价值扣除房地产估价师所获知的法定优先受偿款后的价值。

估价结果:估价人员在实地查勘的基础上,根据国家及省市有关法律、法规、《房地产估价规范》(GB/T 50291—2015)、《房地产抵押估价指导意见》等、估价委托人提供的资料和我公司掌握的市场资料及长期积累的房地产估价经验数据,结合本次估价目的,遵循独立、客观、公正的原则,按照估价程序,选取科学的估价方法——比较法、成本法,综合分析影响估价对象价格的各项因素,经过仔细的分析测算,确定估价对象在价值时点 2020 年 5 月 23 日满足各项假设和限制条件下的房地产市场价值为 RMB1430.82 万元(人民币壹仟肆佰叁拾万捌仟贰佰圆整),法定优先受偿款为 0 元,则房地产抵押价值为 RMB1430.82 万元(人民币壹仟肆佰叁拾万捌仟贰佰圆整)。估价结果详见表 10-1。

表 10-1 房地产抵押估价结果一览表

| 产权人 | 估价对象 | 《房屋所有权证》证号 | 《国有土地使用证》证号 | 证载用途 | 所在楼层/总楼层 | 建筑结构 | 建筑面积/m$^2$ | 土地面积/m$^2$ | 房地产抵押单价/(元/m$^2$) | 房地产抵押总价/万元 |
|---|---|---|---|---|---|---|---|---|---|---|
| 尹×× | 汉南区经济开发区四号路武汉华顶包装印务工业园A区××栋1~2层 | 武房权证南字第2013×××号 | 汉国用(2011)第××××号 | 工、交、仓/工业用地 | 1~2/2 | 砖混、钢 | 5828.36 | 7218.00 | 2454.93 | 1430.82 |

特别提示：
(1) 本估价结果必须遵循本报告中的假设与限制条件。
(2) 本报告使用有效期为一年,自报告出具之日起计。
(3) 报告使用者应完整阅览本报告全部内容。
(4) 特别是估价假设和限制条件。
(5) 本报告估价目的为确定房地产抵押贷款额度提供参考依据而评估房地产抵押价值。

湖北合信行房地产资产评估咨询有限公司

法人代表(签字):×××

2020 年 6 月 16 日

## 10.3.2 房地产估价师声明 XE"房地产估价师声明"

我们郑重声明,在本次评估中,我们已遵循职业道德,具备专业胜任能力,并勤勉尽责地完成了本次估价。

(1) 房地产估价师在估价报告中对事实的说明是真实和准确的,没有虚假记载、误导性陈述和重大遗漏。

(2) 估价报告中的分析、意见和结论是房地产估价师独立、客观、公正的专业分析、意见和结论,但受到估价报告中已说明的估价假设和限制条件的限制。

(3) 房地产估价师与估价报告中的估价对象没有现实或潜在的利益,与估价委托人及估价利害关系人没有利害关系。

(4) 房地产估价师对估价报告中的估价对象、估价委托人及估价利害关系人没有偏见。

(5) 房地产估价师是依照中华人民共和国国家标准《房地产估价规范》《房地产估价基本术语标准》进行分析,形成意见和结论,撰写估价报告。

(6) 公司已派注册房地产估价师于 2020 年 5 月 23 日对估价对象进行了实地查勘。

(7) 我们在本估价项目中没有得到他人的重要专业帮助。

### 10.3.3 估价假设和限制条件

#### (一) 估价的一般假设

(1) 估价委托人提供了估价对象的《房屋所有权证》和《国有土地使用证》等相关资料,并对所提供的情况和资料的真实性、合法性和完整性负责。本报告即以委托人提供的估价资料真实合法为前提,若提供资料失实或有任何隐匿,本公司不承担由此引致的任何相关责任。

(2) 估价对象的《房屋所有权证》证载用途为工、交、仓,现状用途为厂房及工业配套用房,遵循合法原则和最高最佳利用原则,本次评估以证载用途为估价前提。

(3) 本报告中估价对象建成年份是估价人员根据对估价对象实地查勘状况及现场询问结果,并结合《房屋所有权证》证载相关信息综合确定,仅供参考,估价对象实际建成年份应以房产、土地等管理部门相关登记资料为准。

(4) 我们以估价需要为限对估价对象进行了实地查勘,但我们对估价对象的查勘仅限于其外观和使用状况、内部布局、装修及设备情况,并未进行建筑物基础、结构测量和实验及设备测试以确认估价对象是否存在内部缺损、结构性损坏或其他缺陷,除特别指出外,我们假设估价对象无建筑物基础、结构、环境污染等方面的质量问题,符合国家有关技术、质量、验收规范,且符合国家有关环境保护、安全使用标准,我们不承担对前述此等事项进行调查的责任。同时,我们未进行实地丈量以核实估价对象的土地面积、建筑面积,我们以委托人提供的《房屋所有权证》和《国有土地使用证》复印件所记载之土地面积、建筑面积作为估价依据,我们不承担对土地面积、建筑面积的准确性进行调查的责任。如上述情况发生变化,则估价结果需做相应调整。

(5) 本报告中估价对象在价值时点的市场价值的形成依据如下假设:

① 估价对象产权明晰,手续齐全,可在公开市场上自由转让;

② 估价对象经适当营销后,由熟悉情况、谨慎行事且不受强迫的交易双方经充分的调查分析,以公平交易方式在价值时点自愿进行交易;

③ 在买卖双方交易行为完成前应有一段合理的谈判周期,在此周期内,市场供应关系、市场结构保持稳定,未发生重大变化或实质性改变;

④ 交易条件公开且不具有排他性;

⑤ 不考虑特殊买家的附加出价或特殊压价,亦不考虑未来可能发生的交易时间仓促或特殊交易方式或特殊处置方式等原因导致的低价交易;

#### (二) 未定事项假设

(1) 本报告估价结果没有考虑估价对象及其权利人、关联企业已经承担或将来可能承担的抵押、担保、按揭或其他债项对其市场价值产生的影响,也没有考虑估价对象转让时可能发生的任何税项或费用。一旦发生抵押人不能履行债务,抵押权人须将抵押物拍卖清偿时,须缴纳法定优先受偿款,还要扣除强制拍卖费用、拍卖佣金、诉讼律师费、营业税及附加、印花税、交易手续费、评估费、登记费和合同公证费等变现税费,本报告估价结果中,这些变现税费未扣除,因此本报告估价结果不应视为变现价值。

(2) 本报告估价结果,没有考虑估价对象及其权利人、关联企业已经存在的债务、或有债务及可能发生的经营决策失误或市场运作失当对其市场价值的影响。

(3) 在估价中,我们没有考虑假设估价对象的权利人在公开市场上自由转让估价对象时,权利人凭借递延条件合约、售后租回、合作经营、管理协议等附加条件对其市场价值产生的影响。

(4) 在估价中,我们没有考虑国家宏观经济政策、市场供求关系、市场结构发生重大变化以及遇有自然力和其他不可抗力等不可预见的因素,也没有考虑快速变现、税费转嫁等特殊的交易方式、特殊的买家偏好、未来的处置风险等对估价对象市场价值产生的影响。当上述条件发生变化时,估价结果一般亦会发生变化。估价委托人及政府单位、相关报告使用人在利用本报告估价结果时应予以充分的考虑及重视。

(5) 本次估价假设估价对象按设定用途持续正常使用,不考虑估价对象于价值时点及以后或许存在的租约对评估市场价值产生的影响,并以估价对象能够按照法定用途,即工、交、仓用途持续使用为假设前提。

### (三) 背离事实假设

无。

### (四) 不相一致假设

无。

### (五) 依据不足假设

估价对象《房屋所有权证》未记载其建筑结构,经估价人员实地勘察及估价委托人介绍,房屋建筑结构为砖混、钢结构。本次估价房屋结构以砖混、钢结构为准,并以此为估价前提,房屋最终建筑结构以相关房产管理部门记载为准。

### (六) 估价报告使用限制

(1) 本估价结果包含能充分体现和发挥估价对象现状用途价值的,且与估价对象功能相匹配的附着在建筑物上、密不可分的各种设备设施的价值。

(2) 本报告估价结果不包含估价对象二次装修价值。

(3) 估价对象地段等级依据《武汉经济技术开发区(汉南区)土地级别与基准地价更新2018》确定。

(4) 估价对象分摊土地使用权取得方式为出让,出让终止日期至2053年12月30日止,至价值时点,土地剩余使用年限约为33.61年,本报告评估结果已充分考虑该因素对房地产价格的影响。此外,本报告估价结果中已包含估价对象分摊土地使用权价值,该土地使用权不能再单独作为抵押物向金融机构另行申请贷款使用。

(5) 估价委托人提供的《房屋所有权证》记载,估价对象权属明确,至价值时点,曾进行抵押,现已注销。注册房地产估价师未得知估价对象存在法定优先受偿款,即设定估价对象的法定优先受偿款为零元,本次评估以其完整权利状态为前提,否则本报告估价结果须作相应调整。

(6)本估价结果以估价对象在价值时点的状况和估价报告对估价对象的假设和限制条件为前提,如房地产状况或估价报告中对估价对象的假设和限制条件发生变化,估价结果应作相应调整。

(7)本估价结果仅供估价委托人为本次估价目的的使用,不对其他用途和目的负责,如估价目的变更,须另行估价。本公司不承担任何第三者对本报告书的全文或部分内容提出的任何责任。

(8)本报告仅供估价委托人及本次抵押权人/贷款单位参考使用,因此,非为法律规定的情况,未经估价机构许可,不得提供给其他任何单位和个人,其全部或部分内容不得刊载于任何文件、公告或公开媒体上。

(9)本报告有效期自报告完成之日起一年,即2020年6月16日至2021年6月15日期间实现估价目的时,可以将估价结果作为依据,超过一年需重新估价,但如果一年内估价对象区位状况、权益状况、实体状况、市场状况变化较大,亦应重新估价。

(10)对仅使用本报告中部分内容而可能导致的损失,本估价机构不承担责任。

(11)本报告最终解释权归湖北×××房地产资产评估咨询有限公司。

## 10.3.4 房地产抵押估价结果报告 XE"估价结果报告"

### (一)估价委托人

姓名:尹某某;住址:(略)。

### (二)房地产估价机构

机构名称:湖北×××房地产资产评估咨询有限公司。
法定代表人、住所、资质等级、资质证书编号:(略)。

### (三)估价目的

为确定房地产抵押贷款额度提供参考依据而评估房地产抵押价值。

### (四)估价对象

**1. 估价对象范围**

评估范围为汉南区经济开发区武汉华顶包装印务工业园A区××栋1~2层,根据委托人提供的《房屋所有权证》记载,估价对象证载用途为工、交、仓,现状用途为厂房及工业配套用房,建筑面积为5828.36 m²;根据《国有土地使用证》记载,估价对象土地使用权类型为出让,土地用途为工业用地,土地使用权面积为7218.0 m²,土地使用权终止日期为2053年12月30日。

**2. 估价对象基本状况**

1)估价对象权益状况

(1)建筑物权益状况。委托人提供的《房屋所有权证》记载内容如表10-2所示。

表 10-2 建筑物权益状况一览表

| 证号 | 武房权证南字第 2013002556 号 |
|---|---|
| 房屋所有权人 | 尹传松 |
| 房屋坐落 | 汉南区经济开发区四号路武汉华顶包装印务工业园 A 区××栋 1～2 层 |
| 登记时间 | 2013-11-04 |
| 规划用途 | 工、交、仓 |
| 所在楼层/总楼层 | 1～2/2 |
| 建筑面积/m² | 5828.36 |

（2）土地使用权权益状况。委托人提供的《国有土地使用权证》记载内容如表 10-3 所示。

表 10-3 土地使用权权益状况一览表

| 证号 | 汉国用(2011)第××××号 | | |
|---|---|---|---|
| 土地使用权人 | 尹传松 | | |
| 坐落 | 武汉市汉南区汉南经济开发区华顶包装印务工业园 A 区××栋 1～2 层 | | |
| 地号 | 4-8-473-A×× | 图号 | 58.00-08.25 |
| 地类（用途） | 工业用地 | 取得地价 | / |
| 使用权类型 | 出让 | 终止日期 | 2053 年 12 月 30 日 |
| 使用权面积 | 7218.0 m² | 分摊面积 | 7218.0 m² |
| 发证时间 | 2013 年 11 月 2 日 | | |
| 发证机关 | 武汉市汉南区人民政府 | | |

至价值时点，估价对象土地剩余使用年限 33.61 年。

（3）他项权利设立情况。估价委托人提供的《房屋所有权证》记载，至价值时点，曾进行抵押，现已注销。注册房地产估价师获知估价对象不存在法定优先受偿款，即设定估价对象的法定优先受偿款为零元，本次评估以其完整权利状态为前提，否则本报告估价结果须作相应调整。

2）估价对象实物状况

（1）建筑物实物状况。经委托人介绍及房地产估价师实地查勘，建筑物实物状况如表 10-4 所示。

表 10-4 建筑物实物状况一览表

| 建筑物概况 | 估价对象位于汉南区经济开发区武汉华顶包装印务工业园 A 区××栋 1～2 层，建筑面积为 5828.36 m²，建筑结构为砖混（局部）、钢（主体），土地使用权类型为出让，土地用途为工业用地，土地使用权面积为 7218.0 m²。约建成于 2009 年，根据估价格师现场勘查并结合年限法，综合确定建筑成新率约为 85% |
|---|---|
| 现状用途 | 厂房及工业配套用房 |
| 平面布置 | 长方形，平面布置合理 |
| 装修情况 | 办公楼（砖混结构）：外墙为面砖；室内地面地砖；墙面乳胶漆刷白；天棚为装饰扣板吊顶。厂房（钢结构）：外墙为彩钢板；室内地面为坏氧地坪 |
| 层高 | 约 7 米 |
| 主要设施设备 | 安装有监控、消防、供水、供电、网络、行吊等设施设备 |

续表

| 使用状况 | 现状用途为厂房及工业配套用房,使用状况较好 |
|---|---|
| 维保状况 | 有正常维护,维护保养状况良好 |

(2) 土地实物状况。经委托人介绍及房地产估价师实地查勘,土地实物状况见表 10-5 所示。

表 10-5 土地实物状况一览表

| 四至 | 东邻兴盛路,南邻兴三路,西邻汉南大道,北邻兴四路 |
|---|---|
| 土地使用权面积 | 7218.0 m² |
| 土地实际用途 | 工业用地 |
| 宗地形状 | 矩形 |
| 地形地势 | 较好 |
| 地质条件 | 较好 |
| 土地开发程度 | 宗地开发程度已达到"五通一平"(宗地红线内通路、通电、通上水、通下水、通信)宗地红线外场地平整,地上有建筑物 |

3) 估价对象区位状况

(1) 位置状况。估价对象位于汉南区经济开发区武汉华顶包装印务工业园 A 区××栋 1~2 层,东邻兴盛路,南邻兴三路,西邻汉南大道,北邻兴四路。地处武汉市工业Ⅶ-经 03 级地段,具体位置详见附件中"估价对象位置图"所示。

(2) 交通状况。估价对象主要沿街面为兴盛路,为交通型支干道,周边有汉南大道、兴城大道、兴三路等周边路网密集度较高,道路通达度较好;该区域有 235 路、271 路、237 路等多条公交线路途经该区域,交通便捷度较好,至价值时点该路段交通无管制;估价对象所在厂区内部设有地上停车场,停车较为方便。

(3) 周边环境及景观。估价对象周边空气基本无污染,噪音基本无污染;绿化规划较好,环境较好。

(4) 外部配套设施完备程度。估价对象所在区域内,供水、供电、通信、网络等均能满足生活、工作的需要。

(5) 产业集聚度。估价对象周边分布有长利玻璃工业园、武汉中原长江科技园、武汉高源科技园等工业园,有武汉今古传奇印务有限公司、武汉崭亮电子有限公司、武汉得时利食品有限公司等,工业产业集聚程度较高。

(6) 估价对象区位状况分析结论。估价对象位于汉南区经济开发区四号路武汉华顶包装印务工业园 A 区××栋 1~2 层,估价对象周边多为工业类房地产,其区位因素对估价对象价值产生积极有利的影响。

### (五) 价值时点

2020 年 5 月 23 日。

### (六) 价值类型

房地产抵押价值,即估价对象未设立法定优先受偿权利下的市场价值扣除房地产估价师所获知的法定优先受偿款后的价值。

## （七）估价原则

**1. 独立、客观、公正原则**

要求站在中立的立场上，实事求是、公平正直地评估出对各方估价利害关系人均是公平合理的价值或价格的原则。

**2. 合法原则**

要求估价结果是在依法判定的估价对象状况下的价值或价格的原则。

**3. 价值时点原则**

要求估价结果是在根据估价目的确定的某一特定时间的价值或价格的原则。

**4. 替代原则**

要求估价结果与估价对象的类似房地产在同等条件下的价值或价格偏差在合理范围内的原则。

**5. 最高最佳利用原则**

要求估价结果是在估价对象最高最佳利用状况下的价值或价格的原则。最高最佳利用是指房地产在法律上允许、技术上可能、财务上可行并使价值最大的合理、可能的利用，包括最佳的用途、规模、档次等。

**6. 谨慎原则**

要求在影响估价对象价值或价格的因素存在不确定性的情况下，房地产估价应充分考虑其导致估价对象价值或价格偏低的因素，慎重考虑其导致估价对象价值或价格偏高的因素的原则。

## （八）估价依据

（1）有关法律、法规与政策（略）。

（2）技术标准文件（略）。

（3）估价机构和估价人员搜集、掌握的资料（略）。

## （九）估价方法

**1. 估价方法的选用**

依据《房地产估价规范》和估价对象所在地的房地产市场状况等客观条件，选用比较法和成本法对估价对象进行估价。

**2. 估价方法的定义和计算公式**

（1）比较法：比较法是将估价对象房地产与在近期已经发生了交易的类似房地产加以比较对照，从类似房地产的已知价格，修正得出估价对象客观合理价格的一种估价方法。比较法基本公式为：

房地产（比较）价值＝可比实例成交价格×交易情况修正×市场状况调整×房地产状况调整

（2）成本法：成本法是求取估价对象在价值时点的重置价格或重建价格，扣除折旧，以此估算估价对象的客观合理价格或价值的方法。成本法基本公式为：

房地产（成本）价值＝房地重新购建价格－建筑物折旧

式中：房地重新购建价格＝土地取得成本＋开发成本＋管理费用＋销售费用＋投资利息＋销售税费＋开发利润。

## （十）估价结果

估价人员在实地查勘的基础上，根据国家及省市有关法律、法规、《房地产估价规范》、《房地产抵押估价指导意见》等，估价委托人提供的资料和我公司掌握的市场资料及长期积累的房地产估价经验数据，结合本次估价目的，遵循独立、客观、公正的原则，按照估价程序，选取科学的估价方法——比较法、成本法，综合分析影响估价对象价格的各项因素，经过仔细的分析测算，确定估价对象的估价结果为：

**1. 假定未设立法定优选受偿权下的价值**

估价对象在价值时点 2020 年 5 月 23 日假定未设立法定优选受偿权下房地产市场价值为：

假定未设立法定优选受偿权下市场价值（总价）＝1430.82（万元）

假定未设立法定优选受偿权下市场价值（单价）＝2454.93（元/m²）

**2. 估价师知悉的法定优先受偿款**

经调查，估价师知悉的法定优先受偿款为 0 元（见附件四），即有：

估价师知悉的法定优先受偿款＝0（元）

**3. 估价对象抵押价值**

抵押价值（总价）＝假定未设立法定优选受偿权下的价值－估价师知悉的法定优先受偿款
＝1430.82－0＝1430.82（万元）

抵押价值（单价）＝2454.93（元/m²）

即估价对象房地产抵押价值为 RMB1430.82 万元，大写：人民币壹仟肆佰叁拾万捌仟贰佰圆整（估价结果详见表 10-6）。

表 10-6　房地产抵押价值评估结果汇总表

| 测算项目 | | 估价结果 |
|---|---|---|
| 1. 假定未设立法定优先受偿权下的价值 | 单价/（元/m²） | 2454.93 |
| | 总价/万元 | 1430.82 |
| 2. 估价师知悉的法定优先受偿款 | 总额/万元 | 0 |
| 2.1 已抵押担保的债权数额 | 总额/万元 | 0 |
| 2.2 拖欠的建设工程价款 | 总额/万元 | 0 |
| 2.3 其他法定优先受偿款 | 总额/万元 | 0 |
| 3. 抵押价值 | 单价/（元/m²） | 2454.93 |
| | 总价/万元 | 1430.82 |

## （十一）注册房地产估价师

参加估价的注册房地产估价师如表 10-7 所示。

表 10-7　参加估价的注册房地产估价师

| 注册房地产估价师姓名 | 房地产估价师注册号 | 签名 | 签名日期 |
|---|---|---|---|
| 石某某 | 422×××××× | | 年　月　日 |
| 易某某 | 422×××××× | | 年　月　日 |

### （十二）实地查勘期

2020年5月23日。

### （十三）估价作业日期

2020年5月23日至2020年6月16日。

### （十四）估价报告应用有效期

估价报告自出具之日2020年6月16日起生效；估价报告使用期限为一年（2020年6月16日至2021年6月15日）。

### （十五）变现能力分析

略。

### （十六）风险提示

略。

## 10.3.5 房地产估价技术报告

### （一）估价对象描述与分析

**1. 估价对象概况**

估价对象为汉南区经济开发区四号路武汉华顶包装印务工业园A区××栋1~2层，根据委托人提供的《房屋所有权证》记载，估价对象证载用途为工、交、仓，现状用途为厂房及工业配套用房，建筑面积为5828.36 $m^2$；根据《国有土地使用证》记载，估价对象土地使用权类型为出让，土地用途为工业用地，土地使用权面积为7218.0 $m^2$，土地使用权终止日期为2053年12月30日。

**2. 估价对象区位状况描述与分析**

1）估价对象所在城区的区位状况

（1）位置状况。估价对象位于汉南区经济开发区武汉华顶包装印务工业园A区××栋1~2层，东邻兴盛路，南邻兴三路，西邻汉南大道，北邻兴四路。地处武汉市工业Ⅶ-经03级地段。具体位置详见附图。

（2）交通状况。估价对象主要沿街面为兴盛路，为交通型支干道。估价对象周边有汉南大道、兴城大道、兴三路等周边路网密集度较高，道路通达度较好。估价对象所在厂区内部设有地上停车场，停车较为方便。该区域有235、271、n237路等多条公交线路途经该区域，交通便捷度较好，至价值时点该路段交通无管制。

（3）周边环境及景观。估价对象周边空气基本无污染，噪音基本无污染；绿化规划较好，环境较好。

（4）外部配套设施完备程度。估价对象所在区域内，供水、供电、通信、网络等均能满足生活、工作的需要。

(5) 产业集聚度。估价对象周边分布有长利玻璃工业园、武汉中原长江科技园、武汉高源科技园等工业园,有武汉今古传奇印务有限公司、武汉崭亮电子有限公司、武汉得时利食品有限公司等,工业产业集聚程度较高。

2) 区位状况分析结论

估价对象位于汉南区经济开发区四号路武汉华顶包装印务工业园A区22栋1~2层,估价对象周边多为工业类房地产,其区位因素对估价对象价值产生积极有利的影响。

**3. 估价对象实物状况描述与分析**

1) 土地实物状况描述和分析

(1) 土地实物状况描述。估价对象为矩形地块,其四至为:东邻兴盛路,南邻兴三路,西邻汉南大道,北邻兴四路;土地使用权类型为出让,土地法定用途为工业用地,其实际用途为工业用地,土地使用权面积为 7218.0 $m^2$;地形地势和地质条件较好;宗地开发程度已达到"五通一平"(宗地红线内通路、通电、通上水、通下水、通讯)宗地红线外场地平整,地上有建筑物。

(2) 土地实物状况分析结论。估价对象实际开发程度已达到宗地红线内外"五通"及宗地红线内"场地平整",具备工业使用的基本条件,其基础设施完善度较好,土地使用状况与房地产整体使用状况相匹配,能满足房地产使用的要求。

2) 建筑物实物状况描述与分析

(1) 建筑物实物状况描述。估价对象建筑物位于汉南区经济开发区武汉华顶包装印务工业园A区××栋1~2层,建筑面积为 5828.36 $m^2$,建筑结构为建筑结构为砖混(局部)、钢(主体),建成于2009年,厂房及工业配套用房均为长方形,厂房层高达7米,平面布置合理,安装有监控、消防、供水、供电、网络、行吊等设施设备。办公楼装修情况:外墙为面砖,室内地面地砖,墙面乳胶漆刷白,天棚为装饰扣板吊顶;厂房外墙为彩钢板,室内地面为环氧地坪。根据估价格师现场勘查并结合年限法,综合确定建筑成新率约为85%,建筑物使用状况较好,有正常维护,维护保养状况良好。

(2) 建筑物实物状况分析结论。估价对象整体规划及设计合理,空间布局及设备设施状况满足现状使用要求,且与周边物业规模档次相匹配。

**4. 估价对象权益状况描述与分析**

1) 估价对象权益状况描述

(1) 房屋权属登记状况。估价委托人提供的《房屋所有权证》记载内容如表10-8所示。

表10-8 估价对象房屋权属状况

| 证号 | 武房权证南字第2013002556号 |
|---|---|
| 房屋所有权人 | 尹传松 |
| 房屋坐落 | 汉南区经济开发区四号路武汉华顶包装印务工业园A区22栋1~2层 |
| 登记时间 | 2013-11-04 |
| 规划用途 | 工、交、仓 |
| 所在楼层/总楼层 | 1~2/2 |
| 建筑面积/$m^2$ | 5828.36 |

(2) 土地权属登记状况。估价委托人提供的《国有土地使用证》记载内容如表 10-9 所示。

表 10-9 估价对象土地权属状况

| 证号 | 汉国用(2011)第 32296 号 | | |
|---|---|---|---|
| 土地使用权人 | 尹传松 | | |
| 坐落 | 武汉市汉南区汉南经济开发区华顶包装印务工业园 A22 号 | | |
| 地号 | 4-8-473-A22 | 图号 | 58.00~08.25 |
| 地类（用途） | 工业用地 | 取得地价 | / |
| 使用权类型 | 出让 | 终止日期 | 2053 年 12 月 30 日 |
| 使用权面积 | 7218.0 m² | 分摊面积 | 7218.0 m² |
| 发证时间 | 2013 年 11 月 2 日 | | |
| 发证机关 | 武汉市汉南区人民政府 | | |

至价值时点，估价对象土地剩余使用年限 33.61 年。

(3) 他项权利设立情况。估价委托人提供的《房屋所有权证》记载，至价值时点，曾进行抵押，现已注销。注册房地产估价师未获知估价对象存在法定优先受偿款，即设定估价对象的法定优先受偿款为零元，本次评估以其完整权利状态为前提，否则本报告估价结果须作相应调整。

2) 估价对象权属状况分析结论

估价对象产权明晰，至价值时点，曾进行抵押，现已注销。由于本次估价目的是为委托人抵押贷款额度提供参考依据，属于法律、行政法规规定可以抵押或者作为出资、转让的财产。

## （二）市场背景描述与分析

略。

## （三）估价对象最高最佳利用分析

根据估价对象所在地的房地产市场状况等客观条件经分析，估价对象保持工业房地产之现状继续使用是其最高最佳使用方式（具体分析过程和内容略）。

## （四）估价方法适用性分析

### 1. 选用估价方法的依据和理由

《房地产估价规范》的规定，常用的估价方法有比较法、收益法、成本法、假设开发法等。比较法适用于同类房地产有较多交易的；收益法适用于估价对象或其同类房地产有租金等经济收入的（收益性房地产）；成本法适用于可作为独立的开发建设项目进行重新开发建设的房地产；当估价对象的同类房地产没有交易或交易很少，且估价对象或其同类房地产没有租金等经济收入时，适宜选用成本法进行估价；假设开发法适用于估价对象具有开发或再开发潜力，且开发完成后的价值可采用除成本法以外的方法测算的房地产估价。

依据《房地产估价规范》和估价对象所在地的房地产市场状况等客观条件，选用比较法和成本法对估价对象进行估价，理由如下。

(1) 估价对象设计用途为工、交、仓，周边工业园内的类似房地产交易量较多，可比交易实例较多，故适宜采用比较法进行估价。

(2)估价对象周边同类型工业房地产出租量较小,类似工业房地产租赁交易实例缺乏,故不宜采用收益法进行估价。

(3)估价对象现状为已开发完成的房地产,并已投入使用,房地产的开发成本资料易于搜集,能客观、真实的反映估价对象市场价值,故适宜采用成本法。

(4)估价对象现状为已开发完成的房地产,不具有再开发潜力,在合法状态下已符合最高最佳的使用方式,因而保持现状利用最为有利,故不宜采用假设开发法进行评估。

### 2. 估价技术路线

估价人员在认真分析所掌握的资料并对估价对象进行实地查勘后,根据估价对象的特点,遵照国家有关法律、法规、估价技术标准,经过反复研究,选择技术思路如下:

(1)估价对象位于汉南区经济开发区四号路武汉华顶包装印务工业园A区××栋1~2层,周边工业园区内的类似房地产交易市场较为活跃,可比交易实例较为充分,故采用比较法进行估价。

(2)估价对象证载用途工、交、仓,现状用途为工业房地产,故采用成本法测算估价对象的成本价值(成本法中建筑物价值采用重置成本法,土地价值采用基准地价系数修正法和成本法综合测算土地使用权价格,建筑物价值与土地价值之和即为估价对象的成本价值)。

(3)比较法与成本法求取结果再采用加权平均法即可得估价对象市场价值。

### 3. 估价方法的定义和计算公式

(1)比较法:比较法是将估价对象房地产与在近期已经发生了交易的类似房地产加以比较对照,从类似房地产的已知价格,修正得出估价对象客观合理价格的一种估价方法。比较法基本公式为:

$$房地产(比较)价值 = 可比实例成交价格 \times 交易情况修正 \times 市场状况调整 \times 房地产状况调整$$

(2)成本法:成本法是求取估价对象在价值时点的重置价格或重建价格,扣除折旧,以此估算估价对象的客观合理价格或价值的方法。成本法基本公式为:

$$房地产(成本)价值 = 房地重新购建价格 - 建筑物折旧$$

式中:房地重新购建价格 = 土地取得成本 + 开发成本 + 管理费用 + 销售费用 + 投资利息 + 销售税费 + 开发利润

### (五)估价测算过程

#### 1. 比较法估价的测试过程

选取一定数量的可比实例,将它们与估价对象进行比较,根据其间的差异对可比实例成交价格进行处理后得到估价对象价值或价格的方法。其中,对可比实例成交价格进行处理包括进行交易情况修正、市场状况调整、房地产状况调整。

(1)选取可比实例。根据收集的成交信息,考虑到估价对象的实际情况,估价师经过比较分析,并对成交实例进行实地查勘的基础上,遵循《房地产估价规范》,选取了三个可比实例,估价对象与可比实例的基本状况详如表10-10所示。

表10-10 估价对象与可比实例基本状况表

| 项目名称 | 估价对象 | 可比实例A | 可比实例B | 可比实例C |
|---|---|---|---|---|
| | 华顶工业园A区 | 幸福工业园 | 华顶工业园B区 | 长利玻璃工业园 |
| 位置 | 汉南区经济开发区四号路武汉华顶包装印务工业园 | 汉南区幸福园路与陡埠大道交叉路口西侧 | 汉南区经济开发区四号路武汉华顶包装印务工业园 | 汉南区兴盛路226号 |

续表

| 项目名称 | | 估价对象 | 可比实例 A | 可比实例 B | 可比实例 C |
|---|---|---|---|---|---|
| | | 华顶工业园 A 区 | 幸福工业园 | 华顶工业园 B 区 | 长利玻璃工业园 |
| 用途 | | 工业 | 工业 | 工业 | 工业 |
| 建筑面积/m² | | 5828.36 | 5147.92 | 5679.45 | 5995.29 |
| 价格类型 | | 市场价格 | 市场价格 | 市场价格 | 市场价格 |
| 可比实例来源 | | — | 估价师搜集 | 估价师搜集 | 估价师搜集 |
| 成交日期 | | 2020.5.23 | 2020.5.10 | 2020.4.30 | 2020.5.2 |
| 成交价格 | | 待估 | 2400 | 2300 | 2300 |
| 成交价格内涵 | 财产范围 | 房地产 | 房地产 | 房地产 | 房地产 |
| | 付款方式 | 一次性付款 | 一次性付款 | 一次性付款 | 一次性付款 |
| | 融资条件 | 常规融资条件下 | 常规融资条件下 | 常规融资条件下 | 常规融资条件下 |
| | 税费负担 | 正常税费负担 | 正常税费负担 | 正常税费负担 | 正常税费负担 |
| | 计价单位 | 元/m² 建筑面积 | 元/m² 建筑面积 | 元/m² 建筑面积 | 元/m² 建筑面积 |

(2) 建立比较基础。建立比较基础就是对可比实例的成交价格进行标准化处理，统一其内涵和形式。标准化处理包括统一财产范围、统一付款方式、统一融资条件、统一税费负担和统一计价单位。

① 统一财产范围。即对可比实例与估价对象的财产范围进行对比，消除因财产范围不相同造成的价格差异。经调查对比分析，估价对象与可比实例的财产范围是一致的，无须处理。

② 统一付款方式。即将可比实例不是成交日期或一次性付清的价格，调整为成交日期且一次性付清的价格。经调查对比分析，可比实例成交价格均是其成交日期的一次性付清价格，无须处理。

③ 统一融资条件。即将可比实例在非常规融资条件下的价格，调整为在常规融资条件下的价格。经调查对比分析，可比实例成交价格均是常规融资条件下的价格，无须处理。

④ 统一税费负担。即将可比实例在交易税费非正常负担下的价格，调整为在交易税费正常负担下的价格。经调查对比分析，可比实例成交价格均是交易税费正常负担下的价格，无须处理。

⑤ 统一计价单位。即包括统一为总价或单价、楼面地价，统一币种和货币单位，统一面积或体积内涵及计量单位等。经调查对比分析，可比实例成交价格均是按建筑面积计量的人民币单价格（单价），无须处理。

(3) 交易情况修正。交易情况修正就是消除特殊交易情况造成的可比实例成交价格偏差，将可比实例的非正常成交价格修正为正常价格。经调查分析，可比实例交易情况不存在特殊情形，其成交价格均是正常交易价格，无须修正。

(4) 市场状况调整。市场状况调整就是将可比实例在其成交日期的价格调整到在价值时点的价格。三个可比实例均在距价值时点 3 个月内成交，估价师对工业房地产市场成交价格的调查和分析，在此期间工业房地产市场成交价格平稳，故无须进行市场状况调整。

(5) 房地产状况调整。房地产状况调整就是将可比实例在自身状况下的价格调整为在估价对象状况下的价格,包括区位状况调整、实物状况调整和权益状况调整。

① 区位状况调整因素:包括产业集聚度、临街状况、道路等级、高速路匝口便捷度、基础设施完善度、公共配套设施完善度、环境质量;

② 实物状况调整因素:包括建筑规模、建筑结构、设备设施、装饰装修、空间布局、建筑功能、成新率、层高;

③ 权益状况调整因素:包括土地使用权类型、土地使用期限。

估价对象与可比实例房地产状况的描述与说明详如表10-11和表10-12所示。

表10-11 估价对象与可比实例房地产状况描述表

| 项目名称 | | | 估价对象 | 可比实例A | 可比实例B | 可比实例C |
|---|---|---|---|---|---|---|
| | | | 华顶工业园A区 | 幸福工业园 | 华顶工业园B区 | 长利玻璃工业园 |
| 标准化处理后的成交价格 | | | 待估 | 2400 | 2300 | 2300 |
| 交易情况 | | | 正常价格 | 正常价格 | 正常价格 | 正常价格 |
| 市场状况 | 成交日期 | | 2020/5/23 | 2020/5/10 | 2020/4/30 | 2020/5/2 |
| 区位状况 | 位置状况 | 产业集聚度 | 集聚度较好 | 集聚度较好 | 集聚度较好 | 集聚度较好 |
| | | 临街状况 | 两面临街 | 两面临街 | 两面临街 | 一面临街 |
| | 交通状况 | 道路等级 | 次干道 | 主干道 | 次干道 | 次干道 |
| | | 高速路匝口便捷度 | 2200 | 2000 | 2200 | 1300 |
| | 外部配套设施状况 | 基础设施完善度 | 红线外五通 | 红线外五通 | 红线外五通 | 红线外五通 |
| | | 公共配套设施完善度 | 周边3公里内包含3项以上 | 周边3公里内包含3项以上 | 周边3公里内包含3项以上 | 周边3公里内包含3项以上 |
| | 环境状况 | 环境质量 | 周围绿化率一般、空气质量一般、卫生条件基本符合要求、存在一定的噪声污染 | 周围绿化率一般、空气质量一般、卫生条件基本符合要求、存在一定的噪声污染 | 周围绿化率一般、空气质量一般、卫生条件基本符合要求、存在一定的噪声污染 | 周围绿化率一般、空气质量一般、卫生条件基本符合要求、存在一定的噪声污染 |
| 房地产状况 | 实物状况 | 建筑结构 | 钢混结构 | 钢混结构 | 钢混结构 | 钢混结构 |
| | | 设备设施 | 包含3项以上 | 包含3项以上 | 包含3项以上 | 包含3项以上 |
| | | 装饰装修 | 简单 | 一般 | 简单 | 简单 |
| | | 空间布局 | 各功能类型分区合理 | 各功能类型分区合理 | 各功能类型分区合理 | 各功能类型分区合理 |
| | | 建筑功能 | 优 | 优 | 优 | 优 |
| | | 成新率 | 90% | 90% | 90% | 90% |
| | | 层高/米 | 7.0 | 6.8 | 7.2 | 8.5 |
| | 权益状况 | 土地使用权类型 | 出让 | 出让 | 出让 | 出让 |
| | | 土地潜力 | 一般 | 一般 | 一般 | 一般 |

表 10-12　估价对象与可比实例房地产状况说明表

| 项目名称 | | | 估价对象 | 可比实例 A | 可比实例 B | 可比实例 C |
|---|---|---|---|---|---|---|
| | | | 华顶工业园 A 区 | 幸福工业园 | 华顶工业园 B 区 | 长利玻璃工业园 |
| 标准化处理后的成交价格 | | | 待估 | 2400 | 2300 | 2300 |
| 市场状况 | 交易情况 | | 正常价格 | 正常价格 | 正常价格 | 正常价格 |
| | 成交日期 | | 2020/5/23 | 2020/5/10 | 2020/4/30 | 2020/5/2 |
| 房地产状况 | 区位状况 | 位置状况 | | | | |
| | | 产业集聚度 | 较优 | 较优 | 较优 | 较优 |
| | | 临街状况 | 一般 | 一般 | 一般 | 较劣 |
| | 交通状况 | 道路等级 | 较优 | 优 | 较优 | 较优 |
| | | 高速路匝口便捷度 | 劣 | 劣 | 劣 | 劣 |
| | 外部配套设施状况 | 基础设施完善度 | 红线外五通 | 红线外五通 | 红线外五通 | 红线外五通 |
| | | 公共配套设施完善度 | 较劣 | 较劣 | 较劣 | 较劣 |
| | 环境状况 | 环境质量 | 一般 | 一般 | 一般 | 一般 |
| | 实物状况 | 建筑结构 | 钢混结构 | 钢混结构 | 钢混结构 | 钢混结构 |
| | | 设备设施 | 较优 | 较优 | 较优 | 较优 |
| | | 装饰装修 | 简单 | 一般 | 简单 | 简单 |
| | | 空间布局 | 优 | 优 | 优 | 优 |
| | | 建筑功能 | 优 | 优 | 优 | 优 |
| | | 成新率 | 90% | 90% | 90% | 90% |
| | | 层高/米 | 优 | 一般 | 优 | 优 |
| | 权益状况 | 土地使用权类型 | 出让 | 出让 | 出让 | 出让 |
| | | 规划条件 | 工业 1.0 | 工业 1.0 | 工业 1.0 | 工业 1.0 |
| | | 土地剩余使用年限 | 33.61 | 33.58 | 33.61 | 33.61 |

④ 制定房地产状况调整系数的打分规则。以估价对象为标准（100 分），把可比实例房地产状况（区位、实物和权益状况）分别与评估对象的相应状况进行比较，依据以下规则进行打分。

（a）区位状况调整系数的打分规则。

a. 产业集聚度。根据估价对象所在区域的产业集聚度，将区域集聚程度分为优、较优、一般、较劣、劣五个等级。以估价对象产业集聚度为"一般"，分数为 100，将可比实例与估价对象相比，每上升或下降一个级别，则分数增加或减小 5。

b. 临街状况。将临街状况分为优、较优、一般、较劣、劣五个等级。以估价对象临街状况为"一般"，分数为 100，可比实例与估价对象相比较，每上升或下降一个级别，则分数增加或减小 2。

c. 道路等级。将道路等级分为优、较优、一般、较劣、劣五个等级。以估价对象道路等级为"一般"，分数为 100，可比实例与估价对象相比较，每上升或下降一个级别，则分数增加或减小 2。

d. 高速路匝口便捷度。将高速路匝口便捷度分为优、较优、一般、较劣、劣五个等级。以估价对象高速路匝口便捷度为"一般"，指数为 100，将可比实例与估价对象相比，每上升或下降一个级别,则分数增加或减小2。

e.基础设施完善度。基础设施完善度是指道路、供水、排水(雨水、污水)、供电、通信等设施是否齐备。将基础设施完善度分为优、较优、一般、较劣、劣五个等级。以估价对象基础设施完善度为"一般",指数为100,将可比实例与估价对象相比,基础设施条件每增加或减少一个级别,则分数增加或减小2。

f.公共配套设施完善度。将公共配套设施完善度分为优、较优、一般、较劣、劣五个等级。以估价对象公共配套设施完善度为"一般",分数为100,将可比实例与估价对象相比,每上升或下降一个级别,则分数增加或减小2。

g.环境质量。环境质量包括大气、水文、声觉、视觉以及卫生。城市功能规划的分化以及区位差异导致了环境质量的差异。靠近工业厂区的空气、水资源会受到一定程度的污染,靠近高架桥、商业闹市区会受到噪音的影响。将环境质量分为优、较优、一般、较劣、劣五个等级。以估价对象环境质量状况为"一般",分数为100,将可比实例与估价对象相比,每上升或下降一个级别,则分数增加或减小2。

(b)实物状况调整的打分规则。

a.建筑面积。估价对象的建筑面积与可比实例的建筑面积相当,属于规模相当,无须调整。

b.建筑结构。将建筑结构分为优、较优、一般、较劣、劣五个等级。以估价对象建筑结构状况为"一般",分数为100,将可比实例与估价对象相比,每上升或下降一个级别,则分数增加或减小2。

c.设备设施。将设施设备状况分为优、较优、一般、较劣、劣五个等级。以估价对象设备设施状况为"一般",分数为100,将可比实例与估价对象相比,每上升或下降一个级别,则分数增加或减小2。

d.装饰装修。将装饰装修分为优、较优、一般、较劣、劣五个等级,以估价对象装饰装修状况为"一般",分数为100,将可比实例与估价对象相比,每上升或下降一个级别,则分数增加或减小2。

e.空间布局。将空间布局分为优、较优、一般、较劣、劣五个等级,以估价对象空间布局状况为"一般",分数为100,将可比实例与估价对象相比,每上升或下降一个级别,则分数增加或减小2。

f.建筑功能。建筑功能包括防水、保温、隔热、隔声、通风等。将建筑功能分为优、较优、一般、较劣、劣五个等级。以估价对象建筑功能状况为"一般",分数为100,将可比实例与估价对象相比,每上升或下降一个级别,则分数增加或减小2。

g.成新率。以估价对象成新率分数为100,将可比实例与估价对象相比,成新率每上升或下降5%,则分数增加或减小2。

h.层高。以估价对象层高状况为100,将可比实例与估价对象相比较,层高每上升10 cm或下降10 cm,则分数增加或减小2。

(c)权益状况调整的打分规则。估价对象与可比实例在规划条件、土地使用权类型、土地使用权剩余使用年限等方面相同或基本一致,因此,可比实例的权益状况无须调整。

⑤编制可比实例修正或调整系数表。根据以上各因素的打分规则,编制可比实例各因素修正或调整系数表详如表10-13所示。

表 10-13 可比实例各因素修正或调整系数表

| 项目名称 | | | 估价对象 | 可比实例A | 可比实例B | 可比实例C |
|---|---|---|---|---|---|---|
| | | | 华顶工业园A区 | 幸福工业园 | 华顶工业园B区 | 长利玻璃工业园 |
| 标准化处理后的成交价格 | | | 待估 | 2400 | 2300 | 2300 |
| 交易情况 | | | — | 100/100 | 100/100 | 100/100 |
| 市场状况 | 成交日期 | | — | 100/100 | 100/100 | 100/100 |
| 房地产状况 | 区位状况 | 位置状况 | 产业集聚度 | — | 100/100 | 100/100 | 100/100 |
| | | | 临街状况 | — | 100/100 | 100/100 | 100/98 |
| | | 交通状况 | 道路等级 | — | 100/102 | 100/100 | 100/100 |
| | | | 高速路匝口便捷度 | — | 100/100 | 100/100 | 100/100 |
| | | 外部配套设施状况 | 基础设施完善度 | — | 100/100 | 100/100 | 100/100 |
| | | | 公共配套设施完善度 | — | 100/100 | 100/100 | 100/100 |
| | | 环境状况 | 环境质量 | — | 100/100 | 100/100 | 100/100 |
| | 实物状况 | | 建筑面积/m² | — | 100/100 | 100/100 | 100/100 |
| | | | 建筑结构 | — | 100/100 | 100/100 | 100/100 |
| | | | 设备设施 | — | 100/100 | 100/100 | 100/100 |
| | | | 装饰装修 | — | 100/102 | 100/100 | 100/100 |
| | | | 空间布局 | — | 100/100 | 100/100 | 100/100 |
| | | | 建筑功能 | — | 100/100 | 100/100 | 100/100 |
| | | | 成新率 | — | 100/100 | 100/100 | 100/100 |
| | | | 层高/米 | — | 100/98 | 100/100 | 100/100 |
| | 权益状况 | | 规划条件 | — | 100/100 | 100/100 | 100/100 |
| | | | 土地使用权类型 | — | 100/100 | 100/100 | 100/100 |
| | | | 土地剩余使用年期 | — | 100/100 | 100/100 | 100/100 |
| 比较价值/(元/m²) | | | —— | 2353.88 | 2300.00 | 2346.94 |

⑥ 求取房地产比较价值。采用各因素修正系数连乘法,求取各可比实例经交易情况修正、市场状况调整和房地产状况调整后,得出三个可比实例的比较价值为:

比较价值 $P_A=2353.88(元/m^2)$

比较价值 $P_b=2300.00(元/m^2)$

比较价值 $P_c=2346.94(元/m^2)$

经过比较分析,各可比实例的各项房地产状况与估价对象较相似,经过测算以上三个可比实例的比较价值差异在正常范围内,考虑到估价对象所在区域的实际状况并结合房地产市场价格水平,本次估价确定取以上三个可比实例比较价值的简单算术平均值作为估价对象均价的比较价值,即:

比较价值 $=(2353.88+2300.00+2346.94)/3=2333.61(元/m^2)$

## 2. 成本法估价的测试过程

采用"房地分估"的方法评估估价对象的价值,即:房地产价值=土地价值+建筑物价值。其中土地价值采用基准地价系数修正法和成本法进行测算,建筑物价值采用房重置成本法进行测算。

### 1) 土地价值的测算

估价对象《国有土地使用证》记载土地用途为工业用地,本次评估以其现状用途合法并能持续使用为前提,故按土地用途为工业用地来测算;具体采用基准地价系数修正法和成本法测算土地价值。

(1) 基准地价系数修正法测算土地价值。基准地价是指在城镇规划区范围内,对现状利用条件下不同级别或不同均质地域的土地,按照商业、住宅、商务办公、工业等用途,分别评估确定的某一评估基准日上法定最高出让年限土地使用权区域平均价格。

根据武汉市人民政府文件(武政【2019】39号)、湖北省自然资源厅文件(鄂自然资源批【2019】50号),《武汉经济技术开发区(汉南区)2018年土地级别与基准地价》自2019年11月1日起执行,基准地价的基准日为2018年6月30日。

采用基准地价测算估价对象土地价值的计算公式为:

$$V = Vlb \times (1 \pm \sum Ki) \times Kj$$

式中:$V$为土地价值;$Vlb$为某一用途土地在某一土地级上的基准地价;$\sum Ki$为宗地地价修正系数;$Kj$为交易期日修正、土地使用年期等其他修正系数。

① 确定估价对象的土地级别及基准地价$Vlb$。估价对象位于汉南经济开发区,土地用途为工业用地,根据《武汉经济技术开发区(汉南区)2018年土地级别与基准地价》中《武汉市各类用地区片基准地价结果表》,结合估价对象实际状况参照汉南区工业Ⅶ-经03级,基准地价标准为345元/m²。

② 确定估价对象所在地价区位影响因素总修正系数$\sum Ki$。根据《武汉经济技术开发区(汉南区)2018年土地级别与基准地价》和《工业用地基准地价区域修正系数表》,估价对象区域修正体系影响因素如表10-14所示。

表10-14 估价对象地价影响因素条件说明及修正系数表

| 估价对象区域修正体系影响因素 | | | |
|---|---|---|---|
| 修正因子 | 修正条件说明 | | 修正系数 |
| 产业聚集影响度 | 省级开发区 | | 2.85% |
| 交通条件 | 区域道路类型 | 500米内有主干道 | 2.28% |
| | 距最近快速路/高速路出入口的距离(公里) | [0.5—1] | 0.00% |
| 城市规划 | 地价潜力二级区 | | 1.39% |
| 合计 | | | 6.52% |

则估价对象区位影响因素修正系数为0.0652。

③ 确定估价对象宗地个别因素修正系数的乘积$Kj$。工业用地宗地个别因素修正包括使用年期修正、交易期日修正、宗地面积状况修正、宗地形状修正、宗地基础设施配套程度修正及产业

导向修正,根据估价对象的实际情况分别进行上述个别因素的修正,从而确定出估价对象的个别因素修正系数,确定过程如下。

a. 使用年期修正 $K1$。估价对象系出让工业用地,土地使用权终止日期为 2053 年 12 月 30 日,至估价期日 2020 年 5 月 23 日,土地剩余使用年限为 33.61 年。根据《武汉经济技术开发区(汉南区)2018 年土地级别与基准地价－工业用地使用年期修正系数表》,33 年对应的年期修正系数为 0.8898,34 年对应的年期修正系数为 0.8994,采用内插法得到 33.61 年对应的使用年期修正系数为 0.8957。

b. 确定交易期日修正系数 $K2$。以 2018 年 6 月 30 日为基期,根据下表《武汉经济技术开发区(汉南区)2018 年土地级别与基准地价－交易期日修正系数表》,可得汉南区工业用地基准地价季度修正系数的递增系数为 0.006,则 2018 年 6 月 30 日距本次估价对象评估期日的时间间隔为 7.60 个季度,其交易期日修正系数为 1.043。

c. 确定宗地面积状况修正系数 $K3$。查阅《武汉经济技术开发区(汉南区)2018 年土地级别与基准地价——工业用地宗地面积修正系数表》,得出宗地面积状况修正系数 $K3=1.07$。

d. 确定宗地形状修正系数 $K4$。查阅《武汉经济技术开发区(汉南区)2018 年土地级别与基准地价——工业用地宗地形状修正系数表》,得出估价对象的宗地形状修正系数 $K4=1.04$。

e. 确定宗地基础设施配套程度修正 $K5$。本次评估设定估价对象开发程度为宗地红线外通路、通电、通上水、通下水、通信和宗地红线内场地平整,与基准地价设定的开发程度(五通一平)相同,故对宗地开发程度不予修正。

f. 产业导向系数修正系数 $K6$。查阅《武汉经济技术开发区(汉南区)2018 年土地级别与基准地价——武汉市产业导向系数修正系数》,结合估价对象实际情况,确定估价对象的产业导向系数修正系数 $K6=1.0$。

④ 采用基准地价修正法测算的估价对象宗地价格。将以上计算出的各因素修正系数代入基准地价计算公式,则得出估价对象单位面积土地价格为:

$$V = Vlb \times (1 \pm \sum Ki) \times Kj$$
$$= 345 \times (1+0.0652) \times 0.8957 \times 1.043 \times 1.07 \times 1.04 \times 1.0 = 382.00(元/m^2)$$

(2) 成本法测算土地价值。成本法就是将土地取得费用、相关税费和土地开发费用等作为基本投资成本,加上投资利润和利息,这样就构成了土地成本价格,在此基础上加上土地增值收益,然后根据估价对象的使用权年限进行年期修正后得到土地评估结果。其基本公式为:

地价=(土地取得费+土地开发费+税费+利息+利润+土地增值收益)×年期修正系数

(a) 土地取得费。土地取得费由以下项目构成。

a. 征地补偿安置费。估价对象所处区域征地补偿安置费为 30000 元/亩,折合 45 元/m²。

b. 安置补偿费。根据《中华人民共和国土地管理法》及有关规定,结合估价对象情况,本次确定安置补偿费为 30000 元/亩,合 45 元/m²。

c. 青苗补偿费。根据《湖北省征地青苗及地上附着物补偿标准的通知》,结合当地征地补偿实例及估价对象情况,青苗补偿费标准为 1.5 元/m²。

以上合计,土地取得费=45+45+1.5=91.50(元/m²)。

(b) 相关税费。相关税费由以下项目构成。

a. 耕地占用税。根据《湖北省耕地占用税征收管理实施办法》规定,武汉市地占用税征收的标准为 35 元/m²。

b. 耕地开垦费。根据《湖北省土地管理实施办法》规定,结合本次评估对象实际情况,耕地开垦费为 12 元/m²。

c. 水利建设基金。根据《湖北省水利建设基金征收使用管理办法》(湖北省人民政府令第182号)非农业建设征用土地,向用地单位按亩征收一定数额的水利建设基金。估价对象应缴交的水利建设基金为 3 元/m²。

d. 不可预见费。根据武汉市土地管理办法相关规定,不可预见费为 2.75/m²

以上合计,相关税费 = 35 + 12 + 3 + 2.75 = 52.75 (元/m²)。

(c) 土地开发费。估价对象设定开发程度为红线外"五通"(通路、通电、供水、排水、通信)及红线内"五通一平"(通路、通电、通信、通上水、通下水及场地平整,场地硬化),并结合估价对象周边基础设施和配套设施状况,参考该区域地质和地形条件、物价水平,确定土地的开发费用为 155 元/m²。土地开发费的具体构成详如表 10-15 所示。

表 10-15　土地开发费的构成(单位:元)

| 通路 | 通上水 | 通上水 | 通信 | 通电 | 场地平整、硬化 | 合计 |
| --- | --- | --- | --- | --- | --- | --- |
| 40 | 25 | 25 | 20 | 25 | 20 | 155 |

(d) 利息。根据估价对象的开发程度和开发规模,假设开发周期为 2 年,投资利息率按估价期日中国人民银行公布的 1 年期贷款利息率 4.35% 计。假设土地取得费及相关税费在征地时一次投入,开发费用在开发期内均匀投入。

利息 = (土地取得费 + 相关税费) × 开发周期 × 利息率 + 土地开发费 × 开发周期 × 利息率 ÷ 2
　　= (91.50 + 52.75) × 2 × 4.35% + 155 × 2 × 4.35% ÷ 2 = 9.52 (元/m²)

(e) 利润。根据对估价对象邻近区域及其所在区域土地开发利润率的调查和对当地土地市场的分析,确定估价对象土地开发投资利润率为 20%,则:

利润 = (土地取得费 + 相关税费 + 土地开发费) × 利润率
　　= (91.50 + 52.75 + 155) × 20% = 59.85 (元/m²)

(f) 土地增值收益。根据对土地市场的调查,结合估价对象的实际情况,将估价对象所在区域的土地增值收益率确定为 25%,则有:

土地增值收益 = (土地取得费 + 相关税费 + 土地开发费 + 利息 + 利润) × 25%
　　　　　　= (91.50 + 52.75 + 155 + 9.52 + 59.89) × 25% = 92.17 (元/m²)

(g) 土地无限年期价格。

无限年期地价 = 土地取得费 + 相关税费 + 土地开发费 + 利息 + 利润 + 土地增值收益
　　　　　　= 460.83 (元/m²)

(h) 年期修正后土地成本价格。上述测算的单位面积价格为无限年期价格,因此必须将其修正为有限年期的土地价格,土地剩余使用年期为 33.61 年,其年期修正公式为:

年限修正系数公式为:$k = 1 - 1/(1+r)^n$ ($r$ 为土地还原率)

年限修正后土地成本价格(单价) = 454.83 × $[1 - 1/(1+5.48\%)^{33.61}]$ ≈ 384.13 (元/m²)

因此,采用成本法测算的估价对象土地单价为 384.13 元/m²。

(3) 估价对象土地价格确定。通过上述测算,基准地价系数修正法的测算结果为 382.00 元/m²,成本逼近法的测算结果为 384.13 元/m²,两种方法分别从不同的角度反映了估价对象的市场价格,并且测算结果比较接近,故本次评估按照两种方法测算结果的平均值作为最终的估价结果,则:

土地单价 = (382.00 + 384.13)/2 ≈ 383 (元/m²)

2) 建筑物价值的测算

估价对象建筑物采用重置成本法进行测算,即:
$$建筑物成本价值＝建筑物重置成本－建筑物折旧$$

(1) 建筑物重置成本的测算。建筑物重置成本采用公式"建筑物重置成本＝建设成本＋管理费用＋销售费用＋投资利息＋销售税费＋开发利润"进行测算。

① 建设成本。包括前期工程费、基础设施建设费、公共配套设施建设费、建筑安装工程费、其他工程费、开发期间税费。

a. 前期费用。包括项目市场调研、可行性研究、项目策划、环境影响评估、交通影响评价、工程勘察、测量、规划及建筑设计、工程造价咨询、建设工程招标,以及施工通水、通电、场地平整及临时用房费等开发项目前期工作的必要支出。依据武汉市规定,确定前期费用为 85 元/$m^2$。

b. 基础设施建设费。包括红线内的道路、给排水、电力、电信、燃气、热力、有线电视等设施费用,根据规定估价对象基础设施建设费为 60 元/$m^2$。

c. 公共配套设施建设费。公共配套设施建设费为所在宗地内的非营业性设施的建设费用,垃圾转运站、化粪池等配套使用未进行产权登记的建筑物和构筑物等,综合确定估价对象公共配套设施建设费为 60 元/$m^2$。

d. 建筑工程安装费。包括建造房屋及附属工程所发生的基础工程费用、土建工程费用、安装工程费用和装修工程费用。根据《武汉地区 2020 年 1 季度建安工程造价及分析》及武汉市房屋造价标准,经过对估价对象建筑物的仔细比较与分析,并结合武汉同类型工业厂房的造价市场价格,确定估价对象房屋建安费单价如表 10-16 所示。

表 10-16 武汉市房屋建安费用构成一览表(单位:元/$m^2$)

| 基础工程费用 | 土建工程费用 | 安装工程费用 | 装修工程费用 | 房屋建安费单价合计 |
| --- | --- | --- | --- | --- |
| 60 | 1100 | 90 | 205 | 1455 |

经过综合测算,估价对象建筑物的建设成本包括勘察设计和前期工程费、基础设施建设费、公共配套设施建设费、建筑物建安费,合计为 1455 元/$m^2$。

e. 其他工程费。包括工程监理费、工程检测费、竣工验收费等。根据估价对象的实际情况,参考武汉市同类型房地产市场状况及开发项目的规模,其他工程费一般为建安费的 2%,因此有:
$$其他工程费=1455×2\%=29.10(元/m^2)$$

f. 开发期间税费。包括有关税收和地方政府和有关部门依法依规收取的费用,如绿化建设费、人防工程费、水电增容费、白蚁防治费等。根据估价对象的实际情况,参考武汉市同类型房地产市场状况及开发项目的规模,其他工程费一般为建安费的 6%,因此有:
$$开发期间税费=1455×6\%=87.30(元/m^2)$$

以上合计,建设费用=85+60+60+1455+29.10+87.30=1776.4(元/$m^2$)

② 管理费用。管理费用是指房地产开发商为组织和管理房地产开发经营活动的必要支出,主要包括房地产开发企业的人员工资及福利费、办公费用、差旅费、固定资产使用费、业务招待费等。管理费用一般为建设成本的 2%～5%。根据估价对象所在区域同类房地产项目管理费用的一般水平,结合本项目开发规模,确定该比率为 2%。则有:
$$管理费=1455×3\%=43.65(元/m^2)$$

③ 销售费用。销售税费是指预售或销售开发完成后的房地产应的必要支出,包括广告费、

销售资料制作费、售楼处建设费、样板房建设费、销售人员费用或销售代理费等。通常按销售价格的一定比率进行测算，根据估价对象所在区域同类房地产项目销售税费的情况，结合本项目开发规模，本次评估确定其比率为2%。假定建筑物价值（单价）为$P$，则销售税费为：

$$销售税费 = P \times 2\% = 0.02P(元/m^2)$$

④ 投资利息。投资利息是指在房地产开发完成或者实现销售之前发生的所有必要费用应计算的利息，应计息的项目包括建设成本、管理费用和销售费用。估价对象所在项目整体正常施工期为2年，利息率取价值时点同期银行贷款利率4.35%，假定项目建设成本、管理费用、销售费用在开发期内均匀投入，则：

$$投资利息 = (建设成本 + 管理费用 + 销售费用) \times [(1+利率)^{开发年期/2} - 1]$$
$$= (1776.4 + 43.65 + 0.02P) \times [(1+4.35\%)^{2/2} - 1]$$
$$= 79.17 + 0.00087P(元/m^2)$$

⑤ 销售税费。销售税费是指预售或销售开发完成后的房地产应由卖方（在此为房地产开发企业）缴纳的税费，可分为两类：一类是增值税及附加，包括增值税、城市维护建设税和教育费附加；另一类是印花税、交易手续费等。销售税费一般是按照售价的一定比例收取。根据估价对象所在区域同类房地产项目销售税费的情况，结合本项目开发规模，本次评估确定其比率为8%。假定建筑物价值（单价）为$P$，则销售税费为：

$$销售税费 = P \times 8\% = 0.08P(元/m^2)$$

⑥ 开发利润。开发利润是指房地产开发商（业主）的利润，即在正常条件下房地产开发商所能获得的平均利润，通常按照一定基数乘以同一市场上类似房地产开发项目所要求的相应利润率来测算。

选取成本利润率对估价对象开发利润进行估算，根据对估价对象所在区域类似房地产开发项目开发利润的调查，结合估价对象的实际情况，销售量利润率为15%，则：

$$开发利润 = P \times 15\% = 0.15P(元/m^2)$$

⑦ 估价对象建筑物重置成本的确定。将上述有关计算结果代入公式：建筑物重置成本 = 建设成本 + 管理费用 + 销售费用 + 投资利息 + 销售税费 + 开发利润，有：

建筑物重置成本$(P) = 1776.4 + 43.65 + 0.02P + 79.17 + 0.00087P + 0.08P + 0.15P$

解之得：$P = 2532.59(元/m^2)$

（2）建筑物折旧的测算。建筑物折旧采用公式"建筑物折旧 = 建筑物重新购建价格 × (1 - 成新率)"进行测算。

估价人员对建筑物进行实地查勘，根据1984年原城乡建设环境保护部发布的《房屋完损等级标准》对建筑物的结构、装修和设施等组成部分的完好程度进行鉴定评分，并结合年限法，综合测定建筑物成新率。具体测算如下：

① 使用年限成新率的确定。采用公式计算求取，使用年限成新率的计算公式为：

使用年限成新率 = 1 - (1 - 残值率) × 房屋已使用年限/房屋耐用年限

建筑物为钢混结构，耐用年限60年，残值率为0，建于2009年，已使用11年，则有：

使用年限成新率 = 1 - (1-0) × 11/60 = 82%

② 现场观察评定成新率。现场观察评定成新率是在对房屋的结构、装饰、设备给予不同权重的基础上通过现场观察打分确定的（详见表10-17）。根据房屋的结构、装饰、设备各自对房屋价值影响程度大小，本次评估房屋结构、装饰、设备确定的权重分别为60%、20%、20%。对房屋的结构、装饰、设备三部分又具体分为若干细项，并根据各细项对该部分的影响程度给予不同的

权重。其中:第(1)项"标准分"是指作为观察评分对象的每一细项处于全新状况时的分值;第(2)项"评定分"是将估价对象每一细项的现实状况与其全新状况相比较的结果,其依据是"评估说明";第(3)项"实得分"是根据第(1)项和第(2)确定的每一细项的评定分,即:(3)＝(1)×(2)。

表 10-17　房屋现场观察评定成新率评分计算表

| 评分项目 | | 标准分(1) | 评分说明 | 评定分(2) | 实得分(3) |
| --- | --- | --- | --- | --- | --- |
| 大项 | 细项 | | | | |
| 结构部分 | 基础 | 15 | 未见不均匀沉降 | 90% | 13.5 |
| | 承重结构 | 15 | 承重墙、柱、屋架局部未变形 | 90% | 13.5 |
| | 非承重墙体 | 10 | 未见明显裂缝、破损 | 90% | 9 |
| | 屋面 | 10 | 无明显渗漏 | 90% | 9 |
| | 楼地面 | 10 | 无明显空鼓、脱落 | 90% | 9 |
| | 小计 | 60 | — | — | 54 |
| 装修部分 | 门窗 | 5 | 开关较灵活 | 90% | 4.5 |
| | 外粉饰 | 5 | 未见明显空鼓、剥落、裂缝 | 90% | 4.5 |
| | 内粉饰 | 5 | 未见明显空鼓、剥落、裂缝 | 90% | 4.5 |
| | 顶棚 | 5 | 无明显变形 | 90% | 4.5 |
| | 小计 | 20 | — | — | 18 |
| 附属设备 | 水卫 | 10 | 水卫、上下水管等使用良好,未见明显滴漏 | 80% | 8 |
| | 电照 | 10 | 电线,照明装置正常 | 80% | 8 |
| | 小计 | 20 | — | — | 12 |
| 综合评定分数/(%) | | | 84 | | |

③ 成新率的综合确定。对使用年限成新率和现场观察评定成新率采用简单平均的方法综合确定建筑物的成新率。即:

$$成新率 = 使用年限成新率 \times 50\% + 现场观察评定成新率 \times 50\%$$
$$= 82\% \times 50\% + 84 \times 50\% = 83\%$$

$$建筑物折旧 = 建筑物重新购建价格 \times (1 - 成新率)$$
$$= 2532.59 \times (1 - 83\%) = 430.54(元/m^2)$$

(3) 重置成本法测算建筑物成本价值(单价)。将上述相关计算结果代入公式"建筑物成本价值＝建筑物重置成本－建筑物折旧",有:

$$建筑物成本价值(单价) = 建筑物重置成本 - 建筑物折旧$$
$$= 2532.59 - 430.54 = 2102.05(元/m^2)$$

3) 成本法测算房地产价格结果确定

$$房地产总价 = 土地单价 \times 土地面积 + 建筑物单价 \times 建筑面积$$
$$= 383 \times 7216 + 2102.05 \times 5828.36 = 1501.52(万元)$$

$$房地产单价 = 房地产总价 \div 建筑面积 = 1501.52 \div 5828.36 \approx 2576.24(元/m^2)$$

### 3. 确定估价对象的房地产市场价值

经以上计算,估价对象采用比较法计算出的房地产单价为 2333.61 元/m²,采用成本法测算出的房地产单价为 2576.24 元/m²,两种方法求得的结果相差不大,均符合估价对象的市场行情,故本次估价取两者的算术平均数作为最终的估价结果,则:

估价对象房地产单价 = 2333.61×50% + 2576.24×50% = 2454.93(元/m²)

估价对象房地产总价 = 房地产单价×建筑面积

= 2454.93×5828.36 = 1430.82(万元)

### 4. 确定估价对象法定优先受偿款

估价委托人提供的《房屋所有权证》记载,估价对象权属明确,至价值时点,曾进行抵押,现已注销。注册房地产估价师获知估价对象不存在法定优先受偿款,即设定估价对象的法定优先受偿款为零元,本次评估以其完整权利状态为前提,否则本报告估价结果须作相应调整。

### 5. 确定房地产抵押总价值

抵押价值 = 假定未设立法定优先受偿权利下的价值 − 注册房地产估价师知悉的法定优先受偿款。

估价委托人提供的《房屋所有权证》记载,至价值时点,曾进行抵押,现已注销。根据《估价委托书》与《法定优先受偿权利调查表》,注册房地产估价师获知估价对象不存在法定优先受偿款,即设定估价对象的法定优先受偿款为零元,则:

房地产抵押价值 = 1430.82 − 0 = 1430.82(万元)

### (六) 估价结果确定

估价人员依据有关法律法规和估价标准,遵循公认的估价原则,履行必要的估价程序,充分考虑和分析了影响估价对象价格的各项因素,采用比较法、成本法对估价对象进行了估价,估价结果如下(详见表 10-18 和表 10-19):

估价对象房地产抵押价值为 RMB1430.82 万元(大写:人民币壹仟肆佰叁拾万捌仟贰佰圆整)

估价对象房地产抵押单价为 RMB2454.93 元/m²

表 10-18 房地产市场价值汇总表

| 相关结果 | 估价方法 | 方法1 比较法 | 方法2 成本法 | 各评估方法所取权重 | 两种方法加权平均后的结果 |
|---|---|---|---|---|---|
| 测算结果 | 单价/(元/m²) | 2333.61 | 2576.24 | 0.5 | 2454.93 |
| | 总价/万元 | 1360.11 | 1501.52 | 0.5 | 1430.82 |
| 最终确定的评估价格(假定未设立法定优先受偿权下的价值) | 单价/(元/m²) | 2454.93 | | | |
| | 总价/万元 | 1430.82 | | | |

表 10-19 房地产抵押价值评估结果汇总表

| 测算项目 | | 估价结果 |
|---|---|---|
| 1.假定未设立法定优先受偿权下的价值 | 单价/(元/m²) | 2454.93 |
| | 总价/万元 | 1430.82 |

续表

| 测算项目 | | 估价结果 |
|---|---|---|
| 2.估价师知悉的法定优先受偿款 | 总额/万元 | 0 |
| 2.1 已抵押担保的债权数额 | 总额/万元 | 0 |
| 2.2 拖欠的建设工程价款 | 总额/万元 | 0 |
| 2.3 其他法定优先受偿款 | 总额/万元 | 0 |
| 3.抵押价值 | 单价/(元/m²) | 2454.93 |
| | 总价/万元 | 1430.82 |

### 10.3.6 附件

（一）估价对象与比较案例位置图

略。

（二）估价对象现场照片

略。

（三）《估价委托书》复印件

略。

（四）《法定优先受偿权利调查表》复印件

略。

（五）《房屋所有权证》复印件

略。

（六）《国有土地使用证》复印件

略。

（七）估价机构营业执照复印件

略。

（八）房地产估价机构资质证书复印件

略。

（九）估价人员执业资格证书复印件

略。

## 复习思考题

### 一、简答题

1. 简述房地产估价程序的含义与作用。
2. 简述不应承接估价业务的情形。
3. 简述"确定估价基本事项"的具体内容。
4. 简述房地产估价报告的含义和质量要求。
5. 简述"估价师声明"的具体内容。
6. 简述审核估价报告的重要性与具体要求。
7. 简述"交付估价报告"的合理做法。
8. 简述"保存估价资料"的具体要求。

### 二、论述题

1. 试述房地产估价程序的具体内容。
2. 试述估价作业方案的含义和内容。
3. 试述收集估价所需资料的主要渠道。
4. 试述实地查勘估价对象的必要性和工作内容。
5. 试述房地产估价报告的构成内容。
6. 试述"估价假设和限制条件"的具体内容。
7. 试述房地产估价结果报告的构成内容。
8. 试述房地产估价技术报告的构成内容。

### 三、分析题

指出并改正下列估价报告片段中的错误(错误不超过4处,后面应用前面的错误计算结果不再算作错误。)

运用比较法测算某套住宅的市场价值,选取了一个可比实例甲,可比实例的成交价格为 8000 元/m²,成交日期为 2019 年 12 月 31 日,价值时点为 2020 年 9 月 1 日。

(1) 由于卖方急于出手,可比实例甲的成交价格比正常市场价格偏低 7%。

(2) 当地同类住宅价格水平的变动情况为:2020 年 5 月底在 2019 年年底的基础上上涨了 5%,2020 年 8 月底在 2020 年 5 月底的基础上上涨了 4%。

(3) 可比实例甲的区位状况好于估价对象,导致可比实例的价格要比估价对象高出 6%。

(4) 可比实例甲的实物状况要比估价对象差,导致可比实例的价格要比估价对象低 3%。

(5) 可比实例甲的权益区位与估价对象相同。

(6) 可比实例的区位、实物和权益占房地产状况调整系数权重分别为 40%、35% 和 25%。

根据以上资料得出:

$$\text{比较价值} = 8000 \times \frac{(100-7)}{100} \times \frac{(100+9)}{100} \times \left(\frac{100}{100-6} \times 0.4 + \frac{100}{100+3} \times 0.4 + \frac{100}{100} \times 0.2\right)$$
$$= 8235.28(\text{元}/m^2)$$

# 参考文献

[1] 中华人民共和国住房和城乡建设部,中华人民共和国国家质量监督检验检疫总局.中华人民共和国国家标准房地产估价规范(GB/T 50291—2015)[S].北京:中国建筑工业出版社,2015.

[2] 中华人民共和国住房和城乡建设部,中华人民共和国国家质量监督检验检疫总局.中华人民共和国国家标准房地产估价基本术语标准(GB/T 50899—2013)[S].北京:中国建筑工业出版社,2013.

[3] 中国房地产估价师与房地产经纪人学会.房地产基本制度与政策[M].北京:中国建筑工业出版社,2019.

[4] 中国房地产估价师与房地产经纪人学会.房地产估价理论与方法[M].北京:中国建筑工业出版社,2019.

[5] 中国房地产估价师与房地产经纪人学会.房地产开发经营与管理[M].北京:中国建筑工业出版社,2019.

[6] 中国房地产估价师与房地产经纪人学会.房地产估价案例与分析[M].北京:中国建筑工业出版社,2019.

[7] 中国房地产估价师与房地产经纪人学会.房地产估价相关知识[M].北京:中国建筑工业出版社,2019.

[8] 柴强.房地产估价[M].北京:首都经济贸易大学出版社,2019.

[9] 虞晓芬.不动产估价[M].2版.北京:高等教育出版社,2019.

[10] 刘军琦,等.房地产估价[M].北京:机械工业出版社,2019.

[11] 陈小芳,等.房地产估价[M].西安:西北工业大学出版社,2019.

[12] 戴学珍.房地产估价教程[M].3版.北京:清华大学出版社,2019.

[13] 薛立,任加强.不动产估价[M].北京:中国农业大学出版社,2019.

[14] 周正辉.房地产估价[M].沈阳:东北大学出版社,2018.